Die Engel

Unsere himmlischen Helfer

Französischer Originaltitel:
«Enquête sur les anges»

Postsendungen in alle Länder

Gedruckt in der Schweiz

ISBN 3-907523-89-X

Anne Bernet

Die Engel

Unsere himmlischen Helfer

Ins Deutsche übersetzt von einer Eremitin

Parvis-Verlag
CH-1648 Hauteville / Schweiz

«Sag mir, was ist besser? Über den Nachbarn und dessen Angelegenheiten zu sprechen, seine Nase neugierig in alles hineinzustecken? Oder sich über die Engel und jene Dinge zu unterhalten, die uns bereichern können?»

Hl. Johannes Chrysostomos

1. Über Engel reden...

Über Engel reden... Ist das nicht ein sonderbares und überdies müßiges, ja sogar fast lächerliches Ziel? Beschäftigen nicht so viele, augenscheinlich wichtigere Fragen die heutige Gesellschaft? Ist es nicht Zeitverschwendung, ein solches Thema zu behandeln und sich von einer dieser Querelen fesseln zu lassen, die die Sprache noch immer als *byzantinisch* bezeichnet in spöttischer Anspielung auf jene Theologen aus Konstantinopel, die über das Geschlecht der Engel Dissertationen abfaßten, während zur selben Zeit Mehmet II. die Stadt belagerte?

Mit einem Wort: Ist die Absicht, ein ganzes Buch über die Engel zu schreiben, ein ernsthaftes Unterfangen?

Und dann: Ist dies die Aufgabe einer Historikerin? Natürlich ist die Versuchung groß, diese Frage mit nein zu beantworten. Besteht nicht eine offensichtliche Unvereinbarkeit zwischen dem Beruf eines Geschichtsschreibers, der sich per Definition in der Zeit abspielt und der Abhandlung über Wesen, deren Natur in der Ewigkeit, d.h. außerhalb der Zeit steht?

Aber zuerst: Gibt es Engel? Sie gehören zum Bereich des Unsichtbaren, der so leicht mit dem Nicht-Existenten verwechselt wird — und sie gehören zum Glaubensgut. Vom Glauben sagte der hl. Augustinus, daß er darin besteht, «auf das zu vertrauen, was man nicht sieht». Ist eine solche Aussage, die im 5. Jahrhundert noch durchaus zulässig war, es auch noch am Vorabend des Jahres 2000?

Den Statistiken der Meinungsinstitute zufolge halten viele unserer Zeitgenossen — auch unter denen, die sich noch als Christen bezeichnen — alles, was in der Religion zum übernatürlichen Bereich gehört, für Kindereien, die abgelegt werden sollten: die Seele, das ewige Leben, Auferstehung, Paradies, Hölle, Teufel... An all dem sei nichts Wahres. Auch die Existenz Gottes muß ihnen etwas problematisch erscheinen. Wie kann man unter diesen Umständen noch an die Existenz von Engeln glauben!

Der sehr wissenschaftlich orientierte Littré gab im vergangenen Jahrhundert folgende Definition vom Engel: «Ein Geschöpf mit einer rein geistigen Natur.» Zur selben Zeit definierte der *Große Katechismus von Pius X.* die Engel als «intelligente und rein geistige Geschöpfe, als die edelsten von Gott erschaffenen Geschöpfe».

Solche Definitionen implizieren bereits einerseits die Existenz eines Schöpfers und andererseits die Möglichkeit einer geistigen Natur, die nicht zu der Materie gehört, aus der unser Universum gebildet ist. Das sind zwei Vorstellungen, die unsere Zivilisation kaum anzunehmen imstande ist.

Der Philosoph Alain hat diesen Riß, der zwischen unserer rational ausgerichteten, westlichen Welt und jenem Gedankengebäude besteht, in das die Engellehre eingeschrieben ist, mit folgenden Worten beschrieben: «Die moderne Philosophie begann, als die Philosophie aufhörte, von Engeln zu sprechen.»

Dieser Bruch ereignete sich im Europa des 14. Jahrhunderts. Seitdem wurde er immer tiefer. Innerhalb der Kirche nahm das Interesse für die Person der Engel ab und wurde mit der Zeit schal und farblos. Zwischen dem 17. und 20. Jahrhundert waren die Engel in den von den Künstlern der Renaissance gemalten biblischen und evangelischen Szenen Figuren von aufwühlender, ambivalenter Schönheit und wachsame Beschützer der Kinder. Sie wurden in die Volksfrömmigkeit verbannt. Und darauf sollte sich von nun an ihre Rolle beschränken. Durch eine gewisse Darstellungsweise im Geiste von Saint Sulpice, bei der die Engel gekünstelt, dumm, verweiblicht und unwürdig verunstaltet wurden, waren sie nicht mehr die Wesen von einst. War das ihre Schuld oder unsere?

Auf diese Frage hat bereits der hl. Bernhard geantwortet: «Wehe uns, wenn wir durch unsere Sünden unwürdig sind, Besuch von Engeln zu erhalten und uns ihrer Anwesenheit zu erfreuen!»[1]

---

1 Erste Predigt zum Fest des hl. Michael

Unsere Zivilisation konnte, da sie jene Seeleneinsicht, die sie in Kontakt mit dem Unsichtbaren gebracht hätte, verloren hatte, den Weg der reinen und einfachen Negation der Existenz einer Engelwelt nur fortsetzen. Die Kirche, oder vielmehr Vertreter der Kirche, haben dazu beigetragen.

Es war ungelegen, sich weiterhin mit Engeln und Dämonen zu belasten, handelte es sich doch um archaische Überreste babylonischer Mythologien, die durch den Judaismus in der Zeit des Exils übernommen worden waren. Als Bilder unserer Triebe, unserer menschlichen Leidenschaften sind sie gefällige Alibis für unsere Ängste, unsere Resignation; für die Weigerung, unsere Sehnsüchte und unser Handeln auf verantwortliche Weise auf uns zu nehmen, wie die Psychoanalyse bekräftigt. Die Engel gehörten also auf jeden Fall der Vergangenheit an. Die Zukunft gehörte einer Welt ohne Engel, einer Welt der direkten Verbindung zwischen Mensch und Gott, ohne den Schrecken, den der große Gehörnte so lange eingeflößt hatte, und ohne die liebenswürdigen Legenden, die den Himmel mit geflügelten Wesen bevölkern. Diese Aussage war, ohne daß es jedoch offensichtlich wurde, bedeutungsschwer.

Wenn man die Engel zum alten Eisen wirft und einer überholten Leichtgläubigkeit zurechnet, so ist es, als würde man ein Haus unter dem Vorwand, es putzen zu wollen, niederreißen. Der Glaube an die Existenz der Engel ist nämlich wesentlicher Bestandteil der christlichen Offenbarung. Die Bibel, sei es nun im Alten oder im Neuen Testament, spielt unablässig auf die Engel an. Ihre Stellung ist in der Heilsgeschichte von fundamentaler Bedeutung. Der Sünde des Menschen ging die Sünde eines Engels, des Seraphen Luzifer, voraus. Die Sünde Adams macht die Erlösung notwendig, damit durch das Opfer Christi die Schöpfung mit ihrem Schöpfer versöhnt wird. Ein Engel — Gabriel — verkündet Maria, daß sie auf wunderbare Weise die Mutter Gottes werden wird. Und es ist ebenfalls ein Engel, der am Ostermorgen die Auferstehung verkündet.

Wird man sagen, daß es sich hier um eine alte und bildhafte Sprache handelt? Dann ist auch der nächste Schritt schnell getan: die Menschwerdung, die Gottessohnschaft Jesu, die Jungfräulichkeit Mariens und den auferstandenen Christus zu leugnen. Und in der

Tat machen auch viele diesen Schritt. So wird das Christentum seiner Daseinsberechtigung entleert. Warum soll man sich dann bei den Passagen des Evangeliums aufhalten, wo Jesus wiederholt von Engeln und Dämonen spricht? Ist auch das eine bildhafte Sprache, damit die Menschen der damaligen Zeit Jesus verstehen? Oder handelt es sich um ungeschickte Einschübe der Evangelisten? Die jüngsten Funde der biblischen Archäologie scheinen gegen alle vorschnellen, in Mode gekommenen Behauptungen zu beweisen, daß die Abfassung der Evangelien sehr wohl auf die Jahre zu datieren ist, die der Passion Christi folgten und nicht auf die Anfänge des 2. Jahrhunderts.

Die moderne Wissenschaft hat die Tendenz, dem traditionellen Glauben des Christentums Recht zu geben...

Das Neue Testament und Jesus selbst bekräftigen die Existenz der Engel. Das Credo, so wie es im Jahr 325 auf dem Konzil von Nizäa festgelegt wurde, machte diese Existenz der Engel zu einem Glaubensdogma, indem es die Gläubigen verpflichtete, ihren Glauben «an Gott, den Vater, den Allmächtigen, den Schöpfer des *Himmels* und der Erde, der sichtbaren und der *unsichtbaren* Welt» zu bekennen. Die Worte *Himmel* und *unsichtbar* bezeichnen eindeutig die Welt der guten und der bösen Engel. Und schließlich fordert das Vaterunser dazu auf, daß Gottes Wille «geschehe wie im *Himmel* so auf Erden», d.h. daß die Menschen Gott genauso unverzüglich gehorchen sollen wie es Seine Engel tun.

Im Christentum ist der Engel keine folkloristische Kuriosität; er ist eine Notwendigkeit.

Den Theologen zufolge sind die Engel für die Harmonie der Schöpfung erforderlich. Der Italiener Arrighini erläutert unter Aufnahme eines Gedankens von Thomas von Aquin: «Wenn es keine Engel gäbe, wäre die Harmonie des Universums plötzlich unterbrochen; sie würde unvermittelt aufhören, um einer trostlosen, abstoßenden und verwirrenden Leere Platz zu machen.[2] Es wäre ein Bruch, eine Diskontinuität zwischen dem materiellen und zugleich geistigen Geschöpf, das der Mensch ist, und dem reinen Geist par

2 P. Arrighini, *Gli Angeli buoni e cattivi*

excellence: Gott. Bergson gibt für die Existenz der Engel einen sanfteren Grund an: «Die tauben, gleichgültigen Menschen, die sich oft gegen die sie anrufende Liebe auflehnen, verführen uns zu der Aussage: "Herr, Du hast Dich getäuscht, denn nur wenige erheben sich so weit, daß sie Dir folgen." Wenn es hingegen Engel gibt, gibt es beständig eine Antwort auf diesen starken Anruf Gottes, auf diesen Anruf der Liebe. Und das befriedigt unser gläubiges Herz.»[3]

Die Engel sind für die kosmische Harmonie erforderlich; sie sind eine Notwendigkeit der Liebe; sie sind eine Notwendigkeit für den Zusammenhalt des Christentums. Sie sind auch für den Menschen und seine Sehnsucht nach dem Absoluten erforderlich.

In einer ausschließlich materialistisch gewordenen Welt, die von der Gier nach Profit und Komfort verschlungen wird, die aber zugleich so viele einsame, unglückliche und orientierungslose Menschen hervorbringt, kommen die Engel wieder zu ihrer dreifachen Berufung als Führer, als Tröster und als Beschützer. Das erklärt, warum so viele Menschen auf der ganzen Erde den Bereich der Engel, dessen Kenntnis ihnen vorenthalten wurde, wieder zu entdecken versuchen. Man braucht nur durch die Straßen einer großen Stadt in den USA oder in Europa zu gehen, um sich davon zu überzeugen. Die Engel sind überall. Nicht nur in der Umgangssprache, die von einem Kind sagt, es sei klug wie ein Engel oder von einer Frau, sie sei schön wie ein Engel. Ja, die Engel sind überall. Auf Geschenkpapier, auf Kalendern, auf Notizblöcken, als Poster oder als kleine Statuen, als Stoffpuppen... Ein ganzer Handelszweig, der von dem alten Gesetz des Angebotes und der Nachfrage beherrscht wird, hat sich um sie herum entwickelt. In den Regalen der Buchhandlungen steht eine ganze Engel-Literatur. Sowohl berühmte als auch unbekannte Menschen erzählen, wie sie ihrem Schutzengel in sogenannten Nahtod-Erfahrungen (im Englischen *Near Death Experiences* genannt) begegnet sind. Andere schreiben ihnen das providentielle Eingreifen zu, das sie vor einem tödlichen Unfall bewahrte. Die Anhänger von New Age fordern auf, mit diesen Führern, diesen Wesen, die unseren Übergang in das Zeitalter des Wassermanns

3 Bergson, *Les Deux Sources de la morale et de la religion*

begünstigen sollen, in Kontakt zu treten. Seminare werden organisiert, bei denen die Teilnehmer Entspannungstechniken erlernen können, die sich günstig auf die Beziehungen zwischen Menschen und Geistern auswirken sollen.

Soll man sich darüber freuen? Ja und nein.

Ja, weil die Kirche, einschließlich des II. Vatikanischen Konzils und der Lehre der Päpste, das Dogma von der Existenz der Engel stets aufrecht erhalten hat. Ja, weil die Engel sowohl in der Heilsgeschichte als auch in der persönlichen Geschichte eines jeden von uns und auch in der Weltgeschichte eine entscheidende Rolle spielen.

Nein, weil es nicht ungefährlich ist, sich der unsichtbaren Welt ohne Vorbereitung oder mit einer irrigen Vorbereitung zu nähern. Es gibt nämlich gute und böse Engel und wenn man bei letzteren beginnt, selbst wenn man es nicht will, so ist es ein gefährliches Abenteuer. Die derzeitige Mode, mit geistigen Wesen in Verbindung zu treten, kann dazu führen, etwas anderem zu begegnen, als man sich erhoffte. Zahlreiche christliche Mystiker haben wieder und wieder beide Arten von Geistern erfahren; die bösen Geister scheuten sich nicht, sich für gute Geister auszugeben. Schon der hl. Paulus warnte in seinem zweiten Brief an die Korinther (11,14) vor dem Satan, der sich «als Engel des Lichts» tarnt. Und der hl. Johannes mahnt in seinem ersten Brief (4,1): «Liebe Brüder, traut nicht jedem Geist, sondern prüft die Geister, ob sie aus Gott sind.»

Mehr als eine der derzeitigen Aktivitäten, durch die man guten Glaubens in den Besitz der Unterscheidung der Geister zu gelangen hofft, kann sich als unkluger Fehler entpuppen. Eine ähnliche Besorgnis bestand auch in der Urkirche, und diese Besorgnis erklärt die strengen Einschränkungen, mit denen die Verehrung der Engel versehen wurde, denn diese Verehrung ist ein Bereich, der offen ist für Willkür sowie für magische Abirrungen, abergläubische Praktiken, in extremen Fällen sogar für Satanismus.

Wenngleich es also ein guter und notwendiger Versuch ist, die Engel wieder zu entdecken, so soll man jedoch mit Klugheit vorgehen und nicht der Versuchung der Theosophie oder des Spiritismus erliegen.

Die Engel sind Gottes edelste und schönste Geschöpfe. Über sie zu reden kann nur ein Thema der Freude sein. Daher müssen wir das wahre Antlitz der Engel wiederfinden, jenes Antlitz, das unsere Vorfahren zu entdecken wußten und das einige Heilige mit ihren leiblichen und ihren geistigen Augen bewundern durften. Die Verehrung der Engel sollte weder kindisch noch verniedlichend sein. Das Mittelalter war sich dessen bewußt; es verehrte den hl. Michael so wie es dieser große Heerführer verdient: mannhaft.

Die Engel sind nämlich furchterregend, schrecklich — und zwar so sehr, daß sie ihre Herrlichkeit, deren Glanz für die Menschen unerträglich ist, verhüllen müssen. Gleichzeitig sind sie strahlende Liebe und sehnen sich danach zu helfen und zu unterweisen. Alles Dinge, die uns übersteigen.

Über sie zu reden bedeutet, Blinde zu bitten über Farben zu sprechen. Alle Theologen, die seit zweitausend Jahren die christliche Engellehre ausgearbeitet haben, haben ermessen, wie klein unsere menschlichen Worte und unser Gehirn ist.

Der hl. Thomas von Aquin, der aufgrund seines großen Wissens über die unsichtbare Welt den Beinamen «engelgleicher Lehrer» trägt, stöhnte: «Da die Wesen der Engelwelt unserer Intelligenz überlegen sind, vermag unsere Intelligenz sie nicht so zu erfassen, wie sie in sich selbst sind.»[4] Und der hl. Bernhard rief aus: «Was soll ich über die Engel sagen, der ich doch nur ein armseliger Erdenwurm bin?»[5]

Wir können das Geheimnis der Engel nicht erfassen. Dieses Buch hat das schlichte Ziel, den Lesern die Existenz einer unsichtbaren Welt und deren Bewohner in Erinnerung zu rufen und über sie in einer der katholischen Lehre konformen Weise zu sprechen. Diese Studie stützt sich daher auf die biblischen, sowie die patristischen Texte und die Lehre der Kirchenlehrer, der Päpste, der Konzilien und darüber hinaus — in einem geringeren Umfang — auf die Schriften großer Mystiker und auf Privatoffenbarungen, die nicht zu den Glaubenswahrheiten gehören. Sie möchte «auf den Punkt kommen» und dabei eine byzantinische Weitschweifigkeit sowie aben-

4 *Summa theologica*, I, q 50, art. 2
5 Erste Predigt zum Fest des hl. Michael

teuerliche Behauptungen vermeiden. Abgesehen vom reinen Wissen und der Lehre über die Engel, zeigt dieses Buch — ohne dabei die Ewigkeit zu verlassen, die die Dimension der Engel ist — wie diese häufig in unsere menschliche und historische Zeit hineingleiten und es zeigt auch auf, welchen bedeutenden Platz die Engel in ihren Beziehungen zur Menschheit stets eingenommen haben.

Und muß man es noch explizit erwähnen? Dieses Buch stellt ganz offensichtlich ein Postulat auf: das Postulat von der Existenz der Engel.

Viele werden zweifellos darüber lachen. Es bleibt noch zu sagen, daß sich dieses Werk vor allem an jene Neugierigen wendet, die nach einer Redewendung von Pius XII. die Sehnsucht haben, ihre «Gefährten der Ewigkeit» besser kennenzulernen.

2. Was Sie schon immer über die Engel wissen wollten, aber nicht zu fragen wagten!

Was ist ein Engel? Stellt man diese Frage an Menschen aus unserer Umgebung, so führt sie zu sonderbaren Überraschungen. Selbst unter praktizierenden Katholiken sind die Antworten zögernd, ungewiß, unbestimmt, irrig.

Ist der Grund dafür Gleichgültigkeit? Oftmals ja, aber es ist auch Scheu. Eine Frage zu stellen bedeutet, die eigene Unwissenheit einzugestehen. Und wen könnte man überhaupt fragen, ohne gleich für naiv oder geistesschwach angesehen zu werden? An Engel glauben! Warum nicht an den Weihnachtsmann! So behält man Fragen dieser Art klugerweise für sich. Andere suchen anderswo eine Antwort: in esoterischen Schriften, wo zweifelhafte Engel aus alten gnostischen Theorien wiedergeboren sind. Die Unwissenheit hat sich zu Irrtum gewandelt.

Was hätten denn diese Neugierigen, deren Wissensdurst nicht gestillt wurde, wissen wollen? Alles, oder doch fast alles. Unter anderem auch:[6]

Was ist ein Engel?

Der Katechismus der katholischen Kirche[7] lehrte einst, daß ein Engel ein vernunftbegabtes und rein geistiges Wesen ist. Als reiner Geist, der von Gott geschaffen wurde, ohne mit einem Körper verbunden sein zu müssen, hat er weder eine Gestalt, noch wahrnehm-

---

6 Die Gedanken dieses Kapitels lehnen sich an die *Summa theologica* des hl. Thomas von Aquin an, wenn es nicht ausdrücklich anders vermerkt ist.

7 Der große Katechismus von Pius X.

bare Formen. Diese geistige Qualität bewirkt die Überlegenheit der Engel gegenüber allen Menschen, da diese Gefangene der Materie sind; sie ist sogar eine Überlegenheit gegenüber Christus, der aufgrund seiner Menschwerdung unter die Natur der Engel, deren Schöpfer er war, erniedrigt ist. Das II. Vatikanische Konzil bekräftigte, daß die Engel keine Symbole für unsere Triebe, sondern Personen sind, die mit Wissen und mit einem Willen begabt sind. Sie haben eine dreifache Berufung: sie sind ewige Anbeter der heiligen Dreifaltigkeit, sie sind Boten zwischen Gott und den Menschen und sie sind die Beschützer der Menschheit.

Diese Antworten öffnen die Tür für neue Fragen, aber sie öffnen auch der Sehnsucht das Tor; der Sehnsucht, sich in diesem Bereich noch weiter vorzutasten.

Warum hat Gott die Engel erschaffen?

In seiner absoluten Fülle genügt Gott sich selbst. Seine Vollkommenheit ist so unendlich groß, daß er keineswegs irgendeines Geschöpfes bedarf. Aber da Gott vollendetes Leben und vollendete Liebe ist, sehnt er sich danach, dieses Leben und diese Liebe weiterzugeben. Der hl. Gregor von Nazianz drückt das Schöpferwirken Gottes mit folgenden Worten aus: «Obwohl Gott sich selbst vollkommen genügte, wurde Er aus unendlicher Güte Schöpfer, um seinen Geschöpfen Anteil an seiner Vollkommenheit und seiner Glückseligkeit zu geben.»

Gott hat also die sichtbare und die unsichtbare Welt erschaffen, um die Vollkommenheit seines anbetungswürdigen Wesens offen zu zeigen. Diese Vollkommenheit, die in Gott grenzenlos ist, kann auf vollendete Weise nur durch Gott selber, und durch seinen eingeborenen Sohn Jesus Christus, das menschgewordene Wort, manifestiert werden. Es ist aber genauso wahr, daß Gott diese Vollkommenheit in der Vielzahl und in der Verschiedenheit seiner Geschöpfe zum Ausdruck bringen konnte. Neben dem rein materiellen Körper der Pflanzen und der vernunftlosen Tiere, neben dem Menschen, der zugleich Materie und Geist ist, gab es noch Platz für vernunftbegabte Wesen, die ganz frei von den Banden der Materie sind. Das war gewissermaßen eine Notwendigkeit, denn die Kette der

Geschöpfe wäre ohne ihr erstes und glanzvollstes Glied — die Engel — zerbrochen und unvollkommen gewesen.[8]

Gott erschuf also die Engel, damit diese, soweit es überhaupt möglich ist, seine Geistigkeit und sein über alle Materie erhabenes Sein nachahmen. Er erschuf sie aus reiner Liebe und aus der Sehnsucht, sie seiner unendlichen Glückseligkeit so intensiv wie möglich beizugesellen.

Wann erschuf Gott die Engel?

Über den Zeitpunkt der Erschaffung der Engel sind die Kirchenväter und die Theologen unschlüssig gewesen und kamen nie zu einer Gewißheit. Sie konnten lediglich feststellen, daß in den biblischen Texten genaue Angaben zu diesem Thema fehlen.

Das Buch Genesis[9] und das Buch Jesus Sirach[10] machen so gut wie keine genauen Angaben: «Im Anfang schuf Gott Himmel und Erde» heißt es in dem einen Buch und in dem anderen: «Der Herr, der in Ewigkeit lebt, hat alles insgesamt erschaffen.»

Sowohl Origenes, als auch Augustinus und Thomas von Aquin gestehen ihre Ratlosigkeit ein. Aus einem Abschnitt im Buch Ijob[11] läßt sich ableiten, daß die Erschaffung der Engelwelt vor der Erschaffung der materiellen Welt lag: «Wer setzte ihre (der Erde) Maße? Du weißt es ja. Wer hat die Meßschnur über ihr gespannt? Wohin sind ihre Pfeiler eingesenkt? Oder wer hat ihren Eckstein gelegt, als alle Morgensterne jauchzten, als jubelten alle Gottessöhne?»

Die *Morgensterne* sind für die Verfasser der Bibel die Engel, die *Gottessöhne*, da die ganze Schöpfung Gott zum Vater hat. Dieser Gedanke von den Morgensternen kann zu der Annahme führen, daß die Engel zuerst erschaffen wurden. Daß der Teufel, der abgefallene Engel, der Adam und Eva in Versuchung führt, *alte Schlange* genannt[12] wird, bestätigt diese Vorzeitigkeit. Der hl. Augustinus

---

8 *Summa theologica*, I, q 50, a 1
9 Gen 1,1
10 Sir 18,1
11 Ijob 38,5-7
12 Offb 12,9

stellt in seinem Buch *Der Gottesstaat* die Hypothese auf, daß die Engel im selben Augenblick erschaffen wurden wie das Licht.

Die einzige Gewißheit, von der die Kirche ausgeht, besteht in der Überzeugung, daß alle Engel gleichzeitig erschaffen wurden.[13]

Wie viele Engel gibt es?

Die ungefähre Zahl der Engel zu kennen, oder vielmehr versuchen zu kennen, ist keine so kindische Beschäftigung wie es den Anschein hat und wenn diese Frage lange Zeit die Aufmerksamkeit der Kirchenväter und Kirchenlehrer auf sich gezogen hat, so liegt das daran, daß sie mit dem großen Kampf in Zusammenhang steht, der zwischen den Mächten des Guten und denen des Bösen geführt wird. Die Menschheit hat in diesem Konflikt Partei ergriffen und steht in der ersten Schlachtreihe. Daher ist es ihr wichtig zu wissen, wie viele Truppen auf jeder Seite kämpfen.

Die Bibel spricht von der unermeßlich starken Armee des Herrn: «Kann man seine Scharen zählen?», fragt das Buch Ijob[14] und der Prophet Daniel sagt: «Tausendmal Tausende dienten ihm, zehntausendmal Zehntausende standen vor ihm.»[15] Am Abend des Gründonnerstag befiehlt Jesus, als die Männer, die ihn festnehmen sollten, kamen, daß Petrus sein Schwert in die Scheide stecken solle und er fügte hinzu: «Oder glaubst du nicht, mein Vater würde sogleich mehr als zwölf Legionen Engel schicken, wenn ich ihn darum bitte?»[16] Der hl. Hieronymus schätzt, daß es sich hier um 72000 Engel handelt.

Es sind symbolische Zahlen, die nur das Unzählbare nahelegen wollen... Gregor der Große zog daraus die Schlußfolgerung, daß die Zahl der Engel in Gottes Augen begrenzt, aber für die menschliche Intelligenz unbegrenzt ist. Der hl. Cyrill von Jerusalem geht noch darüber hinaus: «Siehe, o Mensch, angesichts welcher Schar von Zeugen du vor das Gericht treten wirst. Das ganze Menschengeschlecht wird zugegen sein. Rufe dir alle Menschen ins Gedächtnis,

13 IV. Laterankonzil (1215) und I. Vatikanisches Konzil (1870)
14 Ijob 25,2
15 Dan 7,10
16 Mt 26,53

die von Adam bis auf den heutigen Tag gelebt haben. Es ist eine unermeßlich große Schar. Und doch ist sie noch klein, denn die Engel sind weitaus zahlreicher. Sie sind jene 99 Schafe, während die Menschheit nur das eine Schaf darstellt.[17] In der Schrift steht in der Tat, daß Seine Diener tausend mal tausend sind, aber nicht, weil damit ihre Anzahl ausgedrückt werden sollte, sondern weil der Prophet keine größere Zahl auszudrücken vermochte.»[18]

Der hl. Thomas von Aquin[19] rechtfertigt diese Vielzahl mit verschiedenen Argumenten:

Die Engel sind Gottes vollkommenste Geschöpfe; Gott freut sich an der Vollkommenheit. Daher hat es ihm gefallen, sein Meisterwerk in vielfacher Ausgestaltung hervorzubringen und daher weitaus mehr Engel als körperliche oder geistig-körperliche Geschöpfe zu erschaffen.

Eine der Aufgaben der Engel besteht darin, den göttlichen «Hofstaat» zu bilden und das ewige Lob Gottes zu singen. Es ist angemessen, daß dieser Hofstaat unermeßlich groß und prächtig ist — und das, obwohl die aufbegehrenden Engel, die Luzifer folgten, abgefallen sind.

Jeder Mensch steht während seines ganzen Lebens unter dem Schutz eines Engels. Daher muß es also wenigstens so viele Engel geben wie es tote, lebende und zukünftige Menschen gibt. Und da diese Schutzengel zum untersten Engelchor gehören und in gewisser Weise das Engel-Proletariat bilden, läßt sich daraus ableiten, daß ein einziger Engelchor mindestens genauso groß wie die gesamte frühere, gegenwärtige und zukünftige Menschheit sein muß. Aber da Gott sich an der Vollkommenheit freut, sind die Engel der ersten Chöre, die die himmlische Elite bilden, viel zahlreicher als die anderen. Und schon sind wir wieder bei den astronomischen Zahlen.

Schließlich, und das ist das letzte Argument des Thomas von Aquin, könnte es die göttliche Gerechtigkeit nicht zulassen, daß die Zahl der Verdammten größer ist als die der Erwählten. Da Gott den

17 Eine Anspielung auf Mt 18,12-13; diese Passage wird traditionell als ein Bild für Christus interpretiert, der den Himmel und die Engelschar verläßt, um das verlorene Schaf — die sündige Menschheit — zu suchen.
18 Cyrill von Jerusalem, *Katechese* 15,4
19 *Summa theologica*, I, q 50, a 3

Abfall der Dämonen und die Zahl der Menschen, die von den Dämonen in die Hölle gezogen würden, vorhersah, ergriff er die Vorsichtsmaßnahme, eine überwältigende Zahl an Engeln zu erschaffen, die das Paradies bevölkern sollten.

Alle Mystiker sind in ihren Offenbarungen von der Vielzahl der Engel geblendet. Die hl. Brigitta von Schweden bestätigt, daß die Engel weitaus zahlreicher sind als die Menschen. Die hl. Franziska Romana sieht sie «aus den Händen des Schöpfers hervorgehen wie dichte Schneeflocken». Die hl. Angela von Foligno spricht «von unzähligen flammenden Truppen», so daß sie dachte, daß diese strahlenden Wesen unzählig seien, wenn sie nicht gewußt hätte, das Gott alles mit Maß wirkt.

P. Pio sprach einmal in Anlehnung an die Lehre des hl. Hilarius, derzufolge das, was uns leer zu sein scheint, in Wirklichkeit mit Engeln gefüllt ist, folgende Übertreibung aus: «Es ist möglich, daß eine Nadelspitze Tausende von Engeln "beherbergt".»

Welche Gaben haben die Engel empfangen?

Als Gott die Engel erschuf, schenkte er ihnen jene Gnade, die sie auf die ihnen zugedachte höchste Glückseligkeit[20], vorbereiten sollte: auf die visio beatifica, die glückselige Schau. Er schenkte ihnen eine unermeßliche Intelligenz und einen ungeschwächten Willen. Aber er schenkte ihnen auch die Freiheit. Es stand ihnen frei, mit den Gaben, die Gott ihnen ungeschuldet geschenkt hatte, das zu machen, was sie wollten. Trotzdem ermöglichten ihnen diese Gaben, sich so zu entscheiden, daß sie nicht von Gott abirren würden, außer wenn sie es ganz willentlich so beschlossen. Für ihre ewige Glückseligkeit war in allem vorgesorgt. «Die Engel haben ihre Natur durch die zweite Person der Gottheit erhalten; ihre Heiligkeit wurde vom Heiligen Geist hinzugefügt. Die Engel sind nicht durch zunehmende Tugendübung würdig geworden, den Heiligen Geist zu empfangen, sondern sie empfingen die Heiligkeit als ungeschuldete Gnade; als Gnade, die ihrer Natur zum Zeitpunkt ihrer Erschaffung

---

20 *Summa theologica*, I, q 62, a 2 und 3

hinzugefügt wurde und die ihr Wesen durchdrang; deshalb können sie nur sehr schwer eine Sünde begehen.»[21]

Die Intelligenz der Engel ist mit der unseren nicht zu vergleichen. Um etwas zu wissen, benötigen die Engel nicht die «Zwischenstation» der Sinne, die für uns unentbehrlich sind. Das Wissen ist bei ihnen ganz und gar geistiger Art.[22] Diese Natur und dieses Wissen, die beide vollkommen geistig sind und noch durch ihre angeborene Heiligkeit «verdoppelt» werden, befähigen sie vom Augenblick ihrer Erschaffung an die Wahrheit zu erkennen und das Gute zu lieben — und zwar in einem Ausmaß wie kein Mensch es sich auch nur vorstellen kann. Was wir mühsam und um den Preis von Anstrengung und Übung lernen, kennt der Engel sofort und vollendet. Diese Schnelligkeit ermöglicht es ihnen, daß sie ihre Entscheidungen blitzartig bis hinein in die äußersten Konsequenzen überschauen. Fremd sind ihnen unsere Sorgen und unsere Unsicherheit, unsere Zweifel, unsere Winkelzüge und die Ungeschicktheit, die wir an den Tag legen, wenn es darum geht, die Folgen unseres Handeln abzuschätzen; für sie gibt es kein Zögern, da sie immer ganz genau wissen, was sie tun und was sie wollen, ohne dabei das geringste Risiko einer Täuschung zu haben. Ihr Verstand ist ganz geradlinig; ihre Logik besitzt unerbittliche Schärfe.

Der menschliche Geist läßt nach und ermüdet; er braucht Ruhe, während der Geist des Engels unermüdlich ist, da er nicht der Schwere der Materie unterliegt. Das menschliche Gedächtnis ist eigenwillig und wandelbar, das des Engels ist unfähig, auch nur das Geringste zu vergessen: was er weiß, das weiß er definitiv und vollkommen. Sein Wissen nimmt auch beständig zu; er hat ewigen Wissensdurst und Lernbegierde. Sein Verstand ist vor Zerstreuungen gefeit; er befaßt sich nur mit dem, was ihn gerade beschäftigt, ohne deshalb aber von Gott abgewandt zu sein: er ist ganz in die Kontemplation Gottes versunken.

Die natürliche Intelligenz der Engel war vom Augenblick ihrer Erschaffung an vollkommen, denn als Gott sie erschuf, ließ er sie auch den Plan erkennen, der seiner Schöpfung innewohnte; sie

21 Hl. Basilius
22 *Summa theologica*, I, q 55, a 1, 2 und 3, sowie q 57, a 2

kannten alle Seelen, alle Geschöpfe und alle Geheimnisse der Schöpfung. Alle möglichen natürlichen Entwicklungen waren ihnen vertraut. Sie konnten bis ins kleinste Detail die verschiedensten Möglichkeiten aller menschlichen Lebensläufe aufgrund der Kenntnis aller Umstände mit großer Wahrscheinlichkeit vorhersehen; nur der Gebrauch der Freiheit, die den Kindern Gottes geschenkt worden war, hätte für sie ein «Hindernis» sein können.

Dennoch war diese natürliche Erkenntnis im Vergleich zu der Erkenntnis, die Gott ihnen bis zu jenem Zeitpunkt vorenthielt, an dem sie sich ihrer würdig erweisen würden, unbedeutend. Denn dann würden sie alles nicht durch sich selbst, sondern durch Teilhabe an Gottes eigener Erkenntnis und durch ihr Sein in Gott erkennen. Das wäre für sie so als ob sie von der Nacht zum Tag gelangen. Daher nennt die Theologie die natürliche Erkenntnis der Engel *vespertina* («abendlich») und die Erkenntnis, die sie unmittelbar von Gott empfangen, *matutina* («morgendlich»).[23] Die natürliche Erkenntnis konnte nur ein Bild der Gottheit wahrnehmen, während die von Gott empfangene Erkenntnis das ewige Von-Angesicht-zu-Angesicht ist.

Gott versagte den aufbegehrenden Engeln die natürliche Intelligenz, die er ihnen mit ihrer Erschaffung geschenkt hatte, nicht, obwohl die Dämonen dieses göttliche Geschenk durch ihre Sünde unwiderruflich verzerrt und verfälscht haben. Wenngleich ihre Intelligenz davon in Mitleidenschaft gezogen wurde, so ist sie trotzdem auch weiterhin die Intelligenz, die sie vor ihrem Abfall besaßen und die der unseren unendlich überlegen ist. Trotzdem ist der niedrigste der treugebliebenen Engel, der durch die göttliche Intelligenz erleuchtet ist, dem Fürsten der Hölle überlegen, denn dieser besitzt nur sein eigenes Licht.

Die Engel kennen die Zukunft soweit Gott dies will und es ihnen gestattet, und in dem Ausmaß als es für die Erfüllung der ihnen anvertrauten Aufgaben notwendig ist. Sie sagen die Zukunft nur dann voraus, wenn sie die Garantie haben, daß sich ihre Vorhersage auch erfüllen wird und sie nicht von der göttlichen und mensch-

---

23 *Summa theologica*, I, q 62, a 1

lichen Freiheit tiefgreifend modifiziert wird — ein Umstand, um den sich die Dämonen, die Lügner unter den Lügnern, nicht kümmern und statt dessen kreuz und quer herumprophezeien.

Da die Engel nicht überall sind, kennen sie die Vergangenheit natürlich nicht in ihrer Gesamtheit. Sie können sich jedoch gegenseitig von Ereignissen unterrichten, deren Verursacher oder Zeugen sie waren.

Zusammen mit der Intelligenz schenkte Gott ihnen auch einen Willen[24] — und zwar einen vollkommenen. Unser menschlicher Wille ist Wünschen, Leidenschaften, Begierden unterworfen, während der Wille der Engel von diesen Regungen frei ist. Daher ist ihr Tun und Handeln immer von moralischem Gewicht. Wie ihre Intelligenz, so braucht auch ihr Wille keine Ruhepausen; er ist beständig und frei. Ein Engel kann nur handeln, wenn er sich seiner Handlungen voll bewußt ist und sie unbedingt und in aller Freiheit[25] will. Da die Engel also immer genau wissen, was sie tun, gibt es für Irrtümer keine Entschuldigungen, denn diese können nur bewußt und freiwillig sein.

Aus Achtung vor der Freiheit seiner Geschöpfe wollte Gott diese Form von Intelligenz und Willen dennoch nicht so erschaffen, daß sie gänzlich vor der Möglichkeit zur Sünde bewahrt wäre. Um sie jedoch gegen die Sünde zu verteidigen, schenkte er ihnen seine Gnade und seine Heiligkeit, so daß es für sie fast unmöglich war, zu sündigen. Jede Verfehlung eines Engels kann daher nur die Frucht eines ungeheuerlichen, lasterhaften Willensaktes sein, eines Willensaktes, der genau abgewogen und überlegt ist. Die Vollkommenheit der Intelligenz und des Willens ließ die abgefallenen Engel keine Reue empfinden und verurteilte sie dazu, Gottes Barmherzigkeit nicht empfangen zu können.

Sind die Engel glücklich?

Die Engel, die in Treue verharrten, besitzen das «morgendliche Wissen»; sie schauen Gott von Angesicht zu Angesicht; sie sind von

24 *Summa theologica,* I, q 59, a 1
25 *Summa theologica,* I, q 59, a 3

seinem Licht erleuchtet; seine Intelligenz erstrahlt in ihnen und sie sind von seinen Geheimnissen, seinen Gnaden, seiner Größe geblendet. Das ist für jedes Geschöpf mit einer geistigen Natur der absolute Höhepunkt jeglichen Glückes, weil es darin wieder ganz zu seinem Schöpfer, der sein Ziel und sein Daseinsgrund ist, zurückkehrt. Alles Sehnen des Geistes wird hundertfach erfüllt. Es handelt sich hierbei nicht um eine Auflösung des Ich in der Gottheit, so wie es die fernöstlichen Philosophien lehren, sondern um eine personale Freude, die unbegrenzt und mit nichts vergleichbar ist. Diese Freude wird noch durch eine zusätzliche Glückseligkeit gesteigert: Gott durch die eigene Person verherrlicht zu sehen.

Die Intelligenz der Engel und der Seligen, die uns bereits vorangegangen sind, ist daher unablässig zutiefst beglückt, ohne doch jemals von der Schau Gottes gesättigt zu sein. Die Liebeskapazität der Engel findet ihre Stillung in der absoluten Liebe Gottes. Ihre Freude ist unausdenkbar.

Diese Kontemplation und diese Glückseligkeit machen sie par excellence zu heiligen Geschöpfen. Ihre einzige Sorge ist es, die Herrlichkeit und die Liebe des Schöpfers kundzutun. Daher sind die Engel auch die vollendeten Anbeter, die überborden vor Liebe und Selbstvergessenheit und die sogar auf ihre Glückseligkeit verzichten würden, wenn sie dadurch die Herrlichkeit des Vielgeliebten vergrößern könnten.

Dieses Anliegen der Verherrlichung Gottes ist für die Engelwelt Quelle einer zusätzlichen Freude, die *akzidentielle Seligkeit* genannt wird. Denn wenngleich es stimmt, daß die Seligkeit der Engel bereits vollendet und größtmöglich ist, so steigert sie sich dennoch jedesmal, wenn Gott auf Erden verherrlicht wird. Der Sieg, den Christus über die Mächte der Finsternis errungen hat, die Bekehrung der Sünder, die Siege der Heiligen und der Märtyrer begeistern die Engel und drängen sie dazu, der Menschheit in ihrem Kampf gegen Satan mit all ihren Kräften zu helfen. Diese akzidentielle Seligkeit wird ihre ganze Fülle erst am Tag des Jüngsten Gerichtes, wenn Gottes Absichten erfüllt sind und seine Herrlichkeit offenbar geworden ist, erreichen.

Wenn sich die Engel also über das Gute, das auf Erden geschieht, freuen, wie sollten sie da nicht auch traurig sein über das Böse, das begangen wird? Und wie könnte ihr Glück vollkommen sein, wenn sie das Böse betrüben kann?

Der hl. Johannes vom Kreuz löst dieses Dilemma auf eine Weise, die auf den ersten Blick bestürzen, ja sogar skandalös anmuten kann: «Die Engel kennen die Wirkungen des Bösen besser als jeder andere und empfinden darüber keinen Schmerz; sie üben Werke der Barmherzigkeit, ohne deshalb betrübtes Mitleid zu verspüren.»[26]

Welch furchtbare Geschehnisse sich auch auf der Welt ereignen mögen, die Engel sehen sie ohne Aufbegehren, ohne Zorn, ohne Traurigkeit und ohne schmerzliches Mitleid. Heißt das, daß sie unempfindlich, gleichgültig, grausam sind? Keineswegs!

Es ist dem Menschen eigen, angesichts der unglaublichen Geduld, mit der Gott Verbrechen und Blasphemie erträgt, solche Gefühle von Ohnmacht, von Trauer, von zorniger Aufgewühltheit zu verspüren. Wir Menschen haben diese Empfindungen, weil wir nicht verstehen, welchen Platz das Böse in Gottes Plan einnehmen kann, während die Engel über alles, was Gott erschuf, erschafft und erschaffen wird, unterrichtet sind. Sie wissen, worauf alles hinausläuft.

Gott erträgt das Böse, weil es der Preis für die Freiheit ist. Da er nicht wollte, daß seine Geschöpfe Sklaven seien, gab er ihnen die Möglichkeit, sich auch für das Aufbegehren in der Sünde, aus der alles Elend der Welt kommt, entscheiden zu können. Aus diesem Elend will er jedoch ein unvergleichlich hohes Gut erstehen lassen, das unseren leiblichen Augen noch verborgen ist.

Der hl. Paulus bekräftigte angesichts der Verfolgung, die gegen die ersten Christen ausgebrochen war, mit Nachdruck: «Denen, die Gott lieben, gereicht alles zum Besten.»[27]

Juliana von Norwich, eine englische Mystikerin, vernahm einmal, als sie über das von der Menschheit verursachte Böse und die menschlichen Verfehlungen sehr betrübt war, in einer Vision die

26 Johannes vom Kreuz, *Geistlicher Gesang*
27 Röm 8,28

Stimme Christi, die ihr antwortete: «Am Ende wirst du sehen, daß alles gut war.»

Dieses Ende ist uns noch verborgen — die Engel aber schauen es schon. Sie wissen bereits, wie Gott die Bosheit Satans gegen die Hölle wenden wird und wie das unverständliche, ungerechte und aufbegehrende Leid sich in die Erfüllung der dritten Seligpreisung verwandeln wird: «Selig die Trauernden, denn sie werden getröstet werden.»[28]

So also verstand der hl. Johannes vom Kreuz die Aussage des hl. Thomas von Aquin, nach der die Engel über das Leid und das Böse nicht betrübt sind[29] und Thomas von Aquin fügte gleich noch hinzu: «Ein Engel kann nur über das betrübt sein, was seinem Willen, der mit dem Willen Gottes übereinstimmt, entgegengesetzt ist. Es geschieht aber nichts, das nicht von Gott zugelassen wäre, um ein noch größeres Gut daraus zu ziehen. Er erträgt das Böse, um es in den Dienst seiner Pläne und der Glückseligkeit seiner Erwählten zu nehmen.»[30]

Haben die Engel einen Leib?

Die klassische Definition vom Engel als einem geschaffenen, personalen, intelligenten und geistigen Wesen müßte die Frage nach einem Körper der Engel eigentlich überflüssig erscheinen lassen, zumindest in dem Maße als der Leib die sichtbare Spur der «Fleischwerdung», des Hinabfallens in die Materie ist, was den Engeln ja fremd ist. Trotzdem überlegten die Kirchenväter und die Kirchenlehrer, ob diese seligen Geistwesen eventuell einen feinstofflichen Körper aus Feuer oder Licht besitzen. Diese weitverbreitete Meinung wurde zuerst auf dem Konzil von Nizäa im Jahr 325 und später auf dem Laterankonzil (1215) verurteilt. Arrighini faßt die Position der katholischen Kirche folgendermaßen zusammen: «Man muß sich davon überzeugen, daß es bei den Engeln nichts Materielles gibt, nicht einmal den Schatten eines noch so feinen Körpers, selbst wenn man ihn sich ganz hauchzart vorstellen würde.»[31]

---

28 Mt 5,5
29 *Summa theologica,* I, q 62, a 9
30 *Summa theologica,* I, q 113, a 7

Dennoch zeigen sich die Engel den Menschen auf eine Weise, die unseren Sinnen zugänglich ist.[32] Diese Körper sind jedoch nur eine Erscheinung, selbst wenn sie ganz «solide» sind. Die Vereinigung des Geistes mit der Materie bleibt akzidentiell; Geist und Materie bleiben einander fremd. Die Engel sprechen nicht mit menschlicher Stimme, sie bringen menschliche Töne hervor. Sie essen nicht, sondern es hat nur den Anschein, als würden sie essen, wie es der Erzengel Raphael seinem Schützling Tobias enthüllte.[33]

Diese Körper sind immer schön und lichtvoll. Aber diese «Spiele» rufen keinerlei Selbstgefallen bei den Engeln hervor, denn sie geben sich ihnen nur hin, um Gott zu gehorchen. Für die Dämonen hingegen ist es mit Wonne verbunden, wenn sie falsche und trügerische Formen annehmen.

Welches Geschlecht haben die Engel?

Die Frage nach dem Geschlecht der Engel ist müßig wie keine andere. Der gesunde Hausverstand führt einen bereits zur angemessenen Antwort: Da die Engelnatur eine rein geistige Natur ist, folgt daraus, daß die Engel asexuelle Wesen sind und daß sie sich nicht auf geschlechtlichem Weg vermehren. Folgerichtig sind sie auch von der Sklaverei der Sinne befreit und wenngleich sie Liebe kennen, ist ihnen doch das menschliche Sehnen ganz unbekannt. Das sagt Jesus ausdrücklich.

Die Sadduzäer, die die Existenz von Engeln und die Auferstehung der Toten verneinten, stellten Jesus eine Frage, die ihnen verfänglich zu sein schien. Sie beriefen sich auf das mosaische Gesetz, das einer Witwe, die kinderlos geblieben war, vorschrieb, die Frau ihres Schwagers zu werden. Sie brachten das Beispiel einer Frau, die hintereinander die Gattin von sieben Brüdern geworden war. Wessen Frau würde sie nun bei der Auferstehung sein? Und Christus antwortete: «Ihr irrt euch; ihr kennt weder die Schrift noch die Macht Gottes. Denn nach der Auferstehung werden die Menschen nicht mehr heiraten, sondern sein wie die Engel im Himmel.»[34]

---

31 *Gli Angeli buoni e cattivi*
32 *Summa theologica,* I, q 51, a 2
33 Tob 12,19

Eine solche Antwort müßte die Debatte über diese Frage definitiv verstummen lassen; wenn dies nicht der Fall ist, so ist dafür vielleicht ein Abschnitt aus dem Buch Genesis[35] verantwortlich, wo berichtet wird, daß sich die Gottessöhne mit den Menschentöchtern eingelassen und diese ihnen Kinder geboren hatten. Manche Kirchenväter beriefen sich auf diese Stelle und auf eine apokryphe, alttestamentliche Schrift, *Das Buch Henoch*, um den Abfall der Engel einer fleischlichen Sünde zuzuschreiben. Das ist jedoch eine unglückliche, mißlungene Interpretation des Ausdrucks «Gottessöhne», der hier nicht die Engel meint. Diese Interpretation ist um so irriger — wie der hl. Johannes Chrysostomus[36] betont — als die Natur der Engel die Möglichkeit einer fleischlichen Sünde ausschließt. Es war gerade das Fleisch, die Materie, die den Seraph Luzifer so sehr mit Abscheu und Entsetzen erfüllte, daß er sich weigerte, Christus, den Gott-Menschen, anzubeten und seine heilige Mutter zu verehren.

Diese geistige Natur der Engel hindert sie nicht daran, als körperliche Wesen in Erscheinung zu treten. Da die Körperlichkeit ihnen fremd ist, können sie eine Gestalt annehmen, die sie besonders mögen: männlich, weiblich, ja auch kindlich. Manche Theologen meinen, daß ein Engel das Gesicht eines Mannes annimmt, um damit seine hilfreiche und schützende Kraft auszudrücken; daß er das Gesicht einer Frau annimmt, wenn er zeigen möchte, daß die Engel für die Menschen mütterliche Zärtlichkeit empfinden, und um die Jungfrau Maria, die Königin der Engel, zu ehren. Wenn sie die Gestalt von Kindern annehmen, so tun sie dies nach Ansicht einiger Theologen, um die Kindheit Christi zu ehren, und um daran zu erinnern, daß sie genauso wie wir, Kinder Gottes sind. Auf diese Weise erschienen dem hl. Franziskus, der hl. Franziska Romana und der hl. Katharina Labouré ihre Schutzengel. Übrigens stellte Katharina während der zweifachen Erscheinung ihres Schutzengels und der Muttergottes in der rue du Bac am 18. Juli 1830 fest, daß das Kind, das ungefähr vier Jahre alt war, dessen ungeachtet «wie ein

34 Mt 22,29f; Mk 12,24f; Lk 20,34-36
35 Gen 6,1-4
36 Homilie 22 über das Buch Genesis

Mann und mit äußerst starken Worten sprach», als es darum ging, die junge Ordensfrau von der Identität der «Besucherin» zu überzeugen[37].

Haben die Engel Flügel?

Da die Engel als reine Geistwesen keinen Körper haben, gibt es keinerlei Grund, warum sie Flügel haben sollten. Ihre Bewegungen gehen mit Gedankenschnelle vor sich, denn sie unterliegen nicht den Gesetzen der Materie. Ihnen Flügel zuzuschreiben bedeutet, auf symbolische Weise ihre Geschwindigkeit und ihren himmlischen Wohnort auszudrücken.

Das Alte Testament beschrieb die Engel oft als geflügelte Wesen, was einige Exegeten als eine Anleihe aus der babylonischen Mythologie, als eine «Rückgewinnung» von Wesen, die die heiligen Stätten bewachen, interpretiert haben. Wie dem auch sei, erst später, im 4. Jahrhundert, versieht die altchristliche Ikonographie die Engel mit Flügeln. Die früher weitverbreitete Auffassung, daß es sich hier um eine Verchristlichung heidnischer Gottheiten nach Art der geflügelten siegreichen Scharen von Samothrake handelte, ist heute umstritten. Das späte Kaiserreich, das die traditionellen Bilder des Gottes Hermes, dem oft Engel beigesellt wurden, beibehielt, versah die Engelwesen mit den kleinen Flügeln, die Merkur-Hermes, der Bote des Olymp, an den Fersen hatte. Das Bild der geflügelten Engel ersetzte schnell die ursprünglichen Bilddarstellungen, auf denen die Engel als junge, weißgekleidete, strahlende Männer zu sehen waren.

Die Seraphim, die in der Engelhierarchie am höchsten stehen, werden in der mittelalterlichen Malerei mit sechs Flügeln gemalt, so wie es bei Jesaja steht: «Seraphim standen über ihm. Jeder hatte sechs Flügel: Mit zwei Flügeln bedeckten sie ihr Gesicht, mit zwei bedeckten sie ihre Füße, und mit zwei flogen sie.»[38]

---

37 Geschriebener Bericht, den die hl. Katharina Labouré über die Erscheinungen in der rue du Bac auf Bitten ihrer Vorgesetzten am 30. Oktober 1876 verfaßte. Zitiert von Abbé Laurentin in seinem Buch *Vie de sainte Katharina Labouré.*

38 Jes 6,2

Die Flügel, mit denen sie sich das Gesicht bedecken, bezeugen die unermeßliche Majestät Gottes, deren Glanz nicht einmal die höchststehenden Engel zu ertragen vermögen.

Sind die Engel schön?

Mit der Schönheit der Engel ist es wie mit allem, was den Bereich ihrer körperlichen Erscheinungsweisen anbetrifft: sie ist eine Anleihe. Aber diese Anleihe ist nicht überflüssig, da sie den unbeschreiblichen Glanz ihrer durch Gottes Gnade verherrlichten Natur in eine für uns verständliche Sprache übersetzt. Was heilig und vollkommen ist, kann nicht anders als vollendet schön sein. Alle christlichen Mystiker stimmen daher von Jahrhundert zu Jahrhundert darin überein und preisen die Schönheit der Engel.

Die hl. Gertrud beschreibt ihren Schutzengel als «einen edlen Fürsten, der so üppig geschmückt ist, daß man ihn mit keiner irdischen Schönheit vergleichen kann». Die hl. Angela von Foligno, die an Erscheinungen Christi gewöhnt war und glaubte, für alle anderen himmlischen Visionen unempfänglich zu sein, ist überrascht, daß sie so viel Freude und Bewunderung angesichts des Hofstaates der Engel verspürt. Der hl. Johannes vom Kreuz, der in vertrauter Gemeinschaft mit seinem Schutzengel, dem er den Namen Lauriel gegeben hatte, lebte, sagte von ihm, daß er göttlich schöne Flügel habe, die strahlender als die Sonne seien. Sein Engel sei weiß gekleidet, trage auf dem Haupt eine Krone und ein Kreuz auf der Stirn. Am Ende des vergangenen Jahrhunderts stöhnte die kleine italienische hl. Gemma Galgani, die ihren Schutzengel stets sah: «Wie ist er schön!» 1910 beschrieb ein heiligmäßiger Priester, Abbé Lamy, der zugleich auch beständig in Kontakt mit der geistigen Welt stand, seinen Schutzengel wie folgt: «Mein Schutzengel hat einen ziemlich runden Kopf, eine sehr schöne Gestalt, schwarze, gelockte Haare.» Abbé Lamy gründete später einen marianischen Wallfahrtsort.

Hätten diese Menschen nicht nach dem Beispiel des unermüdlichen Abbé Lamy eine über jeden Verdacht erhabene seelische Ausgeglichenheit besessen, so könnte man vielleicht daraus schließen, daß sie ihren Schutzengeln jene Züge und Charakteristika zugeschrieben hätten, die mit ihren eigenen Wünschen und Sehnen in Übereinstimmung stand. Der Glaube sieht darin eher das Zeichen der Fürsorglichkeit der Engel, die den Menschen gerne ein Antlitz zeigen möchten, das ihrem Fassungsvermögen entspricht.

Wie alt sind die Engel?

Als geistige Geschöpfe stehen die Engel nicht unter dem Gesetz des Todes, dem alle materiellen Geschöpfe unterliegen. Sie leben in der Ewigkeit; ihr Sein ist außerhalb der Zeit und sie kennen die Vergänglichkeit des Alterns nicht. Auf diesen Zustand spielt Jesus an als er den Sadduzäern sagte: «Die aber, die Gott für würdig hält, an jener Welt und an der Auferstehung von den Toten teilzuhaben, werden dann nicht mehr heiraten. Sie können auch nicht mehr sterben, weil sie den Engeln gleich und durch die Auferstehung zu Söhnen Gottes geworden sind.»[39]

Aufgrund des zweifachen Privileges der Unsterblichkeit und der Ewigkeit, erfreuen sich die Engel einer unvergänglichen Jugend. «Die Jungen», lautet einer der Titel, den die Hl. Schrift ihnen gibt. Der Smaragd, von dem Luzifer bei Ezechiel[40] umgeben ist, ist der Stein der ewigen Jugend. Zunächst symbolisiert dieser Stein jedoch, daß die Gott treu gebliebenen Engel, künftig niemals mehr Seine Gnade verlieren können.

Welche Kleidung tragen die Engel?

Genau genommen ist das Gewand der Engel nur eine Art Requisite, die die leibliche Erscheinung, derer sie sich manchmal bedienen, bekleidet. Aber wie jedes andere Detail bei den Engelerscheinungen, so ist auch die Kleidung sehr symbolträchtig. Das will auch Pseudo-Dionysius begreifbar machen, wenn er schreibt: «Die göttliche Weisheit gibt den Geistern Kleider und wappnet ihre Hände mit verschiedenen Gerätschaften.»[41]

---

39 Lk 20,35f
40 Ez 28,13
41 Pseudo-Dionysius lebte im 4. Jahrhundert, war ein byzantinischer Mönch und Verfasser einer grundlegenden Abhandlung über die Engellehre: *Die himmlische Hierarchie*. Er wurde lange Zeit mit Dionysius, dem Areopagiten — einem Schüler des hl. Paulus — verwechselt.

Der hl. Gregor von Nazianz sagt unter Bezugnahme auf die Bibel, daß die Engel gewöhnlich weiß gekleidet seien — ein Ehrenzeichen für ihre vollkommene Reinheit.

Der Engel, der am Ostermorgen den Frauen die Auferstehung Jesu verkündet, trägt ein Gewand «weiß wie Schnee.»[42] Noch interessanter ist ein Detail, das bei Lukas steht. Er spricht von «leuchtenden Gewändern.»[43] Dieses leuchtende Gewand erschüttert auch den römischen Hauptmann Kornelius, der dem neuen Glauben gegenüber aufgeschlossen ist, und dem ein Engel rät, nach Petrus schicken zu lassen und um die Taufe zu bitten.[44]

Dieses Weiß hat aber nichts mit dem irdischen Weiß gemeinsam, versuchte Bernadette Soubirous zu erklären, als sie das Kleid U.L.F. von Lourdes beschrieb. Pseudo-Dionysius hat sicher Recht, wenn er von Gewändern aus «Feuer und Licht» spricht. «Das strahlende, ganz aus Feuer gebildete Gewand stellt aufgrund der symbolischen Bedeutung des Feuers und der Fähigkeit, die die Engel hinsichtlich der Erleuchtung besitzen, die Übereinstimmung zwischen den Engeln und der Gottheit dar — gerade weil ihr Erbteil im Himmel, dem Land des reinen, klaren Lichtes ist.»

Das Gewand aus Feuer und Licht ist also zuerst ein Widerschein der Engelnatur, die beständig in das göttliche Licht eingetaucht ist.

Dieses blendende Weiß wird in der frühen Ikonographie der orientalischen Kirchen zu glühendrotem Purpur. Es stimmt, daß Dionysius, als er den Erzengel Michael und die himmlischen Heerscharen malte, sie mit einer byzantinischen Uniform und einem «feuerfarbenen, blauvioletten und schwefelgelben» Harnisch bekleidet.

Gregor von Nazianz fügt noch einen goldenen Gürtel hinzu und erklärt, daß dieser Gürtel Symbol des Eifers und der Keuschheit sei. Der hl. Basilius bezieht sich auf Ezechiel[45] und führt alle Edelsteine auf den Gewändern der Engel an. Jedem Edelstein ordnet er eine Tugend zu. Der Saphir ehrt die Reinheit, der Kristall die Transparenz

42 Mt 28,3 und Mk 16,5
43 Lk 24,4
44 Apg 10,30
45 Ez 28,13

des Seins, der Hyazinth die Vereinigung mit Gott, der Smaragd die ewige Jugend der Gnade.

Die Schriften der Mystiker und die Privatoffenbarungen lassen manchmal mit viel Poesie vermuten, daß die «Mode» im Paradies nicht so festgelegt und unbeweglich ist wie es den Anschein hat.

Der Schutzengel der hl. Franziska Romana trägt eine weiße Tunika mit blauen und roten Streifen. Abbé Lamy schaut Gabriel und andere Engel, deren «Oberkörper ganz mit unregelmäßigen, mosaikförmigen Goldplättchen bekleidet sind, die hier und dort glitzernd funkeln. Ein stetes Wogen geht durch diese Goldplättchen. Das Licht empfangen sie von Gott.»

Anfang dieses Jahrhunderts erkannte die deutsche Mystikerin Mechthild Taller die Engel der verschiedenen Chöre und die Äußerungen, die sie ihr zu offenbaren wünschten, anhand der Farben ihrer Gewänder. Die Schutzengel der Sünder trugen dunkelblaue oder dunkelgrüne Kleider; ein Symbol für die Trauer, die sie empfanden, weil ihre Schützlinge so wenig auf sie hörten. Seit Dionysius bestand die Überzeugung, daß die Engel priesterliche Gewänder tragen. Auch Mechthild Taller sah sie so.

Schuhe tragen die Engel niemals; dennoch werden ihre Füße nie schmutzig.

Manche Künstler scheuten sich nicht, die Engel nackt zu malen. Dies ist als Symbol ihrer vollendeten Unschuld und ihrer unverletzbaren Reinheit zu verstehen. Als Bischof Cauchon Jeanne d'Arc fragte, ob der hl. Erzengel Michael ihr nackt erschiene, hatte er allerdings sicher nicht diese Vorstellung von Keuschheit im Sinn... Es handelte sich um eine listige Frage, durch die der Prälat hoffte, Jeanne d'Arc der Hexerei und des Teufelspaktes beschuldigen zu können. Sie stellte in aller Ruhe eine kecke Gegenfrage: «Von seinen Gewändern weiß ich nichts, aber glauben Sie nicht, daß Gott es nicht vermöchte, ihn zu bekleiden?»[46]

46 Quicherat, *Procès de condamnation et de réhabilitation de Jeanne d'Arc, dite la Pucelle.*

Wo leben die Engel?

Man könnte versucht sein, darauf sofort zu antworten: im Himmel — ohne genauer zu präzisieren, da der Himmel im religiösen Verständnis nicht geographisch zu lokalisieren ist. Es stimmt, daß der Himmel, das Paradies, der normale «Wohnsitz» der nicht abgefallenen Engel ist. Dennoch stimmen die Theologen, angefangen bei Ambrosius und Hilarius, darin überein, daß eine sehr große Engelzahl beständig im «Ausland» — wenn man so sagen will — oder auf «Berufsreise» ist. Das sind die Schutzengel der lebenden Menschen und die Mächte, die sich darum kümmern, daß die Elemente und das Universum einen guten Lauf nehmen. «Die ganze Luft ist mit Engeln erfüllt», sagt der hl. Johannes Chrysostomus.

Die geistige Natur des Engels gestattet es ihm jedoch, sich gedankenschnell zu bewegen, auch wenn er nicht die Gabe der Ubiquität besitzt. Vor allem aber sind die Engel niemals vom Himmel abwesend, da sie niemals, wo immer sie auch sein mögen, die visio beatifica, die Schau Gottes, verlieren. Die Engel verbinden, was dem Menschen unvereinbar zu sein scheint: die Kontemplation und die Aktion. Der hl. Thomas von Aquin schreibt, daß diese Aktion gerade aus der Kontemplation entspringt, da die Engel die Pläne Gottes, die sie in Gott geschaut haben, in der Welt verwirklichen.[47] Diese thomistische Theorie gründet solide auf dem Evangelium.

«Ich bin Gabriel, der vor Gott steht»[48], sagt der Erzengel zu Zacharias, als er ihm verkündet, daß er Vater werden wird. Die Verwendung des Präsenz ist nicht zufällig. Auch wenn Gabriel derzeit real im Tempel zugegen ist, steht er doch zugleich vor dem Thron des Allerhöchsten.

Es handelt sich hier nicht um ein fürstliches Vorrecht, das die drei großen Seraphim des himmlischen Hofstaates, Michael, Gabriel und Raphael haben, sondern um ein Recht, das sich auf die ganze Engelwelt bis hin zum letzen Schutzengel ausdehnt. Jesus sagt es: «Hütet euch davor, einen von diesen Kleinen zu verachten! Denn ich

---

47 *Summa theologica*, I, q 110, a 1, 2, 3, 4 und 5
48 Lk 1,19

sage euch: Ihre Engel im Himmel sehen stets das Angesicht meines himmlischen Vaters.»[49]

Diese innerweltliche Anwesenheit der Engel entspricht einer Notwendigkeit: dem Wirken der abgefallenen, aus dem Himmel vertriebenen Engel entgegenzuarbeiten, denn die meisten dieser abgefallenen Engel sind nicht verpflichtet, in der Hölle zu bleiben.

Wie geschieht die Kommunikation unter den Engeln?

Die Menschen können sich nur mittels materieller Dinge verständigen: Wort, Schrift, Gesten und Zeichen.

Da die Engel keinen Leib haben, haben sie auch keine Stimme und selbst die Stimme, die sie bei Erscheinungen annehmen, ist nicht ihre eigene. Sie können auch weder schreiben, noch sich mittels Gesten verständigen — zumindest nicht in ihrer Engelnatur. Trotzdem ruft der hl. Paulus aus: «Wenn ich in den Sprachen der Menschen und Engel redete, hätte aber die Liebe nicht, wäre ich dröhnendes Erz oder eine lärmende Pauke.»[50]

Demzufolge gibt es also eine Sprache, die den Engeln eigen ist und die folgerichtig der unseren überlegen ist.

Die Engel stehen mit Gott, mit den Menschen und untereinander im Dialog.

In der geistigen Ordnung reißt ihr Gespräch mit Gott niemals ab, wenngleich Gott diesen Dialog nicht braucht, um alles von seinen Geschöpfen zu wissen. Gregor der Große meint, daß die Engel durch ihre Danksagungsgesänge und ihre zarte und brennende Sehnsucht mit der sie mehr von seinem Licht und seinem Glanz zu erkennen hoffen, zu Gott reden, und daß sie ein zusätzliches Motiv haben, mit ihm zu sprechen, wenn sie ihm Rechenschaft über die Sendung, die sie bei den Menschen erfüllt haben, ablegen und ihm die Gebete der Menschen übermitteln.

Die Gespräche, die die Engel untereinander führen, sind ebenfalls rein geistig. «Denn zu einem anderen zu sprechen ist nichts anderes als: das Wort des Geistes dem andern kundtun.»[51]

---

49 Mt 18,10
50 1 Kor 13,1
51 *Summa theologica*, I, q 107, a 1

Für den hl. Thomas handelt es sich um einen Vorgang, der einer Gedankenübertragung vergleichbar ist. Ein Willensakt genügt, damit zwei Engel miteinander in einen Dialog treten, mögen sie auch noch so weit voneinander entfernt sein. Der Gedanke des einen wird für den anderen «lesbar» und durchsichtig; für alle anderen, denen die Botschaft nicht zugedacht ist, bleibt er jedoch verborgen.[52]

In der Hierarchie der Engel sprechen die niederen Engel mit den höheren und die höheren mit den niederen. Die Engel der höheren Chöre belehren die Engel der niederen Chöre über die göttlichen Mysterien, die ihnen nicht unmittelbar einsichtig sind und beauftragen sie, Gottes Willen auszuführen — und die Engel des letzten Ranges legen darüber Rechenschaft ab.[53]

Nur wenige Menschen pflegen bewußt das Gespräch mit den Engeln und trotzdem besteht diese Kommunikation unablässig. Wie aber verhalten sich die Engel dabei?

Der hl. Thomas von Aquin drückt es in seiner mittelalterlichen philosophischen Sprache so aus: «Die Engel wirken in uns durch Rütteln, das sie den Lebewesen abgeschaut haben.»[54]

Aufgrund seiner zweifachen Natur, die geistig und fleischlich ist, verfügt der Mensch über genügend Geist, um gegenüber den Realitäten der unsichtbaren Welt nicht völlig taub und blind zu sein; zugleich besitzt er aber auch zuviel Materie, um sich mit Wohlgefallen in einer Dimension zu bewegen, die noch nicht die seine ist. Deshalb gelangt die Stimme der Engel, die die Stimme Gottes ist, zum Menschen, ohne daß er sie immer zu identifizieren vermag.

Ein Kommentator — Kardinal Journet — sagte: «Eine plötzliche Eingebung wird uns öfter als wir denken von unserem Schutzengel in unser Ohr gehaucht.»

Diese Art der Kommunikation ist die gewöhnlich Art. Sie geschieht durch Vorschläge, die uns auf einer so geheimen Ebene unseres Gewissens gemacht werden, daß wir sie nicht durch unsere eigenen Überlegungen erkennen können. Daher meinen wir, daß sie von uns selber kommen.

---

52 *Ibid.*, I, q 107, a 5 I, q 107, a 1 und q 108, a 1 und 2
53 *Summa theologica*, I, q 107, a 1 und q 108, a 1 und 2
54 *Ibid.*, I, q 140, a 3

Eine weitere Art der Kommunikation hat erleuchtenden Charakter. Die Eingebung und die Erleuchtung geschehen mit großer Kraft. Sie sind nicht mit dem natürlichen Gedankenprozeß zu verwechseln, sondern sie tragen deutlich die Spur des seligen Engels, der sie in uns wachgerufen hat. Diese unverwechselbare Prägung ist das Siegel der Authentizität des Gespräches; noch stärker ist es, wenn es als klare Antwort auf eine im Gebet ausgesprochene Frage oder Bitte erscheint und wenn sich diese Antwort mit einer langen Erfahrung von Gebet und Kontemplation vereint.[55]

Eine aus dem Judentum übernommene Glaubensüberzeugung besagt, daß die Schutzengel der Völker die Urheber der Nationalsprachen sind.

Wie erscheinen uns die Engel?

Die Engel können genauso wenig wie die Dämonen unmittelbar auf unsere Seele und unseren Willen einwirken, da diese für alles, was nicht Gott ist, verschlossen sind. Eine Ausnahme bildet die Todsünde, die den Menschen dem Teufel überliefert.

Es ist für die Engel jedoch eine Leichtigkeit, mittels sichtbarer Erscheinungen auf unsere Sinne und unsere Einbildungskraft einzuwirken. Johannes vom Kreuz, der dies selbst erfahren hat, beschreibt es so: «Bei Menschen, die im geistlichen Leben fortgeschritten sind, kommt es häufig vor, daß sie Menschen und Gestalten aus dem Jenseits wie z.B. Heilige oder Engel (gute wie auch gefallene Engel) sehen und von irgendeinem außergewöhnlichen Licht erleuchtet werden. Manchmal vernehmen sie ungewohnte Worte, die von den ihnen erscheinenden Personen, oder von anderen Personen, die sie nicht sehen, ausgesprochen werden. Ein andermal nimmt ihr Geruchssinn sehr angenehme Düfte wahr, ohne daß sie jedoch wissen, woher diese Wohlgerüche kommen. Mit dem Geschmackssinn ist es ähnlich.»[56]

Diese Wirkweise wird *more humano* genannt (menschliche Weise).

---

55 *Ibid.*, I, q 111, a 1
56 Johannes vom Kreuz, *Der Aufstieg zum Berge Karmel*

Die andere Wirkweise wird *more angelico* genannt (engelhafte Weise).

Letztere kann ihr Wirken auf die materielle Welt in einer für uns sichtbaren Weise ausüben. So läßt sich z.B. der geheimnisvolle Wind erklären, der am 11. Februar 1858 die Ufer des Baches von Lourdes aufwühlte, ohne jedoch die Bäume in Bewegung zu versetzen. Das Sonnenwunder von Fatima, das sich am 13. Oktober 1917 ereignete, läßt sich ebenfalls so erklären.

Eine andere Wirkweise der Engel geht unmittelbar auf die Sinne eines Sehers und bewirkt dort, was allgemeinhin eine Erscheinung genannt wird. Anders gesagt: sie bewirkt «alle spürbaren Erscheinungen bei einer Person oder einem Lebewesen, deren Zustandekommen in den jeweiligen Umständen, in denen sie sich ereignen, nicht durch den natürlichen oder gewöhnlichen Lauf der Dinge zu erklären sind.[57]»

Diese Einwirkung kann so heftig sein, daß der Seher seiner Sinne nicht mehr mächtig ist: es kann eine Ekstase hervorrufen.

Eine Erscheinung, die *imaginativ* genannt wird, ist nicht das Produkt eines getäuschten Geistes, sondern besagt, daß sich ein Engel unserer Vorstellungskraft, unseres Gedächtnisses, unserer Leidenschaften bedient. Zu dieser Art werden auch die Erscheinungen in Träumen gezählt.

Am häufigsten kommt die *nicht spürbare* Wirkweise vor; sie ist die gewöhnlichste Wirkweise und verschmilzt so mit unseren eigenen Gedanken, daß sie uns ganz natürlich erscheint.

Gott hat also seine Engel mit allen Gaben überhäuft; diese Vollkommenheit, diese Vortrefflichkeit verkündet die Bibel, wenn sie sie einfachhin mit dem Namen *Kräfte* bezeichnet. Eine Kraft («virtus») ist im ursprünglichen Sinn des Wortes ihrem Wesen nach eine besondere Qualität, die die Vollkommenheitsstufe eines Wesens ausmacht, sowie eine Energie, die dieses Wesen besitzt, um die ihm eigenen Akte hervorzubringen. Das lateinische Wort *virtus* läßt sich mit Mut, Tapferkeit übersetzen — eine Qualität, die in den Augen der Römer dem Menschen (*vir*) wesenhaft eigen ist.

---

57 *Dictionnaire de théologie catholique*

Die den Engeln eigene Fähigkeit macht es ihnen möglich, Gott vollendet zu dienen. Das also ist ihr einziges Ziel, ihre einzige Beschäftigung, die auch alle ihre Interventionen rechtfertigen.

Die Engel sind die Boten Gottes

Genau das ist auch auf hebräisch und griechisch die etymologische Bedeutung ihres Namens. *Malaak* — *Malachim* im Plural — bedeutet «Träger einer Botschaft». Die griechische Übersetzung der Septuaginta verwendet natürlich das Wort *angelos*, dessen Wurzel auf die Bedeutung von «Nachricht», «Information» und daher auch auf «Bote» verweist.

Der hl. Augustinus ruft es im 4. Jahrhundert, als die christliche Bedeutung des Wortes ihren ursprünglichen Sinn zu verlieren beginnt, seinen Lesern wieder ins Gedächtnis:

«Engel bezeichnet die Aufgabe und nicht das Wesen. Du fragst wie dieses Wesen heißt? Geist.

Du fragst nach der Aufgabe? Engel.

Nach dem, was er *ist*, ist er ein Geist. Nach dem was er *tut*, ist er ein Engel.»[58]

Alle Engel — sogar die Fürsten der Seraphim — erhalten eines Tages die Aufgabe, ein Bote, ein Botschafter Gottes bei den Menschen zu sein, wie es Gabriel, der gewiß nicht einer der niederen Geister ist, mit seinem Besuch in Nazareth[59], beweist oder auch Raphael, der sich selbst als «einer der sieben heiligen Engel, die ... vor die Majestät des heiligen Gottes treten»[60] dem Tobias und dessen Familie offenbart.

Pseudo-Dionysius beruft sich auf die ersten Kirchenväter und deren theologische Lehre, als er nicht zögert, die Engel als Initiatoren zu sehen, die die Menschheit in die göttlichen Mysterien einweihen. «In der Zeit, die dem Gesetz vorausging und selbst während der Zeit des Gesetzes haben die Engel unsere Väter zu den göttlichen Wirklichkeiten geleitet, indem sie ihnen Verhaltensregeln vorschrieben und ihnen die heiligen Ordnungen enthüllten, die geheimen Visio-

58 *Der Gottesstaat*
59 Lk 1,26
60 Tob 12,15.

nen der Mysterien, die nicht von dieser Welt sind, oder verschiedene Prophezeiungen.»[61]

Aber der Besuch und die Unterweisung eines Engels sind kein Selbstzweck. Sein einziges Ziel ist es — so sagt der hl. Bernhard — die Begegnung der Seele mit Gott vorzubereiten und dann, wenn sich diese Begegnung vollzieht, ganz in den Hintergrund zu treten so wie sich der Unterhändler einer königlichen Hochzeit an der Tür des Brautgemaches entfernt.

Den Menschen das Wort Gottes zu bringen ist par excellence die Aufgabe der Engel, aber das ist nur *ein* Aspekt ihres Wirkens, das sie unablässig im Dienst des Schöpfers vollbringen.

Der hl. Augustinus bekräftigt: «Alle Engelgeschöpfe dienen Christus».[62]

Dieser Dienst besteht in einer Verbindung der höheren geistigen Geschöpfe mit dem göttlichen Herrschertum. Gott zeigt seine Herrscherpläne auf und gibt den Seraphim auf direktem Weg seine Anweisungen; darauf beschränkt sich sein Wirken. Die Ausführung seiner Pläne vertraut er den Engeln an. Diese erstatten ihm unablässig Bericht, damit er sie leitet und erleuchtet. «Sind sie nicht alle nur dienende Geister?», fragt Paulus.[63] «Jedes sichtbare Geschöpf wird durch das Wirken eines himmlischen Geistes geleitet.»[64]

«In der sichtbaren Welt wird alles durch die unsichtbaren Geschöpfe regiert.»[65]

Diese Aussagen sind Grundlage für den Glauben an die Schutzengel — von den höchsten, die den Lauf der Sterne und Planeten leiten, bis hin zu jenen Schutzengeln, die die Menschen beschützen.

Es ist nämlich Aufgabe der Engel zu schützen.

Da die Engel sich bereits der visio beatifica erfreuen, können sie für sich selbst keine Verdienste mehr ansammeln, wie groß ihr Verlangen danach auch sein könnte. So sagte einer von ihnen zu Mechthild Thaler: «Wenn es uns möglich wäre, die Menschen um etwas zu

---

61 Pseudo-Dionysius, *Die himmlische Hierarchie*
62 *Der Gottesstaat*
63 Hebr 1,14
64 Augustinus, *Der Gottesstaat*
65 Gregor d. Gr.

beneiden, so würden wir sie beneiden, daß sie für die Ehre Gottes leiden können...»

Da sich die Engel nicht für die Liebe, die Gott ist, aufopfern können, ist es ihr ganzes Anliegen, daß die göttliche Ehre durch die Menschheit vergrößert wird. Es ist ihnen aber auch deshalb ein Anliegen, weil sie von einer unermeßlichen Nächstenliebe und von einem tätigen Mitleid für die Menschen erfüllt sind. Sie wissen, daß sie gemeinsam mit uns eine einzige Gottesstadt[66] bilden und setzen sich mit ihrer ganzen Kraft dafür ein, daß die Zahl der Bürger dieser Stadt zunimmt.

Die Engel tragen die Gebete der Menschen zu Gott empor

Obwohl Tobit und seine Familie von dem unbegreiflichen Unheil ganz niedergeschlagen sind, lehnen sie sich jedoch keineswegs gegen Gott auf, sondern preisen ihn auch weiterhin voll Langmut und befolgen seine Gebote. Die junge und schöne Sara, die von einem Dämon verfolgt wird, der darauf versessen ist, sie an der Gründung einer Familie zu hindern, gibt sich ihrerseits ebenfalls ganz dem Himmel anheim. Nachdem Gott sie genug geprüft hat, greift er ein und setzt ihren Prüfungen ein Ende, indem er Raphael zu ihnen sendet. Es ist ein entscheidendes, wunderbares Eingreifen. Warum aber kam es zu diesem Eingreifen; welches Ereignis bewog den Erzengel, seine machtvolle Hilfe einzusetzen? Bevor er wieder zum Thron Gottes emporsteigt, spricht Raphael darüber: «Darum sollt ihr wissen: Als ihr zu Gott flehtet, du und deine Schwiegertochter Sara, da habe ich euer Gebet vor den heiligen Gott gebracht. Und ebenso bin ich in deiner Nähe gewesen, als du die Toten begraben hast. Auch als du ohne zu zögern vom Tisch aufgestanden bist und dein Essen stehengelassen hast, um einem Toten den letzten Dienst zu erweisen, blieb mir deine gute Tat nicht verborgen, sondern ich war bei dir. Nun hat mich Gott auch gesandt, um dich und deine Schwiegertochter Sara zu heilen.»[67]

---

66 Augustinus
67 Tob 12,12-14

Die Engel sind par excellence die Wesen, die die Gebete der Gerechten vor Gott bringen und sie mit ihrer eigenen Heiligkeit noch reicher machen. Diese im Alten Testament anzutreffende Gewißheit findet sich auch im letzten Buch des Neuen Testamentes: «Und ein anderer Engel kam und trat mit einer goldenen Räucherpfanne an den Altar; ihm wurde viel Weihrauch gegeben, den er auf dem goldenen Altar vor dem Thron verbrennen sollte, um so die Gebete aller Heiligen vor Gott zu bringen.»[68]

Clemens von Alexandrien schließt daraus, daß der Mensch, selbst wenn er allein betet, mit dem Gebet der Engelchöre verbunden ist, und Origenes ist der Auffassung, daß die Engel sich um jene scharen, die beten, um dadurch diese Gebete mit den ihren zu vereinen. «Denn wenn sie in den Himmel aufsteigen, so tun sie dies, um unsere Gebete hinaufzutragen; wenn sie herabsteigen, so deshalb, um uns Gottes Geschenke zu bringen.»[69]

Damit vollbringen sie ein priesterliches Werk und so ist auch die ikonographische Tradition gerechtfertigt, die sie mit liturgischen Gewändern darstellt.

Nach einer alten, tiefverwurzelten Tradition ist das Gebet der Engel aber vor allem ein ewiger Lobgesang.

Sind die Engel Musiker?

«Die Engel umgeben Gottes Thron und lobpreisen die göttliche Majestät auf vollendete Weise; sie sind nach Abertausenden zu zählen. Sie sind ganze Armeen, flammende Chöre, ohne Fehl und Makel vom ersten Augenblick ihrer Existenz; sie sind das Volk der Erstgeborenen Gottes, ein funkelnder Chor von Sternen, die durch den Allerhöchsten rund um Seinen Thron am Firmament entzündet wurden.»[70]

Es ist die Schuldigkeit der ganzen Schöpfung, die Herrlichkeit des Schöpfers zu feiern, wozu auch der Psalmist unablässig auffordert. Und dies ist auch eine der Aufgaben der Engel. Ijob sagt, daß die Engel mit dem ersten Augenblick der Schöpfung voll Staunen bei

---

68 Offb 8,3 f
69 Origenes, *Gegen Celsius*
70 Gregor von Nazianz

der Entstehung der Erde zugegen sind und sie mit ihren Jubelgesängen erfüllen: «Wohin sind ihre Pfeiler eingesenkt? Oder wer hat ihren Eckstein gelegt, als alle Morgensterne jauchzten, als jubelten alle Gottessöhne?»[71]

Diese Gesänge haben natürlich nichts mit irdischen Harmonien, so erhaben diese auch sein mögen, gemein, denn sie sind rein geistig und nicht materiell. Die Engel nehmen dazu weder Musikinstrumente, noch eine Stimme zu Hilfe. Für das menschliche Verstehen sind sie unbegreiflich. Dennoch erwähnt die Bibel den Inhalt dieser Engelgesänge.

Jesaja schaut in einer Vision wie die Seraphim rund um Gottes Thron stehen, und er hört sie rufen: «Heilig, heilig, heilig ist der Herr der Heere! Von seiner Herrlichkeit ist die ganze Erde erfüllt!»[72]

Der Evangelist Lukas beschreibt, daß in Bethlehem in der Geburtsnacht Jesu «ein großes himmlisches Heer» zugegen war, «das Gott lobte und sprach: Verherrlicht ist Gott in der Höhe und auf Erden ist Friede bei den Menschen seiner Gnade.»[73]

Und das Buch der Offenbarung richtet den Blick auf das «Konzert» der Erwählten und der Engel: «Ich sah und ich hörte die Stimme von vielen Engeln rings um den Thron und um die Lebewesen und die Ältesten; die Zahl der Engel war zehntausendmal zehntausend und tausendmal tausend. Sie riefen mit lauter Stimme: Würdig ist das Lamm, das geschlachtet wurde, Macht zu empfangen, Reichtum und Weisheit, Kraft und Ehre, Herrlichkeit und Lob.»[74]

Aus Abschnitten des Buches Jesaja und des Lukas-Evangeliums hat die Liturgie — sowohl die der lateinischen als auch die der griechischen Kirche — die Hymnen des *Gloria* und des *Sanctus,* das von den Orthodoxen das *Trishagion* genannt wird, zusammengestellt. Letzteres wird auch manchmal der seraphische Hymnus genannt, und die Exegeten verstehen es als Ausdruck eines heiligen Erschauerns, das angesichts der göttlichen Majestät selbst die heilig-

71 Ijob 38,6 f
72 Jes 6,3
73 Lk 2,13 f
74 Offb 5,11 f

sten aller Geschöpfe erfaßt. Der hl. Johannes Chrysostomus war aus Ehrfurcht vor den Seraphim der Meinung, daß ihr Gesang nur von Getauften mitgesungen werden dürfe, während das *Gloria in excelsis* auch schon von den Katechumenen mitgesungen werden dürfe, da dies der Hymnus der niederen Engelchöre sei.[75]

Neben diesen singenden Engeln spricht das Buch der Offenbarung auch von jenen sieben Engeln, die vor Gott stehen und denen sieben Posaunen gegeben werden, mit denen sie die bevorstehenden Plagen ankünden.[76]

Dennoch ist es — mit Ausnahme des Gesanges vom «Dies irae» nicht der furchterregende Aspekt, der von der Christenheit besonders in Erinnerung gehalten wird. In der Volksfrömmigkeit wie in der Ikonographie sind die Engelkonzerte unvergleichlich friedvoller und so ungetrübt, daß sie schon bald mit dem Tod der Märtyrer, der Gerechten und der Heiligen in Verbindung gebracht werden.

Aus verschiedenen Gründen werden die Engel als Führer und Verteidiger der Seelen auf dem Weg in den Himmel angesehen. Die Kirche wurde in ihrer Verfolgungszeit schon sehr bald von der unerschütterlichen Ruhe und Heiterkeit, die die Märtyrer selbst unter schlimmsten Qualen bewiesen, in Erstaunen versetzt. Wir werden von diesen Qualen schon erschüttert, wenn sie uns nur beschrieben werden. Die Kirche sah in dem ungetrübten Verhalten der Märtyrer die Auswirkung eines mystischen Phänomens, einer Gnade, die die Seele von sich selbst loslöst und die Blutzeugen für die Folter des Leibes unempfindlich macht. Diese Ekstase ist mit der Schau der Engel verbunden. «Man muß wissen, daß die seligen Geister Gott oftmals gerade dann auf wohlgefällige Weise lobpreisen, wenn die Seelen der Erwählten die Welt verlassen, damit diese, beschäftigt mit dem Hören dieser himmlischen Harmonie, nicht die Trennung von ihrem Körper spüren.»[77]

In der Passion der hl. Cäcilia, die häufig als apokryph, oder zumindest teilweise apokryph angesehen wird, heißt es, daß die junge Patrizierin in ihren Todesqualen durch den Gesang von

75 Johannes Chrysostomus, *Homilie über den Kolosserbrief*
76 Offb 8,2
77 Gregor d. Gr., *Dialoge*

Engeln getröstet wurde. Eine fälschliche Lesart des Mittelalters besagt, daß Cäcilia selbst wie ein Engel gesungen habe. Dieser poetische Irrtum machte die römische Märtyrin zur Patronin der Musiker...

Gehen die Engel «in Rente»?

Am Ende seiner großen Abhandlung über die Auferstehung des Fleisches schließt der hl. Paulus: «Danach kommt das Ende, wenn er (Christus) jede Macht, Gewalt und Kraft vernichtet hat und seine Herrschaft Gott, dem Vater, übergibt.»[78]

Die Worte «Macht, Gewalt, Kraft» bezeichnen die Engel der zweiten Rangordnung. Sie können sich jedoch auch auf die abgefallenen Engel beziehen, die ursprünglich ebenfalls diesem Engelchor angehörten. Mit größerer Wahrscheinlichkeit kann man annehmen, daß Paulus hier auf die Dämonen anspielt, wie es auch in anderen Briefen der Fall ist, wo er mit diesen Worten ganz deutlich die bösen Geister bezeichnet.[79] Es sind also die Mächte des Bösen, die Christus am Ende der Zeiten für immer unterwirft.

Trotzdem wollten einige Autoren in diesem Vers des hl. Paulus eine Anspielung auf die Engel sehen, die ihnen um so geeigneter erschien als sie ihre Thesen erhärtete. Sie stützten sich dabei immer auf die paulinische Theologie und einen Vers aus dem Hebräerbrief: «Sind sie nicht alle nur dienende Geister, ausgesandt, um denen zu helfen, die das Heil erben sollen?»[80]

So kamen sie zu dem Schluß, daß sich die Sendung der Engel auf das Jüngste Gericht beschränkt, wenn die Zahl der Erwählten vollständig ist und die Leere, die Luzifer und seine Anhänger durch ihren Abfall im Himmel hinterlassen hatten, aufgefüllt ist.

Wenn sich die Sendung der Engel darauf beschränken würde, einer möglichst großen Zahl von Menschen zum Heil zu verhelfen, ist es ganz offensichtlich, daß der Augenblick, in dem Gott alles neu machen wird[81], für sie eine unvermeidliche «technische Arbeitslosig-

---

78 1 Kor 15,24
79 Eph 2,2; Kol 2,15
80 Hebr 1,14
81 Offb 21,5

keit» nach sich ziehen würde. Ihrer Natur nach sind die Engel aber zunächst Wesen der Anbetung und der Kontemplation. Und diese Anbetung, diese Kontemplation ist ihrem Wesen nach ohne Ende. Erst als die Revolte, die Sünde und das Böse in die Schöpfung eingedrungen ist, entstand für die Engel die Notwendigkeit, die Menschen zum Heil zu führen. Wenn die ursprünglich von Gott beabsichtigte Ordnung, die von Luzifer und dann auch von der Menschheit verweigert wurde, wiederhergestellt ist, werden die Engel zur ewigen Kontemplation Gottes, zur visio beatifica, zurückkehren.

Der hl. Hilarius schreibt: «Wenn der Chor der himmlischen Kräfte und Gewalten für immer in der ewigen Seligkeit sein wird, versammelt er sich, um Gottes Lob zu singen. Die Flüchtigkeit der Jahrhunderte ist zerstoben. Die gesamte Schöpfung der Engel ist dann von der schweren Arbeit ihrer Dienste befreit. Sie feiert dann ihren Gott und atmet in gewisser Weise voll Freude und Frieden im seligen Reich der Ewigkeit auf.»[82]

Die himmlische Rangordnung wird nicht aufgelöst; Gott hat auch sie für alle Ewigkeit festgesetzt. Nur ihr Aufgabenbereich wird modifiziert: die schwer lastende Verantwortung wird erleichtert. Jedem Engelchor bleibt aber ein Aufgabenbereich, den er zu erfüllen hat.

Pseudo-Dionysius hat die himmlische Hierarchie als eine Abstufung definiert, die in drei Rangordnungen von oben nach unten, vom Gipfel bis zur Basis absteigt. Nur die Engel der höheren Chöre besitzen die notwendige intellektuelle Kapazität, die es ihnen ermöglicht, die göttlichen Mysterien unvermittelt zu erfassen. Aber diese Mysterien sind den niederen Chören dennoch nicht verborgen, wenngleich sie durch die Fürsten der Engel erleuchtet werden müssen, um sie verstehen zu können.[83] Ein Wesenszug der Engelnatur besteht überdies darin, daß sie fest, unbeweglich und keine weitere Vervollkommnung kennt, da sie auf dem Höhepunkt der ihr innewohnenden Vollendung erschaffen wurde. Ein Engel des neunten Chores wird niemals ein Seraph werden. Daher wird er immer der

82 Kommentar zu Psalm 148
83 Thomas von Aquin, *Summa theologica*, I, q 108, a 1 und 2

Hilfe der acht über ihm stehenden Chöre bedürfen, um der Größe Gottes teilhaftig zu sein.

Übrigens ist es für die Erwählten, die im neuen Jerusalem eine im Verhältnis zu ihren auf der Erde erworbenen Verdiensten stehende Erkenntnis der göttlichen Dinge erhalten, ähnlich. Mit Ausnahme einiger Heiligen, die den Seraphim gleich geworden sind, wird es im Reich Gottes eine Kette der Solidarität zwischen den Heiligen geben, die einander gegenseitig brauchen und so wird die lichtreiche Erkenntnis der einen zur Erkenntnis von allen.

Diese auf das ewige Leben hin offene Perspektive zieht geradezu obligatorisch eine letzte Frage nach sich, die man sich übrigens ganz zu Recht stellen darf.

Werden wir zu Engeln?

Eine verbreitete angelsächsische Tradition ist der niedlichen Auffassung, daß bei jedem Glockenschlag die Seele eines Gerechten Flügel erhält, die aus ihm einen vollendeten Engel machen. Allerdings muß erst noch durch eine Prüfung ermittelt werden, ob der frischgebackene Engel auch die Voraussetzungen für einen guten Schutzengel hat!

Frank Capra hat sich von dieser Legende inspirieren lassen und einen der schönsten amerikanischen Kinofilme gedreht: *Das Leben ist schön.*

Aber so niedlich diese Tradition auch sein mag, sie ist irrig, weil sie sich auf eine fälschliche Lesart der Evangelien stützt.

Es sei daran erinnert, daß Christus auf die listige Frage der Sadduzäer hinsichtlich der Lebensform der Auferstandenen antwortete: «Nach der Auferstehung werden die Menschen nicht mehr heiraten, sondern sein wie die Engel im Himmel.»[84]

Er sagt nicht, daß die Auferstandenen zu Engeln werden, sondern daß sie den Engeln ähnlich sein werden, was im Lukas-Evangelium[85] weiter ausgeführt wird. Dort heißt es, daß die Gerechten nun vom Tod befreit sein werden, denn der Tod war sowohl für die Materie als

84 Mt 22,30
85 Lk 20,36

auch für die Sünde ein Lösepreis. Sie werden aber nicht durch eine radikale Verwandlung, die aus ihnen reine Geistwesen machen würde, vom Tod befreit, sondern durch eine königliche Verherrlichung ihres Leibes, der erneuert wird, nachdem er durch die Prüfung des Todes und der Verwesung gegangen ist. Genau das verkündet der hl. Paulus: «Wir werden alle verwandelt werden — plötzlich, in einem Augenblick, beim letzten Posaunenschall. Die Posaune wird erschallen, die Toten werden zur Unvergänglichkeit auferweckt, wir aber werden verwandelt werden. Denn dieses Vergängliche muß sich mit Unvergänglichkeit bekleiden und dieses Sterbliche mit Unsterblichkeit. Wenn sich aber dieses Vergängliche mit Unvergänglichkeit bekleidet und dieses Sterbliche mit Unsterblichkeit, dann erfüllt sich das Wort der Schrift: "Verschlungen ist der Tod vom Sieg."»[86]

In der Tat, das glorreiche Geheimnis der Menschwerdung bezeichnet den unerhört bedeutsamen Platz, der dem menschlichen Fleisch, der Materie, vorbehalten ist, die wider alle Erwartung mit dem endgültigen Sieg Christi verbunden wurde, der sich bis hinab zu unserem Fleisch erniedrigt hat. All das ist den Geistwesen nahezu unverständlich.

Der hl. Paulus fügt noch die beunruhigende, um nicht zu sagen skandalöse Aussage hinzu: «Wißt ihr nicht, daß wir über Engel richten werden?»[87]

Er meint damit, daß die Menschen, die in ihrer Natur verherrlicht werden, über den abgefallenen Engeln stehen, die sich gerade gegen eine solche Verherrlichung der menschlichen Natur aufgelehnt hatten, obwohl sie deren Ausmaß nicht kannten. Dann werden die Auserwählten die Plätze und die Privilegien der gefallenen Geister einnehmen. Aber es handelt sich nicht darum, daß wir nun zu reinen Geistwesen werden; die dem Menschen verheißene Größe ist noch weit grandioser. Wir werden keine Engel werden, sondern menschliche Geschöpfe bleiben, die sowohl eine geistige als auch eine fleischliche Natur besitzen; wir werden jedoch trotz dieser ursprüng-

86 1 Kor 15,51c-54
87 1 Kor 6,3

lichen Beeinträchtigung die Vollmachten und die Privilegien erhalten, die bis dahin allein der Engelnatur vorbehalten sind.[88]

Die Theologen stimmen sogar darin überein, daß sich die größten unter den Erwählten auf die Ebene der höheren Engelchöre erheben. Sie werden den Engelfürsten gleich sein und trotz ihrer materiellen Verfaßtheit die Welt der Geistwesen überragen.

Manche Theologen haben sich damit beschäftigt, eine Klassifizierung und Vorhersagen aufzustellen, die natürlich nicht nachprüfbar sind.

Die Apostel der Nächstenliebe und die von Gottesliebe entbrannten Mystiker werden ebenfalls ganz zu Recht auf der Stufe der Seraphim sein.

Die großen Lehrer, die ihre Intelligenz einzig in den Dienst der Gotteswissenschaft gestellt haben, werden der unendlichen göttlichen Erkenntnis, die in den Kerubim aufstrahlt, beigesellt werden.

Die Asketen, die mit Blick auf den Himmel alles ertragen haben, werden dann nur noch nach dem Beispiel der Thronen Gott «ertragen».

Die Demütigen, die Sanften, die Armen im Herzen werden gemeinsam mit den Herrschaften regieren.

Die großen Büßer, die über die Versuchungen und das Aufbegehren des Fleisches gesiegt haben, werden auf den Rang der Kräfte erhöht werden.

Die Weisen und die Gerechten werden inmitten der Mächte thronen.

Und die gewöhnlichen Menschen, ja selbst die von der Gerechtigkeit eingefangenen Sünder werden sich die Plätze unter den Erzengeln und Engeln teilen und das wird für die meisten von ihnen unendlich mehr sein als sie eigentlich verdienen...

---

88 *Summa theologica* I, q 108, a 8

3. Bürgerkrieg im Paradies

Gott hat es also gefallen, die Engel zu erschaffen; er schenkte ihnen große Vollkommenheit und überhäufte sie mit Gnaden. Sie sind unzählig und dennoch besitzt jeder Engel seine eigene Persönlichkeit, die nicht mit der eines anderen verschmelzen kann. So viel Verschiedenheit und Glanz hätten völlig genügt, um den Schöpfer zu preisen. Das Meisterwerk der Meisterwerke jedoch, das Wunder der Wunder, dem der Herr in diesen ersten Augenblicken der Schöpfung das Sein geschenkt hatte, ist ein Seraph. In ihm hat sich das göttliche «Genie» selbst übertroffen. Alle anderen Engel geraten angesichts dieses Fürsten außer sich vor Staunen und Bewunderung.

«Du warst ein vollendet gestaltetes Siegel, voll Weisheit und vollkommener Schönheit. Im Garten Gottes, in Eden, bist du gewesen. Allerlei kostbare Steine umgaben dich: Rubin, Topas, dazu Jaspis, Chrysolith, Karneol und Onyx, Saphir, Karfunkelstein und Smaragd. Aus Gold war alles gemacht, was an dir erhöht und vertieft war, all diese Zierden brachte man an, als man dich schuf.»[89]

Der Seraph, dieser Geist, steht bereits auf dem Gipfel der Engelhierarchie; er ist der erste im ersten Engelchor und wird unumstritten als Haupt dieses himmlischen Hofstaates anerkannt. Er hält sich unablässig und wie geblendet in der Nähe des unergründlichen Schattens, in dem Gott sich verbirgt, auf.

Er glüht vor Liebe und vor Eifer und strahlt das göttliche Licht auf die anderen Engel; durch seine erhabene Intelligenz — es ist die höchste Intelligenz, die Gott erschaffen hat — enthüllt er ihnen die göttlichen Geheimnisse, die allein er fast vollständig zu erfassen vermag.

---

89 Ez 28,12-13. Dieser Abschnitt über den Fall des Königs von Tyrus wird in der Tradition von den Exegeten auf Luzifer bezogen.

Daher hat er auch einen wundervollen Namen erhalten, der ganz eng mit der Aufgabe verbunden ist, die ihm der Allerhöchste anvertraut hat: *Luzifer*, der «Lichtträger».[90]

Aber Luzifer steht — genauso wie der letzte Engel des letzten Chores — noch nicht auf dem Höhepunkt seines Wissens, seines Eifers und seiner Herrlichkeit. Das, was er in seiner unaussprechlichen Ekstase betrachtet und woran er sich noch nicht zu sättigen vermag, ist nicht Gott, sondern Sein Abglanz. Für die Engel ist noch nicht die Zeit gekommen, das Antlitz des Allerhöchsten zu schauen. Erst am Ende einer Prüfung, von der sie nicht wissen, worin sie bestehen wird, werden sie Gott im vollen Licht erkennen.

Vom ersten Augenblick ihrer Erschaffung an haben Luzifer und seine Brüder intuitiv das Geheimnis der Dreifaltigkeit und der Menschwerdung geschaut. Dennoch verstanden sie dessen Tragweite nicht völlig. Und nun stellt Gott sie vor diese unglaubliche, unverständliche Tatsache, die für die Intelligenz der Engel nicht nachvollziehbar ist. Als Gott die Engel erschuf, erschuf er rein geistige Wesen. Als er die Welt erschuf und sie mit Pflanzen und Tieren bevölkerte, schuf er materielle Wesen, die seine anbetungswürdige Anwesenheit nicht erkennen konnten.

In der darauffolgenden Etappe hatte Gott einen neuen Plan: die Erschaffung eines «Mischlings», die Geburt eines Wesens, das eine Art Monster ist... die Erschaffung des Menschen. Ein Geist, der sich in die himmlischen Sphären zu erheben und Gottes Pläne zu erfassen vermag, der aber zugleich Gefangener eines fleischlichen Leibes ist... Ein Monster, ein schwaches Wesen. Und dennoch wird der Mensch wie sie, die Engel, ein Abbild Gottes sein.[91] Und dieses Abbild wird sogar ein getreueres Abbild sein als sie.

Ein Schauer der Betäubung erfaßt die Geister. Wie kann sich das göttliche Urbild, das so erhaben ist, daß nicht einmal die Seraphim es betrachten können oder zu betrachten wagen, sich bis zur Materie hinab erniedrigen? Ist es nicht bereits eine Gotteslästerung, daran

---

90 Manchmal wird auch der Morgenstern, der die Sonne ankündigt, Luzifer genannt. Es ist kein Zufall, daß die Muttergottes-Litaneien Maria den Titel *Stella Matutina* zueignen; dieser Titel war ursprünglich der Titel jenes Engels, der von Gott abgefallen war, weil er sich geweigert hatte, Maria als seine Königin zu grüßen.

91 Gen 1,26

auch nur zu denken? Eine befremdliche Unruhe bemächtigt sich der Intelligenz dieser ansonsten so gelassenen Geister. Materie und Geist vereint in einer einzigen Natur... Wie soll das möglich sein? Wie sollte ein solches Geschöpf, das zwischen zwei völlig unversöhnlichen Extremen ausgespannt ist, nicht untergehen? Der Mensch: ein Engel im Tierkörper... Ist das nicht ein garantierter Mißerfolg? Wie kann der Mensch, dieses unglückselige Wesen und Gefangener eines so unmäßigen Schicksals, das ihm anvertraute Geschenk ermessen: seine Fähigkeit, Gottes Plan zu verstehen?

Vor den mehr und mehr außer Fassung geratenden Engeln entrollt sich Gottes Vorhaben noch weiter. Es stimmt, daß die Materie den Menschen nach unten ziehen wird, aber seine Seele wird ihn nach oben ziehen und Gott wird ihm dabei helfen. Gott wird Mensch und vereint sich mit dem Menschen, damit der Mensch und Gott von nun an ganz eins sind.[92]

Wenn die Engel geschrien hätten, so hätte ein langer Schrei der schmerzlichen — und bei manchen auch der entrüsteten — Überraschung die himmlischen Sphären erschüttert. Dieser Gott, dessen furchterregende Herrlichkeit niemand von ihnen ertragen konnte, und dessen Heiligkeit sie unablässig im betörenden Trishagion verkündeten, dieser Gott wollte Mensch werden und sich mit dieser Menschwerdung unter die Engel erniedrigen!

In der unaussprechlichen Kommunikation der Geistwesen sprudeln fiebrige Fragen hervor. Niemand von ihnen kann das verstehen.

Am meisten schockiert und entrüstet ist niemand anderer als Luzifer. Der Fürst der Seraphim sieht sich plötzlich mit der Unergründlichkeit des Göttlichen konfrontiert; seine extreme Intelligenz versagt angesichts dieses Abgrundes, um dessen Existenz er bereits wußte, dessen Tiefe er aber noch nicht ausgelotet hatte. Er wußte, daß sein Wissen von Gott unvollständig war; auf einmal hat er aber den Eindruck, als ob sein Wissen lächerlich und fast überhaupt nicht vorhanden ist. Wenn nicht...

---

92 Für Tertullian, den hl. Cyprian, den hl. Basilius und den hl. Bernhard bestand die Prüfung der Engel, die das ewige Schicksal der himmlischen Geister entschied, in der Ankündigung der Menschwerdung und der Verheißung der hypostatischen Union, die Christus, der zugleich wahrer Gott und wahrer Mensch ist, gewährt werden sollte.

Eine erschreckende, eine unwahrscheinliche Idee tauchte flüchtig vor Luzifer auf, bevor er sie mit Entsetzen verwirft. Der flüchtige Gedanke, daß Gott sich im Irrtum befinden könnte und er, Luzifer, in der Wahrheit. Er will sich mit dem Schöpfer nicht in eine Diskussion einlassen und ihm erbebend sagen: «Das darf nicht mit dir geschehen!»[93]

Und dieser Schrei, den er so mühsam in sich verschließt, ist noch Ausdruck seiner Liebe, seines Eifers und seiner Achtung. Das darf nicht mit Gott geschehen, denn der Allmächtige soll sich nicht erniedrigen.

Neben Luzifer stellt sich auch noch ein anderer Seraph, Michael, Fragen. Luzifer spürt den Gedankenwirbel, der in der Intelligenz seines Bruders, die fast genauso erhaben ist wie seine eigene, tobt. Nach und nach spürt er auch, was Michael ihm mit derselben Glut, die der seraphischen Natur eigen ist, die aber bei ihm stärker als bei jedem anderen ist, entgegenhält: Bilder der Beruhigung, des Vertrauens, der Hingabe an Gott, der sie alle übersteigt. Es ist jene friedvolle und unerschütterliche Gewißheit, die vertraut, daß Gottes Weisheit weiß, was sie tut und wohin sie geht. «Versuch nicht zu verstehen! Akzeptiere! Akzeptiere!»[94]

Luzifer verschließt jedoch seinen Geist den Mahnungen Michaels. Ist er, Luzifer, nicht allen anderen Engeln an Intelligenz überlegen? Warum sollte es daher verwundern, daß er als einziger und schneller als alle versteht, was die Engelchöre nur langsam und dank seiner Hilfe verstehen werden?

In der Seele des schönsten aller Seraphim regt sich etwas, das noch nicht das Aufbegehren, aber bereits das arglistige Vorspiel des Zweifels ist.

Gott will Mensch werden. Diese unglaubliche, schockierende Bekräftigung ertönt die neun Engelchöre auf und ab und ruft neue Fragen, neue Aufregung hervor.

---

93 Mt 16,22

94 Thomas von Aquin nennt dies die gegenseitige Erleuchtung der Engel, die durch die vollkommene Liebe geschieht. *Summa theologica*, I, q 106, a 2.

Und siehe da; ein Bild dieses Gott-Menschen erscheint — und bei ihm ist ein menschliches Geschöpf, ein rein menschliches Geschöpf und nichts weiter: Eine einfache Menschentochter.

Die verwirrten Engel hören einen Namen, den sie niemals für möglich gehalten hätten: Mutter Gottes.

Ein Geschöpf die Mutter des Schöpfers; ein Geschöpf, das den Ungeschaffenen gebiert!

«Seht da, euren Herrn und seht da, eure Königin. Betet ihn an. Verneigt euch vor ihr.»

Luzifer betrachtet verstört diese beiden Wesen, die Gefangene der Materie sind, Gefangene dieser abscheulichen Materie, die seine engelhafte und geistige Natur mit Entsetzen und Abscheu erfüllt. Anbeten, was so furchterregend, so unendlich viel niedriger ist als er selber! Wie kann Gott, sein geliebter König, das von ihm verlangen?! Der Fürst der Seraphim hat auf einmal ein überwaches Bewußtsein von dem, was er besitzt: Schönheit, Intelligenz, Wissen, einen vollkommenen Willen, Gnade und Heiligkeit, diese unverdient erhaltenen Geschenke, die in ihm Frieden, Glück und Liebe hervorbringen. Dieser Mann und diese Frau können nichts von alldem besitzen, oder höchstens in einem so winzigen Ausmaß, daß es an ihnen nur lächerlich wirken kann.

Ihn anbeten!

Aber wenn Gott seine erhabene Natur mit einer erschaffenen Natur vereinigen will, warum sinkt er dann so tief herab?! Wenn er die Ehre dieser hypostatischen Union doch dem einzigen seiner Geschöpfe, das dieser Ehre fast würdig wäre, zuteil werden lassen könnte: ihm, Luzifer, der ein «vollendet gestaltetes Siegel, voll Weisheit und vollkommener Schönheit»[95] ist. Wenn jemand diese unglaubliche Glückseligkeit verdienen würde, wäre es dann nicht er, der von einer übermächtigen Liebe glüht; einer Liebe, die sich danach verzehrt, zu lieben?[96]

---

95 Ez 28,12

96 «Diese hypostatische Union des Menschen mit der zweiten Person Gottes schien ihm nicht tolerierbar zu sein; er wünschte sich, daß diese hypostatische Union mit *ihm* geschehe und weigerte sich, einen von Gott in Hinblick auf die Inkarnation erschaffenen Menschen als ihm überlegen anzuerkennen. Nachdem Gott sich geweigert hatte, seinen Wünschen zu entsprechen, begehrte er (Luzifer) gegen Christus und gegen ihn auf.» Cornelius von Lapis.

Ihn anbeten!

Luzifers Intelligenz, diese höchste Intelligenz unter den Engeln, die bei ihm ihren höchsten natürlichen Ausdruck gefunden hat, und die sofort bis ins Letzte die Konsequenzen allen Tuns, aller Hypothesen und aller Möglichkeiten ohne irgendeine Unsicherheit ermißt, enthüllt Luzifer zugleich die Wahl, die ihm offensteht.

Betet er an und übersteigt damit seine Angst, sein Unverständnis, seine Enttäuschung. Die Fülle der Glückseligkeit, die ihm dadurch zuteil wird, geht über sein Verstehen hinaus.

Betet er nicht an... Weigert er sich... Und dann...

So furchtbar, so unwiderruflich wäre dieses Unglück, daß nicht einmal ein Gedanke des schönen Seraphs dabei verweilen sollte.

Die Freiheit besteht in dieser Alternative. Gott möchte nicht, daß ein Volk von zitternden Sklaven ihm dient. Er zwingt niemanden, ihn zu lieben, oder aus seinen Gaben «Vorteile» zu ziehen. Die Freiheit aller Kreatur beinhaltet auch das Recht zu behaupten, Gott entbehren zu können.

Gott entbehren zu können! Luzifer weiß bis in den tiefsten Grund seines Wesens, daß es ihm unmöglich ist, Gott zu entbehren. Eine solche Strafe wäre schlimmer, unendlich schlimmer als wieder in das Nichts gestürzt zu werden, aus dem der Schöpfer ihn geholt hat. Gott hat ihn als Seraph geschaffen, als reine Liebe, als unlöschbarer Brand einer unauslöschlichen Flamme. Seine Natur besteht darin, zu lieben. Gott zu lieben; Gott mehr als alles zu lieben. Und Luzifer ist nicht irgendein Seraph. Er ist der Erste unter den Ersten, das edelste, das erhabenste Geschöpf, das aus Gottes Händen hervorging. Er besitzt unter allen Geschöpfen die größte Potentialität in der Liebe. Eine Potentialität, die so groß ist, daß nichts ihn jemals zu erfüllen vermag als Gott selbst...

Gott entsagen würde bedeuten, auch dieser Liebessättigung, die sein Daseinsgrund ist, zu entsagen. Er wäre dann nur noch ein ausgehöhltes, leeres Wesen; eine unauslotbare Leere, der einzig die unauslotbare Tiefe seiner Trauer, seines Verlustes, seiner Verzweiflung, seines Leidens entsprechen würde. Er wäre die personifizierte Leere.

All das begreift Luzifer, von Schrecken erfüllt und beinahe von Schwindel erfaßt. Auch Michael, der in seiner Nähe ist, begreift es und fleht: «Bete an!»

Luzifer nimmt den ganzen Inhalt von Michaels Gebet wahr. Dieses Gebet erhebt nicht nur den Anspruch, Gott das Ihm Gebührende geben zu wollen, es ist auch ein durch die brüderliche Liebe ausgelöstes Flehen Michaels, der von dem Gedanken an das, was dem seraphischen Fürsten droht, entsetzt ist.

Aber plötzlich empfindet Luzifer die Liebe Michaels als hassenswert, als unerträglich und als eine Beschuldigung. Wer ist dieser Michael, daß er glaubt, mehr zu wissen als er?

Die beiden Seraphim sind übererregt und verbergen weder ihre Gedanken noch ihr Gespräch vor den niederen Engelchören, so daß dort ihre Auseinandersetzung widerhallt.

Anbeten; nicht anbeten. Da die Engel gewohnt sind, ihre Erleuchtungen von Luzifer, dem Träger des Lichtes zu erhalten, sind unzählige Engel eine Beute des Zweifels und wissen nicht, auf welche Seite sie sich stellen sollen. Auf die Seite Gottes, den sie nicht verstehen? Sie spüren durch die emotionale Aufgewühltheit des großen Seraph etwas von der skandalösen Demütigung Gottes. Oder sollen sie sich auf die Seite Luzifers stellen, der normalerweise ihr Meister ist und für sie die Autorität darstellt? Auf welcher Seite steht der Gehorsam? Auf welcher Seite die Rebellion?

Ein schreckliches Dilemma. Eine furchterregende Wahl.

Vor dem im Halbschatten verborgenen göttlichen Thron verneigt sich der von Liebe und Glauben trunkene Michael, der blind vertraut und auf Gott baut. Er betet an und erniedrigt seine strahlende seraphische Natur vor diesen Wesen, die zu einem Teil aus Materie bestehen.

Angesichts dieses Schauspiels verneigen sich auch andere Engel.

Weiter unten setzt sich der Tumult fort. Luzifer spürt den Zweifel, von dem seine Brüder gepeinigt werden und er spürt die Treue, die sie ihm gelobt haben. Er ist ihr Fürst, ihr Haupt. Und zwar der Fürst aller Engel! Daß sich Michael entgegen seiner eigenen — Luzifers — Haltung unterworfen hat, ist ihm ein nicht zu duldender Ungehorsam, ein verabscheuungswürdiger Verrat. Michaels tiefbetrübtes Flehen stachelt ihn auf: «Bete an, Luzifer! Bete an!»

Dieser armselige Sklave Michael! Er ist der Gaben unwürdig, mit denen er überhäuft wurde!

Luzifer sieht sich als wundervolles, unvergleichliches Wesen. Und diese wunderbare Natur soll sich vor der Materie verneigen? Niemals! Trotzdem rufen ihm seine Logik und seine Intelligenz zu, daß er einen nicht wieder gutzumachenden Fehler begehen wird, daß er sein eigenes Unglück wählt, daß er sich unterwerfen soll, solange ihm die Wahl noch offensteht, weil es für ihn sonst nur noch die Leere, die furchtbare und ewige Leere geben wird... Alles in ihm lehnt sich gegen diese ungeheuerliche Wahl auf. Er weiß, daß er seinen Willen, seinen Geist, sein ganzes Wesen zu dieser Anwesenheit Gottes hinwenden sollte, in die Michael jetzt eingetaucht zu sein scheint und dabei so strahlend ist wie nie zuvor. Aber wenn Luzifer dies tun würde, so hieße das, auf seine unantastbaren Rechte, die er von nun an als die seinen betrachtet, zu verzichten — seine Rechte, die ihm gebühren, da er die Schönheit, die Vollkommenheit, die Gnade, die Heiligkeit ist.

Luzifer sieht sich selbst nicht mehr in Bezug auf Gott, sondern nur noch in Bezug auf sich selbst... Er hat Gott nie gesehen, aber sich selbst sieht er. Und er läßt sich blenden; er gefällt sich in dieser trügerischen und lügnerischen Verblendung. Seine Schönheit erfüllt sein Herz mit Hochmut.[97]

Die Liebe, die in ihm brannte, wendet sich von ihrem Ziel und von ihrer Quelle ab; in seinem Geist erlischt die Glut, ohne daß er es bemerkt, denn er ist ganz in die Entdeckung seiner eigenen Herrlichkeit versunken. Noch kann er sich von diesem Trugbild abwenden, aber er will es nicht. Er weiß, daß er einen ungeheuerlichen Irrtum begehen wird, aber dieser Irrtum betört ihn und scheint ihm schöner als die Wahrheit zu sein. Eigensinnig betrachtet sich der schöne Luzifer.

Er liebt sich. Der entfernte, verborgene Gott wird für ihn verloren sein — das weiß er und es bekümmert ihn nicht mehr. Was braucht

97 Ez 28,16

er Gott? Er kann ihn entbehren! Die Seligkeit? Aber die Seligkeit ist nicht in Gott, sondern in ihm, Luzifer![98]

Er hat vergessen, von wem er seine Gaben und sein Sein erhalten hat. Er betrachtet sich, und sein Wohlgefallen wächst immer weiter.

Irgendwo, in unendlicher Ferne, ertönt noch Michaels Klage:

«Bete an!»

«Nein! Nein, ich werde nicht dienen! Ich werde nicht anbeten, was niedriger ist als ich und unter mir steht!»[99]

Ein materielles Wesen anbeten, wenn man selber der erhabenste aller Seraphim ist!

Wenn man wäre...

Denn als er diese unsinnigen Worte, von denen er wußte, daß sie unsinnig waren, aussprach, legte sich ein finsterer Schleier über Luzifer. Für immer erlosch Gottes Licht in ihm und für ihn. Der Träger des Lichtes ist hinfort nur noch Dunkelheit.[100]

Schönheit, Intelligenz, Willen — alle diese Gaben, mit denen er überhäuft worden war, besitzt er für immer, aber in entstellter, unkenntlicher Form. Diese Engelnatur, der er sich unklugerweise gerühmt hatte, sein Egoismus, seine bewußte Lüge haben ihn unwiderruflich zerstört.

Die Schönheit? Eine armselige Illusion... Luzifer kann noch immer eine überaus verführerische Erscheinung annehmen und die Gläubigen betören. Er sieht sich und er weicht vor Schrecken zurück, so häßlich ist er geworden.

Die Intelligenz? Sie ist unwiederbringlich abgeirrt und auf Abwege geraten. Da er sich von Gott, der die Wahrheit ist, losgesagt hat, kann er das Rechte und Wahre niemals wieder erreichen. Sein erhabener Geist mit all seinen Fähigkeiten wird immer zu falschen Ergebnissen kommen, ohne daß es ihm möglich ist zu verstehen, an welcher Stelle sich der Irrtum eingeschlichen hat. Luzifer ist der personifizierte Irrtum, die personifizierte Lüge geworden. Seine

98 «Die Engel gaben vor, ohne die ihnen von Gott angebotene übernatürliche Seligkeit auszukommen; sie suchten in sich selber und durch ihre eigenen Kräfte eine natürliche Seligkeit. Mit einem Wort: Sie verachteten Gottes Gnade und taten so, als ob sie ohne ihn auskämen.» Thomas von Aquin.

99 Nach der alttestamentlichen Apokryphe *La Vie d'Adam et Eve*.

100 «Die heiligen Engel wurden, indem sie sich dem WORT zuwandten, Licht; die bösen Engel, die in sich selbst verharrten, wurden Finsternis.» Augustinus, *Der Gottesstaat*.

unerbittliche, alles erfassende Logik blieb ihm erhalten, aber sie besteht jetzt nur noch aus Raserei und Aufbegehren. Er denkt nach und wird niemals aufhören hartnäckig und eigensinnig nachzudenken, aber seine Überlegungen sind trotz ihrer scheinbaren Kohärenz absurd und verrückt. Luzifers Intelligenz ist wie ein Kompaß, der den Norden nicht mehr kennt.

Die Gnade? Ach, er wußte, was das war; er erinnert sich noch daran. Sie ist ihm nun entzogen. Und das ist ein unerträglicher Schmerz. Gott und Gottes Gnade sind ihm für immer unzugänglich! Es wäre besser, zu sterben!

Aber Luzifer, der vor Verzweiflung wie vereist ist, weiß genau, daß er ein Engel und unsterblich ist.

Seine Entscheidung rückgängig machen! Das kann er nicht. Die Möglichkeit zu sündigen war in Anbetracht der Natur der Engel so überaus gering, so unwahrscheinlich, daß Gott ihm nicht den Begriff oder die Kenntnis der Buße geschenkt hat.

Und selbst wenn Gott es getan hätte, hätte Luzifer davon Gebrauch gemacht? Hätte sich sein leidenschaftlicher Hochmut vor Gott geneigt? Würde er seine Vergebung in Anspruch nehmen? Sicher nicht.

Luzifer ist nur noch Finsternis und dunkle Leidenschaft, Leere und Nichtigkeit. Es ist eine Finsternis, die ihn für sich selbst und für das göttliche Licht empfindungslos macht und diese Finsternis breitet er über die niederen Engelchöre aus, indem er dort Lüge und Irrtum sät. Myriaden von Engeln aller Art lassen sich von dieser betörenden Lüge einfangen: die Seligkeit ist nicht in Gott, sondern in uns. Sie sehen nicht die klaffende Wunde in Luzifers Seele, diese Wunde, die er vor sich selbst verbirgt, weil sie so überaus schmerzend ist. Tausende und Abertausende Seraphim, Kerubim, Throne, Mächte, Herrschaften, Gewalten, Fürsten, Erzengel und Engel nehmen den törichten Schrei ihres Anführers auf: «Wir werden nicht dienen! Wir werden nicht anbeten, was niedriger ist als wir und was später erschaffen wurde als wir!»

Und je mehr sie diese absurde Herausforderung ertönen lassen, desto mehr erstreckt sich die Finsternis über sie und verschlingt sie.

Luzifer ist einem dieser kosmischen Phänomene vergleichbar, die man «schwarze Löcher» nennt, in die Sternenpartikel stürzen und verschwinden. In der Tiefe des Abgrundes an Leiden, in den der herrliche Seraph gestürzt ist, sieht er, wie sich der schwarze Schleier des absoluten Unglückes über die lichtvolle Intelligenz seiner Brüder senkt; das schenkt ihm zwar keinen Trost, denn nichts wird ihn jemals wieder trösten können, aber es erfüllt ihn wenigstens mit einer bitteren Freude und Genugtuung. Er hat Gott verloren und das ist eine untröstliche Trauer, aber auch seine Brüder haben Ihn verloren... So muß er sich nicht ganz allein mit dem namenlosen Schrecken herumschlagen und das ist gerecht, denn wie konnten seine Brüder nur auf ihn hören und sich von dieser Schönheit, diesem Glanz, dieser Liebe Gottes trennen?! Jetzt, wo Luzifer weiß, daß dies alles für ihn verloren ist, trifft ihn das ganze Aufleuchten dieser Herrlichkeit.

Jeder weitere Engel, der sich ihm anschließt, ruft bei Luzifer ein Aufflammen der Genugtuung hervor. Es freut sich nicht mehr nur an dem Gedanken, daß seine Gefährten keinen Anteil an diesem Glück Gottes, von dem er sich losgesagt hat, haben werden, sondern ihn erfreut auch der Gedanke, daß er Gott etwas von dem entzogen hat, was Ihm gehört.

Die in die Irre geführten Engel sind kopflos vor Angst und vor Schmerz; sie rufen ihn an, sie beschuldigen ihn, sie verfluchen ihn und sie klagen ihn an, daß er sie getäuscht habe. Gewiß, er hat sie belogen als er ihnen versprach, daß sie in sich selber eine unglaubliche Freude entdecken würden, aber ihre Intelligenz war scharf genug, ihre Urteilskraft hellsichtig gewesen, so daß sie sich nicht zu ihm, sondern zu Gott hätten wenden können. Sie haben Luzifer freiwillig zugehört und sind ihm freiwillig gefolgt. Sie hatten sich vom wahren Gegenstand ihrer Anbetung abgewandt, um ihre eigene, armselige Natur anzubeten. Sie hatten nur auf diese Gelegenheit gewartet und er hatte sie ihnen geboten...[101]

101 «Zwei verschiedene Weisen von Liebe führten zu den zwei Städten: die Liebe zu Gott, die bis zur Selbstverachtung gehen kann, nach Jerusalem; die Eigenliebe, die bis zur Verachtung Gottes gehen kann, nach Babylon.» Augustinus, *Der Gottesstaat*

Oh, gewiß, nun grüßen ihn seine Gefährten nicht mehr mit diesen herrlichen Namen, die sie ihm gegeben hatten: «Sohn der Morgenröte, vollendete Schönheit...» Damit ist es nun vorbei. Aber die Titel, die sie ihm nun entgegenschmettern, mißfallen ihm nicht: «Fürst der Lüge! Meister des Irrtums! Herrscher der Finsternis!»

Lüge, Irrtum, Finsternis — all das ist er, aber er bleibt Fürst, Meister und Herrscher: Ehrentitel, die der «Andere»[102] ihm zu entziehen vorgab, um sie seinem menschgewordenen Wort und der Frau, die Er seine Mutter nennen will, zu geben...

Nein, es ist noch nicht genug, daß diese riesigen Engelscharen Luzifer unter Geschrei und Verwünschungen in seinen Abfall von Gott folgen; er wird auch den Menschen unablässig nachstellen. Er wird sie daran hindern, jene Glückseligkeit zu erreichen, die für ihn, Luzifer, nie mehr zugänglich sein wird! Teilweise bestehen sie aus Materie, aber durch sein Einwirken werden sie künftig nur noch Materie sein, denn er wird ihre Seele töten, von der der Andere gesagt hatte, daß sie vorzüglicher sei als die seiner Engel. Er wird jene Seelen, die so kostbar und mehr geliebt sind als seine eigene, töten.[103]

Er wird auf ewig trennen, was der Andere vereint haben wollte![104] Welche Vergeltung!

Zu den Leiden von Luzifer hat sich jetzt noch ein wilder Zorn gesellt, den sein verdorbener Geist nicht mehr gegen sich selbst, die Quelle allen Übels wenden kann, sowie ein Haß, der genauso unermeßlich ist, wie es zuvor seine Liebe war. Nur der Haß kann diese Leere, die sich in ihm ausgebreitet hat, ein wenig füllen und dieser Genugtuung entsagt er nicht. Seine Raserei wird immer größer. Da Luzifer von der Qual[105], die er sich in seiner Verhärtung und seinem Hochmut selbst zugefügt hat, furchtbar zerrissen wird, wendet er

---

102 «Der Andere»: das ist der Name, den die Dämonen verwenden, um von Gott zu sprechen. Paradoxerweise wird manchmal auch der Teufel so genannt.

103 «Er (der Teufel) war ein Mörder von Anfang an.» Joh 8,44.

104 *diabolos* (griech.) bedeutet Entzweier, Durcheinanderbringer; unser Wort *Teufel* stammt davon.

105 Es handelt sich um eine geistige Qual, die aus einem unauslöschlichen Bedauern über die Abwesenheit Gottes und seiner Gaben besteht, obwohl Luzifer Gott trotzdem auf ewig zurückweist. Die Theologen nennen dies die Verdammung, das Getrennt-Sein von Gott.

seinen wilden Ingrimm gegen Gott, denn er selbst kann diese Tortur nicht stillen.

Gott hatte ihm eine Falle gestellt, sich über ihn lustig gemacht, ihn getäuscht! Er hatte sie alle getäuscht. Er hatte ihnen gegenüber eine unerträgliche Ungerechtigkeit begangen und aus Grausamkeit bestraft er sie nun mit dieser Ungerechtigkeit. Tyrann! Ein gemeiner Tyrann! Er ist nicht würdig, über den Wolken zu thronen! Nieder mit dem Tyrann!

Luzifers verdorbene Intelligenz hat ganz methodisch alle Aspekte des Problems verdreht, um die Frage auf seine Weise zur Ruhe zu bringen. Die Liebe, die Gott ist, nennt er Haß. Das Leben nennt er Tod. Die Wahrheit Lüge, die Gerechtigkeit Tyrannei, weiß nennt er schwarz und schwarz nennt er weiß...[106]

Luzifer ist als Gefangener seines Systems und seiner kranken Logik[107] der erste, der glaubt, was er sagt...

Luzifer war blind für die Realität und die Gerechtigkeit geworden; angestachelt durch seine Wut und seine Abscheu glaubte er in jenem Augenblick sogar, daß die Macht, die er als Geistwesen, als Engel besitzt, ihn befähigt, es mit diesem Schöpfer aufzunehmen, der sich durch seinen Willen, Mensch — und damit Materie — zu werden, entehrt hat... Er glaubte, daß er Ihn von seinem Thron stürzen könne und an Gottes Statt von diesem Thron Besitz ergreifen könne. Mit anderen Worten: er glaubte, er könne Gott werden.[108]

Das ist das unglaubliche Programm, das er seinen Truppen zuruft: «Ich ersteige den Himmel, dort oben stelle ich meinen Thron auf, über den Sternen Gottes; auf den Berg der Versammlung setze ich mich, im äußersten Norden. Ich steige weit über die Wolken hinauf, um dem Höchsten zu gleichen.[109]»

Ich werde Gott gleich sein! Ich werde sein wie Gott!

---

106 Es ist die Umkehr der Werte, eine ihrem Wesen nach diabolische Methode, die die Wirklichkeit verdreht und versucht, die Seelen in die Irre zu leiten, indem sie ihre Wahrnehmung von gut und böse verfälscht.

107 Die Theologen nennen diese, bei den Dämonen auf Abwege geratene Engel-Intelligenz eine *unbotmäßige Vernunft*.

108 Die Sünde der Engel ist eine «geistige Unzucht, in dem Sinn, daß sie in ihrem Selbstgefallen so weit gingen, zu wünschen, Gott zu ersetzen und seinen Platz einzunehmen, wenn dies möglich wäre», sagt Johannes Duns Scotus.

109 Jesaja 14,13-14

Diese maßlose Gotteslästerung versetzt das Universum in Bestürzung. Auch die rebellischen Engel werden von dem Gedanken ergriffen, daß Gott sie vernichten könnte; dazu würde bereits genügen, daß er nicht mehr an sie denken und sie damit nicht mehr im Sein erhalten würde.

Aber nichts geschieht. Gott macht Luzifer nicht zunichte, denn Gott bereut nichts, was er erschaffen hat. Der rasende Seraph hat schon vergessen, was die göttliche Weisheit ist; er sieht in diesem Schweigen, in dieser Toleranz den Beweis der Schwäche dieses Schöpfers, vor dem er sich einst mit verhülltem Gesicht verneigt hatte.

Luzifer, ganz trunken von dem nahe geglaubten Sieg, schreit noch lauter in das entsetzliche Schweigen der Geistwesen: «Ich bin Gott gleich! Ich bin wie Gott!»

Er hat sich vor den Thron dieses Gottes gestellt, der für ihn nur noch undurchdringliche, bedrohliche Finsternis ist. Er ist zum unversöhnlichen Gegner geworden. Sein Beispiel bewirkt, daß auch seine Gefährten, ermutigt durch die Untätigkeit der treugebliebenen Engel, nähertreten.

Da erschüttert auf einmal ein lauter Ruf den Himmel; ein Schrei, der lauter ist als die ungeheuerliche Gotteslästerung Luzifers. «Wer wagt es, sich Gott gleichzumachen? Wer ist wie Gott?»

Luzifer weiß sofort, wer die Kühnheit besitzt, ihm die Stirn zu bieten. Vielleicht hatte er sogar auf diese Reaktion gehofft, als er genau diese Worte wählte, um zur Revolte aufzurufen; seine Worte hatten genau diese Antwort zur Folge... «Wer ist wie Gott!» War das nicht der Name, den der Schöpfer dem zweiten Seraph, dem brüderlichen «Oberleutnant» und besten Freund von Luzifer gegeben hatte, und der nun zum unwürdigen Verräter geworden war, indem er ihm, Luzifer, nicht gehorcht und sich als erster vor diesen beiden materiellen Geschöpfen erniedrigt hatte...? «Wer ist wie Gott?» In der menschlichen Sprache, in der Sprache der Hebräer, lautet diese unsagbare Frage: *Mi-cha-el.*

Und Michael ist es, der zwischen Luzifer und dem Thron Gottes steht. So wie Michael jetzt aber ist, hat ihn Luzifer noch nie gesehen. Der friedvolle und barmherzige[110] Michael ist durch einen heiligen

Zorn wie verwandelt und bereit, den geliebten Schöpfer, der von Luzifer so schwer beschimpft wurde, unnachgiebig zu verteidigen. Entstellt vor lauter Eifersucht und Leiden nimmt Luzifer auf einmal wahr, daß Michael jenen geliebten, unsichtbaren, verborgenen Schöpfer sieht, daß er Ihn in der Kontemplation schaut und daß er von Gottes Licht durchstrahlt ist...

Michael ist verklärt, erhaben, eine lebendige Flamme Gottes, ein Glutherd der Liebe und der Wahrheit und ein ruhiger, klarer Vollstrecker der göttlichen Gerechtigkeit.

«Wer ist wie Gott?»

Milliarden entrüsteter Engel wiederholen diese Frage unablässig.

Zum ersten Mal kommt Luzifer auf den Gedanken, seine Gefolgsleute zu zählen. Als er sah, wie die Gnade, die Heiligkeit, die Glückseligkeit und das Licht von ihnen gewichen war, und sie in das schwarze Loch seiner Revolte, seines Hochmutes, seiner Verhärtung gestürzt waren, hatte er sie noch für unzählbar gehalten. In Wirklichkeit sind es aber weit weniger als die Schar jener, die dem «Anderen» treu geblieben sind, und die sich nun um Michael geschart haben... Ein Drittel, nur ein Drittel der Engel hat das Lager Gottes verlassen, um ihm zu folgen.[111]

Das Licht, von dem Michael durchstrahlt wird, und das er in unermeßlicher Fülle auf die Engel der neun Chöre verbreitet, ist für Luzifer nicht zu ertragen. Es verbrennt ihn, aber nicht mit jener wonnevollen Glut, mit jenem Wonneschmerz, den er kannte, als er noch der Anführer der Seraphim war. Nein, es versengt ihn mit einer furchtbaren, unerträglichen Flamme, die ihn verzehrt ohne ihn zu zerstören, so wie ihn einst die Liebe verschlang, ohne ihn zu verzehren.[112]

---

110 *Friedensengel* ist in der katholischen Liturgie einer der Titel des hl. Michael. In der jüdischen Liturgie lautet einer seiner Titel *Fürst der Barmherzigkeit*.

111 Das ist die traditionelle Interpretation von Offb 12,3-4: «Ein anderes Zeichen erschien am Himmel: ein Drache, groß und feuerrot, mit sieben Köpfen und zehn Hörnern und mit sieben Diademen auf seinen Köpfen. Sein Schwanz fegte ein Drittel der Sterne vom Himmel und warf sie auf die Erde herab.»

112 Die Theologen meinen, daß die abgefallenen Engel und die Verdammten eine doppelte Strafe erleiden: den unwiederbringlichen Verlust Gottes, den sie zurückgewiesen haben — das ist die Verdammung — und das geistige Feuer, das vielleicht in der unerträglichen Pervertierung ihrer Liebesfähigkeit besteht.

Aber dieses Leiden ist für Luzifer wie ein Stachel und treibt seinen Wahnsinn auf den Höhepunkt. Mit all seinem Haß, mit seinem ganzen Aufbegehren richtet er sich gegen Michael. Er ist wild entschlossen, den Kampf um den ersten Platz aufzunehmen und den Sieg zu erringen. Es ist ein Kampf unter Geistwesen, unter Wesen, die aus reiner Intelligenz bestehen. Und wenngleich Luzifer weniger Gefolgsleute hat, so bleibt er doch von ihrer — und vor allem von seiner — Überlegenheit überzeugt. Er fürchtet Michael, dem er durch sein Wissen und sein Verständnis vom Universum stets überlegen war, nicht. Er ist sich seines Sieges gewiß.

«Da entbrannte im Himmel ein Kampf; Michael und seine Engel erhoben sich, um mit dem Drachen zu kämpfen. Der Drache und seine Engel kämpften.»[113]

Als er mit dem Kampf begann, glaubte Luzifer an seinen Sieg. Zu spät bemerkte er, daß er ihn nicht erringen wird. Nicht nur Michael, sondern alle seine treuen Gefährten bis hin zum letzten Engel des letzten Chores setzen ihm einen triumphalen, durch nichts zu erschütternden Widerstand entgegen. Luzifer weicht vor Geistwesen zurück, über die er einst herrschte und die nichts ohne seine Hilfe vermochten.[114] Was ist geschehen? Wie können diese Naturen, die niedriger sind als die seine, ihn siegreich zurückstoßen?

Da Luzifer die Macht der Vereinigung dieser Engel mit Gott nicht kennt, ignoriert er sie. Er war der Meinung gewesen, auf geistige Geschöpfe zu treffen, von denen kein einziges ihm gleich sei; nun aber bildet Gottes Stärke ein Hindernis auf seinem Weg: Gottes Stärke, die sich in die treuen Engel ergossen hat. Wer Gott anhängt, sei er Mensch oder Engel, wird geistig eins mit ihm und dadurch höherstehend als jedes andere Geschöpf.[115]

Licht, Liebe, Wahrheit, Schönheit, Gerechtigkeit, das Gute, alle diese Schätze, die Luzifer und seine Anhänger verachtet haben, erstrahlen nun vor ihnen; sie sind wie eine unüberwindliche Mauer, wie eine Glut, der sie sich nicht nähern können, wie eine Klarheit, die sie nicht zu ertragen vermögen. Gottes Glanz stößt sie von sich;

113 Offb 12,7
114 Thomas von Aquin, *Summa theologica*, I, q 109, a 4
115 *Summa theologica*, I, q 112, a 1 und 4

sie können sich nicht in seiner Gegenwart aufhalten. So wie die Finsternis vor der Sonne weicht, so weichen die aufrührerischen Engel zurück. Der Himmel, dieser Ort ihrer zerstörten Glückseligkeit, verbrennt sie. Sie denken nur noch an Flucht.[116]

Luzifer stürzt hinab; er wird von der unauslotbaren Leere, die sich in ihm aufgetan hat, aufgesogen.[117]

Eine unermeßliche Klage erfüllte das Universum: «Ach, du bist vom Himmel gefallen, du strahlender Sohn der Morgenröte! Zu Boden bist du geschmettert, du Bezwinger der Völker.»[118]

Luzifer fällt und fällt; er entfernt sich immer weiter vom Paradies, das für ihn verloren ist. Je tiefer er fällt, desto größer werden in ihm Verzweiflung und Haß und das Verlangen, Böses zu tun, das größtmögliche Böse zu tun.[119]

Soeben hat er seine erste Schlacht verloren, aber den Krieg hat er noch nicht verloren. Seine Rache beginnt erst. Der Himmel ist ihm für immer verschlossen. Von nun an kennt er nur noch eine Sorge: die Menschen daran zu hindern, in den Himmel zu gelangen.

---

116 Offb 12,8: «Aber sie (der Drache und seine Engel) konnten sich nicht halten, und verloren ihren Platz im Himmel.»

117 Lk 10,18: «Ich sah den Satan wie einen Blitz vom Himmel fallen.»

118 Jes 14,12

119 Offb 12,9: «Er wurde gestürzt, der große Drache, die alte Schlange, die Teufel oder Satan heißt und die ganze Welt verführt; der Drache wurde auf die Erde gestürzt, und mit ihm wurden sein Engel hinabgeworfen.»

4. Und alle himmlischen Heerscharen...

Ein Engel ist ein Geist, der eine Aufgabe als Bote Gottes erfüllt, sagte schon der hl. Augustinus. Es bleibt noch zu sagen, daß das Wort Engel im heutigen Sprachgebrauch weder die Natur noch die Verschiedenheit jener Geschöpfe wiedergibt, die das unsichtbare Universum bevölkern. Und dennoch wird in der unermeßlich gro ßen Welt der Geister die Vollkommenheit und die Verschiedenartigkeit in jedem einzelnen Geistwesen vereint.

Die Bibel drückt dies durch die Verschiedenartigkeit der Namen aus, die sie den Bewohnern der Engelwelt zueignet. In der antiken Welt war der Name das Wichtigste für eine Person. Wenn man eine Person oder eine Sache benannte, so tat man dies nicht mit Blick auf eine Modeströmung oder aus individuellen Kaprizen, denn es handelte sich hier um einen sakralen Akt. Name und Wesen sind innigst und untrennbar miteinander verbunden. Dies gilt um so mehr, wenn ein Name nicht von Menschen, sondern von Gott persönlich verliehen wurde. Gott kann seinen Geschöpfen nur solche Namen geben, die ihnen vollkommen entsprechen.

Es ist also nicht aus Gründen der Phantasie oder des Stils, wenn man die Engel mit verschiedenen Namen benennt. Es ist vielmehr die Übersetzung einer himmlischen Wahrheit in menschliche Sprache.

Der hl. Athanasius ging von der grundlegenden Gewißheit aus: Die verschiedenen Namen drücken etwas Wesentliches aus, da jedes Geschöpf einen nur ihm eigenen Namen von Gott erhalten hat. Darauf aufbauend führt Athanasius anschließend aus, daß diese Engelnamen nicht nur etwas bezeichnen, was allen himmlischen Geistern eigen ist, sondern darüberhinaus auch das, was nur für einige, ja schließlich nur für jeden einzelnen zutrifft.

Daraus läßt sich schließen: Es gibt natürliche Unterschiede bei den Engeln und daher besteht zwischen den verschiedenen Rangordnungen keine Gleichheit.

Die Kirchenlehrer und Kirchenväter haben sich schon sehr früh für diese Unterschiede und diese Ungleichheit interessiert.

In der Offenbarung heißt es am Ende von Kapitel 14, daß die Engel auf Anordnung eines anderen Engels damit beginnen, die Erde abzuernten und den Weinstock der Erde in die große Kelter des Zornes Gottes zu werfen. Der hl. Ambrosius[120], der übrigens eine Aussage des Clemens von Alexandrien widerlegte, unterstützt die Ansicht, daß diese Unterschiede keineswegs zufällig sind, sondern aus der Natur der Engel resultieren.

Der hl. Gregor von Nyssa sah in seinem Kommentar über einen Abschnitt aus dem Buch Ezechiel, der von Luzifers Abfall handelt[121], in dem gefallenen Seraph den Fürsten der himmlischen Heerscharen. Er schlußfolgerte, daß die Existenz eines Fürsten, eines Anführers, eine Hierarchie voraussetzt und daraus folgt, daß unter den höheren und niederen Geistwesen eine Ungleichheit besteht.

Wie aber kann die Ungleichheit in Geschöpfen sichtbar werden, von denen man doch weiß, daß sie jede erdenkliche Vollkommenheit besitzen?

Origenes stellte die Hypothese auf, daß diese Ungleichheit ihren Ursprung in der unterschiedlichen Verhaltensweise hat, mit der die Engel reagierten, als sie der Prüfung unterzogen wurden. Diese Theorie wurde von anderen kaum übernommen und der hl. Augustinus erwiderte darauf, daß die Verschiedenartigkeit der Engel ihren Ursprung in der schöpferischen Güte Gottes habe und nicht in der Schlechtigkeit der Geschöpfe. Diese Verschiedenartigkeit stimme in allem mit der, dem göttlichen Plan innewohnenden Vollkommenheit überein. Man mußte jedoch bis auf den hl. Thomas von Aquin warten, damit die Engellehre in diesem Bereich eine in sich geschlossene Darlegung erhielt.

Nachdem Thomas von Aquin die Notwendigkeit einer unendlichen Vielfalt von Geistwesen dargelegt hatte, sagte er[122], daß es also

120 Ambrosius, *Brief an Orontius*
121 Ez 28,13. Siehe auch das vorangegangene Kapitel.

nicht zwei Engel derselben Art, d.h. derselben intellektuellen Fähigkeiten geben könne, weil die Verschiedenartigkeit in der Vollkommenheit erforderlich ist. Zugleich ist diese Verschiedenartigkeit so vielfältig wie es Engel gibt. In der Tat, die Engel sind vollkommen und unsterblich und ein einziger Engel verwirklicht seine Art auf vollkommene Weise; er braucht nie ein «Double» oder einen Stellvertreter. Diese Verschiedenartigkeit ist dennoch mit der Zugehörigkeit dieser einzelnen Individuen zu einer gemeinsamen Klasse vereinbar. Die Engel unterscheiden sich nach der Natur, der Intelligenz und der Gnade, die Gott ihnen zugeteilt hat und die ihrerseits im Verhältnis zu dieser Natur und ihrer intellektuellen Fähigkeit steht. Die Unterschiede gründen also auf der Art und Weise des Verstehens und des Erkennens. Die Intelligenz eines höheren Engels erfaßt mit einem einzigen Blick und einem einzigen Gedanken sehr viele Dinge, während ein niederer Engel sie nacheinander erfaßt. Je höher ein Engel steht, desto vollkommener und erhabener ist sein Verstehen.

Wie dem auch sei, alle diese Geistwesen sind durch eine besondere Ähnlichkeit ihrer Naturen und ihrer Gnadengaben miteinander vereint. Diese Eigenschaften sind vollendet, sie sind am Gipfelpunkt angelangt; aber zugleich ist diese Vollkommenheit auf dreifache Weise verteilt: Teilhabe, Besitz und Vortrefflichkeit.

Ein Kerub ist ein Geist, der die Vollkommenheit der Gotteserkenntnis empfangen hat. Dieses Wissen ist die ihm eigene Vollkommenheit, sein Besitz.

Den Engeln, die unter den Kerubim stehen, ist die Gotteserkenntnis deshalb aber nicht vorenthalten. Sie besitzen sie durch die Unterweisung und Erleuchtung, die ihnen die Kerubim zuteilwerden lassen.

Hinsichtlich der Seraphim, die die höchsten Geistwesen sind, ist zu sagen, daß die Gotteserkenntnis zwar nicht ihr Besitz ist, daß sie sie aber trotzdem aufgrund ihres erlesenen Wesens besitzen: das ist die Vortrefflichkeit.

---

122 *Summa theologica*, I, q 50, a 4

So haben also alle Engel die Gotteserkenntnis; für die Kerubim ist sie aber wesenhaft und von ursprünglicher Bedeutung. Bei ihnen ist sie ausgeprägter als bei jedem anderen Geistwesen.[123]

Nachdem man diese Ungleichheit erkannt hatte, war es verführerisch, die Geheimnisse dieser Hierarchie tiefer zu durchdringen. Was wußte man davon? Eigentlich nur wenig, und außerdem gab es bei den Verfassern des Alten Testamentes überhaupt keinen Versuch einer Klassifizierung.

Die Bibel spricht einhundertneunundvierzigmal von Engeln, ohne dabei genau anzugeben, ob es sich jeweils — um einen augustinischen Ausdruck aufzunehmen — um die Natur oder die Aufgabe eines Engels handelt. Jesaja berichtete über die Seraphim.[124] Andere Bücher der Heiligen Schrift spielen auf die Kerubim an.[125] Der Judasbrief verwendet das Wort Erzengel.[126] Die vollständigste Beschreibung dieses Themas ist im Werk des hl. Paulus zu finden, der als Schüler des herausragenden Gamaliels die jüdische Engellehre gründlich kannte. In seinen Briefen erstellt Paulus eine Klassifizierung, auf die er regelmäßig zurückkommt und die er ständig vertieft.

Bereits im Römerbrief sagt er: «Denn ich bin gewiß: Weder Tod noch Leben, weder Engel noch Mächte, weder Gegenwärtiges noch Zukünftiges, weder Gewalten der Höhe oder Tiefe, noch irgendeine andere Kreatur können uns scheiden von der Liebe Gottes, die in Christus Jesus ist, unserem Herrn.»[127]

Den Ephesern verkündet er die Auferstehung und das Königtum Christi, der «hoch über allen Fürsten und Gewalten, Mächten und Herrschaften und über jedem Namen»[128] thront.

Im Brief an die Kolosser beginnt er mit einer Klassifizierung der Geistwesen: «Er (Christus) ist das Ebenbild des unsichtbaren Gottes, der Erstgeborene der ganzen Schöpfung. Denn in ihm wurde alles erschaffen im Himmel und auf Erden, das Sichtbare und das

123 *Summa theologica*, I, q 107, a 1 und q 108, a 1und 2
124 Jes 6,2
125 Gen 3,24; Ex 25,18; 1 Sam 4,4; 2 Sam 6,1; Ez 1,5-10; Dan 3,55
126 Jud 9
127 Röm 8, 38 f
128 vgl. Eph 1,21

Unsichtbare, Throne und Herrschaften, Mächte und Gewalten; alles ist durch ihn und auf ihn hin geschaffen.»[129]

Allerdings beschreibt Paulus die verschiedenen Geistwesen oft mit verschiedenen Namen und eine aufmerksame Lektüre zeigt bereits, daß die einen Geister gut und die anderen böse sind.[130]

Im 4. Jahrhundert arbeitete Cyrill von Jerusalem eine Klassifizierung aus, die sich auf den hl. Paulus und die verschiedenen, in der Bibel erwähnten Engel beruft. Diese Klassifizierung geht von unten nach oben: Engel, Erzengel, Kräfte, Herrschaften, Fürsten, Mächte, Throne, Kerubim, Seraphim.[131]

In derselben Epoche stellen Gregor von Nazianz und Johannes Chrysostomus sehr ähnliche Klassifizierungen auf, bei denen es nur kleinere Umstellungen hinsichtlich der Rangordnung der Herrschaften, Fürsten und Mächte gibt.

Seltsamerweise kam dann aber aus dem heidnischen Milieu jenes System, dem sich die christlichen Theologen anschlossen.

Im 5. Jahrhundert erarbeitete der neuplatonische Philosoph Proclos eine Theorie, die von der starken Religiosität des ausgehenden Heidentums gefärbt ist. Nach Proclos sind die Götter nicht erkennbar. Sie zeigen sich durch ihre Emanationen: die Engel. Diese übermitteln dem Universum die göttliche Energie; sie sind mit der Ursprungsgottheit eins und können deren Namen benutzen, da sie die Theophanie der Gottheit sind.

Diese Theorie von den Götter-Engeln hat sich in einigen häretischen Sekten erhalten. Trotzdem hat auch eine dieser Thesen im Schoß der christlichen Orthodoxie eine bedeutsame Zukunft gefunden.

Proclos hatte eine Hierarchie seiner Götter-Engel in neun Stufungen und drei Ordnungen aufgestellt. Er hatte sich dabei auf die durch Plotin erneuerte platonische Theorie von der sukzessiven Erleuchtung berufen.

---

129 Kol 1,15 f

130 Die christliche Dämonologie schließt daraus, daß die gefallenen Engel einen Teil jener Gaben, die sie bei ihrer Erschaffung empfangen hatten, mit der ihrem Wesen innewohnenden Verschiedenheit behalten haben, was dazu führt, daß es selbst in der Hölle ein Minimum an Hierarchie gibt.

131 Cyrill von Jerusalem, *Katechese 23*

Am Ende des 5. Jahrhunderts oder zu Beginn des 6. Jahrhunderts verfaßte ein griechischer Mönch, ein Schüler des Philosophen Herodot[132], der seinerseits ein Neuplatoniker und wahrscheinlich Schüler des Proclos gewesen war, im Anschluß an den hl. Augustinus ein umfangreiches Werk; das Verdienst dieses Werkes besteht darin, daß das platonische Gedankengut und die griechische Philosophie in die theologische Reflexion einbezogen wurde, sie bereicherte und ihr neue Perspektiven eröffnete.

Proclos war sich zweifelsohne bewußt, daß die Kühnheit seiner Thesen einen moralischen Bürgen erforderte, der anerkannter war als er selber. Daher zögerte er nicht, sein Werk für das eines anderen auszugeben — ein Brauch, der damals durchaus üblich war. In diesem Fall ließ er es für ein Werk des hl. Dionysius Areopagit ausgeben.

Während seines Evangelisierungsversuches in Griechenland hatte Paulus vor dem Areopag, dem Rat der Athener, gesprochen. Die Predigt brachte nicht den erhofften Erfolg; nur ein einziger angesehener Athener bekehrte sich. Er hieß Dionysius.[133] Seine Spur verliert sich. Vielleicht kann man eine griechische Tradition für echt halten, die in Dionysius Areopagit den ersten Bischof von Athen sieht.

Im 5. Jahrhundert wird dieser Dionysius — niemand weiß genau was aus ihm geworden ist — auf einmal mit einem gleichnamigen Mann verwechselt, der der erste Bischof von Lutecia war und als Märtyrer im 3. Jahrhundert starb. Die allgemeine Bekanntheit sowohl des einen als auch des anderen wird dadurch noch größer.

Die Schirmherrschaft des hl. Dionysius mit dem «doppelten Gesicht» nimmt dieser ostkirchliche Ordensmann für sich in Anspruch als er seine Abhandlungen unter dem Namen des hl. Dionysius veröffentlicht.

Eines seiner Werke, das für die christliche Engellehre von herausragender Bedeutung ist, trägt den Titel *Die himmlische Hierarchie.*

Pseudo-Dionysius nimmt die von Proclos vorgenommenen Abstufungen und Ordnungen wieder auf; er unterteilt die Engelwelt

---

132 Mehrere Schriften des Pseudo-Dionysius führen Herodot, seinen geliebten Meister, an.
133 Apg 17,34

in neun Chöre und drei Stufen, die ihrerseits sukzessive erleuchtet werden und zwar von oben nach unten, da nur die erste Stufe in unmittelbarem Kontakt mit dem göttlichen Licht steht. Von Dionysius — und später von der christlichen Tradition — wird die Zahl drei als eine Huldigung an die Heilige Dreifaltigkeit verstanden.

Schon sehr bald wird diese Aufteilung des Dionysius von der Kirche übernommen; Papst Gregor der Große, der sich leidenschaftlich für die Engellehre interessiert, greift sie wieder auf und bestätigt sie.[134]

Im 7. Jahrhundert macht sich der hl. Johannes von Damaskus diese Lehre ebenfalls zu eigen.

Im Jahr 827 erhält Ludwig der Fromme ein Exemplar dieses Werkes des Pseudo-Dionysius vom byzantinischen Herrscher Michael, dem Stotterer, als Geschenk. Dadurch wird Pseudo-Dionysius im Abendland eine «Karriere» eröffnet, die ihren Gipfelpunkt in den Interpretationen des hl. Thomas von Aquin und des hl. Bonaventura findet.

Die traditionell gewordene Dreiteilung sieht folgendermaßen aus:
– Erste Stufe: Seraphim, Kerubim, Throne.
– Zweite Stufe: Herrschaften, Kräfte, Mächte.
– Dritte Stufe: Fürsten, Erzengel, Engel.

Jedes Geistwesen dieser Stufen erleuchtet die niederen Stufen mit der ihm eigenen Illumination, während die höheren Stufen die Eigenschaften der niederen Chöre aufgrund der ihnen eigenen Vortrefflichkeit besitzen.

Was die Geister dieser himmlischen Hierarchie aber genau sind, ist eine schwer zu lösende Frage.

«Im Todesjahr des Königs Usija sah ich den Herrn. Er saß auf einem hohen und erhabenen Thron. Der Saum seines Gewandes füllte den Tempel aus. Seraphim standen über ihm. Jeder hatte sechs Flügel: Mit zwei Flügeln bedeckten sie ihr Gesicht, mit zwei bedeckten sie ihre Füße, und mit zwei flogen sie. Sie riefen einander zu: Heilig, heilig, heilig ist der Herr der Heere. Von seiner Herrlichkeit ist die ganze Erde erfüllt.»[135]

---

134 Gregor d. Gr., *Homilie 34*
135 Jes 6,1-3

Das ist die einzige Stelle in der Bibel, wo von den Seraphim gesprochen wird. Das hebräische Wort für diese höheren Geistwesen bedeutet: «brennend».

Weil diese Engel dem göttlichen Thron am nächsten stehen, sind sie ununterbrochen von der Liebe Gottes entflammt und ihre Sendung besteht darin, diese Gottesliebe dem restlichen Universum mitzuteilen. Geht man nach dem hl. Paulus, besteht kein Zweifel, daß von den drei theologischen Tugenden die Gottesliebe die erste ist.[136] Es ist daher angemessen, wenn man die Geistwesen der Gottesliebe als die Fürsten der himmlischen Hierarchie betrachtet, wie es Cyrill von Jerusalem, Johannes Chrysostomus und Gregor von Nazianz taten. Dennoch fügte die apostolische Konstitution erst am Ende des 4. Jahrhunderts[137] die Seraphim zu der Liste der von der Kirche anerkannten Engel. Dabei stützte sie sich auf die vorerwähnte Stelle bei Jesaja.

Diese Stelle bei Jesaja veranlaßte auch Pseudo-Dionysius eine zusätzliche Angabe zu machen: die Seraphim läutern durch Feuer; diese Läuterung wird durch die Mittlerschaft niederer Engel ausgeführt.[138]

Dem hl. Thomas von Aquin ist es ein Anliegen, die herausragende Rolle der ersten Stufe herauszuarbeiten: die Unterweisung der niederen Engelchöre dort, wo diese unwissend sind; Erleuchtung durch die vollkommenste Erkenntnisweise und Vervollkommnung der Erkenntnis durch Vertiefung. Des weiteren gehört es auch zu den Aufgaben der Seraphim, die Seelen mit Liebe zu entflammen und in ihnen all das zu vertilgen, was ihre Gleichförmigkeit mit Gott verhindert.[139]

Der hl. Thomas vertritt die Meinung, daß diese herausragende Stellung der Seraphim sie davon abhält, den Menschen direkt zu erscheinen und irdische Missionen zu erfüllen; aus diesem Grund

136 1 Kor 13,13: «Für jetzt bleiben Glaube, Hoffnung, Liebe, diese drei; doch am größten unter ihnen ist die Liebe.»

137 Ungefähr im Jahr 380...

138 Jes 6,6 f: «Da flog einer der Seraphim zu mir; er trug in seiner Hand eine glühende Kohle, die er mit einer Zange vom Altar genommen hatte. Er berührte damit meinen Mund und sagte: Das hier hat deine Lippen berührt: Deine Schuld ist getilgt, deine Sünde gesühnt.»

139 *Summa theologica*, I, q 108, a 1, 2 und 5

widerlegt er die These, daß die drei großen, in der Bibel erwähnten Erzengel Michael, Gabriel und Raphael Seraphim sind.

Es stimmt, daß in dieser Hinsicht weder die Volksfrömmigkeit, noch die Tradition mit der thomistischen Lehre übereinstimmen.

Die ruhmreiche Stellung, die Luzifer ursprünglich innehatte, seine Vorherrschaft über die anderen Engelwesen, machte ihn zum Ersten unter den Seraphim. Dieser Rang fiel dann zu Recht seinem Bezwinger zu. Da aber die Natur der Engel aufgrund ihrer Vollkommenheit unveränderlich ist, mußte man daraus schließen, daß auch Michael von Anfang an ein Seraph war, und zwar nach Luzifer der zweite.

Die mystische Liebe besteht in einer völligen Bereitschaft zur Teilhabe am Kreuz. Eine der möglichen Manifestationen dieser Bereitschaft ist das Phänomen der Stigmatisierung. Muß man daher erstaunt sein, wenn Erscheinungen von Seraphim mit der Einprägung von Stigmata einhergehen?

Aus Liebe zu Christus und den Seelen zu leiden — dieses Gebet wagt der hl. Franziskus von Assisi, der früher auf den Namen Gian-Francesco Bernardone hörte, am 14. September 1224, dem Fest Kreuzerhöhung, auszusprechen.

Ungefähr drei Jahre zuvor hatte der an Leib und Seele geprüfte und überdies kranke Franziskus die Leitung seiner Ordensgründung abgegeben und sich in die Einsamkeit des Alverna Berges zurückgezogen. Dort hat er auch den wundervollen *Sonnengesang*, das erste Hauptwerk der italienischen Literatur, verfaßt.

Franziskus fühlt sein Ende nahen — er hat nurmehr zwei Jahre zu leben. Am 14. September fleht er zu Gott: «Herr Jesus, ich bitte dich, mir nur zwei Gnaden zu gewähren, bevor ich sterbe: die erste ist, daß ich, soweit es möglich ist, die Leiden verspüre, die du, o mein milder Jesus, während deiner grausamen Passion erduldet hast; die zweite, daß ich, soweit es möglich ist, in meinem Herzen diese maßlose Liebe verspüre, von der du, der Sohn Gottes, entbrannt warst, und die dich dahin geführt hat, alle Leiden freiwillig für uns elende Sünder zu erdulden.»

Nachdem er diese Bitte ausgesprochen hatte, sah Franziskus etwas, das er beschreibt «als einen Seraph mit strahlenden, feurigen

Flügeln, der aus den Höhen des Himmels zu ihm herabkam. Und dann erschien zwischen den Flügeln die Vision eines gekreuzigten Mannes.»

Die *Fioretti* des hl. Franziskus erzählen mit unendlicher Anmut von dem Gespräch, das zwischen dem Minderbruder und dem Engel, der ihn fragte, ob er bereit wäre, alles entgegenzunehmen, was die Liebe (Gottes) ihm schenken werde. Und als Franziskus selbstverständlich darauf einwilligt, werden auf wunderbare Weise die Wunden des Gekreuzigten in die Hände, die Füße und die Seite des Poverello eingeprägt. Der physische Schmerz ist furchtbar, er wird jedoch von einer Freude und einer Glut begleitet, die nicht von dieser Erde sind.

Als brennendes Feuer kann der Engel, der Franziskus erschienen war, nur ein Seraph gewesen sein. Drei Jahre zuvor — im Jahr 1221 — hatten Franziskus und einige seiner Brüder eine Wallfahrt zum Monte Gargano, dem großen italienischen Heiligtum des Erzengels Michael, gemacht. Die Verehrung, die der hl. Franziskus für den Erzengel Michael hegte, war so groß, daß der Poverello aus Assisi, gepeinigt von Skrupeln, sich nicht für würdig erachtete, die Kirche des Erzengels zu betreten... Seine verblüfften Brüder fanden ihn am nächsten Morgen im Vorhof, wo er in ehrfürchtiger Verneigung die Nacht betend verbracht hatte.

War der Seraph von Alverna der hl. Michael? Wurde die Vision des Franziskus durch seinen Glauben und seine Liebe hervorgerufen? Die moderne Wissenschaft hat anhand von Untersuchungen bei zeitgenössischen Stigmatisierten gründlich festgestellt, daß Autosuggestion keinesfalls ausreicht, Stigmata zu erklären. Autosuggestion kann weder solche Handverletzungen, noch Blutungen dieser Art hervorrufen. Noch verblüffender ist es, daß die Verletzungen mancher Mystiker so schwer sind, daß es medizinisch nicht erklärbar ist, daß sie nicht innerhalb weniger Minuten daran sterben.

4. Oktober 1582 im Karmel von Alba de Tormès in der Provinz Salamanca. Mutter Teresa Sanchez Cepeda y Ahumada ist soeben ihrem langjährigen Krebsleiden erlegen. Inzwischen hegt niemand mehr Zweifel oder Argwohn gegenüber der Ordensreformatorin wie noch zu Beginn ihres Reformwirkens. Teresas Heiligkeit wurde vor

aller Welt offenbar. Daher streitet man sich auch schon in den Stunden, die ihrem Tod folgen, über ihre Reliquien. Hatte sie nicht sechzehn Klöster gegründet, die nun alle glaubten, ihre sterblichen Überreste für sich beanspruchen zu dürfen? Teresas Körper, von dem Zeugen berichten, daß er einen wunderbaren Geruch ausströmte, der ganz und gar nicht der Geruch eines verwesenden Körpers war, wurde seziert. Das Herz der Oberin wurde entfernt; die Ärzte und die anderen anwesenden Personen schwiegen ergriffen: Teresas Herz trug für alle deutlich sichtbar eine Wunde — wie von einem Lanzenstich.[140] Eine Wunde, unter der die Karmelitin litt, ohne daß sie sichtbar war. Die ganze Sache hatte auf einzigartige Weise begonnen:

«Der Herr wollte mehrmals, daß ich folgende Vision hatte: Ich sah einen Engel in leiblicher Gestalt bei mir, zu meiner linken Seite, was bei mir nur durch ein außergewöhnliches Wunder geschieht. Wenngleich mir häufig Engel erscheinen, so sehe ich sie doch nicht, außer in einer intellektuellen Vision. (...) Der Herr wollte, daß ich diese Vision folgendermaßen hatte: Er (der Engel) war nicht sehr groß, sondern eher klein, sehr schön und sein Gesicht war so entflammt, daß er ein Engel der obersten Rangordnung zu sein schien, wo die Engel reines Feuer sind. Es müssen wohl jene sein, die Kerubim genannt werden, denn sie sagen ihre Namen nicht. Aber ich sehe sehr wohl, daß im Himmel eine solche Verschiedenheit von einem Engel zum anderen und von diesen zu jenen besteht, daß ich es nicht zu sagen vermöchte. Ich sah ihn; in den Händen hielt er einen langen Pfeil aus Gold, dessen Spitze aus Eisen war und glühend zu sein schien. Es schien mir, daß er mir diesen Pfeil mehrmals ins Herz stieß und er bis in meine Eingeweide ging. Als er ihn herauszog, schien es mir, als ob er meine Eingeweide mit sich nähme und mich ganz von großer Gottesliebe entbrannt zurückließ. Der Schmerz war so stark, daß er mich stöhnen ließ, wie ich gesagt habe. Und die Wonne, die dieser außerordentlich große Schmerz in mir hinterließ, war so exzessiv, daß ich gewollt hätte, daß er mir nicht genommen würde und (ich wußte) daß Gott allein der Seele genügt. Es war kein

140 Das Herz der hl. Teresa von Avila wird in unversehrtem Zustand im Karmel von Alba aufbewahrt; die geheimnisvolle Wunde ist noch immer sichtbar und läßt sich medizinisch nicht erklären.

physischer Schmerz, sondern ein geistiger, wenngleich der Leib daran teilgenommen hat und das sogar sehr hart. Es ist eine so süße Liebkosung zwischen der Seele und Gott, daß ich Seine Güte anflehe, diese Liebkosung all jene verkosten zu lassen, die meinen, daß ich lüge.»[141]

Da die angeblichen psychoanalytischen Erklärungen, die auf ein erotisches Delirium und auf Autosuggestion anspielen, keine Erklärung dieser realen und feststellbaren Wunde zu geben vermögen, muß man es gelten lassen, daß Teresa sehr wohl die Vision eines Engels hatte. Und wenngleich sie ihn einen Kerub nennt, so läßt die Beschreibung eines von göttlicher Liebe trunkenen Geistwesens vermuten, daß es sich hier eher um einen Seraph gehandelt hat.

Dieses mystische Phänomen, das Transverberation genannt wird, stellt keinen Einzelfall dar.

Ein Beispiel aus jüngster Vergangenheit, das überdies zu den am besten untersuchten gehört, ist Pater Pio, der ebenfalls stigmatisiert war und 1968 starb. Die Verehrung, die dieser Kapuzinerpriester den Engeln, deren Vertrauter er war — und ganz besonders dem hl. Michael — entgegenbrachte (der Monte Gargano liegt nur 30 km von San Giovanni Rotondo, dem Kloster Pater Pios, entfernt), die Liebe, die er für den hl. Franziskus, seinen Ordensgründer[142], empfand, führten dazu, daß viele Menschen ihn fragten, ob diese Phänomene ebenfalls seraphischen Ursprungs waren. Pater Pio deutete ein Lichtwesen an, aber er sagte nie klar und deutlich, daß es ein Engel sei; hingegen bekräftigte er stets, daß er die Stigmata am Ende seiner Messe vom 20. September 1920 direkt vom großen Kruzifix über dem Altar empfangen habe.[143]

Die Seraphim brennen, die Kerubim glänzen und gleißen. Das möchte zumindest die hebräische etymologische Bedeutung ihrer Namen besagen.[144] Sie glänzen und funkeln vor Gotteseinsicht und sind unablässig in der Anbetung und Kontemplation Gottes versun-

---

141 Teresa von Avila, *Autobiographie*

142 Mit bürgerlichem Namen hieß Pater Pio Francesco Forgione; die Kapuziner sind ein franziskanischer Orden.

143 So betonte es Yves Chiron in seiner Biographie über Pater Pio, was viele Leute aber nicht abhält, die Stigmata einem Seraph zuzuschreiben. Damit zielen sie mehr oder weniger bewußt auf eine Nachbildung der Stigmatisierung des hl. Franziskus.

144 *Kerubim*, die Glänzenden, Strahlenden, Gleißenden.

ken. Erleuchten, erkennen ist ihre Seligkeit. Die Wahrheit ist das Element, in dem sie sich bewegen und da die menschliche Natur diese erhabene Wahrheit nur im Glauben, nicht aber intellektuell zu erfassen vermag, werden die Kerubim als die Engel des Glaubens angesehen.

Gott verteilt Erkenntnis nur nach genauer Überlegung und wann Er es will. Das ist der Vorwurf, den ihm die Schlange, die Dienerin Luzifers, im Paradies macht. Luzifer hatte sich eigensinnig darin verstiegen, im Schöpfer einen furchtbaren Tyrann zu sehen. Die Schlange drängt also Eva, den Apfel vom Baum der Erkenntnis von gut und böse zu pflücken und ihn zu essen. Die Strafe steht im Verhältnis zum Ungehorsam des ersten Menschenpaares: Adam und Eva werden aus dem Garten Eden verbannt. Es ist ganz logisch, daß Gott die Kerubim vor den Eingang des verbotenen Gartens stellt. Die Engel der Erkenntnis werden die Wächter der Geheimnisse Gottes.[145]

Sie schützen die Geheimnisse ihres Königs, aber in der Folge sind sie auch die bevorzugten Werkzeuge Seiner Offenbarungen, die durch die Intelligenz geschehen: das ist die Bedeutung der Bilder, die Mose von den Kerubim rund um die Bundeslade aufstellen ließ, obwohl im Judentum eigentlich jede Darstellung untersagt war.

«Mach zwei Kerubim aus getriebenem Gold, und arbeite sie an den beiden Enden der Deckplatte aus! (...) Die Kerubim sollen die Flügel nach oben ausbreiten, mit ihren Flügeln die Deckplatte beschirmen, und sie sollen ihre Gesichter einander zuwenden.»[146]

Im Buch Samuel heißt es, daß Jahwe über den Kerubim thront.[147] Es ist daher nur natürlich, daß Ezechiel sie mit den seltsamen Tieren gleichsetzt, die in seiner Vision den Wagen Jahwes ziehen.[148]

Diese surrealistische Beschreibung von Wesen mit vier Gesichtern und vier Flügeln, die halb Mensch und halb Tier sind, ist eigentlich eine Beschreibung von weniger bedeutsamen Gottheiten, die die

145 Gen 3, 24: «Er vertrieb den Menschen und stellte östlich des Gartens von Eden die Kerubim auf und das lodernde Flammenschwert, damit sie den Weg zum Baum des Lebens bewachten.»
146 Ex 25,18.20
147 1 Sam 4,4
148 Ez 5,5-25

Heiligtümer schützten, welche die Babylonier an den Eingang ihrer Tempel stellten. Diese guten Schutzgeister wurden *Karibus* genannt. Aus dieser Wortwurzel, die in der Tat Ähnlichkeiten mit *Kerubim* aufweist, haben einige Kommentatoren voreilige Schlußfolgerungen gezogen: sie wollten die Engel des Christentums auf Überreste einer heidnischen Mythologie reduzieren, die vom Judaismus in der Zeit des Exils übernommen worden war; daher lautete ihre gewagte Behauptung, daß die Kerubim und die Karibus ein und dasselbe seien. Dabei wird allerdings vergessen, daß die Kerubim im Alten Testament schon weit vor der Epoche der Verschleppung nach Babylon erwähnt werden...

Die den Kerubim anvertraute Aufgabe, heilige Stätten zu schützen, erklärt, warum die deutsche Mystikerin Mechthild Taller sagt, daß sie die großen Heiligtümer der Christenheit beschützen, und daß vier von ihnen den Papst ständig umgeben.

«Gott thront über den Kerubim», heißt es im Buch Exodus, das auf die aus Gold getriebenen Figuren anspielt, die die Bundeslade umgeben. Diese ruhmreiche Aufgabe, Sitz der königlichen Macht zu sein, ist eigentlich den Geistern des dritten Chores, deren Name auch Throne ist, eigen; die Kerubim haben diese Rolle nur aufgrund ihrer sogenannten Vortrefflichkeit.

Nach Art der Seraphim und der Kerubim, mit denen sie die erste Engelstufe bilden, sind die Throne Engel, die von Gottesliebe und göttlicher Einsicht entbrannt sind. So beschreibt es auch Daniel: «Feuerflammen waren sein Thron.»[149]

Gott zu tragen ist ihre Aufgabe; Ihn nicht nur im Himmel zu tragen, sondern Ihn auch zu jenen zu tragen, denen er sich mitteilen will. Sie führen die Beschlüsse seiner Gerechtigkeit aus und verkünden sein Erbarmen. Gewöhnlich wird ihnen die göttliche Tugend der Hoffnung zugeordnet. Der hl. Bonaventura schreibt ihnen darüberhinaus auch die Demut zu. Die Throne sind voll Kraft und Stabilität; sie sind unerschütterlich in alle Ewigkeit, wie Pseudo-Dionysius sagt:

149 Dan 7,9

«Sie halten sich ohne irgendwelche Zugeständnisse von jeder Niedrigkeit fern. Sie streben mit einer in unserer Welt unbekannten Intensität nach den Höhen (...) und sie halten sich mit aller Kraft, sowie wohlgeordnet und unerschütterlich bei Gott auf, der im Vollsinn dieses Wortes der Allerhöchste ist.»[150]

Die Engel der ersten Stufe — Seraphim, Kerubim, Throne — werden unmittelbar von Gott, dessen bevorzugte Assistenten sie sind, erleuchtet. Der hl. Thomas von Aquin nahm daher an, daß sie Ihn niemals verlassen.

Weil die Engel des vierten Chores mit der obersten Autorität ihres Meisters (lateinisch: *Dominus*, Herr) ausgestattet sind, werden sie Herrschaften genannt. Die Herrschaften wollen nur für ihren Herrn und Meister leben, ihm dienen und ihn lieben. Ihre ewiges Sehnen besteht darin, Gott so vollkommen wie es nur möglich ist, zu ähneln, ihm nachzufolgen und ihn in allem nachzuahmen. Diese Ähnlichkeit, nach der die Herrschaften streben, befreit sie sowohl von der Versuchung zur Überlegenheit als auch von der Versuchung zur Knechtschaft. Den niederen Chören übermitteln sie die Notwendigkeit, den Allerhöchsten nachzuahmen, um tiefer mit ihm vereint zu sein.

Diese göttliche Autorität unterstellt alle niederen Geister den wachsamen Anordnungen, durch die die Herrschaften das Universum regieren. Diese Anordnungen werden ihnen jedoch nicht direkt von Gott gegeben. Die Herrschaften unterstehen den Engeln der ersten Stufe. Sie gehorchen ihnen aus freien Stücken und nicht aus Zwang, denn sie wissen, daß sie Gott gehorchen, wenn sie auf seine Assistenten hören.

Klugheit und Gerechtigkeit — die wichtigsten Eigenschaften eines guten Königs — sind die den Herrschaften eigenen Tugenden. Der hl. Bonaventura fügte noch die Tugenden der Güte und der Strenge hinzu. Die Herrschaften sehnen sich nach dem Aufbau des Reiches Gottes auf Erden und sie tragen mit allen ihren Kräften dazu bei. Deshalb werden sie auch manchmal für die Bekehrung der Häretiker, der Sünder und der Ungläubigen angerufen. Sie unter-

---

150 *Die himmlische Hierarchie*

stützen die Missionare und verteidigen die Seelen gegen Überdruß und Entmutigung.

Der fünfte Engelchor ist der Chor der Kräfte. «Ihr Name bedeutet unbeugsamer, mannhafter Mut[151], (...) der beständig auf die überwesenhafte Kraft, die die Kraft hervorbringt und ihnen die Gabe der Kraft schenkt, ausgerichtet ist — und zwar auf gottförmige Weise.»[152]

Die biblischen Erscheinungen Gottes sind immer spektakulär; dazu muß man nur im Buch Exodus, Kapitel 19, lesen, als Gott sich anschickt, Mose die Gesetzestafeln zu übergeben. Donner und Blitze durchfurchten den Himmel, schwere Wolken und gewaltiger Hörnerschall erschreckten die Menschen und schließlich bebte auch noch der ganze Berg Sinai.

Einige Tage vor dem letzten Osterfest, das Jesus in dieser Welt feierte, predigte er im Tempel von Jerusalem; seine Jünger und die Menschenschar, die gekommen war, um ihn zu hören, wies er auf die Zeichen, die am Ende der Zeit auftreten werden:

«Sofort nach den Tagen der großen Not wird sich die Sonne verfinstern, und der Mond wird nicht mehr scheinen; die Sterne werden vom Himmel fallen, und die Kräfte des Himmels werden erschüttert werden.»[153]

Am darauffolgenden Freitag, dem 7. April 30, als Christus um 3 Uhr nachmittags am Kreuz sein Leben aushaucht, «riß der Vorhang im Tempel von oben bis unten entzwei. Die Erde bebte, und die Felsen spalteten sich....»[154]

Auf der Insel Patmos enthüllt Johannes[155] seinen Brüdern, die durch das Ausbrechen der Verfolgung ganz verschreckt und entmutigt sind, die Geheimnisse des Lammes: «Da entstand ein gewaltiges Beben. Die Sonne wurde schwarz wie ein Trauergewand, und der

151 Lateinisch *virtus*, was ursprünglich eine Eigenschaft des Mannes war und später auch die Bedeutung von Tapferkeit und physischem Mut umfaßte.

152 Pseudo-Dionysius, *Die himmlische Hierarchie*

153 Mt 24,29 f

154 Mt 27,51

155 Wenngleich einige Theologen der Meinung sind, daß das Buch der Offenbarung von einem anderen Johannes, der denselben Namen wie der Apostel trug, oder einfach von einem seiner Schüler verfaßt wurde, so halten wir uns hier an die Tradition, die den Verfasser der Offenbarung mit dem Evangelisten gleichsetzt.

ganze Mond wurde wie Blut. Die Sterne des Himmels fielen herab auf die Erde, wie wenn ein Feigenbaum seine Früchte abwirft, wenn ein heftiger Sturm ihn schüttelt. Der Himmel verschwand wie eine Buchrolle, die man zusammenrollt, und alle Berge und Inseln wurden von ihrer Stelle weggerückt. (...) Danach sah ich: Vier Engel standen an den vier Ecken der Erde. Sie hielten die vier Winde der Erde fest, damit der Wind weder über das Land noch über das Meer wehte, noch gegen irgendeinen Baum. Dann sah ich vom Osten her einen anderen Engel emporsteigen; er hatte das Siegel des lebendigen Gottes und rief den vier Engeln, denen die Macht gegeben war, dem Land und dem Meer Schaden zuzufügen, mit lauter Stimme zu: Fügt dem Land, dem Meer und den Bäumen keinen Schaden zu, bis wir den Knechten unseres Gottes das Siegel auf dic Stirn gedrückt haben.»[156]

Alle diese naturhaften und kosmischen Manifestationen, von denen die Texte des Alten und des Neuen Testamentes durchzogen sind, haben die Kräfte als ihre «Werkmeister». In unserem Zeitalter kann man sogar in gläubigen Kreisen die Vorstellung, daß hinter diesen Phänomenen, für die wir wissenschaftliche Erklärungen besitzen, Engel stehen sollen, nur mit Mühe zulassen. Wenn man einmal von dem außergewöhnlichen Aspekt dieser Phänomene und dieser sehr poetischen Darstellung absieht, so besteht die Aufgabe der Kräfte im Wesentlichen darin, zu regulieren, zu überwachen. Es ist ihre Aufgabe, darauf zu achten, daß das Universum mit seinen Kraftpotentialen einen guten Lauf nimmt, so wie Gott es gewollt hat, als er es erschuf. Ihr reales Eingreifen in diesen Mechanismus bildet eine Ausnahme, deshalb sind die Kräfte vor allem die Engel der Wunder. Allerdings müssen diese Wunder im Rahmen ihrer Möglichkeiten liegen und nicht die geltenden Naturgesetze modifizieren, denn das ist Gott allein vorbehalten. Ein Engel, ein Geistwesen, das dem Chor der Kräfte angehört, kann — außer wenn Gott ihm dazu seine Kraft verleiht — nicht etwas wirken, das der Natur unmöglich ist: z.B. eine Auferstehung. Die Kräfte können hingegen bewirken, daß sich ein Sturm legt, da sie den Winden gebieten, oder

156 Offb 6,12-14 und 7,1-3

sie können einer Trockenheit ein Ende setzen, indem sie Regen fallen lassen.

Die Kräfte werden manchmal angerufen, um den Menschen Mut und Kraft zu erwirken; sie führen zu Bekehrungen und unterstützen die reuigen Sünder, die versuchen, ihre Fehlhaltungen zu korrigieren.

Der letzte Chor der zweiten Stufe ist der Chor der Gewalten.

Das sind die Kriegsengel, deren Aufgabe darin besteht, die Legionen Luzifers, die in der Welt am Werk sind, zu bekämpfen. Sie sind Exorzisten par excellence.

Als die Menschheit durch Adam und Eva[157] zum ersten Mal den lügnerischen Umschmeichelungen des Teufels nachgegeben hatte, ist das Böse in die Welt eingedrungen. Seitdem ist mit Ausnahme Christi und seiner heiligen Mutter jeder Mensch den wiederholten Angriffen des Versuchers ausgesetzt. So tief diese rebellierenden Engel auch gefallen sein mögen — die Schrift spricht von ihnen oft in Metaphern, die dem Tierreich[158] entlehnt sind — so bleiben sie doch nichtsdestoweniger Engel, die wunderbare Gaben besitzen und deren Fähigkeiten die der armseligen Menschen auf schwindelerregende Weise übersteigen. Der Kampf zwischen ihnen und dem Mensch wäre daher disproportional und hoffnungslos, wenn Gott und seine Engel nicht zu Hilfe kämen und ein Gleichgewicht der Kräfte herstellen würden. Das ist die vorrangige Aufgabe der Gewalten. Sie sollen den Teufel davon abhalten, den Menschen Fallen zu stellen; sie sollen ihn gewissermaßen daran hindern zu «mogeln», indem er das Arsenal, das ihm als Engel zur Verfügung steht, zu Hilfe nimmt; ein Arsenal jedoch, das durch Luzifers Abfall ganz pervertiert wurde — eine schwere Aufgabe für den Chor der Gewalten, denn Luzifer ist der vollendete Betrüger und Falschspieler, was seine Opfer nur allzu oft vergessen.

---

157 Selbst wenn die Geschichte von Adam und Eva, so wie sie im Buch Genesis erzählt wird, kein historisches Dokument im eigentlichen Sinn ist, so illustriert sie doch auf bewundernswerte Weise das Problem von den Anfängen des Bösen: Ein Bruch zwischen Mensch und Gott, hervorgerufen durch die lügnerischen Einflüsterungen des abgefallenen Engels, der entschlossen ist, die Menschheit gegen ihren Gott aufzustacheln, um sie zu ihrem Verderben in seine verstiegene Rebellion hineinzuziehen.

158 Die Dämonen haben ihre Engelnatur so schwerwiegend pervertiert, daß sie sich selber auf das Niveau von Tieren herabgewürdigt haben.

Wenn die bösen Geister die Gestalt von Engeln des Lichtes annehmen, wachen die Gewalten darüber, daß sie für die Menschen, die sich um eine Unterscheidung bemühen, als böse Geister identifizierbar sind. Sie hindern sie daran, auffällige Zeichen und Wunder zu wirken, durch die leichtgläubige Menschen allzu schnell geblendet würden.

Als Engel des sechsten Chores stehen die Gewalten aufgrund ihrer Natur im allgemeinen unter den Dämonen, von denen viele vor ihrem Fall den höheren Chören angehörten. Dennoch gebieten sie als Meister allen, selbst dem früheren seraphischen Fürsten Luzifer. Der hl. Thomas zeigt auf, daß die Gewalten auf dreierlei Weise über die höllischen Legionen herrschen:

– Indem sie mit den bösen Geistern sprechen, d.h. indem sie sich an deren Engelintelligenz wenden, die durch ihre unbotmäßige Logik verfälscht ist, um ihnen die Vergeblichkeit ihrer Anstrengungen und den sicheren Sieg Gottes und seiner Getreuen vor Augen zu führen.

– Indem sie den Namen des Herrn anrufen, der die bösen Geister unbesiegbar in die Flucht schlagen wird.[159]

– Indem sie ihnen gebieten. Das vermögen sie durch die Gnadengabe, die Gott und das Geschöpf so miteinander vereint, daß dem Geschöpf die Kraft des Schöpfers zur Verfügung steht.

Die Gewalten können auch die Pläne des Teufels gegen die Hölle richten, indem sie ihn zwingen, daß er letztendlich gegen seinen Willen dem Guten dienen muß. Sie können auch seine dämonische Bosheit benutzen, um seine eigenen Komplizen zu strafen.

Diese erste Aufgabe — das Böse zu verhindern, oder genauer gesagt, in gewissen Grenzen zu halten — zieht die zweite nach sich: den Frieden in der Welt zu erhalten. Die Gewalten sind Engel, die die Weltpolitik und die Geschicke der Nationen leiten, wobei sie jedoch die Ausführung ihrer Befehle dem niedrigeren Chor der Fürstentümer überlassen.

159 Phil 2,9 f: «Darum hat ihn Gott über alle erhöht und ihm den Namen verliehen, der größer ist als alle Namen, damit alle im Himmel, auf der Erde und unter der Erde ihre Knie beugen vor dem Namen Jesu.»

Die Gewalten werden manchmal angerufen, um Geduld, die eine ihrer Tugenden ist, zu lehren, um Zorn zu besänftigen, um geistliche Dürre zu bekämpfen und Zerstreuungen im Gebet zu verscheuchen.

Herrschaften, Kräfte und Gewalten bilden die zweite Stufe; sie sind «Engelminister».

Die dritte Hierarchie umfaßt die Geister, deren Aufgabe es ist, Gottes Befehle unverzüglich bei den körperlichen Geschöpfen und den Menschen auszuführen. Alles was sie tun, geschieht zum Wohl der Menschheit und zu ihrem Nutzen. Als Engel, die den untersten Chören angehören, ist ihre Macht auf Gemeinschaften, Orte, Personen oder eine bestimmte Kategorie körperlicher Geschöpfe, Pflanzen oder Tiere beschränkt.

Die Fürstentümer sind die Schutzengel von Völkern, Nationen, Städten, Diözesen, ja auch von Pfarreien. Ihre Aufgabe ist es, in den ihnen anvertrauten Gemeinschaften den beständigen Einfluß des Teufels zu durchkreuzen und den Verantwortlichen Entscheidungen einzugeben, die in Einklang mit Gottes Gesetz stehen. Sie richten ihre Schützlinge auf das Gute.

Im Buch Daniel[160] wird Michael als der Schutzengel des Volkes Israel dargestellt; der hl. Thomas von Aquin zog daraus die Schlußfolgerung, daß Michael zu den Fürstentümer gehört, was allerdings weder mit dem, was man über ihn weiß, noch mit seiner herausragenden Rolle übereinstimmt. Diese Ambivalenz läßt sich erklären, wenn man sich daran erinnert, daß Israel keine gewöhnlich Berufung hatte. Daher rührt also die Notwendigkeit, nicht irgendeinen Engel des siebten Chores, sondern den Anführer der himmlischen Heerscharen, den Fürsten der Seraphim, als Schutzherrn zu haben.

Es gab nie eine allgemeine Verehrung der Fürstentümer; eine erwähnenswerte Ausnahme bildet hier aber Portugal.

1578 unternahm König Sebastian IV., ein junger, enthusiastischer Mensch, für den die schönen Träumen der Ritterzeit noch nicht ausgeträumt waren, einen in seinen Augen triumphalen Kreuzzug gegen den Islam. Kaum hatte diese Expedition begonnen, wurde sie auch schon durch eine katastrophale Niederlage beendet, als die

160 Dan 10,21

marokkanische Armee die portugiesischen Truppen am 4. August vernichtend schlug. Die wenigen Überlebenden versuchten vor Schrecken und Verzweiflung ganz außer Fassung geraten, sich in Sicherheit zu bringen, bis sie merkten, daß ihr junger König im Kampfgetümmel verschwunden ist.

Was aus dem unglückseligen Sebastian IV. geworden ist, weiß niemand. Am wahrscheinlichsten ist die Hypothese, daß er bei der letzten Gegenattacke seiner Soldaten den Tod gefunden hat.

Der verschwundene König hatte keine Kinder; die Krone fiel einem seiner Vetter zu, einem achtzigjährigen Thronfolger, dessen Spur 1581 erlischt. Spanien stürzt sich auf das herrscherlose Portugal, annektiert es und schert sich in keinster Weise um die öffentliche, portugiesische Meinung, die sich diesem Gewaltakt einhellig widersetzt. Die Lage des kleinen, von seinem mächtigen Nachbarn besetzten Königreiches, scheint hoffnungslos zu sein.

In dieser Situation des Unglücks und der nationalen Tragödie bittet die portugiesische Kirche, die die Seele des Volkes gerne schützend unter ihre Fittiche nehmen will, Rom um die Autorisierung, das Fest der Fürstentümer, der Schutzengel Portugals, feierlich begehen zu dürfen. Es wird zu einer herrlichen Manifestation des Widerstandes gegen die spanische Besatzung und zu einer gelassenen Demonstration der Hoffnung; der Hoffnung darauf, daß das Land keine iberische Provinz bleiben werde.

Papst Sixtus V.[161] stimmte der Bitte zu. Das Fest der Fürstentümer wurde daraufhin jedes Jahr ganz feierlich begangen. Nach mehreren erfolglosen Versuchen kann sich Portugal im Jahr 1640 von der spanischen Herrschaft befreien und setzte das Haus der Bregance als Throninhaber ein.

1917: Der Erste Weltkrieg wütet. In den Feldern der Cova de Iria, nahe dem Ort Fatima, hüten drei Kinder die Herde ihrer Familie. Ein Engel erscheint ihnen, bevor sich die Muttergottes den Kindern zeigt. Er stellt sich Lucia, Jacinta und Fancisco so vor: «Ich bin der Schutzengel Portugals. Ich bin der Engel des Friedens.»

Dreimal sucht dieser selige Engel die jungen Seher heim.

161 Sixtus V. war von 1585 bis 1595 Papst.

Selten hat ein Engel der Fürstentümer seine Macht und seinen Schutz so deutlich gezeigt. Dieser Engel von Fatima bestätigte die Glaubenstradition, nach der die Fürstentümer Engel des Gebetes sind. Der Engel bemühte sich, diese jungen, sehr benachteiligten Hirtenkinder etwas davon verkosten zu lassen.

Der achte Chor ist der Chor der Erzengel, ein Name, der Verwirrung stiften kann. *Arch* ist eine griechische Wurzel, die eine Befehlsgewalt, eine Stellung als Kommandant bezeichnet. In der Verbindung mit *Engel* hat diese Silbe aber eine zweifache Bedeutung: Haupt, oder Kommandant der Engel — und in diesem Sinn wird das Wort Erzengel verwendet, um den hl. Michael zu bezeichnen; die zweite Bedeutung lautet: «Wer über den Engeln ist», d.h. ein Geistwesen, das einem Chor angehört, der über dem der Engel steht. Und diese zweite Bedeutung gibt Pseudo-Dionysius dem Wort Erzengel.

Die Aufgabe der Erzengel, dieser Geistwesen des achten Chores, besteht darin, Besonderheiten aus dem Bereich des Allgemeinen zu enthüllen: Dinge des Glaubens, der Moral, der Gottesverehrung, usw. Sie haben außerdem die Funktion, zusätzliche Schutzengel von Personen zu sein, die im religiösen Bereich mit großer Verantwortung beladen sind — angefangen bei einfachen Priestern bis hin zum Papst. Eine bestimmte Tradition sieht in den Erzengeln jene Geister, die über die Kirchen wachen.

Der hl. Thomas war aufgrund der Theorie von der sukzessiven Erleuchtung der Meinung, daß sich die Erzengel gewöhnlich um die Geister des neunten Chores kümmern und sich nur in Ausnahmefällen von ihrem Platz bewegen. Ohne dieser Annahme sehr gründlich nachgegangen zu sein, schlußfolgerte er daraus, daß Gabriel der Anführer der Erzengel sein muß.

Der Name des neunten Chores — die Engel — ist in unsere Alltagssprache übernommen worden und bezeichnet mittlerweile alle seligen Geister. Dennoch haben auch die Engel, wie es bereits ihr Name, der «Bote» bedeutet, besagt, eine einzigartige Sendung: Sie sind bei den Menschen die Interpreten des göttlichen Willens. Durch ihre Mittlerschaft gehen alle Gaben und alle Tugenden, die den höheren Chören zu eigen sind. Die Schutzengel werden aus den Engeln erwählt.

Die Geister der neun Chöre sind unzählbar und dennoch sind sie alle vollendete Individuen. Ihre Befugnisse wie auch ihr Wohlwollen gegenüber der Menschheit, die sie zum Heil führen wollen, sind unermeßlich. Die Engellehre besagt, daß sie das Universum bevölkern und daß das, was uns leer zu sein scheint, in Wirklichkeit mit guten oder bösen Geistern erfüllt ist; sie besagt, daß jeder von uns während seines ganzen Lebens einen Engel neben sich hat, der ihn körperlich, aber vor allem geistlich beschützt. Wir wissen um dieses Universum und trotzdem fehlt uns eine wesentliche Information: wir wissen nichts über die Namen der einzelnen Engel.

Von den Namen der Engel zu reden, ist übrigens ein Spezifikum, das der körperlichen Welt, in der wir uns bewegen, besonders leicht in den Sinn kommt. Wenngleich es gewiß ist, daß die Individualität der Geister eine Identität voraussetzt, so läßt sich diese Identität nicht durch die Zuhilfenahme einer bestimmten Silbenanzahl in die irdische Sprache übersetzen. Die Namen der Engel sind ihrem Wesen nach unaussprechlich. Die wirklichen Engelnamen bleiben für uns undurchdringbar — zumindest in der Realität, in der wir leben.

Obwohl die Menschen wußten, daß sie keinen Zugang zu der wahren Bezeichnung der Geistwesen haben, hörten sie doch niemals auf, nach den Namen der Engel zu forschen. Ein neugieriges und lächerliches Ansinnen? Vielleicht — wenn man von der modernen Mentalität ausgeht; aber sicher nicht, wenn man von der einstigen Mentalität ausgeht.

Im Bewußtsein der Antike wie auch in allen anderen Zivilisationen ist der Name von vorrangiger Bedeutung. Etwas zu benennen ist ein entscheidender Akt, der dem Sakralen angehört und der eine persönliche Verbindung herstellen kann. Vor allem kann er eine Macht, eine Herrschaft über das benannte Wesen oder Ding verleihen. Nachdem Gott die Tiere erschaffen hatte, führte er sie zu Adam, um zu sehen, wie er sie benennen würde.[162] Der Name ist

162 Gen 2,19 f

immer Wesensausdruck von dem, der ihn trägt. Adam nennt seine Frau Eva; diese hebräische Wurzel bedeutet Leben, denn Eva ist dazu bestimmt, die Mutter des Menschengeschlechts zu sein. Gabriel weist Zacharias an, dem Sohn, der ihm geboren wird, nicht einen in seiner Familie gebräuchlichen Vornamen, sondern den Namen Johannes zu geben, was so viel bedeutet wie «Gott ist gnädig.»[163] Und einige Wochen später fordert er Maria auf, ihr Kind «Jesus» zu nennen: «Jahwe rettet.»[164]

Diese Vornamen stehen in enger Verbindung mit der irdischen Sendung des Vorläufers und des Erlösers. Um die Namen der Engel ist es ähnlich bestellt: sie spiegeln die Sendung der Geistwesen.

Die Bibel nennt nur drei Engel namentlich: Michael, Gabriel, Raphael. Über die Namen der anderen Engel herrscht völliges Schweigen. Dieses Schweigen ärgert die Neugierigen, die gerne in eine enge Beziehung mit der unsichtbaren Welt treten möchten. Es ist unmöglich, sich einen guten Geist geneigt zu machen, den man nicht anrufen kann, genauso wie es unmöglich ist, einem bösen Geist, der seine Identität verbirgt, überlegen zu sein.

Den Namen der Geistwesen zu kennen, bedeutet Zugang zu einer anderen Ebene zu haben; es bedeutet, sich einer guten oder bösen Gewalt zu bemächtigen. Gebraucht man diese Macht mit Klugheit und Weisheit, so führt sie zur Praktik des Exorzismus. Es ist evident, daß diese Macht, wenn sie in falsche Hände gerät, zu gefährlichen und unheilvollen magischen Praktiken führen kann. Diese Furcht erklärt warum die Namen der Engel von Geheimnissen und Verboten umgeben sind.

Im Kloster von Qumran lebten die Essener in Vertrautheit mit den Engeln und beteten viel zu ihnen. Eine der ersten Verpflichtungen, die Neueintretenden auferlegt wurde, bestand darin, die Namen der Engel geheimzuhalten.[165]

Dieses Bedürfnis, Zugang zu den Geheimnissen der Engelwelt zu erhalten — was notwendigerweise Abirrungen nach sich zog — war also schon im Judentum bekannt und ging anschließend in das

163 Lk 1,13
164 Lk 1,31
165 Flavius Josephus, *Jüdische Altertümer*

Christentum über, wo es sich verbreitete. Die koptische und die äthiopische Kirche, die eine traditionelle, sakrale Heilkunst praktizierte, ließ Litaneien mit Namen, die den Engeln[166] gegeben worden waren, rezitieren, um so die von Dämonen aufgebürdeten Krankheiten zu kurieren. Anderswo begünstigten diese Praktiken schon sehr bald zweifelhafte, ja sogar häretische Bräuche. Auf diese unguten Bräuche reagierte die Kirche.

Das Konzil von Rom verurteilte im Jahr 492 den weit verbreiteten Brauch, die Engel mit Phantasienamen, unter denen sie dann von den Gläubigen angerufen wurden, auszustaffieren. Diese Maßgabe wurde so wenig befolgt, daß sie von Zeit zu Zeit erneuert werden mußte. Das im Jahr 745 stattfindende zweite Konzil von Rom beschränkte sich nicht mehr nur darauf, eine als abergläubisch eingeschätzte Praktik zu verbieten, sondern es verurteilte sie als eine Anrufung, die schlicht und einfach dämonisch ist, als sie das Gebet des Priesters Aldebert verurteilte, der «Die Sieben, die vor Gott stehen» mit Namen anrief, von denen sich vier nicht verifizieren ließen. Diese Entwicklung war entscheidend.

Fünfzig Jahre später bezogen sich die Kapitulare Karls des Großen auf das zweite Konzil von Rom, um die Verwendung anderer Namen, die nicht durch die Bibel[167] bezeugt sind, zu untersagen, was beweist, daß die Verurteilungen der Kirche noch immer nicht respektiert wurden.

Zu Beginn des 16. Jahrhunderts versuchte ein Okkultist namens Heinrich-Cornelius Agrippa von Nettesheim eine ganze magische «Wissenschaft» zu entwickeln, die auf die jüdische Kabbala gegründet war; die Zahl (der Engel) und die Tugenden werden mit den Namen der Engel und der Dämonen verknüpft.

Diesen abergläubischen und verurteilten Gebeten setzte schließlich das allmähliche Abflauen des Interesses an den Engeln ein Ende. Dieser Rückgang ereignete sich im Abendland kurz vor der Renaissance. Manche Gebete überlebten aber trotzdem; sie waren in

166 Diese Exorzismuspraktiken wurden in diesen Kirchen sehr lange Zeit hindurch ausgeübt.

167 *In eodem concilio praecipitur ut ignota angelorum nomina nec fingantur, ned nominentur, nisi illorum quos habemus in auctoritate. Ii sunt: Michael, Gabriel, Raphael.*

Büchern der weißen Magie, die von ländlichen Geisterbeschwörern benutzt wurden, verborgen. Die Hexer von Berry oder von Maine traten so, ohne es zu wissen, in die Fußstapfen der äthiopischen Priester.

Aber wo hatten die Menschen diese Namen gesucht, die in der Bibel nicht vorkommen?

Im Wesentlichen hatten sie in den apokryphen Büchern des Alten und des Neuen Testamentes gesucht, vor allem im Buch Henoch[168], sowie in zwei apokryphen Apokalypsen: in der des Henoch und der des Esra. Neben diesen Quellen muß man noch einen sehr ehrwürdigen Text der Urkirche erwähnen: *Der Hirte des Hermas* und einige Texte des Hochmittelalters sowie karolingische Litaneien aus der Zeit Karls des Großen und Werke des Beda.

Von dort kommen diese sonderbaren Litaneien, die übrigens bisweilen ein- und dasselbe Geistwesen unter mehreren Namen anrufen. Raphael wird beispielsweise in einigen Texten Surjân genannt; er befindet sich in der Nachbarschaft von schwer zu identifizierenden Engeln: Raguel, Saraquael, Zutel, Rufael, Fanuel, Tobihel, Rumiel, Paniel, Renel, Azael, Barachael und Engeln, deren Namen aus noch seltsameren Konsonanten bestehen: Gabulethon, Aker, Arphugitonos, Beburos, Zebuleon, Pantasaron, Urjan, Arsjalaljun...

Muß man wirklich darüber erstaunt sein, wenn kluge Priester fürchteten, daß es sich um Dämonen handelt?

Trotzdem hatten einige der Engel, die unter diesen Namen angerufen wurden, in den ersten Jahrhunderten der Kirche ihre Ruhmesstunde.

Das Buch Henoch läßt Phanuel oder Fanuel auftreten, einen Exorzisten und Kriegsgeist, der die Dämonen bekämpft — alles Eigenschaften, die ihn dem Chor der Gewalten zugehören lassen. Fanuel ist ein aktiver Verteidiger der Menschheit insofern er die aufrührerischen Geister daran hindert, sich dem Throne Gottes zu nähern, um die Menschen vor Gott anzuklagen.[169] Henoch hält ihn für den Engel der Reue und der Buße. Als Clemens von Alexandrien

168 Es gilt festzuhalten, daß das Buch Henoch von manchen christlichen Kirchen, vor allem von der äthiopischen Kirche, als zum kanonischen Bestand der Bibel zugehörig betrachtet wird.

und Hermas vom «Engel der Buße, der den Teufel in seiner Gewalt hat» sprechen, meinen sie sehr wahrscheinlich diesen Fanuel, ohne ihn namentlich zu nennen.

Weniger berühmt sind zwei Geistwesen, denen man in der Apokalypse des Esra begegnet: Jeremiel und Praviel. Für Esra ist Praviel es, der die Verfasser der Heiligen Schrift angeregt hat; Jeremiel ist der Todesengel, ein Psychagoge, ein beauftragter Beschützer der Seelen auf ihrer Reise ins Jenseits, der schon bald zugunsten von Michael ganz in Vergessenheit geriet.

In seiner *Kirchengeschichte* berichtet Eusebius von Cäsarea über den Tod des palästinensischen Märtyrers Procop und spielt dabei auf einen ansonsten völlig unbekannten Engel Emmanuel an. Vielleicht war er völlig unbekannt, weil sein messianischer Vorname einer Häresie Vorschub hätte leisten können, die aus Christus einen Engel machen wollte, der mit einer Sendung auf der Erde sei... Diese Irrlehre hielt Christus nicht für Gott, der sich wirklich in einer menschlichen Natur inkarniert hat.

Andere Engel tauchen in Gebeten oder auf Halbreliefs und Gemälden hier und da auf, ohne daß man jedoch wissen kann, wer sie für diejenigen waren, die zu ihnen beteten...

So ist es auch im Fall von Raguel, einem «Entlaufenen» der Apokalypse des Henoch; sein Bildnis, auf dem auch Raphael zu sehen ist, wurde zweimal auf Sarkophagen, die in Poitiers gefunden wurden und aus dem 5. Jahrhundert stammen, dargestellt.

Noch geheimnisvoller sind die Geistwesen, die in einem germanischen, mittelalterlichen Kalender zitiert wurden: Malkiel, Zadkiel, Peliel, Raziel.

Die aufeinander folgenden Verurteilungen seitens der Kirche drängten diese Engel mit ihrer nicht verifizierbaren Identität in die Vergessenheit. Sie verdrängten auch noch einen anderen Geist, in dem manche Kirchenväter wie z.B. Ambrosius oder manche Kirchenlehrer wie Isidor von Sevilla einen der Fürsten der ersten Stufe

169 Auf dem Hintergrund dieser jüdischen Glaubenstradition, nach der Luzifer und seine Gefährten nie das Recht verloren haben, sich Gott zu nähern, ließe sich ein kanonisches Buch nochmals lesen: das Buch Ijob (1,7-11), das von Satan berichtet, daß er um die Ermächtigung bat, den Glauben des Gerechten einer Prüfung zu unterziehen und zu versuchen, ihn zur Gotteslästerung zu bewegen.

gesehen hatten, und der daher auch manchmal der vierte Erzengel genannt wurde.

Sein Name war Uriel und das war Urjan aus dem Buch Henoch. Uriel würde bedeuten: «Feuer Gottes» oder «Gott ist mein Licht».

Weil Uriel gemeinsam mit Adam auf einem Gemälde in Palermo dargestellt ist, könnte er der oberste Kerub sein, der den Menschen aus dem irdischen Paradies vertrieb. Der hl. Isidor sah in ihm den Engel, der Abrahams Arm zurückhielt, als dieser seinen Sohn schlachten wollte, und den Engel, der im brennenden Dornbusch der Bote Gottes für Mose war. Er war der Engel der Offenbarung in der Zeit der Patriarchen.

Solche Verweise rechtfertigen die sehr lebendige Verehrung, die Uriel in den ersten christlichen Jahrhunderten umgab.

In Achtung vor dem Brauch, der die Kirchtürme unter den Schutz der Erzengel stellte, wurde bei mehreren großen Heiligtümern — darunter auch der Mailänder Dom — der Glockenturm unter den vierfachen Schutz von Michael, Gabriel, Raphael und Uriel gestellt. Die gesamte frühe Ikonographie zeigt Uriel gleichberechtigt neben den drei Erzengeln, da er wie sie gemalt wird: vor dem Throne des Lammes stehend.

In St. Petronella in Rom befindet sich auf dem Grab von Kaiserin Maria, der Gattin Honorius III., eine Inschrift, mit der für die Verstorbene zum Gebet zu den vier Erzengeln aufgerufen wird. Beda venerabilis ruft mehrmals «Uriel, den Beschützer» an. Die orientalischen Kirchen beten mit folgenden Worten zu ihm: «Herr, bewahre dein Volk durch die Gebete der vier bedeutendsten unter deinen Engeln und durch den Glanz von Michael, Gabriel, Raphael, Uriel und der drei nicht inkarnierten Seelen.»[170]

Das Fest des hl. Uriel wurde in der lateinischen und in der griechischen Kirche begangen; am 15. Juli wurde es in der römischen Liturgie gefeiert.

---

170 Die drei nicht inkarnierten Seelen sind die drei anderen Geister, von denen das Buch Tobit sagt, daß sie die Sieben sind, die vor Gottes Thron stehen, deren Namen aber nicht bekannt sind.

Das zweite Konzil von Rom streicht im Jahr 745 Uriel ganz unerwartet aus dem Kalender, den Gebeten, der Liturgie und untersagt, daß ihm die geringste Verehrung erwiesen wird...

Äußerste Strenge, die nur durch das Fehlen einer namentlichen Erwähnung Uriels in den kanonischen Büchern und durch die Angst, daß unter diesem Namen einem abgefallenen Engel in Unwissenheit Verehrung zuteil werden könnte, gerechtfertigt ist.

Eine Strenge, die die Christenheit nur schwer ertragen kann. Die karolingischen Litaneien aus dem Jahr 783 rufen auch weiterhin nach Michael, Gabriel und Raphael den hl. Uriel, den hl. Raguel und den hl. Tobihel an, während die karolingischen Stiftsherren die Entscheidungen des Konzils von Rom im Reich verbreiten.

Noch im 15. Jahrhundert ruft eine Exorzistenformel Uriel an, was beweist, daß er keineswegs einhellig für einen Dämon gehalten wird.

In Rußland halten die Altgläubigen, die sich nicht den liturgischen Reformen des 17. Jahrhunderts anschließen wollten, Uriel noch immer für den vierten Erzengel. Übrigens beweist nichts, daß er es nicht ist.

Nichts, wenn nicht die Klugheit der Kirche.

«Mit Ausnahme der Namen Michael, Gabriel, Raphael sind die Namen, die anderen Engeln gegeben wurden, Namen von Dämonen!»

Eine unzweideutige Warnung, die Liebhaber einer modischen «numéro de Minitel», in der lauter Litaneien mit angeblichen Engelnamen zu finden sind, nicht zu kennen scheinen.

5. *Die Zeit der Engel*

Gott schuf also den Menschen, dem er das herrlichste, das ewige Leben verheißen hatte: Die hypostatische Union des Geschöpfes mit seinem Schöpfer in Christus; eine Bestimmung, die der hochmütige Luzifer übelnahm. Gott hat den Menschen jedoch nach dem Beispiel der Engel als freies Wesen erschaffen. Der Mensch ist frei, das ihm angebotene Leben anzunehmen oder nicht; er ist frei, die absolute Liebe zurückzustoßen.

Der abgefallene Seraph, der sich unwiederbringlich die Pforten des Himmels verschlossen hat, schwor sich, daß der Mensch, dieses schauderhafte Wesen, dieses zugleich geistige und fleischliche Ungeheuer, an dieser Seligkeit, um die er, der Seraph, sich und seine Anhänger für immer gebracht hat, niemals teilhaben soll. Mit allen ihm zur Verfügung stehenden Mitteln, mit seiner ganzen Macht, die unermeßlich geblieben ist, arbeitet Luzifer verbissen daran, der Menschheit den Weg zum Himmel zu verschließen. Das ist seine Rache.

Er hatte davon geträumt, bis auf die Gipfel hinaufzusteigen, sich auf den göttlichen Thron zu setzen, den Allmächtigen zu stürzen, den er in seiner wahnwitzigen Logik nur noch den «Tyrann» nannte.

«Ich werde sein wie Gott», hatte er vor dem Universum auszurufen gewagt, bevor er von Michaels heiligem Zorn niedergeschmettert wurde.

Dem Menschen will er denselben Plan vorschlagen; er, der im Anfang ein Drittel der Geistwesen mit sich auf den Irrweg zog: «Ihr werdet sein wie Gott.»[171]

Luzifer wird der jungen Menschheit seine karikaturistische Vision von Gott vor Augen führen. Liebe und Vertrauen ersetzt er durch

---

171 Gen 3,5

Mißtrauen und Furcht. Er ist verbissen darauf aus, das natürliche religiöse Empfinden zu pervertieren und die Gott dargebrachte Verehrung durch grobe Verfälschung zu ersetzen: Lobhudelei der menschlichen Leidenschaften, die nach und nach in die Anbetung von Götzen, in denen sich die verdammten Engel verbergen, abrutscht. Das ist auch der Gedankengang des hl. Paulus:

«Der Zorn Gottes wird vom Himmel herab offenbart wider alle Gottlosigkeit und Ungerechtigkeit der Menschen, die die Wahrheit durch Ungerechtigkeit niederhalten. Denn was man von Gott erkennen kann, ist ihnen offenbar; Gott hat es ihnen offenbart. Seit Erschaffung der Welt wird seine unsichtbare Wirklichkeit an den Werken der Schöpfung mit der Vernunft wahrgenommen, seine ewige Macht und Gottheit. Daher sind sie unentschuldbar. Denn sie haben Gott erkannt, ihn aber nicht als Gott geehrt und ihm nicht gedankt. Sie verfielen in ihrem Denken der Nichtigkeit, und ihr unverständiges Herz wurde verfinstert. Sie behaupteten, weise zu sein, und wurden zu Toren. Sie vertauschten die Herrlichkeit des unvergänglichen Gottes mit Bildern, die einen vergänglichen Menschen und fliegende, vierfüßige und kriechende Tiere darstellen.

Darum lieferte Gott sie durch die Begierden ihres Herzens der Unreinheit aus, so daß sie ihren Leib durch ihr eigenes Tun entehrten. Sie vertauschten die Wahrheit Gottes mit der Lüge, sie beteten das Geschöpf an und verehrten es anstelle des Schöpfers — gepriesen ist er in Ewigkeit.»[172]

Denn wenn Luzifer aufgrund der unerhörten Tragweite seiner Verfehlung und seiner Zerstörungswut, mit der er in seiner Seele die Überfülle der Gnade ausmerzen wollte, dazu verdammt ist, Gefangener des von ihm ausgeheckten Reiches zu bleiben, dieser Hölle, deren alleiniger Urheber, König und erstes Opfer er ist, so steht es seinen Komplizen jedoch frei, in der Welt ein- und auszugehen und dort zu versuchen, ihre üblen Streiche in die Tat umzusetzen. Sie sind unablässig auf der Jagd und lauern auf sorglose Beute.[173]

172 Röm 1,18-25
173 1 Petr 5,8: «Seid nüchtern und wachsam! Euer Widersacher, der Teufel, geht wie ein brüllender Löwe umher und sucht, wen er verschlingen kann.»

So groß sind die Schlichen dieser Jäger, so tief ist selbst noch ihre fehlgeleitete Intelligenz, so furchterregend ihre Logik trotz ihrer «Verrenkung», daß der durch den Bruch mit Gott geschwächte und auf seine eigenen Kräfte reduzierte Mensch schon im voraus bei diesem völlig ungleichen Kampf besiegt ist. Um zu vermeiden, daß der zwangsläufige Zusammenstoß zu einem völligen Untergang der Menschheit führt, hat Gott zur Verstärkung seine Engel gesandt. Wenngleich er sich das jüdische Volk als auserwähltes Volk vorbehält, von dem das Heil kommen wird, und das er unter den Schutz des treuen Michael stellt, so verläßt Gott die anderen Völker aber nicht. In ihnen wird sich die Zeiten hindurch der ursprüngliche Kampf abspielen: Werden sie den trügerischen Verheißungen der Verdammten nachgeben, oder werden sie auf die Wächter hören, die zu ihrem Schutz eingesetzt sind?

Nach Paulus bestätigen auch die christlichen Theologen die Existenz einer frühen Glaubenstradition, die in der Anbetung der Natur eigentlich ihren Schöpfer durch die Pracht seiner Geschöpfe hindurch anbetete. Die Schöpfung hatte also die Rolle einer Enthüllerin des Unenthüllten; sie war ihrem Wesen nach eine Theophanie. Eusebius von Cäsarea sprach als erster den Gedanken aus, daß die Engel am Ursprung dieses frühen Kultes standen:

«Gott hat alle Nationen, mit Ausnahme der Juden, die er sich selbst vorbehalten hat, unter die Engel, die unsichtbaren Lenker der Nationen aufgeteilt; diese Engel, Hirten und Lenker, haben es für gut befunden, daß sich die Menschen zu den am Himmel sichtbaren Realitäten wenden: zu Sonne, Mond und Sternen, da sie unfähig sind, im Geist das Unsichtbare zu schauen und da sie sich aufgrund ihrer Schwachheit nicht erheben können. Diese Gestirne würden nämlich die Augen derer, die sie schauen, so weit wie möglich in die Höhe ziehen, gleichsam in die Vorhalle des Königs der ganzen Welt; die Größe und Schönheit dieser Geschöpfe würde sie dann dazu führen, den Schöpfer des Universums mittels dieser Analogie zu betrachten.»[174]

174 Kirchengeschichte

Dennoch führt das Wirken der Dämonen und die Schwäche des Menschen dazu, daß diese Verehrung auf Abwege gerät. Die abgefallenen Engel machten aus der kosmischen Offenbarung, deren Ziel es war, die Offenbarung Gottes vorzubereiten, einen Götzendienst. Und je mehr sich dieser Götzendienst verwurzelte und an Kraft zunahm, desto mehr nahm auch die Macht der Dämonen über diese Götzendiener zu. Parallel dazu verloren die Engel, die den Völkern vorstanden, ihre Macht, da ihnen durch die Verfehlungen ihrer Schützlinge gleichsam Fesseln angelegt wurden. Der Gebrauch der menschlichen Freiheit führte paradoxerweise dazu, die Menschen in eine heimtückische Knechtschaft zu führen. Die Menschheit wurde in einen circulus vitiosus eingeschlossen, der von ihrer Sünde hervorgebracht worden war und nur durch das Kommen des Erlösers durchbrochen werden konnte. Der gute Wille der Engel wurde nicht in Frage gestellt, wurde aber vom menschlichen Willen, der sich zu Unrecht als erleuchtet ansah, behindert.

«Vor der Ankunft Christi vermochten die guten Engel nur wenig zum Nutzen der ihnen Anvertrauten zu tun. Als der Engel der Ägypter den Ägyptern half, glaubte kaum ein Proselyt an Gott. Gott bot durch seine Engel alles auf und trotzdem besserte sich kaum etwas.»[175]

Eusebius von Cäsarea geht über diese pessimistische Vision noch hinaus; seiner Meinung nach gaben die Engel der Nationen, abgestoßen von den zunehmenden Sünden ihrer Schützlinge, auf...

Trotzdem kam es aber vor, daß die Engel manchmal eine Seele fanden, die ihrem Wirken gegenüber aufmerksamer war als andere. Dann bedienten sie sich ihrer mit doppeltem Eifer, um dem Rest des Volkes die Ehrfurcht vor dem Naturgesetz einzugeben und ihm zu helfen, im Kampf gegen die Dämonen Fortschritte zu machen.

Die Kirchenväter bemühten sich in aller Aufrichtigkeit und mit großem Nachdruck, bei den Autoren der Antike Fermente der christlichen Offenbarung zu finden, denn diese Kirchenväter waren im Geist der griechischen Gedankenwelt erzogen worden. Sie bewunderten diese Gedankenwelt, die sie liebten und von der sie

175 Origenes, *De Principiis*

nicht glauben konnten, daß sie vom Bösen beherrscht sei. Sie fanden viele Fermente dieser Art und waren davon überzeugt, daß nur die Engel der Nationen sie in der antiken Geisteswelt hinterlegt haben konnten.

Clemens von Alexandrien sagt unumwunden: «Gott hat den Griechen die Philosophie durch die niederen Engel geschenkt.»

Origenes geht noch weiter, da er dieses Wirken der Engel in vielen heidnischen Zivilisationen vermutet. Nach seiner Auffassung entsprang daraus auch mit Gewißheit die griechische Philosophie, vor allem die Philosophie des Platon und des Aristoteles, die ägyptische Weisheit, die Erkenntnis der Chaldäer, wie es die Ankunft der drei weisen Könige zeigt, sowie manche Glaubensüberzeugungen hinduistischer Brahmanen und gallischer Druiden, aber auch das römische Recht.

Es ist nur natürlich, daß der hl. Justin neben Ijob, diesen biblischen Helden, der kein Israelit war, auch Sokrates und Platon in den Rang der Gerechten der alten Zeiten stellt.

In ihnen wurde allem zum Trotz die Sendung der Engel verwirklicht: «Die Engel, die beauftragt sind, für jedes Volk eine heilige Sorge zu tragen, erheben alle, die ihnen folgen wollen, zum einzigen, universellen Ursprung.»[176]

Diese Theorie von der ursprünglichen Offenbarung wird von Ethnologen nicht einhellig vertreten. Die ursprüngliche Offenbarung wird auch manchmal der erste Bund genannt; es ist jener Bund, der nach der Sintflut zwischen Gott und Noah geschlossen wurde. Er wird durch den Regenbogen versinnbildet und ist von universeller Gültigkeit. Manche sagen unverblümt, daß diese Theorie in jeder Hinsicht falsch und unhaltbar sei.

Eines ist jedoch sicher: in den menschlichen Gesellschaften auf der ganzen Welt gibt es eine allgemeine Glaubensüberzeugung von der Existenz guter und böser Geister, die in vielem den jüdisch-christlichen Engeln und Dämonen ähnlich ist. Manche von ihnen werden verehrt. Ein allgemeines Kriterium, das erkennen läßt, ob es sich um eine satanische Verehrung handelt, ist das Vorhandensein

---

176 *ibid.*

von obszönen Ritualen wie z.B. sakrale Prostitution oder Hierogamie und die Existenz von Menschenopfern.

Wirft man einen kurzen Blick auf die Schöpfungsmythen, die zu verschiedenen Zeiten und an verschiedenen Orten bestanden, so erkennt man, daß Ähnlichkeiten vorhanden sind.

Alle Völker Innerasiens verehrten einen höchsten Gott, der über einen Hofstaat von Geistern herrschte, die *Gehilfen* oder *Assistenten* genannt wurden und manchmal den Rang von *Söhnen* hatten. Manche von ihnen erfüllten typische Aufgaben von Engeln: Führer, Beschützer, Boten. Sie zeigten sich im Traum als lichtvolle oder als tierische Gestalten.

Die australischen Ureinwohner haben eine ganz ähnliche Glaubensüberzeugung.

Die amerikanischen Indianer kennen den Schutzgeist, den jeder Mensch hat. Er bringt dessen Gebete zu Gott, beschützt ihn und soll ihn nach seinem Tod ungehindert in den Himmel geleiten.

Alle animistischen oder schamanistischen Religionen rufen Geister an.

Als die Jesuiten zu ihrem ersten Missionseinsatz in China waren, glaubten sie, in den Geistern der chinesischen Religion Engel zu erkennen. Wie die christlichen Geister sind diese Geister Diener des Himmelsherrn. Als ätherische Wesen sind sie stark, aktiv, intelligent. Sie sind Beschützer, aber es ist auch ihre Aufgabe, die Pflanzen und Tiere, die Natur, den Kosmos, die Menschen, sowie Städte, Provinzen und Reiche zu regieren.

Die Vision des Zarathustra ist noch näher an der biblischen Vorstellung: Zarathustra wurde von einem «Lichtwesen» zum himmlischen Thron des Ahura Mazda geführt, der von Gewalten umgeben ist.

Georges Dumezil, der sich für diese zoroastrischen Gewalten interessierte, nennt sie kurzum Erzengel. Es gibt ihrer sieben, so wie jene Sieben, von denen Raphael zu Tobit sagte, daß sie immer vor dem Throne Gottes stehen. Ahura Mazda delegiert seine Macht an sie. Diese Gewalten sind für alle, die sie anrufen, Quelle von Fruchtbarkeit und Reichtum. Ihre Aufgabe ist es, die Armeen zu leiten und die Gerechten zu schützen.

Der erste dieser sieben Geister wird Spenta Mayniu genannt, was «heiliger Geist» bedeutet; er bekämpft unaufhörlich Angra Mayniu, den Aufrührer, den Umstürzer, den Geist des Bösen, der die Daeva in seinen Abfall vom Himmel hineinzieht. Die Gerechten werden von einer Art Schutzengel behütet: die Fravarshi.

Babylon kennt eine ganz ähnliche Struktur: ihre *Götter* wurden vom höchsten Gott erschaffen und ihre Aufgabe als Regulatoren des Universums ist der Aufgabe der Kräfte vergleichbar. Jeder Mensch hat einen Schutzgeist, einen *ilu*, der über ihn wacht und ihn vor den Dämonen schützt, unter der Bedingung, daß der Mensch den Riten entsprechend zu ihm betet. Andere Geister werden dem Schutz von Häusern, Tempeln, Palästen, Ländern zugeordnet. Die Schutzgeister des Tempels von Assur werden ähnlich wie die Karibus oder Kuribus als geflügelte Tiere dargestellt. Diese Darstellungsweise übernahm das Judentum, um seine aus einer früheren Zeit stammenden Kerubim abzubilden; für die Hebräer von Babylon und die babylonische Mythologie war dies etwas ganz Vertrautes.

In Italien war bei den Etruskern Lasa als Schutzengel und Psychagoge bekannt; er geleitete die Verstorbenen ins Reich der Toten und schützte sie dabei vor den Angriffen Charuns. Charun war der Geist des Bösen.

Die Römer kannten andere Geister: die Laren, die an den Kreuzungen wachten und die Penaten, die dic Familien beschützten.

Dennoch ist es die griechische Philosophie, die die Geistwesen in das Zentrum mancher ihrer Theorien stellt. Hesiod erwähnte bereits «die Beschützer der Sterblichen, die auf Anordnung von Zeus über die Werke der Gerechten und die bösen Taten wachen; sie sind unsichtbar überall auf der Erde.»[177]

Platon jedoch, der sich auf den berühmten *Daimon* bezieht, der schon Sokrates vertraut ist, gibt die beste Definition von diesen Geistwesen: «Der Daimon ist ein personales Wesen, ein Vermittler zwischen dem Göttlichen und den Menschen, der letztere auf dem Weg des Guten fortschreiten läßt.»[178]

177 Zitiert nach der französischen Ausgabe von *Les Travaux et les Jours.*
178 Platon, *Das Gastmahl*

Seit der Antike hat die Kirche den sonderbaren sokratischen Daimon mit dem Schutzengel jenes weisen Atheners gleichgesetzt.

Welche Schlußfolgerung läßt sich aus diesem Rundgang ziehen? Die Schlußfolgerung, daß der besorgten Menschheit ein Bedürfnis nach unsichtbaren Beschützern innewohnt, die sie vor den Gefahren des Lebens verteidigen?

Oder besteht die Schlußfolgerung darin, die reale Existenz von Geistwesen anzunehmen? Diese zweite Hypothese zu bejahen, ist Sache des Glaubens.

Aber während die Engel und die Dämonen sich bei den Heiden einen ewigen Kampf liefern — einen Kampf, in dem die götzendienerische Unwissenheit der Menschen die Waagschale zugunsten der aufrührerischen Geister sinken läßt — wird mitten im Volk Gottes die Erlösung vorbereitet, die sich, nach einer Formulierung des Eusebius von Cäsarea, Gott vorbehalten hat. Und durch den Dienst der Engel wird Israel über seine Sendung, seine Auserwählung, unterrichtet.

Das bestätigt auch die jüdische Tradition und die christliche Theologie.

Der Historiker Flavius Josephus, der sich trotz der Eroberung Jerusalems und der Zerstörung des Tempels im Jahre 70 bereitwillig zum Apologeten seiner Religion am kaiserlichen Hof macht, erklärt den Römern: «Wir haben von Gott durch die Vermittlung von Engeln die schönsten Vorschriften und die heiligsten Gesetze empfangen.»[179]

Das ist übrigens auch die Anerkennung, die Stephanus dem Hohen Rat in seiner flammenden Rede zollt, auf die ein bitterer Vorwurf folgt, der ihn zum Martyrium führt: «Ihr Halsstarrigen, ihr, die ihr euch mit Herz und Ohr immerzu dem Heiligen Geist widersetzt, eure Väter schon und nun auch ihr. Welchen Propheten haben eure Väter nicht verfolgt? Sie haben die getötet, die die Ankunft des Gerechten geweissagt haben, dessen Verräter und Mörder ihr jetzt geworden seid, ihr, die ihr durch die Anordnung von Engeln das Gesetz empfangen, es aber nicht gehalten habt.»[180]

---

179 Jüdische Altertümer
180 Apg 7,51-53

Der hl. Paulus lehrt ebenfalls nichts anderes als die Übermittlung des mosaischen Gesetzes durch Engel.[181] Origenes, Augustinus und Hilarius nehmen diesen Gedanken auf und führen ihn weiter aus.

Dieses ganze Wirken der Engel hat sowohl bei den Juden als auch bei den Griechen nur ein einziges Ziel: die Menschheit auf die Ankunft ihres Erlösers vorzubereiten. Und auch die Anstrengungen der Dämonen haben nur ein einziges Ziel: die Ankunft des Erlösers zu verhindern oder zu verzögern. Diese Ankunft soll übrigens damit abgeschlossen werden, daß die Engel ganz hinter Christus zurücktreten, da sie ihre Sendung als Vorläufer dann erfüllt haben.

Aber was tun sie, um diese Ankunft zu beschleunigen? Zunächst verstärken sie den Bund, den Abraham und seine Nachkommen mit Gott geschlossen haben. Das ist der Sinn der Engelerscheinungen in den ersten Büchern der Bibel.

Allerdings verlangen diese Erscheinungen eine Erläuterung. Die von Gott inspirierten Autoren drücken sich gerne ambivalent aus: «Engel Jahwes» kann einerseits der Versuch sein, die Nennung des unaussprechlichen Namens Gottes zu vermeiden — dann ist dieser Ausdruck einer Umschreibung, die Gott selber meint — und andererseits kann er einen himmlischen Gesandten bezeichnen, einen Engel im engen Wortsinn, ein schlichtes Werkzeug, das den göttlichen Willen ausführt und so sehr mit ihm verschmilzt, daß in ein- und demselben Vers beide Varianten dieser Bedeutung auftauchen können...

Während die moderne Exegese die Tendenz hat, diese Ausdrucksweise wenn es nur irgendwie möglich ist, als Bezeichnung für Gott zu übersetzen, so haben die Väter sie im allgemeinen wortwörtlich verstanden und auch dementsprechend kommentiert.

Die erste Erscheinung von Engeln in der Bibel geht einher mit der Verdammung des schuldig gewordenen Menschen, der durch die Schlange — eine perfide Emanation Luzifers — zur Sünde verlockt wurde. Die Kerubim, diese Engel von göttlicher Intelligenz, Meister der Erkenntnis, führen unverzüglich den von Gott gefällten Urteils-

---

181 Gal 3,19 und Hebr 2,2-3

spruch gegen das unkluge Menschenpaar, das von der Frucht der Erkenntnis von gut und böse gekostet hatte[182], aus.

Von nun an ist die Welt der Engel, die in Übereinstimmung mit Gottes Gesetz leben, von der Welt der aus der Gnade gefallenen Menschen strikt getrennt. Nur die Geburt des Sohnes einer Frau[183] vermag sie wieder zu vereinen, da er den Kopf der Schlange zertritt, Evas Irrtum auslöscht und die Menschheit wieder in ihre verlorenen Rechte einsetzt.

Diese rettende Geburt wird übrigens schon verheißen bevor die Verdammung ausgesprochen wird. Und die Engel, die den Eingang zum Paradies versperren, bieten seitdem alle Kräfte auf, um die herrliche Wiedereröffnung vorzubereiten.

Drei Engel sind es, die in Gestalt von gewöhnlichen Reisenden Abrahams Gastfreundschaft bei den Eichen von Mambre genießen; sie sind zugleich Engel und Abglanz Gottes, eine heilige Andeutung des Mysteriums der Dreifaltigkeit.[184]

Der Engel Jahwes, der von manchen Kommentatoren mit Michael, dem Hüter und Beschützer Israels gleichgesetzt wird, wacht geduldig über Hagar, die ägyptische Sklavin Saras, die mit ihrem Sohn Ismael in die Wüste gejagt wurde, nachdem Isaak, der eheliche Sohn, geboren worden war. Er hielt die Hand des alten Abraham zurück, der bis zum Äußersten gehorsam war und Gott seinen so sehr erhofften und so sehr geliebten Sohn zu opfern bereit war.

Anderen Engeln, die eine allzu betörende männliche Erscheinung angenommen hatten, oblag es, über die Einwohner von Sodom und Gomorrha, die der Homosexualität frönten und nicht davor zurückschreckten, diese vorüberziehenden Gäste zu vergewaltigen, den Feuerregen zu entfesseln, der sie vernichten sollte. Und wenn Gottes Zorn die Bewohner von Sodom durch die Engel strafen sollte, so oblag es diesen Besuchern aber auch, Lot, den Bruder Abrahams,

182 Gen 3,23
183 Christus wird der Sohn der Frau sein, der, da er aus Gott geboren ist, dem Fleische nach keinen Vater, sondern nur eine Mutter hat.
184 Andrej Rublov hat auf seiner berühmten Dreifaltigkeitsikone die drei Personen nach der traditionellen Interpretation in Gestalt der drei Engel von Mambre gemalt.

und seine Familie zu retten, indem sie ihn an einen sicheren Ort führten.

Auch wenn die Pforten des Himmels für die Menschen eine Weile geschlossen sind, so gibt es sie doch immer noch, wie es der Traum von Jakob zeigt, der die Engel auf einer Leiter, die die beiden Welten miteinander verbindet, auf- und niedersteigen sieht.[185]

Die «Lehrzeit» beginnt erst: angefangen bei Jakobs Kampf mit dem Engel[186] bis hin zu den spektakulären Erscheinungen von denen der Exodus geprägt ist; die Anfänge Israels, jenem Menschen, der es wagte, mit Gott zu kämpfen, und «stark gegenüber Gott» zu sein, unterstreichen die erzieherischen Absichten, die Gott gegenüber seinem erwählten Volk hat.

Es ist eine Erziehung, nach der «wer viel liebt, auch viel straft». Gott bleibt jedoch verborgen; er zeigt sich durch seine Diener. Die fortschreitende Offenbarung geschieht durch die Engel und einzig durch sie: im brennenden Dornbusch; im tödlichen Übel, das die Erstgeborenen der Ägypter schlägt; in der Wolke, die den Hebräern bei ihrem Auszug aus dem Land des Pharaos voranzieht; in der grandiosen Manifestation auf dem Berg Sinai[187] oder im täglichen Manna.[188]

Setzt man die Lektüre der biblischen Bücher fort, so sieht man, daß die Engel, die ursprünglich Erzieher waren, nun immer mehr die Aufgabe haben, den politischen und physischen Schutz Israels zu gewährleisten, damit es dem verheißenen Kind als Wiege dienen kann. Zeichen und Wunder nehmen zu; die christlichen Kommentatoren sehen in diesen Interventionen und Gunsterweisen die Macht Michaels.

Als Josua nicht wußte, wie er die durch starke Mauern geschützte Stadt Jericho einnehmen soll, hielt er Ausschau, sah «plötzlich einen Mann, mit einem gezückten Schwert in der Hand vor sich stehen. Josua ging auf ihn zu und fragte ihn: Gehörst du zu uns oder zu

185 Gen 28,10
186 Gen 32,2
187 Gal 3,19: «Das Gesetz... wurde durch Engel erlassen». Und Hebr 2,2-3.
188 Hilarius: «Das Manna wurde durch die Engel gegeben.»

unseren Feinden? Er antwortete: Nein, ich bin der Anführer des Heeres des Herrn. Ich bin soeben gekommen.»[189]

Der Anführer des Heeres des Herrn ist natürlich der Fürst der Seraphim, der Bezwinger Luzifers, der seine kriegerische Mission im Dienst der Menschen erfüllt. Auch bei anderen Nationen, die Erben der Verheißung, die einst Abraham und seinen Nachkommen zuteil wurde, tritt er in dieser Rolle in Erscheinung.

In Jericho enthüllt Michael Josua die Strategie, die er anwenden muß, um die Stadt einzunehmen.[190] In der Folge ist es nicht die Aufgabe des Engels, den jüdischen Anführer zu beraten, sondern diesen Anführer in Israel zu erwecken. Im Buch der Richter ist dies seine Aufgabe, die zweimal erneuert wird.

Nach dem Tode Josuas wendet sich Israel von seiner Berufung, Knecht des wahren Gottes zu sein, ab; «die Israeliten taten, was dem Herrn mißfiel». Die Strafe folgte unverzüglich: Israel wurde durch seine Nachbarn Opfer von Kriegen und Verfolgungen. Nachdem es sieben Jahre in der Gewalt von Midian war und der junge Gideon gerade damit beschäftigt war, den von den Feldern seines Vaters geernteten Weizen zu dreschen, um ihn vor der nächsten Attacke der Midianiter noch eilig in Sicherheit zu bringen, erschien der Engel des Herrn dem Jüngling: «Der Herr sei mit dir, starker Held. Doch Gideon sagte zu ihm: Ach, mein Herr, ist der Herr wirklich mit uns? Warum hat uns dann all das getroffen? Wo sind alle seine wunderbaren Taten, von denen uns unsere Väter erzählt haben? Sie sagten sich: *Wirklich, der Herr hat uns aus Ägypten herausgeführt.* Jetzt aber hat uns der Herr verstoßen und uns der Faust Midians preisgegeben.

Da wandte sich der Herr ihm zu und sagte: Geh und befreie mit der Kraft, die du hast, Israel aus der Faust Midians! Ja, ich sende dich. Er entgegnete ihm: Ach, mein Herr, womit soll ich Israel befreien? Sieh doch, meine Sippe ist die schwächste in Manasse, und ich bin der Jüngste im Haus meines Vaters. Doch der Herr sagte zu ihm: Weil ich mit dir bin, wirst du Midian schlagen, als wäre es nur *ein* Mann.»[191]

---

189 Jos 5,13 f
190 Die Kommentatoren leiten das aus dem biblischen Text ab, von dem offensichtlich einige Zeilen fehlen.

Das Interessanteste an diesem kurzen Gespräch zwischen Gideon und dem himmlischen Boten, den der junge Mann noch nicht als solchen erkannt hat, ist gewiß die Geduld, mit der der Engel bereitwillig erläutert und belehrt und dabei die höflichen Einwände Gideons einen nach dem anderen entkräftet. Einige Jahrhunderte später hat sich ein anderer Gesandte Gottes, Gabriel, gegenüber der Jungfrau Maria ähnlich verhalten. Mit Zacharias war er nicht so geduldig, sondern strafte ihn, weil er sich geweigert hatte, ihm zu glauben.

Ein anderer Aspekt der Engelnatur, den die biblische Engellehre hervorhebt, ist nämlich gerade die furchterregende Seite dieser hohen Personen der unsichtbaren Welt. Wenn die Engel eine Menschengestalt annehmen, so tun sie es deshalb, weil kein Mann und keine Frau es ertragen würde, sie in ihrem Glanz, der die wunderbare Spiegelung des göttlichen Glanzes ist, zu schauen. Wenn die Engel, die zur Erde gesandt werden, ihre Herrlichkeit nicht verhüllen würden, so wäre die Begegnung mit ihnen tödlich. Gideon weiß das sehr wohl und nachdem er die Kühnheit besessen hatte, ein Zeichen als Beweis dafür zu fordern, daß wirklich ein Engel mit ihm gesprochen hat, kennt er nun die Identität seines Besuchers, verneigt sich und ruft aus: «Weh mir, Herr und Gott, ich habe den Engel des Herrn von Angesicht zu Angesicht gesehen.

Der Herr erwiderte ihm: Friede sei mit dir! Fürchte dich nicht, du wirst nicht sterben.»[192]

Mit derselben Bestürzung und Angst reagierte auch der rechtschaffene Manoach, der Vater Samsons, als seine Frau, die seit Beginn der Ehe unfruchtbar war, ihm sagte, daß ein Gottesmann zu ihr gekommen sei: «Er sah aus wie der Engel Gottes aussieht, überaus furchterregend.» Dieser hatte ihr verheißen, daß sie Mutter eines Sohnes wird, der Israel aus der Gewalt der Philister befreien wird. Manoach wollte diese sonderbare Person mit seinen eigenen Augen sehen. Als die Flamme des Brandopfers, das auf seine Bitten hin dargebracht wurde, zum Himmel aufstieg, entdeckte Manoach, daß der Engel des Herrn in der Flamme des Altars mit emporstieg.

191 Rich 6,12-16
192 Rich 6,22-23

«Von da an aber erschien der Engel des Herrn dem Manoach und seiner Frau nicht mehr. Da erkannte Manoach, daß es der Engel des Herrn gewesen war, und sagte zu seiner Frau: Sicher müssen wir sterben, weil wir Gott gesehen haben. Doch seine Frau entgegnete ihm: Wenn der Herr uns hätte töten wollen, hätte er nicht aus unserer Hand Brand- und Speiseopfer angenommen, und er hätte uns nicht all das sehen und uns auch nichts derartiges hören lassen.»[193]

Daß der Engel des Herrn furchterregend ist, wissen sogar die Tiere, wie es die, einer Legende ähnelnde Geschichte von Bileams Eselin berichtet.

Der Seher Bileam war beauftragt worden, einen Fluch gegen Israel auszusprechen. Nach langem Zögern — der weise Bileam hatte nämlich von dem göttlichen Schutz, der über Israel liegt, erfahren — läßt er sich durch die Geschenke der Moabiter umgarnen und macht sich auf den Weg. Nun will aber seine Eselin, ein braves Tier und bis zu jenem Tag immer ganz gefügig, mit der ihrer Rasse eigenen Sturheit nicht dorthin gehen, wohin ihr Herr gehen will. Bileam ist schließlich ganz entnervt und schlägt das Tier mit dem Stock:

«Da öffnete der Herr dem Esel den Mund, und der Esel sagte zu Bileam: Was habe ich dir getan, daß du mich jetzt schon zum drittenmal schlägst? Bileam erwiderte dem Esel. Weil du mich zum Narren hältst. Hätte ich ein Schwert dabei, dann hätte ich dich schon umgebracht. Der Esel antwortete Bileam: Bin ich nicht dein Esel, auf dem du seit eh und je bis heute geritten bist? War es etwa je meine Gewohnheit, mich so gegen dich zu benehmen? Da mußte Bileam zugeben: Nein.

Nun öffnete der Herr dem Bileam die Augen, und er sah den Engel des Herrn auf dem Weg stehen, mit dem gezückten Schwert in der Hand. Da verneigte sich Bileam und warf sich auf sein Gesicht nieder. Der Engel des Herrn sagte zu ihm: Warum hast du deinen Esel dreimal geschlagen? Ich bin dir feindlich in den Weg getreten, weil mir der Weg, den du gehst, zu abschüssig ist. Der Esel hat mich gesehen und ist mir schon dreimal ausgewichen. Wäre er mir nicht

193 Rich 13,22 f

ausgewichen, dann hätte ich dich vielleicht jetzt schon umgebracht, ihn aber am Leben gelassen.»[194]

Die Engel des Alten Testamentes sind also den Menschen nahe; sie sind in die Geschichte und in das Überleben Israels eingebunden, trotzdem sind sie auch unablässig bei Gott und das macht ihren furchterregenden Aspekt aus. Sie bilden seinen triumphalen Hofstaat ähnlich wie bei einem Herrscher im antiken Orient. Und wie die Höflinge eines großen Königs werden sie nach und nach das unentbehrliche und beruhigende Bindeglied zwischen dem Volk und der Gottheit.

Diese Veränderung in der religiösen Mentalität zieht im Judaismus eine zunehmende und kontinuierliche Entwicklung der Engellehre nach sich, die bis dahin auf ihre einfachste Ausdrucksweise reduziert war — und zugleich entwickelte sich auch das unvermeidliche Gegenstück zu dieser Engellehre: die Lehre von den Dämonen. Die Historiker der biblischen Welt erklären dieses Phänomen mit der großen Tragödie aus dem Jahr 587 vor Christus, als Jerusalem fiel und die Hebräer nach Babylon deportiert wurden.

Wenngleich es scheint, daß der Einfluß, den die babylonischen Mythologien auf die jüdische Gedankenwelt ausgeübt haben, überschätzt wurde und sicher geringer war, als man meinte, oder zumindest so stark durch die jüdische Spiritualität modifiziert worden ist, daß sich ihre Bedeutung radikal veränderte, so hatte das Exil doch eine Konsequenz: Durch die furchtbare Strafe, die Jahwe seinem untreuen Volk auferlegte, hob es die absolute Transzendenz Gottes hervor. Gott wird mehr und mehr als ein schrecklicher, ein entfernter, ein furchterregender Gott, als ein Gott der Rache angesehen; Jahwe ist nicht mehr unmittelbar zugänglich. So werden seine Engel trotz ihrer spirituellen Natur zu Vermittlern, die notwendig sind, um das Gespräch zwischen Israel und Gott fortzuführen. Daß die jüdische Engel- und Dämonenlehre religiöse Begriffe von Babylon oder Kanaan übernimmt und dabei die inhaltliche Bedeutung dieser Terminologie erneuert, beeinträchtigt die Einzigartigkeit dieser Konzeptionen nicht.

---

194 Num 22,28-33

Die biblischen Schriften aus der Zeit des Exils wie auch die Prophezeiungen Ezechiels und Schriften aus der Zeit nach dem Exil lassen mit einem neuen Reichtum an Details Personen auftreten, die bereits von früher bekannt sind. Es handelt sich um die großen Erzengel, die die Kirchenväter in den verschiedenen Erscheinungen des «Engel des Herrn» vor der Verschleppung nach Babylon erkennen, sowie um den Feind der Erzengel: Luzifer mit seinen Komplizen. Alle sind ganz deutlich Individuen, wie es auch ein Brauch zeigt, der hier zum erstenmal in Erscheinung tritt: Sie werden mit Eigennamen genannt. Hierin war das Exil für Israel nutzbringend; es half ihm durch die Prüfung, den Glauben zu läutern, die Probleme von gut und böse besser zu erkennen und sich auf den Kampf einzulassen, den sie sich unablässig für das Heil oder den Untergang der Menschheit liefern.

Die jüdische Engellehre entwickelt also ein dreifaches Thema: der Engel als Anbeter, als Führer und als Beschützer, der vor Jahwe steht, der aber auch bereit ist, vom Ort seiner Herrlichkeit herabzusteigen, um dem auserwählten Volk in seiner Not beizustehen.

Anbeter und Mitglied des himmlischen Hofes? So war es zumindest in der Vision, die Jesaja von den Seraphim[195] hatte, die ihr Gesicht vor dem Thron des Allerhöchsten verhüllten und unaufhörlich ihren Lobgesang riefen: «Heilig, heilig, heilig, ist der Herr der Heere!»

Dieses Bild ist einem Bild, das wir bei Ezechiel[196] finden, sehr verwandt:

«Ich sah: Oberhalb der gehämmerten Platte über den Köpfen der Kerubim war etwas, das wie Saphir aussah und einem Thron glich. (...) Sie (die Kerubim) standen rechts vom Tempel, als der Mann zu ihnen ging, und die Wolke erfüllte den Innenhof. Die Herrlichkeit des Herrn schwebte von den Kerubim hinüber zur Schwelle des Tempels. Der Tempel wurde von der Wolke erfüllt, und der Vorhof war voll vom Glanz der Herrlichkeit des Herrn. Das Rauschen der Flügel der Kerubim war bis zum Vorhof zu hören; es war wie die Stimme des allmächtigen Gottes, wenn er spricht.»

---

195 Jes 6,1-4
196 Ez 10,1-6

Auch die Psalmen 103 und 148 zeigen diesen himmlischen Hofstaat auf:

«Lobt den Herrn, ihr seine Engel, ihr starken Helden, die seine Befehle vollstrecken, seinen Worten gehorsam! Lobt den Herrn, all seine Scharen, seine Diener, die seinen Willen vollziehen!»[197]

Ähnlich ist es auch zu Beginn und am Schluß des Buches Ijob, das eine große himmlische Versammlung aufzeigt, in der auch Satan — wörtlich: der Widersacher — erscheint: Luzifer, der aufbegehrt hatte und von dem man meinen könnte, daß er für immer aus Gottes Gegenwart verbannt sei. Er ist gekommen, um Jahwe herauszufordern, indem er ihm vorschlägt, Ijob, jenen äußerst frommen Mann, auf den er eine Lobrede hält, mit Elend zu überhäufen, um zu sehen, ob dieser tugendhafte Mensch auch in der Prüfung die göttliche Güte weiterhin so preisen wird wie er es getan hat, als er noch im Wohlstand lebte...

Sowohl spirituelle als auch leibhaftige Führer?

Schauen wir auf Gabriel, der herabkam, um dem Propheten Daniel die Bedeutung seiner Vision zu erklären: «Während ich, Daniel, noch diese Vision hatte und sie zu verstehen suchte, da stand vor mir einer, der aussah wie ein Mann. Und über dem Ulai-Kanal hörte ich eine Menschenstimme, die rief: Gabriel, erkläre ihm die Vision! Da kam er auf mich zu. Als er näher trat, erschrak ich und fiel mit dem Gesicht zu Boden. Er sagte zu mir: Mensch, versteh: die Vision betrifft die Zeit des Endes. Während er mit mir redete, lag ich ohnmächtig da, mit dem Gesicht am Boden.»[198]

Gabriel belehrte Daniel. Aber um dies zu tun, zeigte er sich in seiner wahren Identität: in seiner Identität als Engelfürst, in dessen Gegenwart der Prophet ohnmächtig wird. Sanfter ist die freundschaftliche und allmählich fortschreitende Erziehung, die Raphael dem jungen Tobias angedeihen läßt, den er wie einen jüngeren Bruder behandelt; eine Erziehung, ohne die der Junge weder die Prüfungen, denen er auf seiner Reise begegnete, hätte bestehen können, noch seine Braut Sara aus der bösartigen Umklammerung des mächtigen Dämons Aschmodai hätte befreien, oder seinem alten, blinden

197 Ps 103,20 f
198 Dan 8,15-18

Vater die Medizin hätte bringen können, die ihm das Augenlicht zurückschenkte.

Diese Geschichte von der Reise, die Tobias unter dem brüderlichen Schutz Raphaels bewältigte, ist vielleicht ein historischer, aber gewiß ein inspirierter Roman. Es ist eine Geschichte, die dazu bestimmt war, schwerverständliche religiöse Konzepte in die Gemeinschaft einzubringen und sie ist reich an Belehrungen. Es ist kein Zufall, daß Raphael als der Archetyp des Schutzengels gilt, wenngleich er einem weit höheren Engelchor angehört. An diesem schützenden Wirken zeigt sich auf hervorragende Weise die den Engeln übertragene Aufgabe: Sie sollen Beschützer sein. Diese Rolle bestätigt das Buch Daniel nicht mehr auf der individuellen, sondern auf der kollektiver Ebene wenn es vom Kampf spricht, den Michael und Gabriel, die Verteidiger Israels, gegen das Perserreich führen.[199] Das heißt allerdings nicht, daß Daniel nicht um die wichtige Bedeutung gewußt hat, die die Engel in Hinblick auf den Schutz der einzelnen Menschen haben. Zwei Episoden aus dem Buch Daniel beweisen das:

Da ist zunächst die Geschichte von den drei Jünglingen, die in einen glühenden Feuerofen geworfen worden waren, weil sie sich geweigert hatten, die Götzen anzubeten; sie entkamen der Glut unversehrt:

«Da erschrak der König Nebukadnezzar; er sprang auf und fragte seine Räte: Haben wir nicht drei Männer gefesselt ins Feuer geworfen? Sie gaben dem König zur Antwort: Gewiß, König! Er erwiderte: Ich sehe aber vier Männer frei im Feuer umhergehen. Sie sind unversehrt, und der vierte sieht aus wie ein Göttersohn[200]. Dann ging Nebukadnezzar zu der Tür des glühenden Ofens und rief: Schadrach, Meschach und Abed-Nego, ihr Diener des höchsten Gottes, steigt heraus, kommt her! Da kamen Schadrach, Meschach und Abed-Nego aus dem Feuer heraus. Nun drängten sich auch die Satrappen, Präfekten, Statthalter und die königlichen Räte herbei.

---

199 Dan 10,13-21

200 Göttersöhne — *beni Elohim* — ist ein Ausdruck, der den Kananäern entlehnt wurde; ursprünglich bezeichnete er die Kinder des obersten Gottes El. El wurde zu einer Bezeichnung Gottes und die *beni Elohim* werden mit den Engeln gleichgesetzt.

Sie sahen sich die Männer an und fanden, daß das Feuer keine Macht über ihren Körper gehabt hatte. Kein Haar auf ihrem Kopf war versengt. Ihre Mäntel waren unversehrt, und nicht einmal Brandgeruch haftete ihnen an. Da rief Nebukadnezzar aus: Gepriesen sei der Gott Schadrachs, Meschachs und Abed-Negos. Denn er hat seinen Engel gesandt und seine Diener gerettet.»[201]

Die zweite, noch berühmtere Episode ist das Abenteuer, das der Prophet selbst erlebte, als er in die Löwengrube geworfen, und durch den Engel, der den Tieren das Maul verschloß, vor deren berüchtigtem Appetit geschützt wurde.[202]

Die Engel sind Beschützer vor materiellen Gefahren, seien es nun Feuer oder wilde Tiere, vor Naturgefahren oder vor menschlicher Bosheit, aber noch mehr beschützen sie vor der Bosheit der aufbegehrenden Geistwesen.

Der Engel des Herrn, den die Tradition hier mit Michael gleichsetzt, erscheint im Alten Testament ein letztes Mal, um Jeschua vor Gott gegen die Anklagen des Teufels zu verteidigen.

«Danach ließ er mich den Hohenpriester Jeschua sehen, der vor dem Engel des Herrn stand. Der Satan aber stand rechts von Jeschua, um ihn anzuklagen. Der Engel des Herrn sagte zum Satan: Der Herr weise dich in die Schranken, Satan; ja, der Herr, der Jerusalem auserwählt hat, weise dich in die Schranken.»[203]

Parallel zu dieser biblischen Engel- und Dämonenlehre, die den kanonischen Büchern entnommen wurde, entwickelte das antike Judentum auch eine ganze Literatur, in der Engel und Dämonen einen beachtlichen Platz einnehmen.

In einer Sparte dieser Literatur, die dem Buch Henoch, das in der äthiopischen Kirche zu den kanonischen Büchern zählt, ziemlich nahesteht, treten Schriften auf, die «Von den himmlischen Palästen» genannt werden; auf hebräisch heißen sie *Hekhalot*. Es handelt sich hier um Initiationsschriften aus dem 5. Jahrhundert vor unserer Zeitrechnung, die alle auf derselben Vorlage aufbauen. Ein Eingeweihter begibt sich auf eine geistliche Rundreise, die ihn durch die

---

201 Dan 3,91-95
202 Dan 6,14-22
203 Sach 3,1 f

sieben Himmel führt, die durch die jüdischen Mystiker sehr bekannt waren. Die Seele begegnet in jedem dieser Himmel einer ganzen Serie von Prüfungen, deren Schwierigkeiten immer weiter anwachsen. Jeder neue Erfolg öffnet ihm die Pforten zu einem Palast, der von einem Engel bewacht wird. Diese Engel sind bereit, dem Reisenden zu helfen, sobald dieser ihnen zwei Siegel zeigt, auf denen magische und schützende Namen eingeschrieben sind. Aber bei dem geringsten Versagen des Bittstellers nehmen die Engel wieder ihre furchterregende Rolle als Wächter ein und verjagen denjenigen, der die Prüfung nicht zu bestehen vermochte, für immer. Diese Literatur von den himmlischen Palästen findet fünfhundert Jahre später beim hl. Paulus ihren Widerhall.

Es sind aber die Essener in ihren Klöstern von Qumran, die in Israel die Engellehre am weitesten entwickeln.

In das Zentrum der Engelwelt stellen die Essener eine etwas geheimnisvolle Person: Metatron, der vielleicht eine Darstellung und eine Anrufung von Michael ist. Sie machen ihre jungen Novizen mit dieser Engelwelt vertraut, wobei die Novizen schwören müssen, die Namen der Engel nicht Uneingeweihten zu enthüllen. Metatron kann vielleicht anhand der Titel, mit denen er in Qumran angerufen wird, mit Michael identifiziert werden: «Diener des göttlichen Thrones», «Hoherpriester des himmlischen Tempels», «Engel des Antlitzes», «Fürst der himmlischen Heerscharen», «Fürst der Gerechtigkeit».

Aus diesen Lehren der Essener gingen bereits jene Vorstellungen hervor, die später in der christlichen Theologie weiter entwickelt wurden. Eine dieser Vorstellungen ist z.B. die Gewißheit, daß die Menschen unter dem beständigen Blick der Engel leben; diese Gewißheit ist dem Judaismus des 1. Jahrhunderts sehr vertraut; alle Rabbiner lehren, daß der Mensch während seines ganzen Lebens von einem Engel und von einem Dämon begleitet wird. Dieser Überzeugung wurde in der christlichen Welt eine reiche Entfaltung zuteil. Qumran synchronisierte seine Liturgie mit der himmlischen Liturgie der Engel, was die Kirche mit ihrer eigenen Liturgie ebenfalls übernahm. Gemeinsam erwarten alle den Erlöser, den Messias.

6. Der Ersehnte der ewigen Hügel

Ein Engel, der die Herrlichkeit Gottes widerspiegelt, ist außerordentlich furchterregend. Er weiß das genau und das ganze Alte Testament hat aufgezeigt, daß er auch nicht zögert, diesen furchterregenden Aspekt einzusetzen. Für die Engel ist es normal, daß Propheten vor ihnen ohnmächtig werden, daß Kriegsführer sich verneigen und dabei ihr Gesicht verhüllen und daß die gewöhnlichen Menschen schon allein der Gedanke beunruhigt, daß sie die Begegnung mit dem Engel nicht überleben könnten.

Gegen diese Regel hat der Himmelsfürst Gabriel niemals verstoßen. Der große Gabriel ist eine furchterregende Gestalt. Und er ist stolz darauf, denn diese Majestät ist nicht seine eigene, sondern die des geliebten Königs, dem er seit jener Zeit der Prüfung, als er beschloß, sich mit Gott zu verbinden, trotz (oder wegen) des außergewöhnlichen Planes, den Er Seinen Engeln darlegte, mit Begeisterung dient.

Es brauchte viel Zeit, um diesen Plan zu verwirklichen. Israel, das auserwählte Volk, machte seinem Namen alle Ehre; es bemühte sich «stark gegen Gott» zu sein. Was die heidnischen Völker betrifft, so haben sie — von einigen individuellen Ausnahmen abgesehen — die ursprüngliche Offenbarung verlassen und sich Götzen hingegeben, die nichts weiter als obszöne, beunruhigende oder betörende Masken Luzifers und seiner Anhänger, den Meistern in der Kunst des Lügens und der Verstellung, sind. Aus allen diesen Gründen wären die Engel, wenn sie sich hätten entmutigen lassen oder Verzweiflung geraten wären, untröstlich, denn sie hätten die Sendung, mit der sie in dieser Zeit der Vorbereitung betraut waren, nicht wirksam zu Ende führen können.

Dennoch kam trotz dieser Hindernisse die Zeit, in der Gott die Fülle der Verheißungen, die er einst Adam und Eva, und später auch Abraham und seinen Nachkommen gegeben hatte, Wirklichkeit werden ließ. Die äußerst wichtige Sendung mit der Gabriel an einem Frühlingsmorgen betraut wird, enthält die Ankündigung, daß die Zeiten nun erfüllt sind, daß der Erlöser kommen wird und daß dieser Erlöser das WORT in Person sein wird, welches diese Menschwerdung verwirklichen wird; diese Menschwerdung, gegen die sich Luzifer verweigerte und so verlorenging.

Diese Sendung stürzt den Engelfürsten in eine gewisse Verwirrung. Gott weiß aber, daß die Engel und besonders ihre Fürsten, keine Geschöpfe sind, die sich leicht verwirren lassen! Gabriel weiß um die erschreckende, Erstarrung auslösende, tödliche Wirkung, die sein Besuch bei den schwachen Menschen auslöst, selbst wenn er Rücksicht auf sie nimmt. Daher ist es ausgeschlossen, völlig ausgeschlossen, daß er jenes junge Mädchen, das er besucht, erschreckt. Wenn jemand vor Aufregung in Ohnmacht fallen, sich das Gesicht verhüllen und sich verneigen müßte, so wäre es in diesem Fall nicht das junge Mädchen, sondern er, Gabriel... Denn der Engel weiß, was Maria, die er besuchen wird, noch nicht weiß: sie ist jene gebenedeite Frau unter allen anderen, die von Gott auserwählt wurde, um Seine Mutter zu werden. Dieses unsagbare Mysterium entzweite die himmlischen Geister... Ein unaussprechliches Wunder! Gabriel ermißt die unerhörte Ehre, die Gott ihm zukommen läßt, indem er ihn beauftragt, dem jungen Mädchen die Nachricht zu überbringen. Er ermißt aber auch die Schwierigkeiten seiner Aufgabe.

Was soll er tun? Unvermutet in all der Pracht seiner Engelnatur auftreten? Die Erschütterung würde sie töten! Auf gewöhnliche Weise erscheinen? Was wird sie denken, wenn sie auf einmal einen jungen, unbekannten Mann bei sich entdeckt? Gabriel denkt: einmal ist keinmal, und entscheidet sich für die Lösung, die von allen die menschlichste ist: höflich an der Tür zu klopfen...[204]

---

204 Die griechischen Mystiker haben viel über das Mysterium der Verkündigung und über das Zögern Gabriels meditiert. Dieser ganze Abschnitt ist von einem Text des Andreas von Kreta, der im 7. Jahrhundert lebte, inspiriert.

Der Engel ist in das Haus von Nazareth eingetreten; vor ihm ist eine Jugendliche von etwa fünfzehn Jahren, die ihm sehr schön erscheint, falls Gabriel eine ähnliche Vorstellung von Schönheit hat wie sie Menschen haben. Er aber, der sehr viel weiter sieht als bis zu einem hübschen Gesicht oder einem harmonisch geformten Körper, sieht, daß dieses junge Mädchen nichts mit den übrigen Frauen gemeinsam hat. Seit Eva, dieser beklagenswert unklugen Frau, die sich von der hinterhältigen Schlange hatte aufhetzen lassen, hat Gabriel bei allen Frauen den großen Riß der Erbsünde entdeckt. Sie und ihre Gefährten sind in ihrer Seele gekrümmt und hinkend. So sehen sie zumindest die Engel und in ihrer Güte sind sie darüber betrübt. Aber dieses junge Mädchen, das er beim Spinnen[205] gestört hat, das ihn erstaunt anblickt und sich dabei fragt, was er wohl von ihm möchte, ist nicht von diesem allgemeinen Übel befallen. Sie ist dem Bösen ganz einfach nicht unterworfen. In ihr erstrahlt die menschliche Natur in ihrer ganzen Fülle, so wie Gott sie am ersten Tag gewollt hatte. Eva vor der Sünde... Eva, die für die gehässigen Pläne des großen Lügners taub ist...

«Feindschaft setze ich zwischen dich und die Frau»[206], rief Gott aus, als er die Schlange verfluchte.

Gabriel sieht sehr wohl, daß dieses junge Mädchen die wahre Frau ist, die Frau, die siegreich aus der Versuchung hervorgegangen ist — mit einem Wort: Sie ist die neue Eva. Er sieht, daß die Schlange ihr keine falschen Verheißungen ins Ohr flüstern kann; sie wird niemals etwas in Maria finden, über das sie Macht hätte. Durch ein Wunder ist dieses Menschenkind von der Sünde seiner Rasse, von der Erbsünde verschont geblieben. Gott hat Maria in der Fülle der Gnade erschaffen.[207] Und diese Gnadenfülle ist so wunderbar, daß Gabriel davon wie geblendet ist. Luzifer gab vor, daß es den Engeln unmöglich sei, sich vor einem menschlichen Wesen, vor einer armen, von der Materie gefangenen Seele zu verneigen. Er hatte aber dieses Wunder nicht gesehen... Gabriel ist vor Bewunderung ganz hinge-

205 In der Tradition wird Maria bei dem Besuch des Engels am Spinnstuhl arbeitend dargestellt.

206 Gen 3,15

207 Das ist das Dogma der Unbefleckten Empfängnis, das schon sehr lange in der katholischen Kirche verankert war, aber erst 1854 durch Pius IX. offiziell verkündet wurde.

rissen. Er stottert ein ganz banales «Grüß Gott» und hält kurz inne, denn er findet keine irdischen Worte, die würdig wären, an diese Prinzessin gerichtet zu werden. Und das geschieht ihm, Gabriel, der den Propheten ihre Visionen erklärte! Es hat ihm die Sprache verschlagen!

Schließlich entfuhr ihm ein Ruf: «Sei gegrüßt, du Begnadete, der Herr ist mit dir.»[208]

«Begnadete», «voll der Gnade», niemals vernahm eine Frau in der Vergangenheit, noch wird künftig jemals eine Frau diesen wundervollen Titel in ihren Ohren erklingen hören, mit dem Gabriel Maria ansprach.

Maria ist aufgesprungen. Was diesem Unbekannten, der zu schön, zu majestätisch war, um ein gewöhnlicher Mensch zu sein, mit seinem unbotmäßigen Eintreten in ihr Haus nicht gelungen war, bewirkt nun dieser unglaubliche Gruß: Sie zittert vor Erregung und Ergriffenheit; sie ist bestürzt, skeptisch und denkt in ihrer Demut nicht daran, daß dieser Unbekannte sich wirklich an sie richtet.[209]

Gabriel hat inzwischen seine übliche Ungezwungenheit und Leichtigkeit wiedergefunden, und er spricht seine Botschaft mit genau den Worten aus, die Gott formuliert hatte: «Fürchte dich nicht, Maria; denn du hast bei Gott Gnade gefunden. Du wirst ein Kind empfangen, einen Sohn wirst du gebären: dem sollst du den Namen Jesus geben. Er wird groß sein und Sohn des Höchsten genannt werden. Gott, der Herr, wird ihm den Thron seines Vaters David geben. Er wird über das Haus Jakob in Ewigkeit herrschen, und seine Herrschaft wird kein Ende haben.»[210]

Und nun geschieht etwas Unerhörtes. Dieses ganz junge, erschrockene Mädchen beginnt mit Gabriel zu diskutieren. Dieser sehr frommen Jüdin hat der Engel soeben verkündet, was alle Frauen Israels erhofften: daß sie die Mutter des Messias sein wird. Anstatt in Jubel auszubrechen, erwidert sie ihm:

«Wie soll das geschehen, da ich keinen Mann erkenne?»[211]

---

208 Lk 1,28
209 Lk 1,29
210 Lk 1,30-33
211 Lk 1,34

Gewiß, sie ist mit Josef, dem jungen Zimmermann aus ihrem Dorf Nazareth, verlobt, aber sie haben beide ein Gelübde abgelegt, nach dem sie ihre Ehe nicht vollziehen, sondern jungfräulich leben wollen. Maria hat ihre Jungfräulichkeit Gott geweiht und damit nicht nur darauf verzichtet, Mutter zu sein, was das Glück jeder Frau ist, sondern auch auf die höchste Ehre, nach der sich ihre Glaubensgefährtinnen sehnten: den Messias zu gebären. Und dieses Gelübde möchte sie halten.

Bereits vor sechs Monaten hatte sich Gabriel bei der Erfüllung seiner vorherigen Mission an einer dieser menschlichen Zurückhaltungen gestoßen, die er nur schwer verstehen und zulassen konnte. Er war in den Tempel von Jerusalem herabgekommen, um dem Priester Zacharias zu verkünden, daß seine Gebete erhört worden seien und der Sohn, auf den er sein Leben lang vergeblich gewartet hatte, noch vor Jahresende geboren werde. Er hatte sogar noch hinzugefügt, daß dieser Junge, den Zacharias Johannes nennen sollte, eine sehr hohe Bestimmung habe. Das war doch etwas, um allen verdrängten väterlichen Ehrgeiz des alten Mannes zufriedenzustellen![212]

Aber anstatt von Freude und Jubel erfüllt zu sein, wozu Gabriel ihm doch Anlaß gegeben hatte, antwortete ihm der zänkische Zacharias: «Woran soll ich erkennen, daß das wahr ist? Ich bin ein alter Mann, und auch meine Frau ist in vorgerücktem Alter...»

Weil er das Wort eines Engels bezweifelte, wurde Zacharias zur Strafe bis zur Geburt seines Sohnes mit Stummheit geschlagen.

Es steht jedoch außer Frage, daß dieses junge Mädchen, dessen Frage außerdem nur Klugheit und Weisheit zeigt, nicht zu strafen ist. Voll Achtung erklärt Gabriel mit der vollendeten Klarheit, die der Engelintelligenz zu eigen ist: «Der Heilige Geist wird über dich kommen, und die Kraft des Höchsten wird dich überschatten. Deshalb wird auch das Kind heilig und Sohn Gottes genannt werden.»[213]

Wie um die Wahrhaftigkeit seiner Aussage zu unterstreichen, fügt Gabriel sodann ein konkretes Beispiel an, das Maria nach-

212 Lk 1,5-23
213 Lk 1,35

prüfen kann: «Auch Elisabeth, deine Verwandte, hat noch in ihrem Alter einen Sohn empfangen; obwohl sie als unfruchtbar galt, ist sie jetzt schon im sechsten Monat. Denn für Gott ist nichts unmöglich.»[214]

Der Engel wartet auf die Antwort, die nicht nur die Erfüllung seiner Mission, sondern den ganzen Plan besiegeln soll, der die Verherrlichung der Menschheit zum Ziel hat. Wenn die Geschöpfe ihre Freiheit in Anspruch nehmen, so ist das immer gefährlich, aber Gabriel zweifelt nicht mehr am Erfolg, denn das Urteilsvermögen dieses jungen Mädchens ist überaus geradlinig. Und er hat recht:

«Ich bin die Magd des Herrn; mir geschehe, wie du es gesagt hast.»

Das Evangelium nach Lukas beginnt also mit einer zweifachen Engelerscheinung. Die erste, klassische Erscheinung, kündet einem unfruchtbaren Paar, das überdies zu alt ist, um noch auf Nachwuchs hoffen zu können, die Geburt des vergeblich erwarteten Sohnes an. Johannes der Täufer, das vorherbestimmte Kind, steht also in der Reihe von Isaak, Samson, Samuel und wenn man nach den Apokryphen geht, der Muttergottes selber, die von Anna geboren wurde. Joachim, ihr Gatte, wollte sie wegen ihrer Unfruchtbarkeit entlassen. Alles Kinder, die dem Fleische nach geboren wurden, selbst wenn eine göttliche Intervention erforderlich war, um der Natur ein wenig nachzuhelfen.

Die zweite Erscheinung richtet sich hingegen nur noch auf den Willen eines einzelnen Menschen: auf den Willen der auserwählten Mutter und auf Gott. Und diese Empfängnis, die der Natur entgegengesetzt ist, weil an ihr kein Mann beteiligt ist, ist ein absolutes Wunder. Gott kommt in eigener Person und wird im Schoß eines seiner Geschöpfe Mensch. Gott ist Mensch geworden und indem er dies tat, hat er sich unter die Natur der Engel erniedrigt. Wenngleich die Engel von Anbeginn über dieses unglaubliche Mysterium unterrichtet worden waren, so bleiben sie — und Gabriel als erster — doch ergriffen: «die Eingeweihten der Menschwerdung»[215] begreifen

214 Lk 1,36 f

noch nicht das Ausmaß dieses Ereignisses und obwohl sie von Freude erfüllt sind, so sind sie doch auch erstaunt.

Dennoch eilen sie in Scharen herbei als sie das entscheidende «Ja» ihrer Königin vernehmen und sie verneigen sich vor ihr, die in einer einzigen Sekunde zum Tempel des Heiligen Geistes geworden ist.[216]

Gabriels Mission ist damit aber noch nicht beendet. Für das Kind ist eine Art legitimer Vater erforderlich, und sei es auch nur, um das Kind und seine Mutter zu behüten. Gott will, daß die Dinge möglichst normal und gewöhnlich erscheinen. Außerdem ist es zur Erfüllung der Verheißungen notwendig, daß Jesus der königlichen Nachkommenschaft Davids angehört. Maria ist eine Tochter aus davidischem Haus, aber wenngleich in Israel die Frauen die Zugehörigkeit zum Judentum weitergeben, so wird die Familienzugehörigkeit durch die Männer weitergegeben. Daher ist es erforderlich, daß Josef, der Zimmermann, Marias Verlobter und weitläufiger Vetter, der ebenfalls ein Nachkomme Davids ist, diese Vaterschaft, an der er keinen Anteil hat, auszuüben bereit ist.

Seitdem Josef bemerkt hat, daß Maria schwanger ist, befindet er sich in einer nur allzu verständlichen inneren Bedrängnis. Er will sie nicht mehr heiraten, aber er scheut auch davor zurück, sein Unglück öffentlich zu zeigen, indem er ihre Verlobung lösen würde, denn nach dem mosaischen Gesetz gilt eine Verlobte, die einen anderen Mann als den ihr Angelobten erkannt hat, sofort als Ehebrecherin, die gesteinigt werden muß, es sei denn, daß sie beweisen kann, daß sie vergewaltigt worden ist. Josef, der «gerecht» war, will nicht Marias Tod herbeiführen, selbst wenn sie ihm gegenüber treulos war. Daher beschließt er, sie in aller Stille zu verlassen. Und genau das soll Gabriel[217] verhindern.

Bei dem Zimmermann wird er sich nicht der Inszenierung bedienen, die er bei Zacharias angewandt hat und auch nicht Behutsam-

---

215 Diesen Titel hat ihnen der hl. Gregor von Nazianz verliehen, wenngleich viele griechische Kirchenväter im Gegensatz zu den lateinischen Kirchenvätern nicht der Meinung waren, daß die Engel von Anfang an das Geheimnis der Menschwerdung gekannt haben.

216 Origenes spricht in seiner *Predigt über Ezechiel* davon, daß die Engel im Augenblick der Menschwerdung zusammen mit dem Sohn Gottes herabsteigen.

217 Das Evangelium nennt den Engel, der Josef im Traum erschienen ist, nicht ausdrücklich Gabriel, aber die Tradition sieht ihn in diesem Engel.

keit, die er bei der heiligen und reinen Muttergottes hat walten lassen. Er wählt eine Vorgangsweise, die in der Bibel häufig vorkommt: den Traum — jenen Bereich der menschlichen Vorstellungskraft, zu dem die guten wie die bösen Geister leichten Zutritt haben.

«Während er noch darüber nachdachte, erschien ihm ein Engel des Herrn im Traum und sagte: Josef, Sohn Davids, fürchte dich nicht, Maria als deine Frau zu dir zu nehmen; denn das Kind, das sie erwartet, ist vom Heiligen Geist. Sie wird einen Sohn gebären; ihm sollst du den Namen Jesus geben; denn er wird sein Volk von seinen Sünden erlösen.»[218]

Nach der Geburt des Kindes wird wieder der Umweg über den Traum benutzt, um den Drei Weisen zu sagen, daß sie nicht über Jerusalem[219] zurückkehren sollen, und um Josef aufzufordern, seine Familie in den Schutz Ägyptens[220] zu bringen.

In der Zwischenzeit sind nämlich andere Engel aufgetreten, die revoltierenden Engel, die meinen, daß es möglich sei, Christus zu töten, bevor er das Erwachsenenalter erreicht hat. Dabei bedienen sie sich des Herodes, um ihre Ziele erreichen zu können.

Die Kirchenväter haben die Engel so dargestellt, daß sie sich im Gefolge von Gabriel in das Haus der Muttergottes gedrängt haben. Ein anderes Thema hat sie aber noch weitaus mehr beschäftigt: die Geburt. Während des irdischen Lebens Jesu verhalten sich die himmlischen Geister sehr zurückhaltend, ganz anders als die Dämonen; erst nach der Auferstehung, deren Zeugen und Herolde sie sind, treten sie wieder öffentlich in Erscheinung. An Weihnachten lassen sie jedoch alle ihre Freude und ihre Erschütterung hörbar werden und tun sie dadurch dem Universum kund. Dem «Ersehnten der ewigen Hügel»[221], auf den sie warten, wollen sie den Platz überlassen; sie wissen, daß Er die Erlösung der Menschheit, an deren Vorbereitung sie geholfen haben, erfüllen wird. Wenn das Opfer

---

218 Mt 1,20 f
219 Mt 2,12
220 Mt 2,13
221 «Die ewigen Hügel» ist eine Bezeichnung, die den Engeln in der Bibel gegeben wurde, denn die Engel sind die Überlegenen, die Erhöhten, die «Anhöhen» und sie sind unsterblich.

Christi vollendet sein wird, wird auch die Macht des Bösen zunichte sein und die Anstrengungen der Engel werden nicht mehr durch das triumphierende Reich, das der Teufel auf der Erde errichtet hat, beeinträchtigt werden. Ja noch mehr: die heidnischen Völker, die bis dahin fast rettungslos den Götzen ausgeliefert waren, werden ihnen entrissen werden.

Nach der Tradition haben sich zwei «Engeltruppen» in der Nacht von Bethlehem um die Krippe gedrängt: die Engel, die im Himmel wohnen und die herabgestiegen sind, um bei der Geburt des Retters zugegen zu sein. Sie verkünden diese Geburt auf triumphale Weise und benachrichtigen auch ihre Brüder, die über die Menschen wachen, davon: die Zeiten sind erfüllt, der Messias ist geboren.

Die zweite «Truppe» besteht aus allen Engeln der Nationen und der Einzelpersonen. Eusebius von Cäsarea sagt: «Die Engel der Nationen erkannten ihren Herrn, der ihnen zu Hilfe kam, sofort, und kamen voll Freude zu Ihm, um Ihm zu dienen.»[222]

Der Himmel von Bethlehem wurde zum großen Treffpunkt der Engel.

«In jener Gegend lagerten Hirten auf freiem Feld und hielten Nachtwache bei ihrer Herde. Da trat der Engel des Herrn zu ihnen, und der Glanz des Herrn umstrahlte sie. Sie fürchteten sich sehr, der Engel aber sagte zu ihnen: Fürchtet euch nicht, denn ich verkünde euch eine große Freude, die dem ganzen Volk zuteil werden soll: Heute ist euch in der Stadt Davids der Retter geboren; er ist der Messias, der Herr. Und das soll euch als Zeichen dienen: Ihr werdet ein Kind finden, das, in Windeln gewickelt, in einer Krippe liegt. Und plötzlich war bei dem Engel ein großes himmlisches Heer, das Gott lobte und sprach: Verherrlicht ist Gott in der Höhe, und auf Erden ist Friede bei den Menschen seiner Gnade.»[223]

Eine ganze Ikonentradition, die sich sehr aus apokryphen Schriften inspirieren läßt, stellt die Kindheit Christi im vertrauten Kreis von Engeln dar. Die Maler aus der Schule von Saint-Sulpice nehmen dieses Thema ebenfalls auf und übertreiben es bisweilen. Diese Vertrautheit zeigt das Evangelium nur an zwei Stellen, die zugleich zwei

---

222 Dieses Thema findet sich auch beim hl. Paulus, bei Origenes und beim hl. Hilarius.
223 Lk 2,8-14

Augenblicke intensiver, dramatischer Spannung sind: Die zwei großen, inneren Kämpfe, die Christus dem Teufel liefert.

Luzifer weiß von Anfang an, daß er nur ein unrechtmäßiger Herrscher ist. Die ungeteilte Herrschaft, die er auf der Welt so intensiv ausübt, daß er sich als deren Herrscher ausrufen läßt, dauert nur eine Zeit lang; der legitime Herrscher wird über kurz oder lang seine Güter wieder in Besitz nehmen. Und Luzifer weiß auch, wer dieser Herrscher ist, und daß er — Luzifer — keine Chance hat, sein Ziel zu erreichen. Die Intelligenz, die er als Engel besitzt, hat ihm immer die unvermeidliche Niederlage, die am Ende seines Weges steht, vor Augen geführt. Aber Luzifer will, daß dieser Andere seinen Sieg sehr teuer bezahlen muß. Er gibt nicht kampflos auf, zumal ihm Gottes Sohn, der sich in seiner Menschwerdung erniedrigt hat und unter den Engeln steht, verwundbar erscheint. Deshalb wirft sich der Teufel mit all seinen Kräften in den Kampf.

Sein erster Versuch wird mit einem Mißerfolg gekrönt: Herodes und seine Schergen vermochten zwar alle kleinen Jungen aus Bethlehem und der Umgebung niederzumetzeln, aber derjenige, den sie eigentlich suchten, entging ihnen; Gabriel war schneller gewesen.

Christus ist Mensch geworden und steht nun an der Schwelle seiner öffentlichen Predigttätigkeit. Es kann Luzifer nicht entgehen, wie viele Menschen sich im römischen Reich bereits von den Götzen abwenden, weil sie nach einer Hoffnung ausschauen, die ihnen die Hölle schwerlich bieten kann. Er ahnt die «üblen» Folgen, die Jesu Worte, von denen die Heiden unwiderstehlich angezogen werden, bewirken. Und er spürt schon, wie sein eigener Thron in den Grundfesten zu schwanken beginnt. Daher will er seinen Widersacher vernichten, und zwar nicht nur physisch — dazu ist es zu spät, oder zu früh — sondern auf der geistigen Ebene. Luzifer weiß aus Erfahrung, welche Macht die Versuchung in allen ihren Formen hat. Dank dieser Macht hat er ein Drittel der Engel in seinen Abfall von Gott hineingezogen; dank dieser Macht hat er die Freundschaft zwischen Gott und dem Menschen zerbrochen, indem er Adam das königliche Zepter, mit dem er die Welt beherrschen sollte, verlokkend vor Augen stellte. Noch zweifelt Luzifer nicht daran, daß ihm dieser Gott-Mensch, der von einer schlichten Sterblichen geboren werden wollte, in die Falle gehen wird.

Nachdem Jesus von Johannes getauft worden war, verließ er das Ufer des Jordan und ging in die Wüste. Und dort erwartet ihn Satan.

Der Evangelienabschnitt von der Versuchung kommt den modernen Exegeten, die darauf versessen sind, die Realität dieser Versuchung zu leugnen und ihr nur einen symbolischen Wert beimessen, sehr ungelegen. Wenn man davon ausgeht, daß es die personale Realität des Teufels nicht gibt, ist das auch nur die logische Konsequenz; es ist aber eine sehr unerfreuliche, ja ärgerliche Interpretation, da sie den Kampf, den Jesus während seines ganzen Lebens gegen die höllischen Mächte geführt hat, auf einen Mythos reduziert.

Wer hingegen die Existenz des Bösen nicht nur als etwas Abstraktes, sondern als eine Realität ansieht, dem erscheint die dreifache Versuchung in der Wüste wie ein Fallbeispiel, das in derselben Linie steht wie die Versuchungen, die gegen die großen Heiligen und die großen Mystiker eingesetzt wurden.[224]

«Dann wurde Jesus vom Geist in die Wüste geführt; dort sollte er vom Teufel in Versuchung geführt werden. Als er vierzig Tage und vierzig Nächte gefastet hatte, bekam er Hunger. Da trat der Versucher an ihn heran und sagte: Wenn du Gottes Sohn bist, so befiehl, daß aus diesen Steinen Brot wird. Er aber antwortete: In der Schrift heißt es: *Der Mensch lebt nicht nur von Brot, sondern von jedem Wort, das aus Gottes Mund kommt.*»

Das ist die primäre Versuchung, die sich auf die Begierde des Fleisches richtet. Christus setzt ihr die geistige Sehnsucht entgegen.

«Darauf nahm ihn der Teufel mit sich in die Heilige Stadt, stellte ihn oben auf den Tempel und sagte zu ihm: Wenn du Gottes Sohn bist, so stürz dich hinab; denn es heißt in der Schrift: *Seinen Engeln befiehlt er, dich auf ihren Händen zu tragen, damit dein Fuß nicht an einen Stein stößt.*

Jesus antwortete ihm: In der Schrift heißt es auch: *Du sollst den Herrn, deinen Gott, nicht auf die Probe stellen.*»

---

224 Siehe dazu auch die ausgezeichnete Analyse, die Abbé Laurentin zu diesem Thema in seinem Buch *Der Teufel, Mythos oder Realität* (Parvis-Verlag, 1996) anführt.

Es ist eine Versuchung der eitlen Ruhmsucht, des vermessenen Wunders, die Versuchung des leichten Wunders, von dem leichtgläubige Menschen beeindruckt sind. Es ist die Versuchung, die messianische Sendung zu den Menschenscharen zu bringen, indem Christus vom Kreuzesopfer dispensiert wird... Luzifer kann falsche Wunder wirken, und manchmal verleiht er auch seinen Dienern diese Fähigkeit. Diese Wunder beunruhigen ihn nicht, sie sind für ihn eine gefahrlose Fälschung.

Der falschen Ehre setzt Jesus die Demut entgegen.

«Wieder nahm ihn der Teufel mit sich und führte ihn auf einen sehr hohen Berg; er zeigte ihm alle Reiche der Welt mit ihrer Pracht und sagte zu ihm: Das alles will ich dir geben, wenn du dich vor mir niederwirfst und mich anbetest. Da sagte Jesus zu ihm: Weg mit dir Satan! Denn in der Schrift steht: *Vor dem Herrn, deinem Gott, sollst du dich niederwerfen und ihm allein dienen.*»

Hier sehen wir Luzifer auf dem Gipfel seiner Raserei, seines Hochmutes, seiner Eifersucht und seiner krankhaften Fähigkeit alles zu verdrehen. Er macht sich Gottes Erniedrigung in der Menschennatur zunutze, um es zu wagen, die zweite Person der Dreifaltigkeit, das göttliche Wort, aufzufordern, ihn, Sein Geschöpf, anzubeten. Im Tausch gegen ein irdisches Reich und gegen diesen falsch verstandenen Messianismus, von dem das jüdische Volk träumt, weil es glaubt, dadurch die Römer vertreiben und die Königsherrschaft in Israel wieder errichten zu können, erklärt Luzifer sich bereit, seine Macht über die Welt abzutreten. Er tut dies in der Gewißheit, daß er sie nachher um so besser und auf definitive Weise wieder ergreifen kann, da er dann die von Christus ausgehende Bedrohung vernichtet haben wird. Sein Vergeltungsschlag wird grandios sein. Er war aus dem Himmel vertrieben worden, weil er sich geweigert hatte, das menschgewordene Wort anzubeten; welch ein Triumph wäre es für ihn, wenn er dieses menschgewordene Wort davon überzeugen könnte, sich vor ihm zu verneigen...

Aber die Vorgangsweise der Umkehrung der Werte ist bei Jesus nicht wirksam, denn er läßt sich nicht täuschen und stellt die natürliche Ordnung wieder her: Gott allein gebührt Anbetung und durch seine göttliche Macht verbannt er Luzifer aus seiner Gegenwart.

Der neue Adam ist der Versuchung nicht erlegen. Er hat seine Macht gezeigt.

«Darauf ließ der Teufel von ihm ab, und es kamen Engel und dienten ihm.»[225]

Kurz zuvor hatte der Teufel den Sohn Gottes noch daran erinnert, daß er der König der Engel sei und daß diese in Scharen herbeieilen würden, wenn sie sähen, daß er sich in Gefahr befinden und um ihre Hilfe bitten würde. Jesus weigerte sich, seine Diener in Anspruch zu nehmen, aber nachdem er den Triumph errungen hatte, war es nur natürlich, daß sie ganz spontan kamen und ihm dienten. Und damit war er einverstanden.

Der Teufel ist durch Christus geschlagen worden; Luzifer hatte keine Macht über Jesus, aber damit begnügt er sich nicht. Durch die Herrschaft, die er über die Welt hat, übt er eine unermeßliche Macht auf die Menschen aus. Das hatte er bereits unter Beweis gestellt, als er sich des Herodes bediente, um das Massaker an den unschuldigen Kindern durchzuführen. Er vermochte das Kind nicht zu töten; er wird den erwachsenen Jesus, den «Menschen» töten, denn in seiner Raserei ignoriert er, daß das Hingeopfertwerden des Erlösers genau das Mittel der Erlösung ist, und daß Christus die sündige Menschheit der Hölle entreißt, indem er bereit ist, für sie zu sterben; es ist ein Mysterium der Liebe, die der teuflischen Intelligenz für immer verborgen bleibt, weil sie sich in einem definitiven Bruch mit diesem Bewußtsein befindet. Der Teufel ist darauf versessen, seinen eigenen Untergang in die Wege zu leiten.

Unterdessen hat der Krieg zwischen ihm und Christus begonnen. Dieser Krieg nimmt in einer zweiten Prüfung, die noch furchtbarer als die erste ist, ihren Lauf.

Von Anfang an weiß Jesus, warum er auf die Erde gekommen ist, warum er Mensch geworden ist und sich zu einem Gefangenen der menschlichen Zeit gemacht hat, d.h. zu einem Gefangenen des leiblichen Todes, der für alle unausweichlich ist. Jesus ist geboren, um zu sterben; um den schändlichsten und furchtbarsten Tod zu sterben: Den qualvollen Kreuzestod, mit dem die schlimmsten Verbrecher

225 Mt 4,1-11

und aufrührerische Sklaven bestraft wurden. Dieses Ende, das die Menschen während ihres Lebens verdrängen möchten, und dessen nähere Umstände sie auch nicht kennen, war Jesus stets bis in die kleinsten Details geistig präsent. Eine schreckliche Prüfung! Er wußte genau, was ihn erwartete, als er nach Jerusalem hinaufzog, um in Erwartung jener Nacht — es war die Nacht des 6. auf den 7. April im Jahre 30 — die den Donnerstag mit dem Freitag verband, das Paschafest[226] zu feiern. Und dort erspäht ihn Luzifer. Nach dem Evangelium des Lukas[227] und des Johannes[228] hat sich der Teufel nach der Versuchung in der Wüste nur für eine gewisse Zeit zurückgezogen, um den Augenblick abzuwarten, der ihm am günstigsten erschien. Und der ist nun gekommen.

Luzifer hat seinen Widersacher schon seit langem erkannt und dessen Gottheit nie geleugnet. Soll er sich doch nun dieser Gottheit bedienen; soll er sich doch ihrer bedienen, wenn schon nicht, um sein Reich auf dieser Erde zu errichten, was Christus nicht wollte, so doch wenigstens, um der furchtbaren Folter, die ihm droht, zu entkommen. Denn wenn er wahrhaft Gott ist, so ist er doch auch wahrhaft Mensch, und der Teufel hatte schon tausend Gelegenheiten, in denen er erkennen konnte, was ein Mensch zu akzeptieren bereit ist, wenn er nur seine eigene Haut retten kann...

Bis jetzt war Christus aus freiem Willen bereit gewesen, dieses tragische Spiel mitzuspielen, aber angesichts der unmittelbar bevorstehenden Realität seines physischen Todes ist Luzifer überzeugt, daß Christus sich diesen Qualen entziehen wird. Welcher zum Tode Verurteilte wäre so verrückt, daß er nicht fliehen würde, wenn er am Abend vor der Urteilsvollstreckung eine offene Tür entdecken würde? Das ist menschlich.

Zu dieser Versuchung, die im Grunde nur äußerster Selbsterhaltungstrieb ist, kommt noch eine weitaus schlimmere. Jesus, der von aller Sünde frei ist, war freiwillig bereit, die Sünde der Menschheit zu tragen. Seitdem brandet der ganze Greuel der Welt, ihre Unge-

---

226 Wie seine Jünger, so steht auch Christus der Gruppe der Essener nahe und daher feiert er das Paschafest mit einer Antizipation, indem er nicht auf den Freitagabend wartet, an dem der große Sabbat beginnt.

227 Lk 4,13: «Nach diesen Versuchungen ließ der Teufel für eine gewisse Zeit von ihm ab.»

228 Joh 14,30: «...es kommt der Herrscher der Welt. Über mich hat er keine Macht...»

rechtigkeit, ihr Leiden, ihre Schrecknisse an ihn heran. Jedes Verbrechen, jeder Tod, jede Krankheit, jede Trauer, jede Feigheit, jedes Sich-aus-dem-Staub-Machen, jede Treulosigkeit — der Vergangenheit, der Gegenwart und der Zukunft fallen auf ihn. Die Schändlichkeit des Henkers, und die Panik des Opfers, die Bosheit des Mörders und das Aufbegehren des hingeopferten Unschuldigen — Christus empfindet dies alles in seiner Seele und zwar so sehr, daß er darüber das Empfinden seiner Gottheit verliert. Er ist nur noch ein Mensch und sehnt sich schreckerfüllt danach, wieder Gott zu werden, der von diesem namenlosen Grauen befreit ist. Und dabei würde ein einziges Wort, ein einfaches, schlichtes Wort genügen, um diese höllische Maschinerie und ihren schreckenerregenden Countdown zu stoppen.

Wenn es Luzifer gelänge, Ihm dieses Wort zu entreißen, so hätte er gewonnen: Das Werk der Erlösung wäre durch den Rücktritt seines Urhebers jämmerlich fehlgeschlagen. Um Ihm die furchtbare Undankbarkeit dieser Menschheit, für die er sterben will, zu zeigen, drängt der Teufel die ermüdeten Apostel[229] heimtückisch, ihren Meister mit seinen inneren Nöten allein zu lassen, während sie selber in einen egoistischen Schlaf fallen.

Dieser Plan scheint fast zu gelingen. Überflutet von Leid und Angst — Christus schwitzt Blut, ein medizinisches Symptom, das den Höhepunkt des Entsetzens und des Schmerzes signalisiert — fleht er seinen Vater an, ihn nicht noch tiefer in die Prüfung zu stoßen, die seine armen menschlichen Kräfte zu übersteigen scheint:

«Abba, Vater, alles ist dir möglich. Nimm diesen Kelch von mir!»[230]

Satan sieht wie sein Widersacher schwankt und am Rand des Bruches mit Gott steht. Er hat jedoch nicht mit der Macht jenes Gefühles gerechnet, das er nicht mehr empfinden kann: Mit dem Gefühl der Liebe. Dieses Gefühl bezieht er nie in sein Kalkül ein und deshalb gehen seine Rechnungen so oft nicht auf, obwohl er ein Engel ist.

---

229 Christus hatte sie zuvor noch gewarnt: «Betet darum, daß ihr nicht in Versuchung geratet» Lk 22,40.

230 Mk 14,36

«Das ist mein Gebot: Liebt einander, so wie ich euch geliebt habe. Es gibt keine größere Liebe, als wenn einer sein Leben für seine Freunde hingibt.»[231]

Es ist kaum drei Stunden her, daß Jesus seinen Jüngern diese letzte Unterweisung gegeben hat, und um sie zu konkretisieren, fehlt nur noch seine Unterschrift — in Buchstaben aus Blut.

Weil er Mensch ist, würde er alles darum geben, aus diesem Garten Gethsemani zu fliehen, aber gerade weil er Mensch ist, vermag er jene nicht zu verlassen, die ihm vertraut haben, so armselig sie auch sind. Und weil er Gott ist und daher bis ans Ende der Zeiten all jene sieht, die nur in ihm ihre Hoffnung haben und haben werden, weiß er, daß er bleiben muß.

Kaum hat er darum gefleht, daß dieser Kelch an ihm vorübergehen möge, ohne daß er ihn trinken muß, fügt er auch schon hinzu: «Aber nicht mein, sondern dein Wille soll geschehen.»[232]

Und die Engel, die in seinem öffentlichen Leben so vollständig abwesend waren, treten hier plötzlich in Erscheinung. Am nächsten Tag, in der Todesstunde Jesu können sie ihren Schmerz und ihre einstige Skepsis nur durch das Aufbäumen der Natur, die sich weigert, in Komplizenschaft zu diesem, von Menschen begangenen Gottesmord zu stehen, zeigen.

Einen Augenblick später wird Petrus angewiesen, das Schwert in die Scheide zurückzustecken, weil Jesus, wenn er nur will, zwölf Legionen Engel zu Hilfe haben könnte. Einstweilen erfährt er den Trost, den er benötigt, und den ihm die eingeschlafenen Freunde versagen, von dem Engel, der ihm erschienen ist, und der ihn ermutigt.[233] Es ist eine letzte Demonstration der Erniedrigung, in die der Schöpfer eingewilligt hat, als er Mensch wurde: Er bedarf der Stütze durch seine Geschöpfe, deren Natur höher steht als die seine.

Es ist die zweite und letzte Erscheinung — man könnte es eine private Erscheinung nennen — der Engel, die ihren König während seines irdischen Lebens umgeben. Aber wenngleich sie für die Men-

231 Joh 15,12 f
232 Lk 22,42
233 Lk 22,43

schenscharen, die Christus folgen, nicht sichtbar sind, so unterläßt er es doch nie, von ihnen zu sprechen.

Jesus setzt dabei den Akzent auf die zweifache Mission der Engel als Anbeter des Allerhöchsten, die seinen königlichen Hofstaat bilden und als Helfer der Menschen.

Vor allem in den Gleichnissen macht er sie zu Handelnden.

Zu der ihm folgenden Menschenschar sagt er: «Mit dem Himmelreich ist es wie mit einem Mann, der guten Samen auf seinen Acker säte. Während nun die Leute schliefen, kam sein Feind, säte Unkraut unter den Weizen und ging wieder weg. Als die Saat aufging und sich die Ähren bildeten, kam auch das Unkraut zum Vorschein. Da gingen die Knechte zu dem Gutsherrn und sagten: Herr, hast du nicht guten Samen auf deinen Acker gesät? Woher kommt dann das Unkraut?

Er antwortete: Das hat ein Feind von mir getan. Da sagten die Knechte zu ihm: Sollen wir gehen und es ausreißen? Er entgegnete: Nein, sonst reißt ihr zusammen mit dem Unkraut auch den Weizen aus. Laßt beides wachsen bis zur Ernte. Wenn dann die Zeit der Ernte da ist, werde ich den Arbeitern sagen: Sammelt zuerst das Unkraut und bindet es in Bündel, um es zu verbrennen; den Weizen aber bringt in meine Scheune.»[234]

Weder die Menschenmenge noch auch die Jünger verstanden diese Geschichte. Die Jünger stellten Jesus Fragen, damit er ihnen dieses Gleichnis erkläre.

«Der Mann, der den guten Samen sät, ist der Menschensohn; der Acker ist die Welt; der gute Samen, das sind die Söhne des Reiches; das Unkraut sind die Söhne des Bösen; der Feind, der es gesät hat, ist der Teufel; die Ernte ist das Ende der Welt; die Arbeiter bei dieser Ernte sind die Engel. Wie nun das Unkraut aufgesammelt und im Feuer verbrannt wird, so wird es auch am Ende der Welt sein: Der Menschensohn wird seine Engel aussenden, und sie werden aus seinem Reich alle zusammenholen, die andere verführt und Gottes Gesetz übertreten haben, und sie werden sie in den Ofen werfen, in

---

234 Mt 13,24-30

dem das Feuer brennt. Dort werden sie heulen und mit den Zähnen knirschen.»[235]

Hier sind die Engel zunächst Diener Gottes und gestrenge Diener der Seele, die in Erfüllung ihrer richterlichen Aufgabe nicht auf das Ansehen der Person schauen. Wenngleich es den Anhängern des Bösen immer möglich ist, sich zu bekehren und Anhänger des Reiches Gottes zu werden — wozu die Engel unablässig anregen — so ist es zum Zeitpunkt der Ernte unwiderruflich zu spät und das Unkraut wird im Ofen verbrennen.

Um dieses Bild zu mildern, berichtet der hl. Lukas noch von zwei weiteren Gleichnissen, die dem soeben angeführten sehr ähnlich sind: das Gleichnis vom verlorenen Schaf und das von der verlorenen Drachme.[236]

Im ersten dieser beiden Gleichnisse verliert einer, der hundert Schafe besaß, eines seiner Tiere. Sofort läßt er die neunundneunzig anderen zurück und macht sich auf die Suche nach dem verlorenen, das er wiederfindet und zur Herde zurückbringt.

Im zweiten Gleichnis hat eine Hausfrau zehn Drachmen, mit denen sie ihren Haushalt bestreitet; eine davon verliert sie. Sie stellt ihr Haus auf den Kopf, kehrt unter den Möbeln und gibt nicht eher Ruhe, bis daß sie die Münze wieder gefunden hat. Und in beiden Fällen sagt Jesus:

«... Ebenso wird auch im Himmel mehr Freude herrschen über einen einzigen Sünder, der umkehrt, als über neunundneunzig Gerechte, die es nicht nötig haben umzukehren.»

«... Ebenso herrscht auch bei den Engeln Gottes Freude über einen einzigen Sünder, der umkehrt.»

Hier sind die Engel nicht mehr die Richter. Da die Zeit des Heiles für die Menschen noch nicht vollendet und verstrichen ist, freuen sie sich über jeden Sünder, der dem Feind entrissen ist.[237]

Manche Kirchenlehrer sind in der Auslegung des Gleichnisses vom verlorenen Schaf sogar noch viel weiter gegangen. Sie bezogen

235 Mt 13,37-42
236 Lk 15,4-10
237 Dieser Abschnitt begründet teilweise die Theorie von der akzidentellen Seligkeit der Engel, die im ersten Kapitel dargelegt wurde.

sich dabei auf die Analogie, die im griechischen zwischen dem Wort *angelos* (Engel) und dem Wort *agelon* (Herde) besteht und verstanden das Gleichnis als ein Symbol für Christus (den Hirten), der die Engel verläßt (die neunundneunzig Schafe, die für die Engel stehen, da diese nach Ansicht der Theologen unvergleichlich zahlreicher als die Menschen sind), um die sündige Menschheit (das verlorene Schaf) zu erlösen.

Eine andere Lehre, die das Evangelium in Hinblick auf die Engel enthält, betrifft das wohlwollende, wachsame Auge, das sie auf die Menschheit haben. Die Essener von Qumran lehrten, daß der Mensch unter dem Blick der Engel lebt. Dieser Glaube wurde allgemein vom Judentum übernommen.

Christus bestätigt ihn.

«Ich sage euch: Wer sich vor den Menschen zu mir bekennt, zu dem wird sich auch der Menschensohn vor den Engeln Gottes bekennen. Wer mich aber vor den Menschen verleugnet, der wird auch vor den Engeln Gottes verleugnet werden.»[238]

An einer anderen Stelle bekräftigt er es noch deutlicher; diese Stelle ist die Grundlage für die ganze Theologie von den Schutzengeln.

Seinen Jüngern, die sich darüber streiten, wer im Himmelreich der größte ist, antwortet Jesus, daß niemand hineingelangen wird, der nicht zuvor wie ein Kind geworden ist. Jenen aber, die diese evangeliumsgemäße Unschuld erreicht haben — die hl. Therese von Lisieux nennt es den «Weg der Kindschaft» — darf man keinesfalls Anlaß zum Ärgernis geben:

«Wer einen von diesen Kleinen, die an mich glauben, zum Bösen verführt, für den wäre es besser, wenn er mit einem Mühlstein um den Hals im tiefen Meer versenkt würde. Wehe der Welt mit ihrer Verführung! Es muß zwar Verführung geben; doch wehe dem Menschen, der sie verschuldet.»[239]

Jesus nennt ohne Umschweife den Grund, warum man diesen Kleinen kein Ärgernis geben darf:

---

238 Lk 12,8-9
239 Mt 18,6 f

«Hütet euch davor, einen von diesen Kleinen zu verachten! Denn ich sage euch: Ihre Engel im Himmel sehen stets das Angesicht meines himmlischen Vaters.»[240]

An anderen Stellen setzt Christus den Akzent auf andere Aspekte: Die Beispielhaftigkeit der Engel, die im Vaterunser auf erhabene Weise verkündet wird: «... dein Wille geschehe wie im Himmel so auf der Erde.»[241]

Unter «Himmel» sind hier die Personen des himmlischen Jerusalem zu verstehen, die Engel.

Oder auch die psychagogische Sendung der himmlischen Geister, so wie sie im Gleichnis vom armen Lazarus und dem reichen Prasser beschrieben ist:

«Als nun der Arme starb, wurde er von den Engeln in Abrahams[242] Schoß[243] getragen.»

Und schließlich erinnert Christus in seiner großen Rede über das Ende der Zeiten an die Stellung, die die Engel beim Jüngsten Gericht innehaben werden. Diesen Platz der Engel hatte er bereits im Gleichnis vom Samenkorn und dem Unkraut erwähnt.

«Wenn der Menschensohn in seiner Herrlichkeit kommt und alle Engel mit ihm, dann wird er sich auf den Thron seiner Herrlichkeit setzen.»[244]

Im Ölgarten entschied sich Jesus — er war Sieger über die letzte Versuchung geworden — aus freien Stücken sein Schicksal bis ans Ende auf sich zu nehmen; deshalb verbot er Petrus, ihn zu verteidigen und deshalb rief er auch nicht die zwölf Legionen Engel herbei, deren Herr er ist.[245] Die Engel achten diese Entscheidung und greifen am Karfreitag nicht in den blutigen Ausgang ein. Die Tradition sieht zu Recht das Wirken der Engel, die zum Chor der Kräfte gehören, in dem Unwetter, in der Sonnenfinsternis und in dem Erdbeben, die mit dem Tod Christi einhergehen. Die Engel, die bei

---

240 Mt 18,10
241 Mt 6,10
242 Lk 16,22
243 Dieser Ausdruck bezeichnet den Ort, an dem sich die verstorbenen Gerechten vor der Ankunft Christi aufhielten; das Paradies war ihnen verschlossen bis daß die von Christus erwirkte Erlösung ihnen die Pforten wieder geöffnet hat.
244 Mt 25,31
245 Mt 26,53

dieser Tragödie nicht sichtbar zugegen, sondern nur stille Zeugen der Vollendung des «Mysteriums der Bosheit» sind, haben dafür am Ostermorgen eine Aufgabe inne, die mit ihrer Aufgabe in der Geburtsnacht Jesu vergleichbar ist.

Soll man aber von einem oder von mehreren Engeln der Auferstehung sprechen? Matthäus und Markus sprechen von einem einzigen Boten; Lukas und Johannes von zwei. Dieser Widerspruch läßt sich zweifellos durch die angstvolle Bestürzung und die Skepsis erklären, von der die Jüngerschar erfaßt worden war. P. Bruckberger[246] hat auf bewundernswerte Weise die Panik hervorgehoben, die an jenem Morgen unter ihnen herrschte, zumal die Jünger bereits durch die Geschehnisse vom Karfreitag erschüttert waren und die Verfolgung durch die Obrigkeit fürchteten. Vielleicht waren sie auch nicht gerade stolz auf die beschämende Einmütigkeit mit der sie — außer Johannes — im entscheidenden Augenblick die Flucht ergriffen hatten. Es war ein Morgen des Hin und Her: die Frauen auf der einen Seite und die Männer auf der anderen. Und wenngleich die Engel hier das Unglaubliche bezeugen, so treten sie doch in den Hintergrund, um dem Wesentlichen Raum zu geben: Der unmöglichen und doch realen Präsenz eines Menschen, der zwei Tage zuvor an den furchtbaren Leiden der Kreuzigung gestorben war und jetzt lebend auftaucht.

Diese Erscheinungen der Engel waren unbedingt erforderlich, um die Gemüter der Jünger auf etwas so Großartiges vorzubereiten. Die Zwölf waren nämlich ganz und gar Menschen mit einem gesunden, robusten Hausverstand, denen es gar nicht nahelag, sich eine derartige Geschichte auszudenken...

Alles begann in der Nacht mit einer ganz klassischen Erscheinung:

«Plötzlich entstand ein gewaltiges Erdbeben; denn ein Engel des Herrn kam vom Himmel herab, trat an das Grab, wälzte den Stein weg und setzte sich darauf. Seine Gestalt leuchtete wie ein Blitz, und sein Gewand war weiß wie Schnee. Die Wächter begannen vor Angst zu zittern und fielen wie tot zu Boden.»[247]

---

246 La Vie de Jésus-Christ
247 Mt 28,2-4

Wenn die Engel ihre Herrlichkeit nicht verhüllen, ist ihr Anblick furchterregend — und hier zeigen sie ihre Herrlichkeit ohne Skrupel. Die vom Hohenrat vor das Grab beorderten Soldaten sollten verhindern, daß der Leichnam von den Jüngern entfernt würde, was ohnehin sehr unwahrscheinlich gewesen wäre, denn die Jünger hatten sich zu dieser Stunde in ihrer Angst bei sicheren Freunden versteckt. Vom Anblick der Engel wurden die Soldaten zu Boden geschleudert.

Nach jüdischem Brauch wurde das Grab mit einem großen, sehr schweren Stein versiegelt. Daß dieser Stein von einer fremden Macht weggewälzt war, war bereits das erste Zeichen, daß hier ein unerwartetes Ereignis eingetreten war.

Die Frauen waren schon ganz in der Frühe des Ostermorgens gekommen, um dem Toten jene Dienste zu erweisen, die sie am Freitagabend nicht mehr hatten tun können, weil der Sabbat begonnen hatte. Sie fragten sich, wer ihnen wohl diesen Stein wegwälzen würde. Vielleicht rechneten sie mit der mitleidigen Hilfe der wachenden Soldaten, denn sie hatten keinen aus der Jüngergruppe überzeugen können, sie zu begleiten... Den Aposteln schien das ein zu gefährliches Unterfangen zu sein...

Nun war der Stein aber schon weggerollt und das Grab offen. Weder Maria Magdalena, noch irgendeine ihrer Gefährtinnen stellten sich auch nur eine Sekunde lang vor, daß sich ein unvergleichliches Wunder ereignet hatte. In ihrer Bestürzung glaubten sie, daß der Hoherat das Grab geschändet hatte.

«Da sahen sie, daß der Stein vom Grab weggerollt war; sie gingen hinein, aber den Leichnam Jesu, des Herrn, fanden sie nicht.»[248]

Und der Evangelist fügt hinzu, daß sie «ratlos dastanden». Und sicher wäre jeder in dieser Situation ratlos.

Empört und außer sich lief Maria Magdalena zu Petrus und Johannes, um diese von dem Geschehen zu unterrichten und sie um Hilfe zu bitten. Unterdessen sahen die anderen Frauen, die unentschlossen beim Grab geblieben waren, «auf der rechten Seite einen jungen Mann sitzen, der mit einem weißen Gewand bekleidet war;

248 Lk 24,2 f

da erschraken sie sehr. Er aber sagte zu ihnen: Erschreckt nicht! Ihr sucht Jesus von Nazareth, den Gekreuzigten, Er ist auferstanden; er ist nicht hier.»[249]

Nach Lukas sind zwei Engel am Grab, die fast dieselben Worte verwenden:

«Was sucht ihr den Lebenden bei den Toten? Er ist nicht hier, sondern er ist auferstanden. Erinnert euch an das, was er euch gesagt hat, als er noch in Galiläa war. Der Menschensohn muß den Sündern ausgeliefert und gekreuzigt werden und am dritten Tag auferstehen.»[250]

Als die Frauen nach Jerusalem zurückkehrten und den Jüngern den Vorfall berichteten, stießen sie bei ihnen natürlich auf verächtliche Skepsis.[251]

Dennoch sind Petrus und Johannes beunruhigt und beschließen, sich die Sache anzusehen, in der Hoffnung, eine vernünftige Erklärung für dieses Verschwinden eines Leichnams zu finden. Sie sahen jedoch nicht einmal den Schatten eines Engels. Um Engel sehen zu können, ist nämlich eine gewisse Geistesverfassung erforderlich. In einer solchen Geistesverfassung waren die Apostel aber an jenem Morgen nicht. Petrus und Johannes hatten später jedoch andere Gelegenheiten in ihrem Leben, um Engeln zu begegnen.

Auch Maria Magdalena war wieder zum Grab zurückgekehrt; sie sehnte sich danach zu verstehen. Denn die junge Frau verstand überhaupt nichts. Nur eines begriff sie: Der Leib dieses Mannes, den sie so sehr geliebt hatte, war entfernt worden, und so war sie dieses letzten Trostes beraubt worden. Sie blieb dort und war so von Gram erfüllt, daß sie heiße Tränen vergoß.

«Während sie weinte, beugte sie sich in die Grabkammer hinein. Da sah sie zwei Engel in weißen Gewändern sitzen, den einen dort, wo der Kopf, den anderen dort, wo die Füße des Leichnams Jesu gelegen hatten. Die Engel sagten zu ihr: Frau, warum weinst du? Sie antwortete ihnen: Man hat meinen Herrn weggenommen, und ich weiß nicht, wohin man ihn gelegt hat. Als sie das gesagt hatte,

249 Mk 16,5 f
250 Lk 24,5-7
251 Lukas verwendet sogar ein griechisches Verb, das «betrunken sprechen» bedeutet...

wandte sie sich um und sah Jesus dastehen, wußte aber nicht, daß es Jesus war. Jesus sagte zu ihr: Frau, warum weinst du? Wen suchst du? Sie meinte, es sei der Gärtner und sagte zu ihm: Herr, wenn du ihn weggebracht hast, sag mir, wohin du ihn gelegt hast. Dann will ich ihn holen. Jesus sagte zu ihr: Maria!»[252]

In diesem neuen Garten Eden, wo Gott höchstpersönlich Adams Platz eingenommen hat, und wo durch die reuige Sünderin jener ersten Frau Eva auf ewig vergeben wird; wo die Frau, die das Werkzeug des Todes und der Sünde war, zu einer Botschafterin des Lebens und der Erlösung verwandelt wird — was haben da die Engel Maria Magdalena zu sagen? Im Unterschied zu allen anderen biblischen Gestalten — mit Ausnahme der Muttergottes — fällt sie angesichts der beiden weißgekleideten jungen Männer nicht vor Schrecken in Ohnmacht. Ihre einzige Sorge gilt Jesus, ihm allein. Und was sind neben Ihm schon Engel?

Diese Haltung der hl. Maria Magdalena, die in ihrer hartnäckigen und angstvollen Suche nach dem verschwundenen Vielgeliebten den Boten den Rücken kehrt, trägt keimhaft schon die ganze christliche Haltung gegenüber den Engeln in sich: die Engel sind da, aber sie dürfen unter keinem Vorwand die Gegenwart Christi verhüllen oder ihm den Rang ablaufen. Den Engeln mißfällt diese Haltung Maria Magdalenas übrigens keineswegs; für sie ist es selbstverständlich, daß sich Magdalena so verhält wie es richtig ist. Sie irrt sich weder in der Liebe noch in der Person, der ihre Anbetung gilt und deshalb wird sie als Erste mit der Erscheinung des Auferstandenen geehrt. Ihr gehört der Ehrenplatz, weil sie viel geliebt hat.

Mit dem Eintreffen des auferstandenen Jesus ist die Zeit der Engel erfüllt. Sie waren die Mittler zwischen Gott und seinem auserwählten Volk; Christus wird nun der einzige Mittler zwischen seinem Vater und der erlösten Menschheit sein.[253]

Wenn der Bräutigam kommt, haben sich die Freunde des Bräutigams, die gekommen waren, um die Braut zu holen, nur noch zurückzuziehen.[254]

252 Joh 20,11-16
253 1 Tim 2,5 f: «Einer ist Gott, einer auch Mittler zwischen Gott und den Menschen: der Mensch Christus Jesus, der sich als Lösegeld hingegeben hat für alle...»

Im Hebräerbrief nimmt Paulus diesen Gedanken auf, um die Vorrangstellung, die der Neue Bund vor dem Alten hat, darzulegen. Die Engel hatten nämlich den ersten Bund Mose überbracht, während Gott durch sein menschgewordenes Wort in eigener Person den zweiten Bund der Menschheit enthüllt hat.

Auf diese Veränderung sind die Engel also nicht eifersüchtig. Sie haben allen Grund, sich darüber zu freuen:

«Christus ist nicht für die Engel gestorben. Aber alles, was durch den Tod Christi der Erlösung des Menschen dient, dient auch den Engeln, weil durch die Erlösung der Menschen alle Schäden und Verluste, die ihren Ursprung in der Zerrüttung der Engel hatten, getilgt sind. Und natürlich wissen die heiligen Engel, die Gott kennen und in der Kontemplation der Wahrheit glückselig sind, wie viele Glieder des Menschengeschlechtes sie erwarten, damit die Zahl der Einwohner dieser Stadt wiederhergestellt ist.»[255]

Es ist nicht ohne Bedeutung, daß die letzte, von den Evangelien berichtete Engelerscheinung Maria Magdalena gilt, die sich umwendet, um ihrem Meister entgegenzulaufen. Die Aufgabe der Engel ist aber trotzdem noch nicht beendet, auch wenn sich ihre Bedeutung verändert hat. Die Engel werden die junge Kirche als neue und wahre Gestalt des auserwählten Volkes begleiten. Und dies tun sie seit der Auferstehung Christi, wo sie den Frauen die Prophezeiungen Jesu ins Gedächtnis riefen und ihnen auftrugen, die Apostel zu benachrichtigen. Die feierliche Einführung dieser anderen Sendung findet indes vierzig Tage nach dem Ostersonntag statt.

Während dieser vierzig Tage haben die Jünger im Kontakt mit Jesus ihre Erkenntnis und ihren Glauben vertieft. Trotzdem haben sie noch immer nicht verstanden, welche Ausrichtung sie ihrem Leben geben sollten. Sie haben noch die Vorstellung, daß sich ein triumphierender Jesus auf den Straßen von Jerusalem dem Volk zeigen und die Königsherrschaft in Israel wieder errichten wird. Solange der Heilige Geist noch nicht gekommen ist, begreifen sie nicht, was Gott von ihnen erwartet. Deshalb verharren sie unschlüs-

---

254 Dieses Thema wurde von Origenes in seinem *Kommentar über das Hohelied* aufgegriffen und u.a. vom hl. Bernhard in Hinblick auf die Schutzengel übernommen.

255 Hl. Augustinus, *Der Gottesstaat*

sig und unsicherer als jemals zuvor, als sie sehen, wie ihr Meister in einer Wolke aufsteigt und bis zum Ende der Welt in sein himmlisches Reich zurückkehrt. Die Engel nehmen mit angemessener Autorität die Dinge in die Hand.

«Als er das gesagt hatte, wurde er vor ihren Augen emporgehoben, und eine Wolke nahm ihn auf und entzog ihn ihren Blicken. Während sie unverwandt ihm nach zum Himmel emporschauten, standen plötzlich zwei Männer in weißen Gewändern bei ihnen und sagten: Ihr Männer von Galiläa, was steht ihr da und schaut zum Himmel empor? Dieser Jesus, der von euch ging und in den Himmel aufgenommen wurde, wird ebenso wiederkommen, wie ihr ihn habt zum Himmel hingehen sehen.»[256]

Hier sind es die Engel, die mit beiden Beinen auf der Erde stehen und dazu auffordern, an die Arbeit zu gehen. Aber wenngleich sie über die Anfänge der Kirche wachen, so sind sie auch zugleich im Himmel die von Bewunderung erfüllten Zeugen eines so herrlichen Wunders, das sich keiner von ihnen hätte vorstellen können.

Sie, «die Eingeweihten der Menschwerdung» wußten, daß das Wort die menschliche Natur annehmen würde, um mit ihr jene hypostatische Union zu verwirklichen, nach der sich die göttliche Liebe sehnte. Sie kannten aber nicht das Ausmaß der Erlösung und sie wußten nicht, wie weit Gottes Barmherzigkeit ging.

Christus steigt zu seinem Vater auf, wie es von jeher vorgesehen war; er steigt aber nicht als reiner Geist auf. Die zweite Person der heiligen Dreifaltigkeit hat in der glorreichen Himmelfahrt ihren menschlichen Leib beibehalten. Der wahre Gott bleibt als König der Herrlichkeit für alle Ewigkeit wahrer Mensch. In der Menschwerdung erniedrigte sich Gott in seinem Wort unter seine Engel; in der Himmelfahrt wird der Mensch im Wort über die Engel erhoben.[257]

«Wir, die wir der Erde unwürdig zu sein schienen, haben uns heute in den Himmel erhoben; wie sind über die Himmel erhoben und erreichen den königlichen Thron. Die Natur, wegen der die Kerubim das Paradies bewachten, diese Natur thront heute über den Kerubim. Würde es nicht genügen über die Himmel erhoben zu

256 Apg 1,9-11

werden und unter den Engeln zu weilen? Wäre das nicht bereits eine unaussprechliche Ehre? Aber Er (Christus) hat sich über die Engel erhoben. Er hat die Kerubim hinter sich gelassen; Er ist höher als die Seraphim gestiegen, hat die Throne hinter sich gelassen und erst dann eingehalten, als er den Thron des Herrn erreichte.»[258]

Die Engel der Erde tragen ihren Herrn im Triumphzug.[259] Bei den Engeln des Himmels ist die Fassungslosigkeit jedoch übergroß.[260] Sie zögern, das WORT in diesem Menschen zu erkennen:

«Gib jenen Antwort, die zweifeln wegen Seines Leibes und der Wundmale Seiner Passion, die er nicht hatte, als er hinabstieg und mit denen er hinaufsteigt!»[261]

So erfüllt sich das Wort des Propheten Jesaja[262]:

«Wer ist jener, der aus Edom kommt, aus Bozra in rot gefärbten Gewändern? Er schreitet in prächtigen Kleidern daher in seiner gewaltigen Kraft. Ich bin es, ich verkünde Gerechtigkeit, ich bin der mächtige Helfer. Warum aber ist dein Gewand so rot, ist dein Kleid wie das eines Mannes, der die Kelter tritt? Ich allein trat die Kelter; von den Völkern war niemand dabei. Da zertrat ich sie voll Zorn, zerstampfte sie in meinem Grimm. Ihr Blut spritzte auf mein Gewand und befleckte meine Kleider. Denn ein Tag der Rache lag mir im Sinn, und das Jahr der Erlösung war gekommen. Ich sah

---

257 Eph 1,20-22: «Er hat sie (= seine Macht) an Christus erwiesen, den er von den Toten auferweckt und im Himmel auf den Platz zu seiner Rechten erhoben hat, hoch über alle Fürsten und Gewalten, Mächte und Herrschaften und über jeden Namen, der nicht nur in dieser Welt, sondern auch in der zukünftigen genannt wird. Alles hat er ihm zu Füßen gelegt...»
Hebr 1,3 f: «Er... trägt das All durch sein machtvolles Wort, hat die Reinigung von den Sünden bewirkt und sich dann zur Rechten der Majestät in der Höhe gesetzt; er ist um so viel erhabener geworden als die Engel, wie der Name, den er geerbt hat, ihren Namen überragt.»
Phil 2,6-11: «Er war Gott gleich, hielt aber nicht daran fest, wie Gott zu sein, sondern er entäußerte sich und wurde wie ein Sklave und den Menschen gleich. Sein Leben war das eines Menschen; er erniedrigte sich und war gehorsam bis zum Tod, bis zum Tod am Kreuz. Darum hat ihn Gott über alle erhöht und ihm den Namen verliehen, der größer ist als alle Namen, damit alle im Himmel, auf der Erde und unter der Erde ihre Knie beugen vor dem Namen Jesu und jeder Mund bekennt: "Jesus Christus ist der Herr" — zur Ehre Gottes, des Vaters.»

258 Johannes Chrysostomus: *Predigt zum Fest Christi Himmelfahrt*

259 Eine Anleihe aus einer apokryphen Schrift, dem *Evangelium nach Petrus*; dieses Thema wurde durch die Ikonographie seit urchristlicher Zeit oftmals aufgegriffen.

260 Hl. Athanasius: «Die Gewalten sind fassungslos, als sie Ihn im Fleisch sehen.»

261 Hl. Gregor von Nazianz. Dasselbe Thema findet man auch bei Origenes, beim hl. Gregor von Nyssa und dem hl. Ambrosius.

262 Jes 63,1-5

mich um, doch niemand wollte mir helfen; ich war bestürzt, weil keiner mir beistand. Da half mir mein eigener Arm, mein Zorn war meine Stütze.»

Die Engel der Höhe warten ab; ihre Gefährten von unten, von der Erde, müssen sie drängen, dem König der Herrlichkeit die Pforten zu öffnen.

«Fürstentümer, hebt eure Pforten! Hebt euch, ihr ewigen Pforten, und der König der Herrlichkeit wird einziehen.»

«Als Christus von den Toten auferstand und in den Himmel emporstieg, erhielten die von Gott im Himmel aufgestellten Fürstentümer die Anweisung, die Himmelspforten zu öffnen, damit der König der Herrlichkeit eintrete, sich zur Rechten des Vaters setzt und seine Feinde zu Schemeln unter seinem Fuß macht. Als die Himmelsfürsten ihn jedoch ohne Schönheit, Ehre und Herrlichkeit sahen, erkannten sie ihn nicht und sagten: "Wer ist dieser König der Herrlichkeit?"»[263]

Aber die Beschwörungen der Engel der Erde erleuchten die Engel des Himmels, die daraufhin ihrem Herrn die Pforten öffnen. Die Freude der himmlischen Geister bricht aus:

«Die Engel erlangten das, worauf sie seit Anbeginn gewartet hatten. (...) Sie sahen unsere Natur auf dem königlichen Thron, strahlend von unsterblichen Herrlichkeit und Schönheit. Obwohl sie (unsere Natur) die Ehre empfangen hatte, weit über die Natur der Engel erhoben zu werden, so freuen sich die Engel doch über unser Gut, so wie sie vordem litten, als sie sahen, daß wir dieses Gutes beraubt waren.»[264]

Es wurde also nicht nur das Wort wieder in Seine göttlichen Privilegien eingesetzt, sondern auch der Mensch. Der Gott-Mensch wurde, was das Wort war: König der Engel.

Denn in seinen beiden Naturen steht Jesus ganz und gar über den Engeln.

Durch Seine vollendet reine und sündenfreie Menschheit erfüllt sich der göttliche Wille, den Menschen als Sein Abbild zu schaffen;

263 Hl. Justin. Der hl. Irenäus und der hl. Augustinus behandeln dasselbe Thema.
264 Hl. Johannes Chrysostomus, *Predigt zum Fest Christi Himmelfahrt*

als vollendeter Widerschein der Vollkommenheit Gottes, kann die Menschheit Christi bei den Engeln nur Bewunderung auslösen.

Und sie löst Bewunderung aus, weil Jesus Gott ist. Um zur Glückseligkeit zu gelangen, benötigen der Mensch wie der Engel die von Gott ausgeteilten Gnadengaben, während Christus seine Gnade aus seiner Vereinigung mit Gott bezieht. Er ist nicht nur mit Gott vereint, er ist Gott. Das ist die Lehre des hl. Paulus zu Beginn des Hebräerbriefes:

«Denn zu welchem Engel hat er jemals gesagt: Mein Sohn bist du, heute habe ich dich gezeugt, und weiter: Ich will für ihn Vater sein, und er wird für mich Sohn sein? Wenn er aber den Erstgeborenen wieder in die Welt einführt, sagt er: Alle Engel Gottes sollen sich vor ihm niederwerfen. Und von den Engeln sagt er: Er macht seine Engel zu Winden und seine Diener zu Feuerflammen; von dem Sohn aber: Dein Thron, o Gott, steht für immer und ewig, und: Das Zepter seiner Herrschaft ist ein gerechtes Zepter.»[265]

Es kann nicht anders sein, als daß das schöpferische Wort der König der Engel ist.[266] Diesen Platz hatte Luzifer ihm streitig zu machen gewagt. Jedesmal wenn Satan gegenüber Christus, gegenüber dem Gott-Menschen, von dem ihm schon allein die Vorstellung unerträglich war, Ansprüche geltend machte, wurde er besiegt. Daher richtet er seine Gehässigkeit nun gegen die Kirche, weil sie der mystische Leib *dessen* ist, den er mit seinem Haß verfolgt.

Wie die Engel über die Kindheit des Erlösers wachten und sie vor den tödlichen Plänen des Herodes in Sicherheit brachten, so wachen sie auch über die ersten Schritte der Kirche.

265 Hebr 1,5-8
266 Kol 1,16 f: «Denn in ihm wurde alles erschaffen im Himmel und auf Erden, das Sichtbare und das Unsichtbare, Throne und Herrschaften, Mächte und Gewalten; alles ist durch ihn und auf ihn hin geschaffen. Er ist vor aller Schöpfung, in ihm hat alles Bestand.»

7. Deine Engel mögen in deinem Hause wohnen

Am Tag der Himmelfahrt mußten die Engel die von Erstarrung befallenen Jünger aufrütteln. Die Jünger schauten zum Himmel, wohin Jesus entschwunden war. Ihre Unsicherheit war aber nicht von langer Dauer. Durch die Ankunft des Heiligen Geistes werden die Apostel gestärkt, die noch zwei Monate zuvor alle Türen ihres Zufluchtsortes verschlossen und sich ängstlich versteckt gehalten hatten. Damals dachten sie nur daran, wie sie ihre Bande mit dem Galiläer vergessen könnten und nun gehen sie auf die öffentlichen Plätze und halten vor dem Volk Reden.

Die Situation hat sich völlig gewandelt und das verblüfft die jüdische Obrigkeit. Nachdem die Posten, die als Wachen vor dem Grab des Gekreuzigten aufgestellt waren, am 9. April ihren Bericht erstatteten und erklärten, daß ein Engel sie zu Boden geworfen und den Stein vom Eingang weggewälzt hatte, und daß der Leichnam, den sie bewachen sollten, verschwunden war, begnügte sich der Hoherat damit, diesen Männern Geld zu geben, damit sie schwiegen. Sie schärften ihnen ein, daß sie auf Fragen der römischen Obrigkeit antworten sollten, daß sie eingeschlafen seien und daß die Jünger ihren Schlaf ausgenützt hätten, um den Leichnam zu entwenden.[267]

Die Hohenpriester wollten nämlich, daß künftig weder von Jesus von Nazareth gesprochen würde, noch auch von der Bande der Herumstreuner, die ihm von Galiläa an folgten. Zu ihnen gehörte auch der sehr weise, sehr kluge, sehr geachtete Rabbi Gamaliel[268], der sie einige Wochen später daran erinnerte, daß nicht zum ersten Mal aus dem Volk ein Aufrührer hervorgegangen war, der sich für einen

---

267 Mt 28,11-15
268 Apg 5,34-39

Propheten oder für den Messias ausgab; das Volk befand sich nämlich aufgrund der fremden Besatzung in großer Erbitterung und wurde von nationalistischen Fieberanfällen geschüttelt. Der Tod des Anführers hatte aber jedesmal die Anhänger zerstreut. Die Anhänger dieses Jesus schienen da keine Ausnahme zu machen, wie es ihre erbärmliche Haltung bei der Festnahme ihres Meisters, sowie ihre Abwesenheit bei seinem Prozeß und an seinem Hinrichtungsort zeigte. Und nun sorgen sich diese armseligen Feiglinge nur darum, wie sie in ihr heimatliches Gebiet von Tiberias kommen können. Dabei lassen sie sich nicht von der Obrigkeit einschüchtern, sondern erzählen an den Straßenecken von ihren Hirngespinsten...

Sie hatten sehr großen Erfolg, der noch durch die Wunder, die sie am hellichten Tag wirkten, verstärkt wurde. Das war der Gipfel! Der Hoherat beschloß, rücksichtslos einzugreifen.

Die Verfolgung der Kirche von Jerusalem begann; einer der Schüler Gamaliels, ein hervorragender Student aus der Stadt Tarsus, der Saulus oder Paulus — da er das römische Bürgerrecht besaß — genannt wurde, machte sich zur Haupttriebfeder dieser Aktion. Stephanus, ein Jünger, der aus einer der hellenistischen Gemeinden in der Diaspora stammte, wurde das erste Opfer. Ihm folgten noch viele andere, unter ihnen auch Jakobus, der ältere Bruder des Johannes, der eine Gemeinde leitete. Zu diesem Zeitpunkt wurde auch Petrus gefangengenommen.

Es war nicht das erste Mal, daß der Anführer der Apostel wegen des Eifers, mit dem er das Evangelium verkündete, im Gefängnis war. Aber die Umstände waren anders. Nach einigen Tagen im Kerker war er stets wieder freigelassen worden; er war vor den Hohenrat geladen worden, oder hatte auch einige Rutenschläge erhalten. Die Hinrichtung des Jakobus hatte aber gezeigt, daß die Zeit dieser relativen Milde nun vorbei war.

Während Petrus jetzt also im Gefängnis war, stieg das Gebet der Kirche unablässig für ihn zu Gott empor.

«In der Nacht, ehe ihn Herodes vorführen lassen wollte, schlief Petrus, mit zwei Ketten gefesselt, zwischen zwei Soldaten; vor der Tür aber bewachten Posten den Kerker. Plötzlich trat ein Engel des Herrn ein, und ein helles Licht strahlte in den Raum. Er stieß Petrus in die Seite, weckte ihn und sagte: Schnell, steh auf! Da fielen die Ketten von seinen Händen. Der Engel aber sagte zu ihm: Gürte dich, und zieh deine Sandalen an! Er tat es. Und der Engel sagte zu ihm: Wirf deinen Mantel um, und folge mir! Dann ging er hinaus, und Petrus folgte ihm, ohne zu wissen, daß es Wirklichkeit war, was durch den Engel geschah; es kam ihm vor, als habe er eine Vision. Sie gingen an der ersten und an der zweiten Wache vorbei und kamen an das eiserne Tor, das in die Stadt führt; es öffnete sich ihnen von selbst. Sie traten hinaus und gingen eine Gasse weit; und auf einmal verließ ihn der Engel. Da kam Petrus zu sich und sagte: Nun weiß ich wahrhaftig, daß der Herr seinen Engel gesandt und mich der Hand des Herodes entrissen hat und all dem, was das Volk der Juden erhofft hat.»[269]

Dieser Bericht ist schon an sich hochinteressant, weil er deutlich unterscheidet zwischen einer Vision, die Petrus schon früher manchmal gehabt hatte, und einer Erscheinung, die so wirklich ist, daß der Apostel spürt, wie sich der Finger des Engels in seine Seite bohrt, damit er aufwacht. Er ist auch deshalb interessant, weil er die Fürsorge des Engels zeigt. Der Engel bemerkt, daß Petrus nicht begreift, was ihm widerfährt und daß er desorientiert ist; daher achtet er darauf, daß sich der Apostel ankleidet, daß er sein Schuhwerk anlegt, daß er daran denkt, seinen Mantel umzulegen, denn die Frühlingsnächte sind in Judäa kalt. Schließlich unterstreicht dieser Text auch die Macht, die der Engel über die materielle Welt hat — ob es sich dabei um die Wächter handelt, die in einen tiefen Schlaf gesunken sind; um die Ketten, die abfallen, oder um die Entriegelung der Gefängnistüren.

Erst als Petrus auf der Straße ist, bemerkt er, daß er nicht träumt.

Diese wunderbare Flucht könnte sonderbar erscheinen oder wie eine poetische Verniedlichung wirken, wenn es nicht ein ähnliches Ereignis gegeben hätte, das uns zeitlich viel näher steht: die Flucht von Mutter Yvonne-Aimée de Malestroit[270]; eine Flucht, die weder

269 Apg 12,6-11
270 Die übernatürlichen Ereignisse im Leben von Mutter Yvonne-Aimée de Malestroit waren so zahlreich, daß die Kirche erst eine bestimmte Zeitspanne vergehen lassen will, bevor sie einen Seligsprechungsprozeß in Erwägung zieht.

durch Mitwirkung menschlicher Helfer, noch durch materielle Hilfsmittel geschah. Mutter Yvonne-Aimée de Malestroit war während der Besatzungszeit in den Räumen der Gestapo gefesselt worden; auf einmal befand sie sich, ohne daß sie wußte wie es geschehen war, in ihrem Oberinnen-Büro, mitten in ihrem Konvent...[271]

Diese Erscheinung im Gefängnis und die Flucht des Petrus ist das spektakulärste Ereignis im Zusammenhang mit einem Engel, von dem die Apostelgeschichte berichtet; es ist aber vielleicht nicht das entscheidenste. In einem anderen Bereich verdoppeln die Engel ihre Anstrengungen: Es geht um die Öffnung des Neuen Bundes für die Heiden.

Philippus, einer der Zwölf, vernimmt eine Weisung durch den Engel des Herrn, nach der er zu Mittag auf der Straße sein soll, die von Jerusalem nach Gaza führt. Zu besagter Stunde sieht der Apostel, daß sich der Wagen eines hohen äthiopischen Beamten nähert. Es ist der Eunuch von Königin Kandake. Dieser Mann, zweifellos ein jüdischer Proselyt und gewiß voll guten Willens, kommt von einer Pilgerfahrt in die heilige Stadt Jerusalem. Er ist in die Lektüre der messianischen Prophezeiungen Jesajas vertieft. Und er ist traurig, weil er sie nicht versteht.

Unter der Eingebung des Heiligen Geistes spricht Philippus den Afrikaner an und -ausgehend von der Jesaja-Stelle, die er ihm auslegt — verkündet er ihm die Frohe Botschaft, bevor er ihn tauft.[272]

Das ist die erste, fast zufällige Öffnung des Christentums gegenüber der heidnischen Welt. Zunächst folgt keine weitere Öffnung.

Um die Augen der Apostel zu öffnen, bedarf es einer großen Offensive von seiten der Engel.

«In Cäsarea lebte ein Mann namens Kornelius, Hauptmann in der sogenannten Italischen Kohorte; er lebte mit seinem ganzen Haus fromm und gottesfürchtig, gab dem Volk reichlich Almosen und betete beständig zu Gott. Er sah um die neunte Tagesstunde in einer Vision deutlich, wie ein Engel Gottes bei ihm eintrat und zu ihm

271 Über diese erstaunlichen Phänomene, sowie über die Gabe der Bilokation, die ihr ganz vertraut war, sagte Marthe Robin, daß sie in Gott reiste, und daß Er sie brachte, wohin Er wollte.

272 Apg 8,26-40

sagte: Kornelius! Kornelius blickte ihn an und fragte erschrocken: Was ist, Herr? Er sagte zu ihm: Deine Gebete und Almosen sind zu Gott gelangt, und er hat sich an sie erinnert. Schick jetzt einige Männer nach Joppe, und laß einen gewissen Simon herbeiholen, der den Beinamen Petrus hat. Er ist zu Gast bei einem Gerber namens Simon, der ein Haus am Meer hat.»[273]

Petrus hatte seinerseits, als er auf dem Dach des Gerbers betete, eine sonderbare Vision: Er sah ein großes Leinentuch, das randvoll mit allen möglichen Tieren gefüllt war, die das jüdische Gesetz zu essen verbietet.

«Und eine Stimme rief ihm zu: Steh auf, Petrus, schlachte, und iß! Petrus aber antwortete: Niemals, Herr! Noch nie habe ich etwas Unheiliges und Unreines gegessen. Da richtete sich die Stimme ein zweites Mal an ihn: Was Gott für rein erklärt, nenne du nicht unrein!»[274]

Erst als die von Kornelius gesandten Männer eintreffen, versteht Petrus, was Gott von ihm will. Er begleitet sie nach Cäsarea. Petrus war davon überzeugt, daß er mit keinem unreinen Menschen verkehren soll, dann aber begriff er, «daß Gott nicht auf die Person sieht, sondern daß ihm in jedem Volk willkommen ist, wer ihn fürchtet und tut, was recht ist.»[275] Nachdem er gesehen hatte, daß der Heilige Geist auf diese Fremden, diese Feinde Israels, herabgekommen ist, konnte er ihnen die sofortige Taufe nicht verweigern.

Die Engel der Nationen gehen also weiter ihrer Aufgabe nach, die darin besteht, die ihnen anvertrauten heidnischen Völker zum Heil zu führen; eine Sendung, die nun leichter ist als früher, da der Teufel durch die Erlösung zerschmettert wurde und das Wirken der Engel jetzt nicht mehr so wirksam durchkreuzen kann. In diesen Zusammenhang gehört ein berühmter Traum des hl. Paulus:

Seit einigen Wochen sind die missionarischen Pläne des hl. Paulus ein einziger Mißerfolg und er ahnt, daß Gott etwas anderes von ihm erwartet als Kleinasien zu missionieren. Der Apostel weiß nicht mehr, in welche Richtung er seine Schritte lenken soll.

---

273 Apg 10,1-6
274 Apg 10,13-15
275 Apg 10,34 f

In der Nacht hatte Paulus eine Vision: «Ein Mazedonier stand da und bat ihn: Komm herüber nach Mazedonien, und hilf uns! Auf diese Vision hin wollten wir sofort nach Mazedonien abfahren; denn wir waren überzeugt, daß uns Gott dazu berufen hatte, dort das Evangelium zu verkünden.»[276]

Die Tradition sah in dieser anonymen Person, die die Nationaltracht ihres Landes trug, den Schutzengel von Mazedonien. Ähnliche Träume finden sich auch im Leben anderer großer Missionare, u.a. im Leben des hl. Patrick, der vernahm, wie ein Ire um seine Hilfe bat. Auch der hl. Franz-Xaver hatte während seiner ersten Indienmission einen solchen Traum.

Daß die Apostel durch die Engel in Obhut genommen wurden, zeigt sich auch noch an einer anderen Stelle. Paulus, der von den Juden bei der Obrigkeit von Cäsarea angezeigt worden war, appelliert an den Kaiser, da er als römischer Bürger dazu das Recht hat. Aber obwohl der Herbst schon weit fortgeschritten ist, beschließt die ihn begleitende Escorte die Reise auf dem Meerweg[277] fortzusetzen, da sie möglichst schnell ankommen möchten. Als sie in der Nähe von Kreta sind, verschlechtert sich das Wetter und das Schiff strandet nach einer vierzehntägigen Irrfahrt vor Malta. Die Besatzung und die Passagiere halten sich für verloren; nur Paulus ist anderer Meinung:

«Männer, man hätte auf mich hören und von Kreta nicht abfahren sollen, dann wären uns dieses Unglück und der Schaden erspart geblieben. Doch jetzt ermahne ich euch: Verliert nicht den Mut! Niemand von euch wird sein Leben verlieren, nur das Schiff wird untergehen. Denn in dieser Nacht ist ein Engel des Gottes, dem ich gehöre und dem ich diene, zu mir gekommen und hat gesagt: Fürchte dich nicht, Paulus! Du mußt vor den Kaiser treten. Und Gott hat dir alle geschenkt, die mit dir fahren.»[278]

Die Anwesenheit der Engel in den Anfängen der Kirche ist also sichtbar und aktiv. Die ersten Gemeinden, die geistige Erben der

---

276 Apg 16,9 f

277 Die Navigationsmöglichkeiten der Antike machten Reisen bei schlechtem Wetter so gefährlich, daß Schiffsfahrten auf dem Mittelmeer zwischen November und Februar schlicht und einfach nicht durchgeführt wurden.

278 Apg 27,21-24

jüdischen Engellehre sind, täuschen sich nicht darin. Dennoch ist der neue Glaube christozentrisch und die Welt der Engel nimmt nur eine nachgeordnete, wenngleich sehr wichtige Stellung als Zeuge, Wächter und Schützer ein. Paulus betont dies in seinen Briefen immer wieder. Dieser kluge und vernünftige Weg ist besonders im Umfeld von Heiden, die sich frisch zum Monotheismus bekehrt haben, sehr darauf bedacht, das Wiederaufleben von Götzendienerei zu vermeiden; er konnte jedoch nicht verhindern, daß es zu einem Abdriften kam. Deshalb wandte sich die Kirche einer Kodifizierung der Engelverehrung zu und überwachte diese Verehrung, ja sie schränkte sie sogar auf drastische Weise ein.

Als erstes wurde die Frage gestellt, ob es sich gebührt, die Engel zu verehren? Um ehrlich zu sein: In der Heiligen Schrift steht dem nichts entgegen — unter der Bedingung, daß den Geistwesen nicht die Anbetung entgegengebracht wird, die allein Gott zukommt. Auch der hl. Paulus stellt sich nicht gegen eine Verehrung der Engel, trotz der Interpretation[279], die manche einer Stelle aus dem Kolosserbrief geben:

«... die Wirklichkeit aber ist Christus. Niemand soll euch verachten, der sich in scheinbarer Demut auf die Verehrung beruft, die er den Engeln erweist, der mit Visionen prahlt und sich ohne Grund nach weltlicher Art wichtig macht. Er hält sich nicht an das Haupt...»[280]

Paulus wollte etwas anderes verhindern, das der hl. Johannes Chrysostomus folgendermaßen erklärt:

«Einige lehrten, daß wir nicht durch Jesus Christus zu Gott gehen sollen, sondern durch die Engel, weil Jesus Christus zu sehr über uns steht. Und genau deshalb schärft uns der Apostel mit so viel Energie ein, daß Jesus Christus unser einziger und wahrer Mittler ist.»[281]

In Wirklichkeit drängte sich die Verehrung der Engel von Anfang an mit Kraft in das junge Christentum, denn diese Verehrung war den frisch bekehrten Heiden leicht zugänglich. Dieses kraftvolle

279 Manche protestantische Richtungen berufen sich auf diese Textstelle, um jegliche Engelverehrung zu untersagen.
280 Kol 2,17-19
281 *Sechste Homilie zum Kolosserbrief*

Drängen trug auch häretische Keime in sich, und gegen solche Keime hatte sich Paulus gerichtet. Diese Gefahr verdichtete sich noch unter dem Einfluß der Gnostiker, die große Liebhaber der Geistwesen waren und dabei nicht zwischen Dämonen und Engeln unterschieden; sie faßten die Geistwesen unter dem Namen Eon zusammen. Die Neuplatoniker machten die Verwirrung mit ihren Götter-Engeln komplett. Die Kirche sah sich also zwischen dem legitimen Wunsch, die Engel zu verehren und der Furcht, in die Häresie zu fallen. Oder, was noch schlimmer wäre, Gott zu «berauben», indem man einem Dämonenkult huldigen würde. Zwischen diesen beiden Tendenzen balanciert das Christentum in seinen ersten Jahrhunderten, während es seine Engellehre ausarbeitet.

Aus dem Heidentum kam der hl. Justin, der in der Schule der griechischen Philosophie erzogen worden war; er wurde von Kaiser Marc Aurel[282] sehr geschätzt. Als Apologetiker seines Glaubens entgegnete[283] er jenen, die die Christen der Ruchlosigkeit[284], ja des Atheismus bezichtigten, daß dem so nicht sei, da sie «den Vater, den Sohn, die Engelschar und den Heiligen Geist verehren».[285] Dieses Zeugnis ist eines der ältesten und beweist, daß die Engel zur Mitte des 2. Jahrhunderts in der Kirche sehr verehrt wurden. Erst zu Beginn des 3. Jahrhunderts bemühen sich die Theologen, die etwas durcheinandergeratenen Glaubensüberzeugungen der jungen Kirche in eine Form zu bringen. Clemens von Alexandrien war der erste, der einen solchen Versuch unternahm.

Durch seinen Tod im Jahr 220 hatte er nicht mehr die Zeit, eine Abhandlung über die Engellehre zu schreiben, was sein großer Wunsch gewesen war. Trotzdem kann man sich dank einiger Passagen aus einem seiner anderen Bücher — *Die Stromata* — eine ziemlich genaue Vorstellung von dem Werk machen, das er hatte verfas-

---

282 Die Wertschätzung, die der Kaiser dem Philosophen entgegenbrachte, hielt ihn aber nicht davon ab, Justin um das Jahr 165 hinrichten zu lassen, weil dieser Christ war...

283 Hl. Justin: *Apologie*

284 Da die ersten Christen nichts mit Götzen zu tun haben wollten, weigerten sie sich, an dem eher bürgerlichen als religiösen Kult teilzunehmen, der der Person des Kaisers und der *Dea Roma*, der Göttin Rom galt. Diese Weigerung, *Rom und Augustus* zu verehren, wurde für viele Christen zum Verhängnis; sie wurden als Atheisten oder als Ruchlose vor den Henker geführt.

285 Es überrascht nicht wenig, daß die dritte Person der Dreifaltigkeit hinter den himmlischen Heerscharen rangiert...

sen wollen. Clemens hat sich ganz offensichtlich der Apokryphen bedient, vor allem des Henochbuches, das zu seinen Lebzeiten noch als kanonisch angesehen wurde.[286] Diesem Buch entnimmt er seine Theologie von der Erschaffung der Engel und den Bericht über ihren Abfall: «Die Engel, die die Schönheit Gottes zugunsten einer vergänglichen Schönheit verschmähten, fielen vom Himmel auf die Erde herab.»

Clemens stellt sich gegen einige Häretiker und bekräftigt, daß die Natur der Engel bei ihrer Erschaffung gut war, und daß diese Natur geistig und unkörperlich ist. Schließlich stellt er die Hypothese von der himmlischen Hierarchie auf: «Meiner Meinung nach sind die Würdenträger, die wir in Form der Bischöfe, Priester, Diakone in der irdischen Kirche haben, Nachahmungen der Herrlichkeit der Engel.»

Das Nachdenken über die Engel macht mit Origenes (gestorben 254), der fast ein Zeitgenosse von Clemens war, beträchtliche Fortschritte.

Hinsichtlich der Engelverehrung hat Origenes die Dinge klar und deutlich auf den Punkt gebracht: «Es gibt nirgends ein Gebot, das uns verpflichtet, ihnen (den Engeln) einen Kult darzubringen, der Gott geschuldet ist.

Es ist nicht vernünftig, die Engel anzurufen: Wir sollen unsere Gebete durch unseren Retter, den Sohn Gottes, Gott allein darbieten, der für alles sorgt.

Wir sagen von diesen Engeln, daß sie selig sind; Gott hat ihnen (Aufgaben) anvertraut, die unserer Rasse nützlich sind, aber wir verweigern ihnen jene Verehrung, die nur Gott gebührt.»

Dies sind die Grundlagen, auf denen sich Origenes dann voll Leidenschaft mit der Welt der himmlischen Geister befaßt. Dabei wirft er mehr Probleme auf, als er lösen kann und manchmal wagt er pittoreske Äußerungen, die allerdings von der Kirche nicht bestätigt werden. So ist es beispielsweise auch mit der Frage nach dem subtilen Körper der Engel, diesem Körper aus Licht, von dem viele Theologen überzeugt sind, da sie Gott allein das Privileg vollkom-

286 In der äthiopischen Kirche gehört es noch immer zu den kanonischen Büchern.

mener Geistigkeit zuerkennen wollen. Noch gewagter ist eine Vorstellung des Origenes, nach der die Engel nicht unveränderlich in der Gnade stehen. Nach dieser Theorie ist es ihnen in jedem Moment möglich, zu sündigen und zu fallen. Nachdem Origenes die Existenz des Schutzengels bekräftigt hat, widerlegt er die — ungerechtfertigt erscheinende — Vorstellung, nach der den Schutzengeln der Sünder, die ohne Reue starben und verdammt wurden, die visio beatifica vorenthalten wird, um sie dafür zu bestrafen, daß sie ihre Sendung schlecht erfüllt haben...

Die abtrünnigen Engel, die Origenes nicht weniger interessieren, führen ihn ebenfalls zu abwegigen Positionen.

Eine glücklichere Hand hat er, als er ganz in der Linie der jüdischen Engellehre bekräftigt, daß die menschliche Seele das Schlachtfeld eines unerbittlichen Kampfes zwischen dem Engel und dem Teufel ist, und als er die Vorstellung von den Engeln der Völker entwickelt, die übrigens von den Dämonen der Völker flankiert werden. Zu dieser Vorstellung gehören auch jene Engel, die darauf achten, daß die ganze Schöpfung einen wohlgeordneten Ablauf hat. Schließlich bekräftigt Origenes auch den Glauben an ihre Rolle als Psychagogen.

Alle diese Theorien wurden in einem Klima der Krise ausgearbeitet; es war die Zeit als die christlichen Gemeinschaften in der ständigen Bedrohung durch Verfolgungen lebten. Der Kirche des beginnenden 4. Jahrhunderts ist es unmöglich, die verschiedenen Sichtweisen miteinander zu konfrontieren und sie zu diskutieren; sie ist noch weit davon entfernt, ihre Lehre hinsichtlich der Engel festgelegt zu haben. Eine Vorkehrung war aber um so dringender als sich vor allem in Kleinasien eine sogenannte christo-angelogische Häresie entwickelte, die in den nachfolgenden Jahrhunderten oftmals und unter verschiedenen Aspekten wiederaufgenommen wurde. Diese Christus-Engellehre — eine gnostische Abwandlung — leugnet sowohl die Gottheit Christi als auch seine Menschwerdung, um aus ihm einen Engel zu machen: den «obersten Engel». Diese Auffassung war auch den Ebionitern, einer anderen Sekte, teuer. Arius, nach dessen Überzeugung Jesus nur ein besserer Mensch als andere war, fügte den ebenfalls falschen Theorien des Priesters Baucalis von

Alexandrien seine mehr oder weniger tollkühnen Vorstellungen hinzu, die den christlichen Glauben unterminierten. Es war eine paradoxe Situation in diesen Jahren, in denen die Kirche durch die Bekehrung von Kaiser Konstantin von der Furcht vor einer Verfolgung befreit war...

Um diesen Problem Abhilfe zu schaffen, wurde im Jahr 325 das Konzil von Nizäa einberufen. Ziel dieser ersten ökumenischen Versammlung war es, den Glauben zu erhellen, indem ein für alle rechtgläubigen christlichen Gemeinschaften gemeinsames Credo aufgestellt wurde. Die Versammlung fand in der Nähe der Stadt Byzanz statt, die gute Aussicht hatte, Rom als Hauptstadt des Reiches abzulösen.

Das große Verdienst dieses Konzils war es, Christus klar und unmißverständlich als wahren Gott und wahren Menschen zu bekennen. Zugleich werden alle häretischen Abirrungen von der Christus-Engellehre bis hin zum Arianismus[287] verurteilt. Ebenfalls in Nizäa stellen die Konzilsväter das Dogma über den Glauben an die Welt der Geistwesen auf, indem sie Gott als den Schöpfer der sichtbaren und der unsichtbaren Welt bekennen.

Im 4. Jahrhundert beschäftigt man sich weiter mit der Welt der Engel, die seit Nizäa ein offizieller Glaubensgegenstand geworden ist. Die ganze theologische Schule der Kappadozier bekräftigt durch ihre berühmtesten Vertreter Basilius von Cäsarea (330-379), Gregor von Nazianz (330-390), Gregor von Nyssa (335-394) sowohl die spirituelle und intellektuelle Natur der Engel als auch die Überzeugung, daß sie bereits vor der Erschaffung der Welt erschaffen wurden. Diese Frage hatte Origenes geplagt, aber die Schule der Kappadozier verneint seine Theorie vom subtilen Körper der Engel sowie deren Möglichkeit, Sünden zu begehen.[288]

Im Jahr 380 fügen die Apostolischen Konstitutionen zur Liste der sieben im Neuen Testament genannten Engelchöre noch die zwei

287 Wenn das Konzil von Nizäa auch das Verdienst hat, die unerschütterliche Position der Kirche klar dargelegt zu haben, so konnte es doch die arianischen Triumphe im 5. und 6. Jahrhundert nicht verhindern; hinsichtlich der Christus-Engellehre mußte man auf das Jahr 451 und das Konzil von Chalcedon warten, bis daß das Dogma von der Menschwerdung diese Häresie ausmerzte.

288 «Feuer ohne Materie und ohne Körper.» Die Engel sind sündenlos.

höherstehenden Chöre der Cherubim und der Seraphim, die im Alten Testament präsent sind, hinzu.

Diese offizielle, in strengen Grenzen gehaltene Verehrung, resultiert noch immer aus der Sorge, häretische Abirrungen zu vermeiden. Aber die ersten kirchlichen Mahnungen genügten nicht, um die Ordnung wiederherzustellen. Die strengen Verurteilungen auf dem Konzil von Laodizea im Jahr 363 zeigen, daß den Anweisungen der Kirche nicht gehorcht worden war. Kanon 35 dieses Konzils enthält folgenden Erlaß:

«Es ist nicht geziemend, daß sich die Christen von der Kirche Gottes lösen und den Engeln außerhalb der Kirche und in Privatversammlungen einen Kult darbringen. Diese Praktik wird untersagt. Wer dabei angetroffen wird, im Geheimen diesen Götzendienst auszuüben, der sei anathem, weil er unseren Herrn Jesus Christus, den Sohn Gottes, verläßt und sich an Götzen richtet.»

Eigentlich zeigt das Konzil damit das Risiko der Hexerei und der Zuflucht zu den Dämonen auf.

Weitere Verbote haben in derselben Sorge ihren Ursprung: im Jahr 492 verurteilt das erste Konzil von Rom den Brauch, unter Bildern von Engeln Inschriften anzubringen, die Phantasienamen tragen und nicht in der Bibel stehen.[289]

745 verurteilt das zweite Laterankonzil den Priester Aldebert, der ein Gebet zu den Engeln Uriel, Raguel, Michael, Adimis, Tubuas, Sabaoth, Simihel verfaßt hat. «Mit Ausnahme von Michael bezeichnen sämtliche, in diesem Gebet angeführten Engelnamen Dämonen, die der Angeklagte um Hilfe und Schutz gebeten hat.»

Wie aber hatte sich die Theologie in dieser langen Periode entwikkelt?

Von entscheidender Bedeutung waren die Werke des hl. Augustinus und des hl. Gregor d. Gr., aber auch und vor allem ein Werk des Pseudo-Dionysius gewesen: *Die himmlische Hierarchie.*

In seinem Buch *Der Gottesstaat* hat der Bischof von Hippo den Begriff der sogenannten «Erkenntnis im Morgenlicht» und der «Erkenntnis im Abendlicht» geprägt. Als Grund für den Abfall der

---

289 *Phylacteria omnia quae non angelorum, ut illi configunt, sed daemonum magis nominibus conscripta sunt.*

Engel hatte er die Hypothese vom Geheimnis der Menschwerdung aufgestellt; er schrieb, daß die treugebliebenen Geister für immer im Guten gefestigt sind. Aus demselben Buch stammt die Glaubensüberzeugung, nach der die Gerechten den Platz der rebellischen Engel im himmlischen Jerusalem einnehmen werden.

Die Bedeutung, die das Werk des Pseudo-Dionysius besaß, wurde bereits dargelegt. In ihm hat die neuplatonische Philosophie Eingang in die christliche Engellehre gefunden. Dies wird von Gregor d.Gr. bestätigt und gebilligt, wobei er seine sichere Überzeugung auf die Auslegung des Gleichnisses von der verlorenen Drachme gründet.[290]

Nach und nach nimmt die Kirche die Verehrung der Engel in die Hand; sie merzt gefährliche Abirrungen aus und kann nun Praktiken zulassen, die sie ursprünglich abgelehnt hatte. Zu Beginn des Mittelalters war jene frühe Zeit längst vergessen, in der ein hl. Augustinus geraten hatte, die einfachen Gemüter nicht zu beunruhigen, indem man Kirchen unter die Anrufung von Engeln oder Märtyrer stellte.

Karl der Große weihte sein Reich dem hl. Michael; eine Geste, die er von Konstantin, der einst schon die Stadt Rom unter den Schutz des Erzengels gestellt hatte, übernahm. Dadurch kam es zu einer verstärkten Engelverehrung im Abendland, das damit einer schon bestehenden älteren Bewegung im Orient folgte. Während das zweite Konzil von Nizäa die Darstellung von Engeln in Menschengestalt erlaubt — diese Sitte hatte sich inzwischen eingebürgert — empfahl und ermutigte das Provinzkonzil von Aachen im Jahr 789 die Christen, sich an die heiligen Engel zu wenden.

Um ehrlich zu sein: Die Christenheit hatte schon früher begonnen, die himmlischen Geister zu verehren.

Schon sehr früh wurden die Kirchen Syriens und Pisidiens den Engeln geweiht. Unter der Herrschaft Theodosius'[291] war zu Beginn

290 Lk 15,8. Für den hl. Gregor entsprechen die neun, in der Geldbörse verbliebenen Drachmen, den neun Engelchören des Dionysius.

291 Theodosius herrschte von 378 bis 395 und befahl allen Bürgern des Reiches die Bekehrung zum Christentum, um ein Wiederaufleben heidnischer Verfolgungen wie es sie unter der Herrschaft Julians des Apostaten, einem Neffen Konstantins, zwischen 361 und 363 gegeben hatte, zu verhindern. Er war auch der erste christliche Monarch, der die Vorrangstellung des Religiösen vor dem Politischen anerkannte, indem er vor dem hl. Ambrosius öffentlich für seine Sünden Abbitte leistete.

des 4. Jahrhunderts mindestens eine Kirche in Umbrien, ein ehemaliger römischer Tempel, der nun christianisiert worden war, dem Gott der Engel, der Propheten und der Apostel geweiht worden. Kurze Zeit nach seiner Bekehrung hatte Konstantin in der Nähe von Byzanz ein erstes großes Engelheiligtum gegründet, eine Kirche, die Michaelion genannt wurde.

Schließlich verbreitete sich im Abendland sehr schnell der Brauch, Kirchtürme oder Kirchenportale unter den Schutz der drei großen Erzengel zu stellen.[292] So waren sie die Wächter des Hauses Gottes; eine notwendige Schutzwand zwischen der Welt und der Gottheit.

In der Engellehre hatte die lateinische Kirche ihre größten Theologen jedoch zwischen dem 11. und dem 13. Jahrhundert.

Eingeleitet wurde diese Bewegung durch die Schriften des hl. Anselm von Canterbury und dann durch das *Elucidarium* des Honorius Augustodunensis (1080-1153), in dem vier, stark neuplatonisch gefärbte Kapitel die christliche Engellehre[293] zusammenfassen. Ihren Zenit erreicht sie mit dem hl. Bernhard von Clairvaux und dann mit dem hl. Bonaventura und dem hl. Thomas von Aquin.

Bernhard ist der große Vorkämpfer der Schutzengelverehrung, mit der er die katholische Welt vertraut macht, indem er sie aufruft, unter dem Blick der seligen Geister zu leben. Durch die unzähligen Gründungen der Zisterzienserklöster verbreitet sich dieser Gedanke in ganz Europa. Bernhard faßt seine Lehre in einem schönen Spruch zusammen, den er häufig vor seinen Mönchen sagte: «Tut niemals etwas vor den Engeln, was ihr vor Bernhard nicht tun würdet!»

Während der Abt von Clairvaux in *De consideratione* und in seinen Predigten seine Engellehre entwickelt, erklärt er bescheiden: «Ich kenne sehr wohl ihre Namen, aber das ist vielleicht auch das einzige, was ich von ihnen weiß!»[294]

Bernhard weiß jedoch weit mehr als seine Demut ihn eingestehen läßt. Er verfaßt eine zusammenhängende Engellehre.

---

292 Es war ein richtiger Bestseller des 6. Jahrhunderts und inspirierte die Mystikerin Herrad von Landsberg und vor allem die hl. Hildegard von Bingen.

293 Manchmal hatten manche Gebäude vier Türme, von den je einer nach dem hl. Michael, dem hl. Gabriel, dem hl. Raphael und dem hl. Uriel benannt wurden...

294 *Predigt zum Fest des hl. Martin.*

Nach ihm sind die Bewohner des himmlischen Jerusalems glorreich, selig, voneinander unterschieden und je nach ihrer Würde in verschiedene Ränge eingeteilt. Sie besitzen einen ätherischen, äußeren Einflüssen unzugänglichen, unsterblichen Leib. Ihre Heiligkeit ist makellos, ihre Milde unvergleichlich, ihre Keuschheit vollkommen, ihr Friede umfassend. Sie dienen der Herrlichkeit und dem Lob Gottes. Sie sind Mittler zwischen Christus und den Seelen. Dabei stellen sich die Engel aber nicht zwischen Gott und Mensch, sondern zeigen Ihn dem Menschen durch «gnadenhafte Symbole».

Im 13. Jahrhundert gelangten der Franziskaner Bonaventura und der Dominikaner Thomas von Aquin im Licht der in arabischen Bibliotheken wiederentdeckten aristotelischen Philosophie zur Wissensfülle über himmlische Geister. Bonaventura erhielt den Beinamen «doctor seraphicus» und Thomas von Aquin wurde «doctor angelicus» genannt. Hinsichtlich der Engellehre bleibt die *Summa theologica* des hl. Thomas von Aquin ein Monument und unbedingte Referenz; sie stellt eine umfassende und gut begründete Sichtweise der ganzen Erkenntnis der Kirche und der griechischen Philosophie dar.

Dieser Zenit kündet den Niedergang an. Im 14. Jahrhundert wird eine neue Vorstellung von Philosophie entdeckt, in der die Engel bereits nicht mehr ihren Platz haben. Die von hoher intellektueller Spekulation getragene Engellehre wird zu einem einfachen Mittel, um die Gläubigen inmitten der grausamen Prüfungen jener Zeit zu beruhigen. Die Laien suchen unter dem Einfluß der Zisterzienser und später unter dem Einfluß Gersons immer mehr Zuflucht bei den Schutzengeln. Manchmal spielte hier auch der Aberglaube mit, wodurch das Mißtrauen der Reformatoren gerechtfertigt wurde, an deren Spitze Calvin und Luther standen, die sich beide jeglicher Form von Engelverehrung widersetzten.

Darauf reagierte die Gegenreformation und zunächst einige Jesuiten. Die *Exerzitien* des hl. Ignatius von Loyola, in denen der Gründer der Gesellschaft Jesu das Thema der beiden Banner und das wesentliche Thema von der Unterscheidung der Geister entwickelt, sowie die weit verbreitete Abhandlung des Francisco Suarez (1548-1614), *De Angelis*, verhelfen den Engeln zu einer neuen Popularität, die von der Gründung der Schutzengel-Bruderschaft übernommen wird.

Der hl. Franz von Sales lehrt dasselbe. In seiner *Introduction à la vie dévote* rät der Bischof von Annecy Philotea, der diese Abhandlung gewidmet ist: «Werden Sie mit den Engeln sehr vertraut; halten Sie sich oft vor Augen, wie sie unsichtbar in Ihrem Leben anwesend sind; vor allem aber lieben und verehren Sie den Engel der Diözese, zu der Sie gehören und die Engel der Menschen mit denen Sie zusammenleben, besonders aber Ihren eigenen Engel. Rufen Sie sie oft an, machen Sie es sich zur Gewohnheit, sie zu preisen und nutzen Sie deren Hilfe und Beistand in allen Ihren Angelegenheiten, seien diese zeitlicher oder spiritueller Art, damit die Engel bei Ihren Intentionen mitwirken.»

Das philosophische 18. Jahrhundert löscht diese Flamme, die so glutvoll für die Engelverehrung brannte, aus. Es überließ sie den einfachen Menschen und bestimmten frommen Milieus, die allzu oft lächerlich wirkten und deren Zahl beträchtlich abnahm. Es ist recht bezeichnend, daß in dieser Zeit die einzige Bemerkung der Kirche über Engel aus dem Jahr 1726 stammt und während des Konzils von Fermo ausgesprochen wurde. Dort wurde die laszive und zu fleischliche Schönheit der Engeldarstellungen auf religiösen Werken beklagt...

Dieses Erkalten war ein schlechtes Vorzeichen.

Das 18. Jahrhundert und noch mehr das von scientistischen Vorurteilen gepeinigte 19. Jahrhundert stellte die Religion auf das Niveau kindischen Aberglaubens und leugnete zugleich sowohl die Existenz der guten und bösen Geister als auch mystische Phänomene. Gegen diese Haltung kämpfte die Kirche unablässig an und rief dabei, ob gelegen oder ungelegen, die Realität des Teufels und der Engel in Erinnerung.

Die Texte eines einfachen Regionalkonzils, wie es beispielsweise 1853 in Reims stattfand, illustrieren diese Auseinandersetzung deutlich: «In Anbetracht der Erschütterung und der Disposition des menschlichen Lebens ist die Rolle und der Einfluß der guten wie der bösen Engel sehr bedeutend; wer dies außer acht läßt, ist ganz gewiß nicht fähig, die Geschichte und das Leben der einzelnen Menschen und der Völker zu verstehen und darzulegen.»

Es ging hier offensichtlich darum, die ganze Weltgeschichte und das Schicksal der einzelnen Menschen wieder in eine eschatologische Perspektive, die von der damaligen Epoche abgelehnt wurde, einzuordnen. Vielleicht waren die Schriftsteller und Poeten hellsichtiger als die Wissenschaftler und Historiker und spürten, daß die Verneinung, die die unsichtbare Welt durch die sichtbare erfuhr, eine Auswirkung des furchtbaren Kampfes zwischen gut und böse war. Die Zeit der Romantik und das Ende des 19. Jahrhunderts ist in der Literatur von einer intensiven Beschäftigung mit dem Thema des Diabolischen geprägt. Schon bald scheint die schreckliche Realität des 20. Jahrhunderts einem von rasendem Haß beseelten Meister des geheimen Wirkens zu gehorchen. Gegen diesen entfesselten Haß verstärkte die Kirche ihre Warnungen und schlug Mittel zur Abhilfe vor.

Während des I. Vatikanischen Konzils im Jahr 1870 hat Pius IX. die Existenz der Engel und Dämonen feierlich bekräftigt: «Gott schuf... zu Beginn der Zeit aus Nichts in gleicher Weise beide Ordnungen der Schöpfung, die geistige und die körperliche, d.h. die Engelwelt und die irdische Welt, und dann die Menschenwelt.»

1887 führte Leo XIII., der die französischen Katholiken mit der Republik aussöhnte und die berühmten Sozialenzykliken schrieb, den Brauch ein, am Ende jeder Messe ein Gebet zum hl. Erzengel Michael zu sprechen, in dem seine Hilfe gegen die abgefallenen Engel erfleht wurde.[295] Dieser Papst, der nicht als ein reaktionärer Pontifex galt, erkannte in den Krisen, von denen die Welt erschüttert wurde, die Hand Luzifers. Leo XIII. empfahl ebenfalls die Exorzismusgebete.

Pius XI. forderte bei vielen Gelegenheiten dazu auf, den Beistand der Engel, von dem er sagte, daß er wirksam sei, zu erflehen.[296] Er scheute sich nicht, sie ganz familiär «meine Kampfhelfer» zu nennen.

---

295 Dieses Gebet wurde vom II. Vatikanischen Konzil gestrichen.

296 So kann man u.a. in seiner Ansprache an die Pfadfinder vom 10. Juni 1923 und in seiner Ansprache an katholische Kinder vom 2. September 1934 lesen: «Wir haben uns immer auf wunderbare Weise von unserem Schutzengel unterstützt gefühlt. Sehr oft spüren Wir, daß er da ist und daß er bereit ist, zu helfen.»

Bischof Angelo Roncalli, der spätere Papst Johannes XXIII., erinnerte sich an eine Empfehlung Pius XI., die dieser ihm gegeben hatte, als er zu seiner ersten Sendung als Apostolischer Nuntius aufbrach. Er sagte, Pius XI. habe ihm «ein sehr schönes Geheimnis anvertraut»: «Wenn es vorkommt, daß Wir mit einer Person sprechen müssen, die Unseren Argumenten kaum zugänglich ist, und der gegenüber Unsere Sprache einen um so überzeugenderen Klang haben muß, suchen Wir Unsere Zuflucht bei Unserem Schutzengel. Wir empfehlen ihm die Angelegenheit. Wir bitten ihn, bei dem Schutzengel der Person, mit der Wir die Begegnung haben werden, zu intervenieren. Ist es dann zu einer Absprache zwischen den beiden Engeln gekommen, wird das Gespräch viel leichter.»[297]

Pius XII. richtete sich ebenfalls gegen die modernistischen Haltungen und erinnerte 1950 in seiner Enzyklika *Humani generis* wieder einmal an den personalen Charakter der Engelwesen. Er verurteilte die modische These, nach der diese Geister nur Symbole für unsere Triebe, unsere Ängste und Befürchtungen seien... Die Engel haben einen so personalen Charakter, daß er am 3. Oktober 1958, einen Tag nach dem Schutzengelfest, einer Gruppe amerikanischer Pilger sagte: «Man muß eine gewisse Vertrautheit mit den Engeln unterhalten; ihre beständige Fürsorge beschäftigt sich mit Ihrem Heil und mit Ihrer Heiligung. So Gott will, werden Sie eine Ewigkeit der Freude mit den Engeln verbringen: üben Sie sich schon jetzt darin ein, sie kennenzulernen.»

Johannes XXIII. sieht seinerseits in den Engeln die «guten Ratgeber». Er scheut sich nicht, während der großen sommerlichen Reisezeit, in der es zu vielen Unfällen auf den Straßen kommt, die Autofahrer aufzufordern, den Schutz der Engel zu erbitten.[298]

Das II. Vatikanische Konzil, dessen Einberufung Johannes XXIII. für eine, durch einen Engel gewirkte Inspiration hielt, legt den Akzent auf einen anderen, mißverstandenen, ja sogar etwas beunruhigenden Aspekt der Rolle der Engel: Die Aufgabe, die sie bei der Parusie haben werden, wenn der Menschensohn in seiner Herrlich-

297 Dies erzählte Johannes XXIII. in seiner Ansprache vom 9. September 1962 in der römischen Basilika Santa Maria degli Angeli.

298 Johannes XXIII., Ansprache vom 9. August 1961.

keit und umgeben von seinem himmlischen Hofstaat wiederkommen wird, um die Lebenden und Toten zu richten.

Seit diesem letzten Konzil haben die Päpste die herausragende Rolle, die die Engel in der Heilsgeschichte einnehmen, immer wieder betont und es beklagt, daß sich die heutige Gesellschaft dessen nicht mehr bewußt ist.

Paul VI. schrieb in *Lumen Gentium*: «Daß aber die Apostel und Märtyrer Christi mit ihrem Blut das höchste Zeugnis des Glaubens und der Liebe gaben, hat die Kirche immer geglaubt; sie hat sie zugleich mit der seligen Jungfrau Maria und den heiligen Engeln mit besonderer Andacht verehrt...»

In seinem *Credo des Gottesvolkes* wiederholt er dies; dabei definiert er den Ausdruck aus dem Credo von Nizäa «unsichtbare Welt» so, daß sie «die reinen Geister, die man Engel nennt» bezeichnet. Er betont, daß deren Existenz ein Glaubensdogma ist.

Aber alle diese Mahnungen, die das römische Lehramt seit 150 Jahren ausgesprochen hat, führten in der Kirche nicht zu dem erwünschten Echo, was Johannes Paul I. aufseufzen ließ: «Die Engel sind die großen verkannten Wesen unserer Zeit...», sagte er, als er noch Kardinal Albino Luciani war.

Ja gewiß, sie sind die großen verkannten Wesen, deren Abwesenheit auf vielen Gläubigen lastet. Während viele Priester aus Furcht, für Einfaltspinsel gehalten zu werden, in ihren Unterweisungen überhaupt nicht mehr von diesen großen Gestalten reden, bringen Sekten und religiöse Strömungen, die mehr oder weniger das Erbe gnostischer Häresien übernommen haben, die Welt der Engel wieder ein. Ein Journalist, Autor einer Untersuchung über die Engel[299], bemerkte mit einer Mischung aus Belustigung und Überraschung, daß in religiösen Buchhandlungen kaum etwas über Engellehre zu finden sei, während sich in esoterischen Spezialbuchhandlungen die Regale davon nur so biegen...

Abgesehen davon, daß der Klerus seine Herde durch dieses Verhalten einigen durchaus realen Gefahren aussetzt, enthält er ihr — und auch sich selber — alte, echte Reichtümer vor. Die Engelvereh-

299 Pierre Jovanovic, *Enquête sur l'existence des anges gardiens.*

rung ist nämlich oft von einer unvergleichlichen Schönheit, sei es nun in der traditionellen Liturgie, wie sie von der Antike bis zu uns überliefert wurde, sei es an Festen, die zu Ehren der Engel eingeführt wurden.

Die Vorstellung, daß die menschliche Liturgie synchron zur himmlischen Liturgie vollzogen wird, gab es schon lange vor Beginn der christlichen Epoche, denn schon die Essener von Qumran lehrten dies.[300] Die Kirche ging noch weiter, denn sie sagte, daß die Engel bei dem Opfer Christi auf dem Kalvarienberg, das sie durch den Dienst ihrer Priester vergegenwärtigt, anwesend seien. Es handelt sich hier um eine zweifache Präsenz: Einerseits um die Schutzengel der anwesenden Personen sowie um die Schutzengel der Kirchen, und andererseits um eine königliche Eskorte, die Christus begleitet, wenn er im Augenblick der Konsekration auf den Altar herabsteigt.

Diesen Glauben hatte bereits Origenes verkündet. Zugleich machte er die Engel zu diskreten Aufsehern, die sich um ein gutes Verhalten des Klerus und der Gläubigen kümmern sollten.

«Wenn das, was wir sagen, mit den Gedanken und der Absicht der Heiligen Schrift übereinstimmt, so freuen sich die Engel mit uns und beten auch mit uns. Und weil die Engel in der Kirche anwesend sind, ist es den dort betenden Frauen vorgeschrieben, sich ihretwegen das Haupt zu verhüllen.»

Der hl. Johannes Chrysostomus geht über diese Anwesenheit der Mächte noch hinaus, um die feierliche Erhabenheit der Messe stärker zu betonen:

«Bedenke, neben wem du stehst und mit wem du Gott anrufst: mit den Kerubim. Stelle dir vor, in welche Chöre du eintreten wirst. Niemand möge sich diesen heiligen und mystischen Hymnen nachlässig zugesellen. Niemand soll irdischen Gedanken nachhängen (*sursum corda!*), sondern jeder soll — von allen irdischen Dingen losgelöst, sich ganz und gar in den Himmel versetzen, so als stehe er

---

300 Auch das Christentum lehrt dies. In seiner *Predigt zum Fest Epiphanie* schreibt Gregor von Nazianz: «Verherrliche Gott mit den Hirten, feiere ihn mit den Engeln, bilde gemeinsam mit den Erzengeln einen einzigen Chor. Dieses Fest soll ein gemeinsames Fest für die himmlischen und die irdischen Mächte sein. Denn ich bin überzeugt, daß sich jene (die himmlischen Mächte) heute mit uns freuen und mit uns das Fest feiern.»

neben dem Thron der Herrlichkeit und als würde er mit den Seraphim fliegen — den heiligen Hymnus des Gottes der Herrlichkeit und der Majestät singen.»[301]

Man kann sogar sagen: «Wenn der Priester (die Messe) feiert, verehrt er Gott, erfreut er die Engel, erbaut er die Kirche.»[302]

Diese Anwesenheit der Engel wird von der Liturgie während der ganzen Eucharistiefeier und im Verlauf des ganzen Jahres betont.

In dem traditionellen, vorkonziliaren Ritus ging der sonntäglichen Messe — besonders in Frankreich — die Aspersion voran, die eine Reinigung der Kirche und der Mitfeiernden ist. Der Zelebrant besprengt dabei den Altar, die Priester und die anwesenden Gläubigen mit Weihwasser, während dazu die Antiphon *Asperge me, Domine*[303] gesungen wird. Aus derselben Sorge um Reinigung ging auch die daran anschließende Oration hervor: *Exaudi nos, Domine, sancte Pater, omnipotens aeterne Deus: et mittere digneris sanctum Angelum tuum de caelis, qui custodiat, foveat, protegat, visitet, atque defendat omnes habitantes in hoc habitaculo.*[304]

Ähnliches gilt für das Segnen des Weihrauchs während feierlicher Messen: «Der Herr möge diesen Weihrauch auf die Fürbitte des seligen Erzengels Michael, der zur Rechten des Altares der Wohlgerüche steht, und auf die Fürbitte aller Erwählten segnen und ihn als einen angenehmen Wohlgeruch aufnehmen.»

Im Rituale der Reinigung und des Exorzismus wird um die Hilfe des Fürsten der himmlischen Heerscharen gebetet, der Luzifer besiegt hat.

Wieder ist es Michael, der an dritter Stelle in der letzten Phase dieser Reinigungen angerufen wird: Beim Sprechen des Confiteor.

Dem Ersten unter den Seraphim wird ein herausragender Platz eingeräumt; er ist ein privilegierter Fürsprecher zugunsten der Sünder.

---

301 *Predigten*

302 *Nachfolge Christi*

303 In der Osterzeit wurde diese Antiphon durch eine andere ersetzt: *Vidi aquam*.

304 Erhöre uns, Herr, heiliger Vater, allmächtiger, ewiger Gott und sende uns vom Himmel deinen heiligen Engel, damit er über alle wache, die sich an diesem Ort befinden, damit er um sie sei und sie beschütze, damit er sie behüte und verteidige.»

Im weiteren Verlauf der Messe kommt das Gloria; es ist unmittelbar vom Gesang der Engel in der Geburtsnacht Christi inspiriert und vereinigt die sichtbare und die unsichtbare Welt durch das gemeinsame Loblied.

Dem Hochgebet geht die Präfation voraus, die im traditionellen Ritus entsprechend der Jahreszeit oder der Feste, die jeweils gefeiert wurden, verschieden war. Dieses lange Dankgebet unterstrich, unabhängig vom Tag, an dem es gebetet wurde, die Macht des Herrn und die Ehre, die ihm von allen kosmischen Kräften erwiesen wird.

Das Sanctus ist die Hymne der Herrlichkeit, die von den Menschen und den Engeln ohne Ende gesungen wird. Sie wurde im 4. Jahrhundert in die ostkirchliche Liturgie eingeführt und im 5. Jahrhundert von der römischen Liturgie übernommen. Sie ist nichts anderes als der Lobpreis der Cherubim vor dem Throne Gottes, so daß in der byzantinischen Kirche das *Trishagion* oft die kerubinische Hymne oder *Cherubikon* genannt wird.[305]

Nach der Konsekration und der Erhebung der verwandelten Gaben erbittet der Zelebrant abermals den Dienst der Engel. Mit den Worten, die der hl. Gregor im 6. Jahrhundert einführte, bittet er: *Supplice te rogamus, omnipotens Deus: jube haec perferri per manus sancti Angeli tui in sublime altare tuum, in conspectu divinae majestatis tuae.*[306] Es gibt kaum eine Gelegenheit, wo die Kirche es unterläßt, an den Beistand der Engel zu erinnern. Ob es sich dabei um marianische Antiphonen wie z.B. *Alma Redemptoris Mater* oder *Ave Regina caelorum* handelt, die von der Sendung sprechen, die Gabriel bei Maria erfüllte, oder die den marianischen Titel «Königin der Engel» erwähnen, ob es sich um den Hymnus aus dem Commune der Apostel handelt, wo von der Entrückung des hl. Petrus, von der Weihe neuer Kirchen berichtet wird und wo man singt: «Heilige Braut, die du Millionen Engel als Krone hast», ob es um Fronleich-

305 «Vor Ihm verhüllen die Chöre der Engel mit allen Mächten und Herrschaften, mit den vieläugigen Kerubim und den sechsflügeligen Seraphim das Gesicht und rufen die Hymne: Halleluja.»

306 «Wir bitten dich, allmächtiger Gott: Dein heiliger Engel trage diese Opfergabe auf deinen himmlischen Altar vor deine göttliche Herrlichkeit.»

namslieder geht wie z.B. im *Lauda Sion* oder im *Sacra Solemnis*, ob in dem *Victimae Paschalis* der Ostervesper, oder in dem wunderbaren *O Filii et Filiae*, in dem die Botschaft des Engels der Auferstehung verkündet wird — das liturgische Jahr ist eine beständige Dankbarkeit für die hilfreiche Anwesenheit der seligen Geister.

Aber der Beistand der Engel, diese «doppelte Kirche», wie Origenes sie nennt, beschränkt sich nicht auf die Messe. In der Sonntagskomplet verweist die Kirche nicht nur durch die Rezitation von Psalm 91[307] auf die Engel als Wächter und Beschützer, sondern auch durch ein sehr schönes Gebet: *Visita, quaesumus, Domine, habitationem istam, et omnes insidias inimici ab ea longe repelle: angeli tui sancti habitant in ea, qui nos in pace custodiant.*[308]

Die Kirche macht die Engel auch zu seligen Zeugen von Taufen, von Priester- und Bischofsweihen. Tertullian sagte, daß sie der christlichen Eheschließung assistieren: die Freude der Ehe, deren Gabe die Kirche bestätigt, wird durch den Segen besiegelt, die Engel verkünden sie und der Vater ratifiziert sie.»

Sogar das Bußsakrament wird durch die Wachsamkeit des Schutzengels erleichtert. Früher wurde er vor der Beichte angerufen, z.B. in einem Gebet dieser Art: «Mein guter Engel, treuer und eifriger Hüter meiner Seele; du warst Zeuge meiner Niederlagen, hilf mir, mich wieder zu erheben und bewirke, daß ich in diesem Sakrament die Gnade finde, nicht wieder zu fallen.»

Und schließlich ruft die Kirche die Engel auch an das Lager der Kranken und Sterbenden.[309]

Neben diesen großen liturgischen Texten, in denen die Engel hervorgehoben werden, wird ihre Stellung auf bescheidenere, aber berührende Weise in den Volksliedern verehrt. Manchmal werden sie der Muttergottes beigesellt wie z.B. in den ersten Strophen des sehr berühmten *Ave Maria von Lourdes*; vor allem sind sie die unent-

---

307 «Denn er befiehlt seinen Engeln, dich zu behüten auf all deinen Wegen. Sie tragen dich auf ihren Händen, damit dein Fuß nicht an einen Stein stößt.» Diesen Abschnitt benutzte Luzifer als guter Theologe, um Christus in Versuchung führen zu wollen.

308 Herr und Gott, kehre ein in dieses Haus und halte alle Nachstellungen des Feindes von ihm fern. Deine heiligen Engel mögen darin wohnen und uns im Frieden bewahren.»

309 Diese Aufgabe der Engel wird in dem Kapitel, das den Engel-Psychagogen gewidmet ist, noch eingehender untersucht.

behrlichen Sänger der Weihnachtsmelodien. Ob es sich nun um ein ausgearbeitetes Lied handelt wie das *Adeste fideles*, das in lateinischer Sprache zu Beginn des 17. Jahrhunderts komponiert wurde, oder um ein zeitgleich entstandenes Lied aus dem Languedoque *«Engel auf den Feldern»*, um das weniger berühmte *«Entre le bœuf et l'âne gris»*[310], oder um ein späteres Lied wie *«Trois Anges sont venus ce soir»* — in allen fliegen sie über dem Himmel von Bethlehem. Früher gab es keine einzige Kirche, in der vor der Krippe nicht ein rosagewandeter Engel mit großen, goldenen Flügeln hingebungsvoll kniete und unaufhörlich seinen blondgelockten Kopf bewegte, wenn Sie eine Münze in den Opferstock warfen, den er bewachte.

Im liturgischen Kalender der katholischen Kirche gibt es relativ wenige Eigenfeste von Engeln.

Das älteste dieser Eigenfeste ist das des hl. Michael, das am 29. September gefeiert wird. An jenem Tag wurde im 7. Jahrhundert eine römische Basilika geweiht, die unter den Schutz des Erzengels gestellt wurde. Diese Basilika ist verschwunden ohne Spuren zu hinterlassen. Ursprünglich hieß es das «Fest des hl. Michael und der heiligen Engel», denn indem die Kirche den Fürsten der himmlischen Heerscharen verehrte, war sie der Meinung, alle seine Heerscharen ebenfalls zu verehren. In der damaligen Zeit wurden noch zwei andere Hochfeste zu Ehren des hl. Michael gefeiert: Der 8. Mai als Jahrestag seiner Erscheinungen auf dem Monte Gargano, und in der Normandie der 16. Oktober als Jahrestag der Erscheinungen auf dem Berg Tombe.

Ebenfalls in dieser Zeit wurde das Fest des Erzengels Uriel gefeiert und zwar am 15. Juli; es ging im 9. Jahrhundert unter, als die kirchliche Obrigkeit diesen, in der Bibel nicht erwähnten Seraph aus dem offiziellen Kult verbannte.

Erst im 16. Jahrhundert wurden die Gestalten von Gabriel und Raphael in der abendländischen Christenheit populär, und die Kirche ordnete ihnen ein eigenes Fest zu. Das Fest des hl. Raphael wurde auf den 24. Oktober gelegt, das des hl. Gabriel hatte ein

310 *Zwischen Ochs und grauem Esel, / schlaf, schlaf, schlaf, kleiner Sohn, / fliegen tausend göttliche Engel, tausend Seraphim / rund um diesen hohen Ort der Liebe.*

bewegteres Los: Zunächst wurde es am 5. Dezember gefeiert, dann aber auf den 18. März verlegt, bevor es endgültig am 24. März, dem Vigiltag von Mariä Verkündigung, gefeiert wurde, was übrigens das geeignetste Datum ist.

Zu Beginn des 17. Jahrhunderts hatte Portugal von Sixtus Quintus die Erlaubnis erhalten, das Fest seines Schutzengels zu feiern. Obwohl diese Verehrung durch die französischen Theologen des Mittelalters — u.a. durch den hl. Bernhard und Gerson — vorangetrieben worden war, hatte sie ihre größte Ausbreitung in den hispanischen Ländern, unter deren Einfluß sie im 17. Jahrhundert wieder an Kraft gewann. Im Jahr 1608 weitete die Kirche das Fest der Schutzengel auf die ganze katholische Christenheit aus; sie stützte sich dabei auf den spanischen und portugiesischen Präzedenzfall, denn dort wurde dieses Fest schon seit 1518 begangen. Im Jahr 1670 wurde dieses Fest definitiv in den römischen Kalender aufgenommen und auf den 2. Oktober, den ersten liturgisch freien Tag nach dem Fest des hl. Michael gelegt.

Außerdem unterstützte die Kirche den Brauch, die Engel an jedem Montag[311] und während des Monats Oktober besonders zu verehren. Das ist im Vergleich zu den unzähligen Engelfesten der orthodoxen, ostkirchlichen, koptischen und äthiopischen[312] Kalendern recht wenig.

Diese unterschiedliche Praktik in den ostkirchlichen und den abendländischen Kirchen weist deutlich auf das offensichtliche Desinteresse für die Engellehre hin, das im ausgehenden Mittelalter im Abendland vorherrscht. Die katholische Kirche lehrt übrigens eine sehr paulinische, christozentrische Perspektive für die Art und Weise, wie diese Engelfeste begangen werden sollen:

«Um sie auf heiligmäßige Weise zu feiern, soll man Gott für die ihnen gewährte Gnade der Treue danken, während Luzifer und seine Anhänger sich gegen Ihn aufgelehnt haben. Man soll um die Gnade bitten, ihre Treue und ihren Eifer für die Herrlichkeit Gottes nachzuahmen; sie als Fürsten des himmlischen Hofstaates, als unsere

311 In Italien wird der Ostermontag *Giorno del Angelo* (Tag des Engels) genannt.
312 Die Äthiopier widmen außer den Feiern zu Ehren der drei großen Erzengel monatlich einen Festtag für jeden der neun Engelchöre.

Beschützer und Fürsprecher bei Gott verehren und sie bitten, unsere flehenden Gebete vor Gott zu bringen und uns Seinen göttlichen Beistand zu erwirken.»[313]

So weist die Kirche den Engeln unablässig die Rolle von diskreten Assistenten zu; jene Rolle, die sie am Ostermorgen erhalten haben.

313 Großer Katechismus von Pius X. (zitiert nach der französischen Ausgabe).

8. Der hl. Michael

«Ich werde sein wie Gott!» Diese unglaubliche Gotteslästerung des vor Hochmut, Zorn und Schmerz rasend gewordenen Luzifer erschallt über den Wolken. Eine furchterregende Stille hat sich des himmlischen Hofstaates bemächtigt. Selbst die rebellierenden Engel sind mit Bestürzung erfüllt; der unermeßliche Ehrgeiz ihres Anführers übersteigt sie. In den neun Engelchören zittern die Geister, die Gott treu geblieben sind; sie warten darauf, daß sich der Zorn des Schöpfers mit voller Wucht entlädt. Dieser göttliche Ingrimm muß in aller Gerechtigkeit den Seraph zermalmen, der trunken vor Haß, zum Angriff auf Gottes Thron gestürmt ist, dessen er sich jetzt bemächtigen will.

Aber Gott schweigt; das Wort, das alles erschaffen hat, bleibt still. Ermutigt durch diese unglaubliche Stille, glaubt Luzifer, daß sein Reich schon die Stelle des Reiches Gottes, des Allerhöchsten, eingenommen hat.

Der barmherzigste aller Engel, jener Engel, dem Gott die Sendung anvertraut hatte, Fürst des Friedens zu sein, der sanfte Michael, erträgt es nicht länger. Gewiß, keinen anderen Engel drängt es weniger zu Gewalt als ihn, aber wie könnte er die monströse Dreistigkeit Luzifers ertragen? Noch vor einem Augenblick — vor einer Ewigkeit — betrachtete er den Anführer der Seraphim als seinen geliebten Bruder; er gehorchte ihm in allem und empfing von ihm Weisheit und Wissen. Und jetzt ist Luzifer nurmehr diese tragische und tödliche Verrücktheit, für die Michael mit der ganzen Macht seines Mitleides unendliches Erbarmen empfinden würde, wenn diese Tollkühnheit nicht versucht hätte, sich Gottes zu bemächtigen. Die Empörung des Fürsten der Barmherzigkeit ist so groß, daß er sie nicht länger zurückhalten kann.

Empörung angesichts der bestürzenden Kühnheit des Rebellen; Empörung angesichts der furchtsamen Trägheit der anderen Engel, die sich für das Lager des Guten entschieden haben, aber nicht wissen, wie sie es verteidigen sollen. Es stimmt, sie haben keinen Anführer mehr, da dieser die Seite gewechselt hat und zum Feind par excellence geworden ist...

Nein, nichts in seinem Wesen drängt den sanften Michael zu heiliger Gewalt, es sei denn die Liebe.

Seitdem er sich vor dem menschgewordenen Wort und dessen Mutter verneigt hat, hat er die «Erkenntnis des Morgens» empfangen. Er schaut die unendliche Schönheit Gottes, er betrachtet Gottes Schätze. Wie ist es zu ertragen, daß sich Luzifer über diese Wunder, um die ihn sein rasender Hochmut gebracht hat, in blasphemischer Weise ausläßt? Um für die geschmähte Ehre seines Herrn Vergeltung zu üben, stellt sich Michael zwischen den Thron des Allerhöchsten und die revoltierenden Kohorten.

Allein. Prachtvoll. Rächend.

«Wer ist wie Gott?» Er erhebt die Fahne des Guten und der Wahrheit gegen die Fahne des Bösen und der Lüge und stößt Luzifer samt Anhang aus dem Himmel.

Das in der jüdisch-christlichen Tradition am meisten verbreitete Bild stellt Michael als Kriegsengel dar, der in gnadenlosem Kampf gegen die höllischen Mächte steht. Wenngleich diese militärische Rolle Michaels in der Tat etwas sehr Wesentliches ist, so erschöpft sie doch bei weitem nicht alle Aspekte seiner reichen Persönlichkeit.

Aber zunächst einmal: Wer ist Michael?

Ein byzantinischer Theologe sagte lakonisch: «Er ist der größte unter diesen Fürsten und der Befehlsführer der Armeen des Herrn.»

Wenn Michael von allen Engeln der höchste ist, kann er nur der erste Engel des ersten Chores sein; mit anderen Worten: er kann nur der Fürst der Seraphim sein, der schönste, der intelligenteste, der vollkommenste von ihnen. Dieser Platz kam ihm automatisch zu als der vorherige seraphische Fürst, der prächtige Luzifer, seine Natur pervertierte.[314] Da nämlich die Engel als vollkommene Wesen erschaffen wurden, können sie nicht vervollkommnet werden. Wenn Michael nun über Luzifer steht, der ursprünglich höher stand als

Michael, so deshalb, weil der Teufel das göttliche Werk in sich zerbrochen hat; deshalb wurde Michael nun auch jene visio beatifica und Erkenntnis zuteil, um die sich Luzifer gebracht hat.

Diese Konsequenz scheint sich der seraphischen Natur Michaels von selbst aufzudrängen. Dem ist aber nicht so.

In der Bibel und später in der Tradition zeigt Michael unablässig seine Anwesenheit durch die Fürsorge, mit der er Israel, und später die Kirche sowie die katholischen Königreiche, die ihn als ihren Schutzengel anrufen, umgibt. Aber die Engel des ersten Chores sind Geister, die sich niemals von Gott entfernen. Wie könnte sich da der höchste aller Engel so erniedrigen, daß er Missionen übernimmt, die kaum eines Engels aus dem dritten Chor würdig wären? Aus diesem Grund weisen Gregor d. Gr. und Thomas von Aquin, um nur diese beiden zu nennen, die Vorstellung, nach der Michael ein Seraph sein soll, kategorisch zurück... Nach ihnen ist er nur der erste der Fürstentümer.

Was soll man davon halten?

Wenn die Bibel von Gabriel und Raphael spricht, die sich selber als höhere, stets vor Gottes Antlitz lebende Geistwesen bezeichnen, wird im griechischen Text das Wort *angelos*, Engel, benutzt. Dies ist nach der scharfsichtigen Einteilung des hl. Augustinus keine Bezeichnung für ihre Natur, sondern für ihre Sendung. Wenn die Bibel von Michael spricht, verwendet sie das griechische Wort *archangelos*. Diese Bezeichnung Erzengel richtet sich an kein anderes Geistwesen, und der hl. Paulus verwendet sie so als ob dieser Titel niemand anderem als Michael zugeordnet werden könnte. Die Vorsilbe *arch* bezeichnet übrigens eine Vorrangstellung. In diesem Sinn verwendet sie auch der hl. Hieronymus wenn er vom «Erzengel Michael» spricht, worunter er versteht, daß Michael der Engelfürst ist — eine Überzeugung, die sowohl durch das Buch Daniel und das Buch der Offenbarung erhärtet wird.

314 Da die Liebe die essentielle Tugend der seraphischen Natur ist, und Luzifer aufgehört hat zu lieben, sagen manche Theologen sogar, daß er sich auf eine Ebene degradiert hat, die unterhalb des Chores der Kerubim steht — ein Titel, der ihm manchmal von der Bibel gegeben wird.

Was die Vorstellung anbetrifft, daß Michael eine zu mächtige Person sei, um sich so zu erniedrigen, daß er auf die Erde herabsteigt, ist zu sagen, daß es unvorstellbar ist, daß sich einer der treuen Engel, selbst wenn er ein Seraph ist, in diesem Bereich empfindlicher zeigen würde als das göttliche Wort, als die zweite Person der Gottheit; sie würde überdies einer Stelle des Hebräerbriefes widersprechen, wo Paulus hinsichtlich der Engel schreibt: «Sind sie nicht alle nur dienende Geister, ausgesandt, um denen zu helfen, die das Heil erben sollen?»

Die katholische Tradition begnügt sich klugerweise und unter Vermeidung theologischer Diskussionen[315] darauf, von Michael nur mit dem ambivalenten Begriff «Erzengel» zu sprechen, wobei sie ihm die Vorrechte und Qualitäten zuerkennt, die ihn unbestritten als Fürst der Seraphim auf die höchste Stufe der Engelhierarchie stellen. Diese herausragende Würde wird ausdrücklich durch die Stellung betont, die Michael im Confiteor oder in den Litaneien einnimmt, wo er als dritter, gleich nach der Dreifaltigkeit und der Jungfrau Maria genannt wird.[316] Die Engellehre verkündet diese Würde, die Michael sich durch seine Liebe, seine Treue und seinen Mut verdient hat.

Als Pseudo-Dionysius von Michael spricht, wird er geradezu lyrisch: «Er ist das Abbild Gottes, die Manifestation Seines verborgenen Lichtes. Er ist der Spiegel des Allerhöchsten, transparent, klar wie Kristall, ohne Entstellung und ohne Makel.»[317]

Ein anderer griechischer Theologe, der Diakon Pantaleon, beschrieb, was noch jenseits der Stellung Luzifers, die nun Michaels Stellung geworden war, der wahre Lohn war, den der Erzengel nach seinem Sieg empfing: «Während die anderen seligen Geister in Gegenwart der göttlichen Majestät von Erstarrung befallen sind, bleibt er ganz nah bei Gott — ohne Schrecken und Entsetzen.»

315 Manche Theologen haben das Problem noch verkompliziert, indem sie sich vorstellten, daß es zwei Engel namens Michael geben könnte, von denen der eine ein Seraph ist, der Luzifer besiegt hat, während der andere der Anführer der Fürstentümer und der Schutzengel Israels und der Kirche ist. Diese Hypothese wurde abgelehnt.

316 Einige frühe Texte der koptischen und äthiopischen Kirchen, die eine große Verehrung für die Engel hegen, nennen Michael sogar noch vor der Jungfrau Maria.

317 *Die himmlische Hierarchie*

Auch wenn Michael das besondere Privileg hat, den Allerhöchsten zu schauen, ohne vor heiligem Schrecken in Ohnmacht zu fallen, so ist er doch nicht fähig, die ganze Unermeßlichkeit zu erfassen: nur Gott allein kennt Gott vollendet. Und der Name, den wir dem Erzengel geben, bezeichnet dessen Grenzen.

«Wer ist wie Gott?» rief Michael, entrüstet über Luzifers Dreistigkeit. Und dieser Ruf läßt sich auf zweifache Weise verstehen. Sicher handelt es sich hier um einen «Kriegsschrei»: «Wer wagt es vorzugeben, er sei Gott gleich?» Aber diese Frage zeigt zunächst einmal das Überfließen der mystischen Seele, die von der göttlichen Größe ergriffen ist. Der hl. Gregor von Nyssa sagt, «es ist unmöglich, auf angemessene Weise darzulegen, wer Gott ist, der alles Verstehen übersteigt». Und das drückt der Name Michael, auf hebräisch *Mi-Ka-El,* «Wer ist wie Gott?» aus. Für die jüdische Theologie steht eine unaussprechliche Frage nämlich höher als allzu selbstverständliche Antworten. Was wir von Gott wissen ist weniger als das, was wir nicht von ihm wissen. Also ist es folgerichtig, daß eine Aussage weniger Gewicht hat als eine Frage ohne Antwort. Daher zeigt Michaels Name, diese mystische Frage, die über aller geschaffenen Intelligenz liegt, abermals, daß der Erzengel die anderen Geistwesen dominiert, denn deren Namen sind reduzierende und vereinfachende Deutungen der göttlichen Mysterien.[318]

Wenngleich Michael ein Engel des Kampfes und des Sieges ist und daher immer bei kriegerischen Triumphen zugegen ist, so ist er doch zuerst ein Engel der Mystik; ein Seraph, der ganz und gar von der Kontemplation Gottes verzehrt wird und trunken ist vor Liebe zu Ihm. Die schönsten Siege, die Michael zu erringen hilft, finden nicht notwendigerweise auf den irdischen Schlachtfeldern statt, sondern auf den verborgenen Schlachtfeldern der Seelen.

Viele andere Titel, die ihm verliehen wurden, heben diese beiden Ebenen hervor.

Das Buch Daniel nennt ihn den «Wachenden» und das jüdische Kadischgebet ruft ihn an als «Fürst der Barmherzigkeit», als bevorzugten Fürsprecher Israels vor Gott.

---

318 Gabriel bedeutet *Gott ist Stärke*, Raphael *Gott heilt*, Uriel *Gott ist Licht.*

In der katholischen Kirche wird er als Sprachrohr Christi, der das Kreuz, die «Standarte des Heils» am Tag des Gerichtes aufstellt, angesehen. Und wie um diese militärische Funktion und die beunruhigende Anspielung auf den Tag des Zorns abzumildern, «wird Michael in der Liturgie auch *Angelus pacis*, Engel des Friedens, genannt, der keinen Krieg will».[319]

Die Bibel sagt über den Erzengel nur wenige Dinge ausdrücklich. Der erste Text, der ihn nennt, steht im Buch Daniel.[320]

Gabriel erscheint dem Propheten und verkündet ihm, daß er gekommen ist, um ihm die Bedeutung seiner Visionen zu erklären, und um ihm zu enthüllen, was die Bestimmung des jüdischen Volkes sein wird, das noch unter der babylonischen Gefangenschaft stöhnt. Gabriel hatte aber größte Schwierigkeiten, diese Sendung zu erfüllen, denn der Engelfürst des Perserreiches möchte die Zeit der Gefangenschaft verlängern, damit seine Schützlinge durch den Kontakt zum auserwählten Volk selber besser werden. Die beiden Engel befinden sich in einem geistigen Kampf und jeder von ihnen möchte Gott von der Richtigkeit seiner Argumente überzeugen. Michael hat zugunsten von Gabriel eingegriffen; er hat es übernommen, den Engelfürst der Perser zu erleuchten. Diese Mission, Schutzengel Israels zu sein, führt Daniel noch ein zweites Mal an, als Michael von Gabriel «großer Engelfürst, der für die Söhne seines Volkes eintritt»[321] genannt wird.

Dann wird Michael erst wieder im Judasbrief namentlich genannt. Der Apostel Judas spielt auf eine alte jüdische Glaubensüberzeugung an, wonach sich Satan des Leichnams von Mose bemächtigen wollte, zweifelsohne in der Absicht, die Hebräer dazu zu bringen, ihn als Götzen zu verehren. Gott sandte jedoch Michael, der dem Teufel, diesem großen Betörer, die sterblichen Überreste des Mose entreißen sollte. Judas rühmt die Ausgeglichenheit des Erzengels:

«Als der Erzengel Michael mit dem Teufel rechtete und über den Leichnam des Mose stritt, wagte er nicht, den Teufel zu lästern und

319 Johannes XXIII., Ansprache vom 29. November 1960.
320 Dan 10,13-21
321 Dan 12,1

zu verurteilen, sondern sagte: Der Herr weise dich in die Schranken.»[322]

Im Buch der Offenbarung[323] wird von dem Kampf zwischen Michael und Luzifer berichtet, der außerhalb der Zeit, in der Ewigkeit, stattfindet; es ist der Kampf, der schon im Anbeginn war, als die rebellierenden Engel aus dem Himmel vertrieben wurden; aber es ist auch der Kampf der Kirche und die letzte Schlacht bei der Parusie, wenn der Teufel glaubt, den Sieg errungen zu haben und sich an Stelle Gottes anbeten lassen zu können, bevor er für immer zerschmettert wird.

Es wäre nicht erstaunlich, wenn der hl. Hieronymus und andere Exegeten in dem geheimnisvollen «Engel des Herrn»[324] Michael sehen würden.

Von da an ist er es, der Hagar und dem kleinen Ismael, die beide verlassen in der Wüste sitzen, beisteht; er ist es, der noch zögert, bevor er Sodom und Gomorrha straft, obwohl er Lot und seine Familie schon aus der Stadt herausgeführt hat; er ist es, der einem Kind eingibt, die verlogenen Anschuldigungen, die die beiden von Begierde entbrannten alten Männer gegen die schöne Susanna vorbrachten, anzuzeigen. Michael ist auch der weißgekleidete Reiter, der Josua erscheint und ihm mit seinen Ratschlägen[325] hilft; er ist es, der — zufolge Sacharja[326] — einem anderem Josua, einem Hohenpriester, beisteht, als Satan es wagt, sich vor Gott zu dessen Ankläger zu machen.

Im Neuen Testament kann man Michael an zwei Stellen in den Thessalonicherbriefen des hl. Paulus erkennen.

Michael ist die Macht, die eine Entfesselung der satanischen Kräfte bis zu dem, der Parusie unmittelbar vorangehenden Augenblick zurückhält; es ist der Augenblick, in dem sich der offensichtliche und strahlende Sieg, den die Hölle über Christus errungen zu

322 Judas 9
323 Offb 12,7
324 Wie vorher bereits gesagt wurde, kann dieser ambivalente Ausdruck ebenso ein himmlisches Geistwesen wie auch den Allerhöchsten bezeichnen und zwar mittels einer Umschreibung, durch die vermieden wird, den Namen Gottes auszusprechen.
325 Jos 5,14
326 Sach 1,7

haben glaubt, in eine unumkehrbare Niederlage des Bösen gewandelt hat.[327]

Oft wird er auch mit dem Engel gleichgesetzt, der dem hl. Johannes erschienen ist, um ihm das Buch der Offenbarung zu diktieren. Und die Liturgie täuscht sich nicht, wenn sie Michael in dem Engel erkennt, «der zur Rechten des Altars der Wohlgerüche» steht.

Der hl. Michael hält sich nicht für zu groß und erhaben, um zu dienen, mag es sich dabei um andere Engel oder um Menschen handeln, denen er dient. Und diese Haltung steht ganz und gar in Übereinstimmung mit der Lehre Jesu.

Michael wacht über die anderen Engelwesen, seine Brüder. Dies tut er seit jenem entscheidenden Augenblick, als Luzifer seine Stellung aufgab und das Heil aller Engel gefährlich auf dem Spiel stand. Indem Michael sie in das Lager des Guten zog, daß er trotz der teuflischen Ungewißheiten unerschrocken und beherzt gewählt hatte, hat er sie von der Versuchung und von sich selbst gerettet. Daher zögert der hl. Hieronymus nicht, ihm den Titel «Vater der Engel» zu geben, denn in dieser dramatischen Situation hatte sich niemand der Engel angenommen, noch auch etwas für ihre ewige Seligkeit getan. Michael klärte sie über die anstehende Entscheidung auf und enthüllte ihnen das Ausmaß der Lüge, die von dem aufbegehrenden Seraph verbreitet wurde. Damit erfüllte er aufs Genaueste die ihm eigene Sendung: die niederen Engelchöre zu erleuchten. Diese vollendete Pflichterfüllung brachte es mit sich, daß die niederen Geister ihm in allen Dingen mit Freude gehorchen. Sie fügen sich ohne den geringsten Widerwillen seinen Befehlen. Die Haltung Gabriels gegenüber Michael zeigt es: Gabriel scheut sich nicht zu sagen, daß er einer der sieben Geister sei, die vor dem Thron Gottes stehen; er gehört also zur obersten «Aristokratie» des Himmels.

«Gabriel, erkläre ihm die Vision!», ordnet im Buch Daniel eine männliche Stimme an, die traditionell dem Erzengel zugeordnet wird. Und der große Gabriel gehorcht.[328] Alle ahmen ihn nach. So ist man auch allgemein der Überzeugung, daß es Michael zukommt, vor der Geburt eines Kindes den Schutzengel auszuwählen, der die-

---

327 1 Thess 2,3-7 und 2 Thess 4,16
328 Dan 8,16

ses Kind während seines ganzen Lebens beschützen soll. Auf diese Weise wacht er persönlich über jede einzelne Seele, indem er ihr in jeder Lage durch die Vermittlung des Engels aus dem neunten Chor, den er jedem Menschen beigesellt hat, den notwendigen Beistand zukommen läßt.

Denn Michael, der kriegerische Erzengel, der Bezwinger Satans, der unbesiegbare Verteidiger der Rechte Gottes, bleibt inmitten dieses ganzen Ruhmes doch der Fürst der Barmherzigkeit und der Engel des Friedens mit einer unerschöpflichen Liebe.

Diese Liebe ist es auch, die ihn drängt, der sündigen Menschheit gemäß der göttlichen Pläne zu dienen, um sie diesem Luzifer, über den er im Himmel bereits triumphiert hat, zu entreißen. Und sie drängt ihn auch dazu, sich zum Beschützer und Wächter all derer zu machen, die nach seinem Beispiel gegen die Hölle kämpfen. Nachdem Michael der Titularengel Israels wurde, wurde er also auch der Engel der Kirche und dann auch der Engel der Verteidiger der Kirche: der Engel des römischen Reiches, nachdem dieses sich bekehrt hatte und der Engel Frankreichs. Michael ist ein Engel, der nicht zögert, in die irdische, menschliche Zeit einzudringen, um den Verlauf der Menschheitsgeschichte zu beeinflussen.

«Jedesmal wenn Gott wirken will, schickt er den hl. Michael, wie um uns zu belehren, daß durch seinen Namen und durch seine Macht diese Dinge geschehen, die kein anderer erwirken könnte. Die Völker, die ihn verehren, ziehen unzählige Wohltaten auf sich herab.»[329]

Im Anschluß an die Enthüllungen, die Gabriel dem Propheten zuteil werden ließ, bekräftigt das Buch Daniel: Michael ist der große Fürst der Söhne seines Volkes. Noch frühere Schriften der Bibel sprachen bereits von jenem weißen Reiter, der die ruchlosen Menschen, die den Tempel von Jerusalem entweihten, niederschmetterte. In diesen Schriften wurde dieser Gesandte Gottes, der Josua erschienen war, jedoch nicht mit Namen genannt. Apokryphe Schriften des Alten Testamentes führten an, daß Gott jede heidnische Nation Engeln anvertraute, während er sich selber die direkte Administra-

329 Hl. Gregor der Gr., *Dialoge*

tion Israels vorbehielt. Dieser Glaube stand nicht in Widerspruch mit Michaels Protektorat; als bevorzugter Assistent des Allerhöchsten konnte er beauftragt werden, Sein auserwähltes Volk zu beschützen und zu strafen.

Schließlich wäre es sogar möglich, die ganze Geschichte Israels als eine Geschichte der Wohltaten Michaels zu lesen, der an der Ankunft des Messias im Volkes wirkt. Die jüdische Liturgie hat nie aufgehört, davon zu sprechen und das große Gebet des Jom-Kippur endet auch heute noch wie folgt: «Michael, Fürst des Erbarmens, bitte für Israel, damit es im Himmel und im Licht, das vom Antlitz des auf dem Thron der Barmherzigkeit sitzenden Königs ausgeht, herrscht.»

Und trotzdem hat Michael, der große Mitleidende, der als erster das menschgewordene Wort anbetete, aufgehört, das Volk Israel zu beschützen. Er, der eifersüchtig über den Tempel wachte, hat es in dem Moment, wo Christus am Kreuz sein Leben aushauchte, in dem zweifachen Getöse des Unwetters und des Erdbebens verlassen.

Der Vorhang des Tempels sollte die sakrosankten Mysterien Jahwes vor dem Profanen verhüllen. Aber sterbend erfüllte Christus, was er der Samariterin verheißen hatte:

«Glaube mir, Frau, die Stunde kommt, zu der ihr weder auf diesem Berg noch in Jerusalem den Vater anbeten werdet. Ihr betet an, was ihr nicht kennt, wir beten an, was wir kennen; denn das Heil kommt von den Juden. Aber die Stunde kommt, und sie ist schon da, zu der die wahren Beter den Vater anbeten werden im Geist und in der Wahrheit; denn so will der Vater angebetet werden. Gott ist Geist, und alle, die ihn anbeten, müssen im Geist und in der Wahrheit anbeten.»[330]

Indem Michael, der Wächter des Tempels, den Vorhang brutal zerreißt, zeigt er ohne Umschweife, daß das Opfer des Alten Bundes keine Daseinsberechtigung mehr hat, da das vollkommene und ewige Opfer in der Opferung des Sohnes Gottes soeben dargebracht wurde. Michael zerreißt den Vorhang, weil Gott den Tempel verlassen hat. Von nun an dient der Engel dem Neuen Bund, dem neuen

---

330 Joh 4,21-24

Israel, das die Kirche ist; er dient dort, wo die wahren Anbeter sind, die im Geist und in der Wahrheit anbeten. Michael verurteilt Israel aber nicht; er zeigt ihm vielmehr den Weg der Bekehrung auf.

Die Kirche hat sofort geglaubt, daß Michael um 3 Uhr nachmittags an jenem Freitag, dem 7. April im Jahre 30, ihr wachsamer Beschützer geworden ist.

Der Hirte vom Hermas ist einer der ältesten und ehrwürdigsten Texte der christlichen Literatur, und selbst wenn heutzutage seine Lektüre etwas obskur erscheint, so wurde dieser Text in den ersten christlichen Jahrhunderten, die ihn noch besser verstanden, immer und immer wieder gelesen und seine Prophezeiungen wurden manchmal als kanonisch angesehen. Die Schrift wird einem griechischen Autor zugeordnet: Hermas, ein konvertierter Sklave, der in der Mitte des 2. Jahrhunderts lebte und vielleicht der Bruder von Papst Pius I.[331] war. Hermas bewegte sich in der Welt der Engel mit einer seltsamen, geradezu beunruhigenden Leichtigkeit. Man kann in seinen Schriften nicht unterscheiden, was literarische Kunst ist und was die Frucht seiner mystischen Offenbarungen ist.[332] Hermas sagt, er spreche unter Einfluß des Engels der Buße und unter Einfluß Michaels, der ihm bereits sehr vertraut ist. In einer — realen oder einfach symbolischen — Vision spricht Hermas von einem außergewöhnlich schönen Engel, der in einem wundervollen Garten damit beschäftigt ist, die Bäume zurückzuschneiden:

«Dieser so majestätische und schöne Engel ist Michael, der über dieses Volk herrscht; er graviert das Gesetz, das durch diesen Baum versinnbildet wird, in die Herzen derer, die an ihn geglaubt haben. Anschließend besucht er sie, um zu sehen, ob sie dieses Gesetz beachtet haben; er erkennt die Fehler eines jeden an dem Zweig, den jeder ihm bringt.»

Und Hermas präzisiert noch: «Michael ist derjenige, der Macht über die Kirche hat und sie regiert.»

---

331 Der hl. Pius I. war von 140 bis 155 Papst, während Kaiser Antonin das römische Reich regierte.

332 Das erklärt auch, warum dieses verehrte Buch schließlich nicht in den katholischen Kanon aufgenommen wurde.

Daß Michael Macht über die Kirche hat und sich zu ihrem Verteidiger eingesetzt hat, zeigt er von Anfang an, als er Petrus aus dem Kerker hinausführte, in den Herodes ihn hatte einsperren lassen, weil er auf das Verderben des Apostels sann. Michael ließ auch weiterhin seinen Schutz auf der Kirche ruhen, indem er besonders den Märtyrern inmitten der Folterungen beistand. Nachdem er Kaiser Konstantin überzeugt hatte, sich Christus anzuschließen, hat er einen entscheidenden Sieg errungen und sich zugleich eine neue Stellung verdient: Schutzengel des Römischen Reiches und später auch Patron Italiens zu sein.

Die Bekehrung Konstantins sowie die 150 Jahre später erfolgende Bekehrung Chlodwigs, läßt sich sowohl durch politische und psychologische Faktoren, als auch durch ein Wunder erklären. Das Wunder der Milviusbrücke wird vom Kaiser höchstpersönlich bestätigt und zwar auf dem Triumphbogen, den er nach seinem Sieg hatte errichten lassen, und auch die zeitgenössischen Schriftsteller Laktanz und Eusebius von Cäsarea dokumentieren es nur sehr wenige Jahre später.

Konstantin ist ein nicht leicht zu durchschauender Mensch. Um sein oftmals bedrohtes Leben zu schützen, war er genötigt, vieles zu verschleiern und so bietet er der Nachwelt ein Bild voller Kontraste, unter denen seine wirkliche Person nur schwer auszumachen ist.

Nach einer Periode der Anarchie, die das Reich fast zerstört hätte, hatte Rom im Jahr 284 einen ehemaligen Legionär als General an die Spitze der Macht gebracht. Diokletian, ein Sohn lateinischer Bauern aus Dalmatien[333], gehörte dem Volk an, dessen Tugenden er geerbt hatte — und zwar in einer Zeit, in der die römischen Patrizier fast keine Tugenden mehr besaßen. Mit außergewöhnlicher Charakterstärke und Sinn für politische Fragen, der nur selten getäuscht wurde, gelang es ihm, Ordnung und Sicherheit wiederherzustellen. Er hoffte, den Kämpfen, die zwischen den Anwärtern auf den Purpurmantel herrschten, ein Ende zu setzen. Diese Kämpfe hatten dreißig Jahre hindurch zu Brudermorden geführt und Diokletian wollte alle Wünsche zufriedenstellen. Er wollte das riesige kaiserliche

333 Manche Historiker haben sogar angenommen, daß er ein freigelassener Sohn barbarischer Abstammung war.

Reich in zwei Teile — Osten und Westen — aufteilen, über die zwei Kaiser herrschen sollten. Dieses zweigeteilte Reich errichtete Diokletian im Jahr 286; er selbst übernahm das Ostreich, während er das Westreich seinem besten Freund anvertraute. Dieser war wie er ein alter Legionär gewesen, dem zwar die Intelligenz seines Mitstreiters fehlte, der dafür aber tapfer, treu und ergeben war.

293 wählten die beiden Kaiser ihre künftigen Stellvertreter, um Probleme bei der Nachfolge zu vermeiden. Diese Stellvertreter banden sie an sich, indem sie ihnen den Titel «Cäsar» verliehen. Diokletian wählte einen brillanten General namens Galerius zu seinem Nachfolger und riet seinem Freund zu dem feinsinnigen Konstantin Chlorus, der mit einem Feingespür begabt war, das seinem Kaiser fehlte. Diese Tetrarchie bildete ein geschicktes Gleichgewicht der Kräfte, was zu einem neuen Aufstieg Roms führte.

Leider gab es zu diesem Erfolg auch einen Widerpart. Diokletian war nur ein Plebejer niedrigster Herkunft, der keine rechtliche Anerkennung besaß und sich daher um diese bemühen mußte. Er führte in Rom orientalische Königsrituale ein, die dazu bestimmt waren, aus dem Herrscher eine sakrale Gestalt zu machen. Zu diesen Ritualen gehörte auch eines mit dem sehr bezeichnenden Namen: die Anbetung[334]. Um seine göttliche Inkarnation noch stärker zu betonen, fügte der Kaiser zu seinen Namen noch einen neuen hinzu: Jupiter... Zugleich ging das System einem absoluten Totalitarismus entgegen. Für die Christen wurde dies alles zu einer Katastrophe.

Unzählige Christen hatten sich bereits in der Vergangenheit geweigert, Rom und dem Kaiser zu opfern und sie hatten diese Weigerung mit ihrem Leben bezahlt. Dieses Opfer war übrigens ein rein patriotisches Symbol, das sie aber in ihrer Reinheit als ein schändliches Zugeständnis an die Götzen betrachteten. Wie hätten sie bereit sein können, noch weiter zu gehen und den lebenden, vergöttlichten Kaiser anzubeten, der dem Meister des Olymps gleichgestellt, und in ihren Augen der Archetyp des Dämonischen war?

---

334 Auf lateinisch: *Adoratio*

Das Christentum hatte im Römischen Reich mehr als dreißig Jahre lang in einer allgemeinen Toleranz leben können. Dieser Friede, der nach den grausamen Verfolgungen eingetreten war, ermöglichte es der Kirche, viele Proselyten, zu denen vielleicht auch die Frau und die Tochter des Diokletian gehörten, zu gewinnen. Das Verhängnisvolle an dieser Ruhe? Kein Christ — angefangen beim Papst bis hin zum letzten Gläubigen — hielt die Rückkehr dieser schlimmen Tage für möglich. Niemand kümmerte sich noch um die Elementarregeln des Untergrundes, zu denen vor allem die Klugheit gehörte. Die Kirche war Gefahr nicht mehr gewöhnt und daher eine offene, schutzlose Beute.

Die Krise ereignete sich in einem der bestüberwachten Bereiche des Staates. Er war deshalb so gut überwacht, weil er für den Staat lebensnotwendig war: die Armee. Die Christen, die zu Scharen als Offiziere oder Soldaten in der Armee waren, wurden durch die Hierarchie, die ihnen nichts vorzuwerfen hatte, in ruhigen Zeiten toleriert. Nun aber hielten einige Militärangehörige die neue kaiserliche Politik für unvereinbar mit ihrem Glauben.

Galerius, der mehr als jeder andere auf die Unterstützung der Armee baute, hatte leichtes Spiel, um den alternden Diokletian mit verschiedenen Beispielen zu erschrecken und ihm zu verdeutlichen, daß die Christen angeblich Verräter des Römischen Reiches und seiner eigenen Person seien. In den folgenden Monaten ereigneten sich überdies seltsame Vorfälle vor, die Galerius klug zu inszenieren wußte; wahrscheinlich wollte er damit den noch zögernden Diokletian zum Eingreifen zwingen. Von einem Tag auf den anderen beklagten sich die Götzenpriester und die Wahrsager, daß sie nichts mehr in den Eingeweiden der Opfer lesen könnten. Im Falle, daß Diokletian noch nicht begriffen haben sollte, wer für diesen öffentlichen Mißstand verantwortlich sei — wie kann man ohne Vorzeichen wissen, ob die Götter dem Kaiser günstig gesonnen sind? — sollte das Orakel des Apollon von Milet die christlichen Offiziere, die den Kaiser bei dieser Zeremonie begleiteten, anschuldigen, daß sie sich bekreuzigt hätten und ihm verboten hätten, die Zukunft vorherzusagen.[335]

Die Maßnahmen, die Diokletian daraufhin beschloß, waren in den Augen Galerius nicht radikal genug. Mehrmals brach in den Wirtschaftsräumen und Nebengebäuden der kaiserlichen Residenz Feuer aus; Galerius gab vor, daß Christen die Brände gelegt hätten. Diesmal wurde Diokletian von wirklicher Furcht ergriffen, und er schlug auf's Geratewohl brutal und unbarmherzig zu. Niemals zuvor — auch nicht unter Nero, der seine Gärten mit menschlichen Fakkeln erleuchten ließ — hatte die Kirche einen vergleichbaren Ausbruch an Furchtbarkeit erlebt. Tausende Christen starben von einem Ende des Reiches bis zum anderen — und zwar unter schrecklichen Qualen, denn Glaubensabfall kam selbst unter schlimmsten Torturen nur bei wenigen vor, was bei den Peinigern nur zu noch grausameren Folterungen führte, denen die Christen zu Tausenden ausgesetzt wurden.

Warum hatte Galerius all das gewollt? Nicht nur aus den Gründen, die er vorgeschützt hatte... In Wirklichkeit machte sich dieser Cäsar über die Christen lustig und es ging ihm eigentlich nur um einen ganz bestimmten Kopf: um den Kopf seines Mitherrschers im Osten, um Konstantin Chlorus.

Zwanzig Jahre zuvor war Konstantin Chlorus lediglich ein junger, charmanter und beherzter Tribun gewesen, der der großen und einzigen Liebe seines Lebens begegnet war. Und die hatte er geheiratet. Die junge Frau hieß Helena; sie war so schön wie es ihr Vorname erhoffen ließ, zudem besaß sie eine bemerkenswerte Intelligenz, sowie einen willensstarken und glühenden Charakter. Aber — und es gab ein aber — Helena, die bedauerte, daß sie nicht von hoher Abstammung war und kein Vermögen besaß, war Christin. Konstantin liebte seine Frau. Er ließ ihr nicht nur die Freiheit, ihre Religion zu praktizieren, sondern er interessierte sich sogar dafür. Er empfand für das Christentum sogar eine lebhafte Sympathie, die er nicht zu verbergen gedachte, wenngleich er auch nicht so weit ging, sich zu bekehren.

Gewiß, als Diokletian ihn zur Würde des Cäsars erhoben hatte, mußte er die dynastische Eheschließung, die der Kaiser ihm zuge-

---

335 Hier huldigt das Laster der Tugend, denn dieser Dämonenanbeter gab zu, daß ein Kreuzzeichen genügte, um das Orakel zum Schweigen zu bringen...

dacht hatte, akzeptieren, auch wenn er sich innerlich wie tot fühlte; er mußte Helena entlassen und weinte darüber genauso sehr wie Titus als er seine Berenike wegschicken mußte. Konstantin hatte aber weder aufgehört Helena zu lieben, noch ihren Glauben zu respektieren. Und genau dort wollte Galerius ihn zu Fall bringen: Wenn Konstantin sich weigern würde, dem Edikt über die Verfolgung Geltung zu verschaffen, würde er damit eingestehen, daß die Christen ihn für ihre Sache gewonnen hätten und er also ein Verräter des Römischen Reiches sei...

Konstantin war viel intelligenter als Galerius. Er begnügte sich damit, die Kirche materiell zu schädigen, indem er die Anordnungen zur Beschlagnahme des kirchlichen Eigentums auf den Buchstaben genau anwandte. Dadurch erweckte er den Eindruck, Diokletian zu gehorchen; er verhinderte jedoch, daß in Gallien, in der Bretagne und im Rheinland Blut floß.

In dieser Atmosphäre der Gefahr, der Verschwörungen, der Gewalt und der Angst wuchs der einzige Sohn von Konstantin und Helena auf. Er war im Jahr 280 geboren. Seine Jugend hatte er in Nicomedien, in der Nähe des Kaisers verbracht. Diese Handlungsweise, so ehrenvoll sie auch scheinen mochte, war zunächst ein ausgezeichnetes Mittel, um für den Fall, daß sich der Cäsar des Ostens emanzipieren wollte, ein Unterpfand in der Hand zu haben... Diese insgesamt sehr ungemütliche Rolle erklärt auch, warum der Junge nicht den Glauben seiner Mutter annahm. Als Erwachsener praktizierte er ganz offen den offiziellen heidnischen Kult des kaiserlichen Hofes und verehrte die unbesiegbare Sonne.

Ganz offen? Wer weiß...?

Im Jahr 305 legte Diokletian als erschöpfter Sechzigjähriger die Krone nieder und verlangte, daß der ihm ergebene Maximian dasselbe tat. Dann zog er sich auf sein Landgut zurück und kümmerte sich nicht mehr um die Zukunft Roms, um das Reich, um Politik und Religion. Alle diese Probleme überließ er Galerius und Konstantin. Die beiden neuen Kaiser hatten zwei neue Cäsaren ernannt; Galerius hatte seinen Neffen gewählt und Konstantin einen gewissen Flavius Severus.

In dieser ganzen Angelegenheit gab es wenigstens drei Menschen, die unzufrieden waren: Maximian, der eigentlich noch keine Lust hatte, in den Ruhestand zu treten und die beiden Söhne der beiden Kaiser, Maxentius und Konstantinus, die sich durch diese Arrangements übergangen fühlten. So entbrannte wieder ein heftiger Bürgerkrieg zwischen den angeblich verdrängten und den rechtmäßigen Kandidaten, die Anspruch auf den Purpurmantel erhoben.

Konstantinus, dessen Vater 306 verstorben war, gelang es, auf rechtmäßige Weise Cäsar genannt zu werden. Damit wollte er sich aber nicht begnügen. Wahrscheinlich war das der Augenblick, in dem dieser ehrgeizige, mutige und sehr intelligente Mann von dreißig Jahren beschloß, die Götter auf seine Seite zu bringen, wenn sich nicht Gott selber auf seine Seite stellen würde.

Um das Jahr 310 heiratete Konstantinus Fausta, die Tochter Maximians und kam diesem dadurch näher, was Maximian aber nicht daran hinderte, seinem Schwiegersohn zu mißtrauen. Eines Nachts versuchte er ihn im ehelichen Schlafzimmer zu ermorden. Fausta hatte jedoch die väterliche Schliche durchschaut und rettete ihren Mann, der daraufhin bestrebt war, sich seines Schwiegervaters zu entledigen. Daraufhin sagte Konstantinus, daß er von den Göttern beschützt werde. Er sei von der über ihm schwebenden Gefahr durch eine Erscheinung im Traum, durch einen lichtvollen Mann in Kenntnis gesetzt worden... Da er noch immer der offiziellen Religion des Kaiserreiches anhing, hielt er die Erscheinung für Apollon.[336]

Im Jahr 312 beschloß der junge Cäsar des Ostens, der in der Welt eine Vormachtstellung innehatte, Rom einzunehmen, das noch immer von Maxentius besetzt war. Am 28. Oktober — so berichtet Eusebius von Cäsarea — oder — nach Laktanz — einige Nächte früher, ereignete sich etwas, das den toleranten Heiden Konstantinus in das Lager der Christen umschwenken ließ.

Folgt man der Version von Laktanz, der im Jahr 318, also sehr kurze Zeit nach den Ereignissen geschrieben hatte, befand sich Konstantinus in seinem Zelt, als er eine männliche Stimme vernimmt —

336 Später werden wir sehen, daß diese Verwirrung nicht ohne Sinn ist.

träumt er oder ist er in Ekstase? — die ihm befiehlt, daß er, wenn er den Sieg erringen will, auf die Schilde seiner Armee ein unbesiegbares Zeichen anbringen lassen soll: zwei miteinander verbundene griechische Buchstaben, Chi und Rho, die nichts anderes als die Initialen des Wortes *Christos* sind.

Eusebius schreibt zwei Versionen des Wunders nieder; eine recht lakonische[337] im Jahr 313 und die andere wenigstens fünfzehn Jahre später[338], allerdings unmittelbar nachdem Konstantinus ihm davon erzählt hat, wie er hinzufügt.

In der ersten Version begnügt sich Eusebius damit zu schreiben: «Konstantinus rief Christus an und verdankte ihm seinen Sieg.»

Die zweite Version ist sehr viel ausführlicher.

Als sich Konstantinus am 27. Oktober 312 mit seinen Truppen bis auf Sichtweite Rom genähert hatte, wurde er, der Rom noch nicht kannte, von der überragenden Schönheit der Stadt ergriffen. Vielleicht erfaßten ihn Zweifel und Angst und er rief den Christus seiner Mutter an. Warum hatte ihn Angst erfaßt? Aus einem ganz praktischen Grund: Cäsar hatte soeben eine beispielhafte Militäraktion beendet; von Gallien aus war er in einem Gewaltmarsch bis nach Rom gekommen, hatte die Alpen in einem einzigen Schwung genommen und besaß eine Flotte, die die italienischen Küsten blokkierte. Aber er hatte nur vierzigtausend Männer mitgenommen, eine kleine Armee, selbst wenn sie aus Elitetruppen bestand. Maxentius verfügte über weit mehr Soldaten. Vor allem aber hatte er eine ganze Schar von Wahrsagern und Auguren zu Diensten, die ihm vorhersagten: «Der Feind der Römer wird untergehen.»

Diese zweideutige Aussage wurde durch ein anderes Orakel abgeschwächt, durch das dem Kaiser mitgeteilt wurde, daß er sterben werde, falls er Rom verlassen sollte. Das genügte, um Konstantinus nervös zu machen.

Das könnte erklären, warum er eine göttliche Macht gegen eine andere anrief. Kaum hatte er sein Gebet beendet, schien der Himmel im Westen in Feuer zu stehen. Es war nicht das Abendrot, sondern

337 Diese erste Version steht im 9. Buch der *Kirchengeschichte.*
338 Eusebius von Cäsarea, *Leben des Konstantinus.*

ein bestürzendes Phänomen: ein gigantisches Kreuz stand am Horizont; darunter stand auf griechisch: «Durch dieses Zeichen wirst du siegen!»

In der folgenden Nacht träumte Konstantinus von diesem Kreuz und er verstand, daß er es an die Spitze seiner Truppen stellen sollte. Am 29. Oktober schlug Konstantinus die Armeen des Maxentius an der sogenannten Saxa Ruba[339]. Maxentius hatte, so wie ihm das Orakel vorhergesagt hatte, ein ruhmloses Ende: er ertrank im Tiber.

Was hat das aber mit Michael zu tun? Im Jahr 314 hatte Konstantinus eine andere Erscheinung im Traum. Er erkannte sofort den in Licht gehüllten Mann, von dem er einst geglaubt hatte, es sei Apollon gewesen. Der Engel — denn es war ein Engel — sagte zu ihm:

«Ich bin der Erzengel Michael, der Anführer der himmlischen Heerscharen, der Schutzherr des christlichen Glaubens. Ich war es, der deine Truppen den Sieg erringen ließ, als du gegen die gottlosen Tyrannen kämpftest.»

Fromme Hirngespinste, die jeglicher Grundlage entbehren?[340] Es ist unleugbar, daß Konstantinus nichts von einem Heiligen hatte und seine Persönlichkeit neigte auch ganz und gar nicht zu Ekstasen oder anderen mystischen Phänomenen. Sein Leben und seine Regierungszeit ist von «nützlichen» Greuel durchsetzt. Warum sollte er Engel sehen?

Eine Gewißheit bleibt jedoch: am Tag vor dieser berühmten Schlacht an der Milviusbrücke ist etwas geschehen. Konstantinus selber bezeugt es 313 auf dem Triumphbogen, den er in Rom am Eingang des Forums, das seinen Namen trägt, errichten ließ. Daß er Maxentius besiegte, geschah «durch eine Eingebung der Gottheit», eine Formulierung, die weder die Christen noch die Heiden schokkieren konnte. Auf seine Münzen läßt er das christliche Monogramm, das er in seiner Vision gesehen hatte, prägen. Diese Hilfe durch den Gott der Christen vergilt er mit seiner Unterschrift, die er 313 unter das Edikt von Mailand setzte. Dieses Edikt machte den

339 Die roten Felsen; heute bilden sie einen römischen Vorort bei Prima Porta.
340 Diese Erscheinung des hl. Michael wurde von zwei byzantinischen Historikern, Sogomenos und Nicephorus, berichtet. Sie ist chronologisch gesehen die zweite in der christlichen Epoche.

Verfolgungen ein Ende.[341] Er machte daraus kein Geheimnis, wie es die Berichte von Eusebius und Laktanz bezeugen. Schließlich ließ der siegreiche und dankbare Kaiser in Anapel, einem Vorort von Konstantinopel, die erste und damit älteste, dem Erzengel Michael geweihte Kirche, das Michaelion, erbauen. Überdies weihte er sein Reich dem hl. Michael.

Es ist keineswegs absurd, in der Erscheinung vom 28. Oktober 312 eine Intervention Michaels zu sehen. Die gesamte katholische Liturgie nennt den Fürsten der Seraphim den «Bannerträger Christi»; das Banner Christi ist das Kreuz. Sie singt: «Er ist es, dieser Bezwinger, der das Kreuz, das Banner des Heils, zeigt.»

Die Identifizierung ist also plausibel. Es bleibt noch die Möglichkeit, daß die byzantinische Kirche im Nachhinein die Legende vom Traum und der Erscheinung des Erzengels erfunden hat, um dem Michaelion, diesem Heiligtum, das die Orthodoxen so sehr verehren, daß sie jährlich dessen Kirchweihtag (8. Juni) feiern, einen besonderen Glanz zu verleihen.

Das Michaelion ist das grundlegende Beispiel für die Verehrung, die dem Erzengel entgegengebracht wird. Denn überall wo Michael ankommt, entwurzelt er einen bis dahin bestehenden früheren Lokalkult, der die Verehrung, die ihm dann zuteil wurde, schon andeutete — und zwar vom einen Ende der Christenheit bis zum anderen. In Anapel, wo Konstantinus die Kirche hatte bauen lassen, wurde Vesta verehrt. An der Stelle, an der eine andere St.-Michaels-Kirche nicht lange nach dem Michaelion in Konstantinopel erbaut worden war, hatte man Äsculap, einen heilenden Gott verehrt, der den Kranken, die zu ihm kamen, um ihre Heilung zu erflehen, im Traum erschien. Äsculap war der Sohn des Sonnengottes Apollon, der zugleich auch ein Gott des Todes und der Zerstörung[342] ist. Und wo immer sich der Tempel einer Sonnengottheit[343] fand, befand sich später ein Heiligtum des hl. Michael. Noch sonderbarer ist, daß

341 Konstantinus erbat erst 325 die (arianische...) Taufe; in der Todesstunde, wo nur wenige die Taufe nicht empfangen wollten. Er hatte sich nicht aus Lauheit, sondern aus Klugheit erst so spät taufen lassen. Damals dachten nämlich viele Theologen, daß Sünden, die nach der Taufe begangen werden, schwerer zu verzeihen sind... Auch der hl. Augustinus, der fast hundert Jahre später lebte, wurde nicht als Jugendlicher getauft, obwohl er aus einer christlichen Familie stammte, und darum gebeten hatte.

342 Apollon bedeutet Zerstörung.

Apollon, der Bogenschütze, Herr über Epidemien und besonders über die Pest ist.[344] Im Verlauf der Geschichte hatten mehrere Erscheinungen des hl. Michael die Erstickung von Pestepidemien zur Folge.

Was aber ist das älteste, dem Erzengel Michael geweihte Heiligtum? Es befindet sich in Phrygien, in einem Vorort von Hierapolis, wo Michael schon sehr früh eine heilende Thermal-Gottheit vertrieben hatte. Ein anderes entstand in derselben Epoche in der Nachbarstadt Kolossä; auch hier wieder an einem heidnischen Kultort. Nach einem byzantinischen Historiker, Simeon Melaphraste, soll — wenn seine Angaben stimmen — die Umänderung dieses Tempels bereits am Ende des 1. Jahrhunderts stattgefunden haben!

Simeon schrieb, daß den Christen von Kolossä eine Erscheinung Michaels zuteil wurde, was die Priester des hier verehrten Äsculap nicht geschätzt haben sollen. Sie beschlossen daraufhin, die bescheidene Kirche zu zerstören und verursachten zu diesem Zweck eine verbrecherische Überflutung: Sie leiteten die Thermalquellen um. Nachdem sie ihre Schandtat begangen hatten, stand ganz Kolossä unter Wasser, mit Ausnahme des Ortes, an dem sich dieses Kirchlein befand, auf das sie es abgesehen hatten... Ein nicht zu übersehendes Wunder, das dem Erzengel die Gunst vieler einbrachte![345]

Aber leider stützt sich dies nicht auf konkrete Fakten; gewiß ist nur, daß es in der ersten Hälfte des 1. Jahrhunderts eine Christengemeinde in Kolossä gab.[346]

Für die ersten vier christlichen Jahrhunderte kann man unmöglich mit Genauigkeit die Ausbreitung der Michaels-Verehrung ausmachen. Es stimmt, die Kirche war mißtrauisch; sie möchte nicht, daß die Gläubigen andere Mittler haben als Christus, denn sie fürchtet Häresie und Götzendienst. Die Neuplatoniker, die Gnostiker

---

343 Beispielsweise in Gallien, wo dem Erzengel Michael geweihte Kirchen oft an Stelle der heidnischen Gottheit Lugd oder seinem Gegenbild Belenos standen, der in England, Irland und Deutschland anzutreffen war.

344 Im Mittelalter lebte die Verbindung, die zwischen der Pest und den Pfeilen besteht, wieder auf und so wurde der hl. Sebastian zu einem Heiligen, der gegen diese Krankheit schützt.

345 Und zwar so sehr, daß — nach einem Bericht des Historikers Simeon — die Kolosser ihre Stadt in Kone umbenannten, was auf griechisch so viel bedeutet wie «Wunder». Die Orthodoxen feiern dieses Wunder am 8. September.

346 An diese Christengemeinde richtet der hl. Paulus einen seiner Briefe.

führten dazu, daß die Päpste den Engeln äußerst reserviert gegenüberstanden. Es ist nicht nur eine mißbräuchliche, angebliche Christianisierung kleiner heidnischer Statuen, u.a. Statuen von Merkur, die sie beunruhigten. Dennoch verbreitet sich die Engelverehrung in Syrien, in Pisidien, in Ägypten, wo in Alexandria, dem zweiten apostolischen Sitz nach Rom, sehr früh eine Kirche dem Erzengel Michael geweiht wird. Unter Konstantinus erreicht er Europa und im Jahr 429 wird in Spoleto die vielleicht erste Kapelle gebaut, die dem Erzengel im Abendland geweiht ist.[347] Als Theodosius d.Gr. am Ende des 4. Jahrhunderts den Götzenkult verbot, war an einem der beschlagnahmten Tempel zu lesen «dem Gott der Engel, der Heiligen und der Propheten geweiht». Theodosius hatte dieses Verbot erlassen, weil er die offensive Rückkehr des Heidentums, wie es in den Jahren 361 bis 363 unter der Herrschaft Julians geschehen war, verhindern wollte. Dieser konfiszierte Tempel stand in Umbrien, das die Grenze von Michaels «Domäne» markiert. Aber nicht lange, denn im Abendland ist das 5. Jahrhundert mit den Invasionen der Barbaren, der Niederlage Roms gegenüber den Westgoten und dem Untergang des Römischen Reiches im Jahr 476 das große Jahrhundert des hl. Michael.

Im April 451 stürzen sich Attila und die Hunnen, die lange Zeit vor den Grenzen des römischen Ostreiches ausgeharrt hatten, auf Europa. Sie überqueren den Rhein und belagern Metz. Die Stadt, die nach drei Wochen Widerstand kapitulieren muß, wird geplündert, in Brand gesetzt und die Bevölkerung mit dem Schwert niedergemetzelt. Diese Grausamkeit geschieht nicht umsonst: Attila hofft durch dieses abscheuliche Beispiel die Gallier zu demoralisieren und sie dahin zu bringen, ihre Städte kampflos zu übergeben. Aber jene, die sich unterwarfen und mit der Milde des Khan rechneten, wurden nicht besser behandelt als die Einwohner von Metz.

Die Tapfersten wollten, wenn sie schon sterben mußten, mit den Waffen in der Hand sterben. In Troyes und in Orléans verteidigten die Bischöfe Loup und Aignan die Stadtmauern. In Lutèce war Genoveva, eine gottgeweihte Jungfrau, die Seele des Widerstandes;

347 Die Überreste dieser Kapelle befinden sich unter der Basilika San Salvatore in Spoleto.

sie hinderte ihre Mitbürger daran, den Hunnen die Tore zu öffnen. Aus diesem Grund verlor Attila kostbare Zeit. Der Anführer des gallischen Heeres, ein Patrizier namens Aetius, profitierte davon und konnte alle verfügbaren Kräfte, Römer wie Barbaren, versammeln. Im Juni schlug er die hunnischen Horden in der Champagne.

Attila entschwindet daraufhin aus der französischen Geschichte, um dafür an anderen Orten der Welt wieder aufzutauchen. Der in Gallien besiegte Khan stürmt mit den noch immer furchterregenden Überresten seiner Armee nach Italien. Im Frühling 452 bedroht er Rom. Die bürgerliche Obrigkeit der Stadt verliert den Kopf; Kaiser Valentian und seine Offiziere denken nur noch an Flucht. Daraufhin wendet sich die verlassene, armselige und verschreckte Bevölkerung an den einzig möglichen Beschützer: an Papst Leo I.

Leo I. ist aus dem Holz, aus dem große Päpste, große Administratoren und große Heilige geschnitzt sind. Mit verblüffendem Mut beschließt er, einzig von einigen Priestern begleitet, vor Attila zu treten und ihn zu bitten, Rom und die Römer zu verschonen. Eine unmögliche, wahrscheinlich sogar tödliche Sendung. Um dies dem Papst in Erinnerung zu rufen, gab es das Beispiel des Bischofs von Reims, Nicaise, der noch vor gar nicht langer Zeit von den Eindringlingen, die er hatte besänftigen wollen, brutal ermordet worden war. Das war im Jahr 407 gewesen und die Barbaren der damaligen Zeit waren nicht einmal so schlimm wie die Hunnen gewesen...

Leo I. läßt sich sein Vorhaben nicht ausreden, sondern weiht, bevor er zu Attila geht, die Stadt feierlich dem hl. Michael. Und das Unglaubliche geschieht: Attila läßt sich von dem Lösegeld betören, das ihm der Papst anbietet und ist bereit, Rom zu verschonen.

Zum Dank wird auf der Via Salaria, am Ausgang Roms eine Kirche zu Ehren des hl. Michael und der hl. Engel erbaut.[348] Aber das ist erst der Anfang.

Sipontium[349] ist eine ganz gewöhnliche Diözese in Mittelitalien, im Herzen Apuliens, zwischen dem Meer und den Bergen, deren

348 Heute steht nichts mehr von der Kirche San Michele aus der Via Salaria; nur ihr Weihetag, der 29. September, erinnert an sie. Er wurde im Kalender zum Festtag des Erzengels.

349 1251 nahm Sipontium-Sipontini, beseelt vom Wunsch, dem römisch-germanischen Kaiser zu gefallen, dessen Namen an und wurde Manfredonia, die Stadt des Manfred.

höchster Punkt der 1056 m gelegene Monte Gargano bildet, von dem man, so heißt es, den Golf von Neapel sehen kann. Von dieser Region wird in der Geschichtsschreibung kaum berichtet; nur die kurze Episode von den Spartakusstreifen — mehr als 500 Jahre zuvor — wird erwähnt.

Es ist Frühling im Jahr 492 nach Christus. Und da Frühling ist und die Natur in Blüte steht, haben die Tiere närrische Laune. Ein junger Stier, der auf seiner Weide schlecht eingezäunt ist, durchbricht die Absperrung, springt über die Einfriedung und macht sich auf die Suche nach einer jungen Kuh, auf die er es abgesehen hat.

Dieser junge Stier, der schönste der ganzen Herde, gehört einem gewissen Elvios Emmanuele aus der Gegend von Sipontium, der in den Chroniken auch manchmal Garganus genannt wird, da er Ländereien auf jenem berühmten Monte Gargano besitzt. Als Garganus am nächsten Morgen bemerkt, daß sein bester Zuchtstier abhanden gekommen ist, können der Frühling, die Blumen und die Vögel seinen Zorn nicht besänftigen. Er läßt seinen Zorn an seinen Hirten aus, denen er vorwirft, daß sie Nichtsnutze sind und stellt sich an die Spitze eines Suchtrupps. Der arme Garganus und seine Männer verbringen den ganzen Tag damit, hinter dem verfluchten Tier herzurennen, das natürlich die Weite gesucht hat. Und solch ein Tag im Mai kann in Apulien schon recht heiß sein...

Nach stundenlangem Suchen führen die Spuren sie schließlich auf einen Abhang des Monte Gargano. Er ist voller Grotten und Spalten und Garganus zittert bei dem Gedanken, daß sich sein prächtiger Stier verletzt haben könnte.

Da ist er schließlich, aber in welch sonderbarer Haltung und an welch sonderbarem Ort! Der Stier liegt, nein, er kniet am Eingang einer dieser Grotten. Alle Versuche Garganus und seiner Hirten, ihn zum Aufstehen zu bewegen, sind vergeblich. Schon wird es Nacht und das Tier verharrt unbeweglich; es begnügt sich, traurig zu muhen, wenn die Männer es stoßen oder sogar zu schlagen beginnen, denn sie werden von Zorn übermannt. Die wundervolle italienische Abenddämmerung erhellt den Himmel malvenfarben, während das Meer in der Ferne und weit unten schon in der Nacht versinkt. Der Herr und seine Leute haben keine Lust, auf den steilen

Berghängen von der Finsternis überrascht zu werden. Sie werden den Stier zurücklassen. Angesichts dieser Tatsache wird Garganus sehr wütend. Er ist so wütend, daß er seinen Bogen nimmt und auf das Tier zielt. Es ist unmöglich, den Stier auf diese Entfernung zu verfehlen und außerdem ist Garganus ein guter Schütze. Aber so unglaublich es auch klingen mag, der Pfeil prallt ab und kehrt, anstatt das Tier zu töten, zum Bogenschützen zurück und verletzt ihn am Arm. Jammernd, blutend und voller Schrecken macht sich Garganus stillschweigend aus dem Staube. Je mehr er darüber nachdenkt, desto weniger scheint ihm dieser Unfall normal zu sein. Die bestürzten Knechte erzählen in ganz Sipontium von dem außergewöhnlichen Ereignis, dessen Zeugen sie waren. Die Erzählung kommt Bischof Laurentius zu Ohren, der sie sich von dem Hauptbetroffenen bestätigen läßt. Nachdem er Garganus angehört hat, zögert der Bischof nicht, das Ereignis einem übernatürlichen Ursprung zuzuschreiben. Ist es aber ein guter oder ein böser Ursprung? Und was bedeutet es? Zu jener Zeit machte man nicht halbe Sachen: Sofort werden drei Tage Fasten und Gebet angesetzt. Am dritten Tag sieht Laurentius einen prachtvollen weißen Reiter in einer Erscheinung. Der hl. Michael, denn er ist es, sagt dem Bischof: «Ich bin der Urheber dieses Wunders in der Grotte. Von nun an soll sie mein Heiligtum in dieser Region sein.»

Aber nun stellt sich Laurentius, der es eben noch so eilig hatte, um den Willen des Himmels zu erkennen, taub und es vergeht Zeit, bis er dem Erzengel gehorcht. Die Strafe für den störrischen Bischof läßt nicht auf sich warten: Die Barbaren belagern Sipontium. Wiederum läßt Laurentius seine Schäflein fasten und beten; wiederum erscheint der hl. Michael und verspricht dem Bischof einen grandiosen Sieg über die Heiden. Als die Belagerer am nächsten Tag gerade einen Ausfall versuchen, bricht ein Unwetter von seltener Gewalt aus; dieses Unwetter zerstreut die Feinde. Diesmal ist Laurentius von Dankbarkeit erfüllt und macht keine weiteren Winkelzüge. Er schreibt Papst Gelasius I., um ihn um die Erlaubnis zu bitten, die Grotte dem hl. Michael weihen zu dürfen. Wird der Erzengel nun zufrieden sein? Noch nicht. Der Fürst der Seraphim erscheint ein drittes Mal, um dem Bischof zu erklären, daß er sich das Leben nicht so kompliziert machen soll: er, Michael, habe die Grotte bereits geweiht, als er sich den Monte Gargano zum bevorzugten Heiligtum erwählt hatte.

Die Antwort von Gelasius war übrigens wohlwollend und schon sehr bald wurde über der Grotte auf dem Monte Gargano, der zum Monte San Angelo (Berg des heiligen Engels) geworden war, die himmlische Basilika erbaut. Die ganze Christenheit trug dazu bei, die Michaelskirche zu bauen und auszuschmücken; sogar der byzantinische König Zenon ließ schönsten Marmor aus Konstantinopel schicken.

Ohne die Historizität der Erscheinungen auf dem Monte Gargano auch nur im geringsten anzweifeln zu wollen, so erfordert die Geschichte, so wie sie uns von der Tradition und der ausgeschmückten Legende überliefert wurde, einige Anmerkungen. Die Grotte, in der einst Garganus seinen entlaufenen Stier wiederfand, war sicher kein neutraler Ort, sondern ein sehr alter heidnischer Kultort, und der Bischof von Sipontium hatte größtes Interesse, diese Stätte zu christianisieren, denn dieser Ort gehörte einer, nein, sogar zwei heidnischen Gottheiten, deren Kult und Attribute mit denen des hl. Michael identisch sind. In beiden Fällen handelt es sich um einen Sonnengott und um einen Kriegsgott: Mithra und Apollon.

Wann kam Mithra, der Perser, nach Europa? Zweifelsohne im ersten vorchristlichen Jahrhundert. Er war von römischen Soldaten, die aus dem Orient heimkehrten, mitgebracht worden; manche sagen auch, er sei durch die Piraten nach Europa gekommen, die Pompeji im Jahr 67 eingenommen und die Einwohner anschließend gezwungen hatten, sich in Calabrien und noch in einer anderen Region niederzulassen.[350] Mithra ist ein Retter, eine läuternde, reinigende Gottheit, was viel zu seiner Popularität im vorchristlichen Römischen Reich beitrug, denn die Menschen war auf der Suche nach einer Religion des Heils.

Mithra wurde als Erwachsener geboren; er trat voll bewaffnet aus der Felswand einer Höhle heraus. Seine Anhänger feierten ihn in Grotten. In der Umgebung waren Hirten, deren Herden vor Durst

---

350 Robert Turcan, Spezialist des Mithrazismus, betont, daß die derzeitigen archäologischen Untersuchungen noch kein dem Mithra geweihtes Heiligtum in Süditalien gefunden haben, was aber nicht heißt, daß es dort auch niemals eines gegeben hat.

umkamen. Mithra, der Bogenschützengott, richtete nach Art des Apollon einen Pfeil gegen einen Stein, und eine Quelle[351] entsprang. Dann machte sich Mithra auf die Suche nach einem Stier, dem Symbol für Lebenskraft, aber auch für Tod und böse Mächte.

Die Übereinstimmungen sind zu zahlreich als daß sie rein zufällig sein könnten. Hatte Bischof Laurentius die Spuren eines Mithra-Tempels auslöschen wollen? War die Verehrung des Mithra ein Vorausbild der Verehrung des Erzengels Michael?[352]

Wie dem auch sei, dem Heiligtum auf dem Monte Gargano war eine triumphale Zukunft beschert. Während des ganzen Mittelalters begaben sich berühmte Personen zu der himmlischen Basilika. Es kamen Päpste: Gelasius I., Agapit I. (gest. 536), Gregor d.Gr., der hl. Cölestin bis hin zu Urban VI. (gest. 1389)[353]; Fürsten, angefangen bei den germanischen Kaisern bis hin zu Karl I. von Anjou und Ferdinand dem Katholischen; es kamen Heilige: Bernhard von Clairvaux, Franziskus von Assisi, Thomas von Aquin, Brigitta von Schweden, Franz von Paul... Als der Poverello aus Assisi im Jahr 1221 seine Wallfahrt zum Monte Gargano unternahm, hielt er sich nicht für würdig genug, das Heiligtum zu betreten, sondern verbrachte die ganze Nacht betend auf der Schwelle.

Aber es sind vor allem die lombardischen Könige, später die Normannen Italiens und die Kreuzfahrer, die dem Monte San Angelo seine ganze Pracht geben und den hl. Michael in ganz Europa populär machen.

Ab Februar 590 ereignet sich in Rom ein Unglück nach dem anderen. Alles begann mit einem Hochwasser des Tibers, das so gewaltig war, daß zahlreiche antike Monumente, die bis dahin von den Barbaren verschont geblieben waren, weggerissen wurden. Die öffentlichen Kornspeicher brachen zusammen; die Kornreserven wurden vernichtet und man befürchtete eine Hungersnot. Ganze Stadtteile standen unter Wasser. Noch schlimmer war, daß die Über-

351 Auch heute noch ist die ursprüngliche Grotte am Monte Gargano so feucht, daß sich manchmal richtige Wasserpfützen in der Mitte des Heiligtums bilden.

352 Das sagen die christlichen Apologeten, die auch fleißig von bestehenden Ähnlichkeiten mit der Geburt Christi berichteten.

353 Dann mußte man bis auf Johannes Paul II. warten, um wieder einen Papst auf dem Monte Gargano zu sehen.

flutung viele Tiere erfaßte, die in den Wassermassen ertranken. Der Fluß schwemmte verwesende Kadaver an die Ufer: Schafe, Ziegen, Kühe, aber vor allem Schlangen und sogar eine Art Rieseneidechsen oder Krokodile, von denen man nicht wußte, woher sie kamen und bei deren Anblick das geprüfte und abergläubische Volk von heiligem Schrecken erfaßt wurde. Das Fallen des Hochwasserpegels fiel mit der ersten Frühjahrshitze zusammen und die Kadaver verwesten im Schlamm und unter der Sonne. Und was fatalerweise eintreffen mußte, traf ein: Dieser ganze Unrat löste eine Epidemie aus. Schon bald zählte man die Opfer, zu denen auch Papst Pelagius I. gehörte, nach Hunderten. Daraufhin wandten sich die verzweifelten Römer an einen der nächsten Mitarbeiter des verstorbenen Pontifex: Gregor, Abt von St. Andreas auf dem Caelius. Sie flehten ihn an, die Nachfolge auf dem Petersstuhl anzunehmen, was Gregor, ein Mann mit großen Fähigkeiten und immenser Bescheidenheit, heftig ablehnte. Zu jenem Zeitpunkt war den Römern der Ruf, der dem Abt von St. Andreas vorauseilte, ein Hoffnungsanker, galt er doch als Heiliger, als Visionär und Wunderheiler, der in stetem Kontakt zum Himmel stand: Ein Mann, der in dieser Krisensituation sicher den himmlischen Zorn überwindet. Gregor, der noch hofft, der Tiara entgehen zu können, fordert, daß seine Wahl vom byzantinischen König Mauritius ratifiziert wird; Konstantinopel ist aber weit entfernt und das bedeutet für ihn einen Zeitgewinn. Er kann jedoch gegenüber dem Flehen und der Angst der Bevölkerung nicht taub bleiben. Daher beschließt er ein Sühnefasten, ein dreitägiges Gebet und eine große Prozession zur Wiedergutmachung. Alle gesunden, aber auch die kranken Römer wurden dazu eingeladen; 80 Personen, die an der Prozession teilnahmen, brachen mitten auf der Straße zusammen...

Gregor geht an der Spitze des Zuges, der, während sie von Stadtteil zu Stadtteil ziehen, immer größer wird. Die Prozession zieht zur Basilika U.L.F. vom Schnee.[354] Der künftige Papst schwenkt eine der in Rom am meisten verehrten Reliquien über den Köpfen der Menschenschar: Ein Bild der Muttergottes, von dem die Tradition sagt,

354 Heute Santa Maria Maggiore

es sei vom hl. Lukas gemalt.[355] Die leidende, in Sammlung versunkene Schar schreitet singend durch die verschmutzten Straßen und meidet dabei die verpesteten Leichname, die auf den Schwellen verlassener Häuser liegen. Nun geht die Prozession am Fluß entlang, der die Ursache des ganzen Übels ist und mittlerweile fast trocken daliegt; ein Übelkeit erregender Gestank von Schlamm und krepierten Tieren steigt auf. Am gegenüberliegenden Ufer, zwischen dem Vatikan, wo Konstantinus an der Stelle des von Nero erbauten Zirkus (in dem Petrus den Märtyrertod erlitt) eine Basilika hatte bauen lassen und dem dichtbevölkerten Stadtteil Trastevere erhebt sich ein unversehrtes, antikes Monument: Das Mausoleum von Kaiser Hadrian. Sicher, die Halbreliefs und der Marmor sind verschwunden, aber der wesentliche Bestandteil des Gebäudes, ein hoher, massiver Turm, hat die Zeit überdauert. In der Hitze des zunehmenden Tages schreitet die Prozession voran. Die Gesänge werde schwächer, während die Müdigkeit zunimmt. Und siehe da: Von der gegenüberliegenden Uferseite ertönen Stimmen, so als ob dort eine andere, größere und schwungvollere Prozession auf dem Weg zu Gregor und seinen erschöpften Schäflein sei. Sie singen das «Regina Caeli». Vergeblich durchforscht die Volksmenge mit den Augen das in Sonne getauchte andere Ufer: Es gibt dort keine Spuren von Menschen. Die marianische Osterantiphon ist nicht lang und als die geheimnisvollen Stimmen beim letzten Vers *Ora pro nobis Deum* angelangt sind, scheint das Mausoleum in Feuer zu stehen. Ein flammender Glanz umstrahlt die Turmspitze; im Zentrum dieses Scheines steht ein junger Mann, bekleidet mit einer Kriegsrüstung. In seiner rechten Hand hält er ein nacktes Schwert. Und langsam steckt er es in die Scheide, bevor er lächelt und verschwindet. Gregor hegt keine Zweifel über die Identität dieses himmlischen Besuchers; es ist der hl. Michael, der gekommen ist, um mitzuteilen, daß Gott seinem Volk auf die Fürsprache der Muttergottes verzeiht.

Die Historizität der Ereignisse ist unbestreitbar; ein Augenzeuge hat sie nur einige Wochen später bezeugt. Zu Beginn des Jahres 590 hatte nämlich der Bischof von Tours, Gregor, einen seiner Diakone

355 Aus diesem Grund verehrte das Mittelalter den Evangelisten als Patron der Maler.

nach Rom gesandt, denn er wünschte einige neue Reliquien für seine Kathedrale zu erwerben. Dieser Kleriker aus der Touraine hat alles gesehen und seinem Bischof anschließend alles detailliert berichtet, der seinerseits eine Chronik sowohl über die Gegenwart als auch über die jüngere Vergangenheit verfaßte.[356] Er hatte alles gesehen — alles, außer der Erscheinung des Erzengels, die Gregor, einen leidenschaftlichen Liebhaber von Wundern, doch so erfreut hätte...

Dennoch muß man die Erscheinung nicht für eine Legende halten. Gregor, der Abt von St. Andreas, der dann der große Papst Gregor I. wurde, war ein Heiliger und ein Mystiker. Seine Glaubwürdigkeit ist unumstritten. Ihm waren Visionen von Engeln vertraut und er war ein Spezialist auf dem Gebiet der Engellehre. Er, wenn nicht gar die ganze Menschenschar, war sicher, den Erzengel gesehen zu haben, wie er sehr schnell in einer kurzen Mitteilung bestätigte. Er anerkannte den wunderhaften Charakter der Erscheinung, die mit dem plötzlichen Ende der Epidemie zusammentraf. Als Zeichen der Dankbarkeit ließ Gregor d. Gr. im Mausoleum Hadrians, das in «Engelsburg» umbenannt wurde, eine genaue Nachbildung der unterirdischen Basilika vom Monte Gargano errichten, und auf die Turmspitze des Mausoleums ließ er eine gigantische Statue des hl. Michael stellen.

Aber wenngleich der Erzengel über Italien herrscht, so will er sich damit doch nicht begnügen. Er erwählt sich ein neues Heiligtum, diesmal im Westen und dieses Heiligtum wird das vom Monte Gargano an Berühmtheit noch übertreffen und die Verehrung Michaels im restlichen Europa verbreiten.

Wir schreiben das Jahr 706. Avranches im Cotentin liegt weit, sehr weit vom Glanze Roms und der Sonne Sepontiums entfernt... Der Diözesanbischof heißt Aubert. Er ist ein heiliger Mann, dessen tägliches Leben nicht frei von Mühen ist, denn ein großer Teil seiner Diözese ist von einem weiten und tiefen Wald bedeckt; es ist der Wald von Scissy, der erst am Meeresufer endet, wo sich ein Gürtel wohlhabender Städte entwickelt hat. Dieser undurchdringliche und gefährliche Wald von Scissy dient Faunen, die zwar menschlich, aber

356 Hl. Gregor von Tours, *Geschichte der Franken,* 10. Buch.

nicht gerade sehr katholisch sind, als Zufluchtsort. Aubert argwöhnt sogar, daß die dort lebenden Halbwilden bei weitem noch nicht den alten Praktiken des Götzendienstes abgeschworen haben. Die heidnischen Kulte überleben, koste es was es wolle; sie konzentrieren sich besonders auf zwei sonderbare Hügel, die oberhalb der Bäume stehen: Auf den Monte Dol und den Monte Tombe, wo noch manchmal die Scheiterhaufen der alten Sonnengötter entzündet werden. Daß es Luzifer nach sieben Jahrhunderten Christentum gelingt, sich noch immer unter dem Namen Belenos oder einem Namen ähnlichen Kalibers anbeten zu lassen, das ist es, was Bischof Aubert nicht schlafen läßt. Gewiß, er hat versucht, Abhilfe zu schaffen. Er hat sogar einige Eremiten gefunden, einige Mönche, die bereit waren, im Wald von Scissy bis hin zu den Hängen des Monte Tombe zu leben. Aber das genügte nicht, um den Teufel zu vertreiben. Hier ist mindestens die Intervention des hl. Michael, Luzifers Erzfeind, vonnöten, um den gefallenen und halsstarrigen Seraph in die Flucht zu schlagen...

Und siehe da, eines Nachts träumt Aubert vom Erzengel, der ihm ungefähr folgende Rede hält:

«Aubert, weihe mir den Monte Tombe. Ich will, daß du mir dort ein Heiligtum baust wie auf meinem Berg Gargano. Dort werde ich meinen Wohnsitz aufschlagen.»

Aubert erwacht; er ist äußerst aufgewühlt und vor allem sehr zurückhaltend. Er ist ein Mann der Tat und nicht der mystischen Träumereien. Und außerdem plagt ihn die Sache mit dem Wald von Scissy und Monte Tombe schon so lange, daß er glaubt, eine natürliche Erklärung für den Traum zu haben: Die Unmöglichkeit, das Heidentum zu entwurzeln, verfolgt ihn bis hinein in seinen Schlaf. Keinen Augenblick denkt er daran, daß seine Überlegungen, den Berg dem hl. Michael zu weihen, von oben und nicht von ihm selber kommen könnten...[357]

---

357 Dies stimmt ganz mit den Kommentaren des hl. Thomas überein, in denen er beschreibt, wie die Engel ihre Überzeugungskraft einsetzen. Am häufigsten geben einem die Engel einen Gedanken ein und hinterlassen die Überzeugung, daß er von einem selber stammt.

Die Tage vergehen; der Bischof vermeidet es, weiter an seinen Traum zu denken. Außerdem: Welche Eitelkeit treibt ihn dazu, sich eine ebenso grandiose Kirche wie die himmlische Basilika auf dem Monte Gargano in einer so armen und wilden Diözese vorzustellen! Ist es nicht der Teufel, der ihn da in eine Versuchung des Stolzes führen will?

Aubert ist es fast gelungen, diesen absurden Traum zu vergessen, als er eines nachts denselben Traum von neuem hat, nur sieht Michael diesmal ziemlich unzufrieden aus und wirft dem Bischof vor, seinem Wunsch mit mangelnden Eifer Folge zu leisten.

Beim Erwachen ist der Bischof noch aufgewühlter als beim erstenmal; er ist überzeugt, daß er entweder Opfer seines krankhaften Hochmutes, von dem er bis dahin gedacht hatte, daß er doch nicht bis in solche Tiefen in seiner Seele verwurzelt sei, oder aber das Opfer teuflischer Besessenheit ist. Er unternimmt also nichts.

Die Tage und Wochen vergehen. Aubert glaubt, die Ruhe wiedergefunden zu haben. Aber nein. Michael erscheint ihm zum drittenmal; diesmal voller Zorn, denn er hatte ja bereits den Beweis seiner, für einen Seraphen wahrlich ungewöhnlichen Geduld geliefert... Gabriel hatte einst nicht so milde auf das Zögern Zacharias reagiert. Er schüttelt Aubert gehörig, tadelt seinen Unglauben und kündigt ihm an, daß er ihm ein Zeichen seines Besuches hinterlassen werde. Während dieser Worte legt er den Zeigefinger auf die Schläfe des argwöhnischen Bischofs. Dieser wachte ruckartig auf und hat den flüchtigen Eindruck, daß etwas seinen Schädel durchbohrt hat, wenngleich keine Wunde zu sehen ist.[358]

Diese Vorführung genügt Aubert; er beschließt, dem großen und etwas empfindlichen Erzengel völlige Genugtuung zu leisten. Sofort nimmt er die Arbeiten zur Rodung des Gebietes und zur Grundlegung der Fundamente der Kirche, die er hier nach dem Vorbild der Basilika vom Monte Gargano unterirdisch bauen will, in Angriff.

358 Im Jahr 1793 wurden durch einen Katholiken aus Avranches die Überreste des hl. Aubert, der ein Vorfahre des Poeten Louis Foisil war, vor der Profanierung durch die Revolution gerettet. Das Haupt des Heiligen weist in der Tat ein Loch auf, das einer, durch eine Trepanation entstandenen Wunde sehr ähnelt. Jean de la Varende gelang es, die Reliquie von einem Mediziner untersuchen zu lassen und dieser bestätigt, daß er für dieses Phänomen keine natürliche oder wissenschaftliche Erklärung habe finden können.

Und um sicherzustellen, daß zwischen beiden eine Verbindung besteht, schickt der Bischof, noch bevor das große Werk beendet ist zwei junge, mutige und unternehmungslustige Mönche nach Sipontium — denn der Weg dorthin ist weit. Ihr Auftrag? Sie sollen den italienischen Bischof um ein kleines Stückchen der echten, von Michael auf dem Gargano zurückgelassenen Reliquie bitten, d.h. um ein wenig Marmor, auf den er seine Füße gesetzt hat und um einen kleinen Zipfel dieses schönen, purpurnen Paludamentum, das einem Offiziersmantel der römischen Kavallerie so ähnlich sieht, jedoch von besserer Qualität ist, und das der Erzengel auf seinem Berg vergessen haben soll.

Die jungen Mönche machen sich auf die Reise; sie brauchen für den Hin- und Rückweg vom Cotentin bis Süditalien mehr als zwei Jahre. Der Bischof von Sipontium zeigt sich verständnisvoll und fühlt sich geschmeichelt; gerne ist er bereit, einen Teil der Reliquien abzutreten. Wenn die Mönchlein Zweifel über deren Ursprung plagten, so gaben ihnen die Wunder, die durch diese Reliquien auf dem Rückweg gewirkt wurden, Gewißheit. Wie viele Kranke wurden auf wunderbare Weise geheilt! Sie haben große Eile, den Monte Tombe zu erreichen, um Aubert von ihrem Erfolg zu berichten. Schon sind sie fast am Ziel, als sie plötzlich anhalten — verwirrt und stumm vor Bestürzung: Sie erkennen nichts wieder. Obwohl sie sicher sind, in den heimatlichen Gefilden zu sein, finden sie die ihnen vertraute Landschaft nicht. Der riesige Wald von Scissy ist verschwunden und die kleinen Küstenstädte sind einem nackten Sandstrand von gigantischem Ausmaß gewichen; der weiße Sand wird von dem zurückflutenden Meer bedeckt und von Rinnsalen durchzogen, die den Strand wie ein Tuch aus geschmolzenem Silber in der Sonne glitzern lassen. In der Ferne das Meer, siegreich; ganz einsam erhebt sich über diesem neuen Strand eine kleine Insel, die den tosenden Unwettern und den anstürmenden Wellen ausgesetzt ist: Der Monte Tombe, der furchterregende Überlebende einer Katastrophe, die sich die beiden ergriffenen Pilgermönche nicht vorzustellen wagen. Als sie nach zögernden Schritten auf diesem unbekannten Sand und nach dem Überqueren unwirtlicher Stellen die Festung des Erzengels erreichen, erzählen ihnen die Mitbrüder von der Sintflut, die sich vor sechs Monaten ereignet und diese unglaublichen Veränderungen hervorgerufen hat. Es war im März 709. Eine schwarze, sturmgepeitschte Nacht. Der Sturm wehte alle, die versuchten, einen Schritt vor die Tür zu setzen, um, und der Regen war so gewaltig, daß er ein Rind hätte erschlagen können. Dieser Regen war etwas salzig, so als ob die Wellen den Himmel erstürmen wollten. Man konnte nicht einmal zwei Schritte weit sehen. Und auf einmal fing die Erde an zu beben, aber es waren nicht kleine, bedeutungslose Erdstöße, die kein Unheil anrichteten! Solche Erdstöße kannte man hier im Land. Nein, es war ein richtiges Beben, das aus den Eingeweiden der Erde mit furchtbarem Getöse emporstieg... Die Grundfeste des Monte Tombe erbebten. Man hatte den Eindruck, als ob es niemals mehr enden werde. Die Mönche und der Bischof, der sie gerade besuchte, lagen alle bäuchlings in der Kirche, klammerten sich am Altar fest und waren überzeugt, daß ihre letzte Stunde gekommen sei. Und um ihr Entsetzen noch zu steigern, kamen verängstigte wilde Tiere zu Hunderten auf den Berg, um dort Zuflucht zu suchen: Wölfe, Schlangen. In der bleichen Klarheit einer schrecklichen Morgendämmerung verstanden die Mönche, warum die Tiere sie bedrängten: so weit der Blick auch reichte, es war nirgends mehr Land zu sehen... Die Küste war ins Meer gesunken, der Uferstreifen war unter den Meeresspiegel getaucht, die große Märzflut im Monat der Frühlings-Tag-und-Nacht-Gleiche klaffte und toste an der Stelle, wo früher der Kontinent gewesen war. Der Wald von Scissy stand unter Wasser und die Mönche sahen, daß entwurzelte Bäume wie Strohhalme von den Wasserfluten weggetragen wurden. Eine neue Sintflut war ausgebrochen.

Und diese ganze Entfesselung der Elemente schien nur ein einziges Ziel zu haben: den Monte Tombe. Der Regen, das Meer, die Blitze — denn auch ein Gewitter war mit im Spiel — das Erdbeben konzentrierten sich auf die verschonte kleine Insel, um auch sie zu verschlingen. Aubert versteht. Dadurch daß er den Monte Tombe dem hl. Michael weihte, hat er Luzifers gnadenlosen Zorn entfesselt. Ehe er ihm diesen Teil seines Reiches überlassen hätte, hat Satan — seiner eigenen Logik getreu — es lieber zerstören wollen. Um das zu erreichen, hat er seine ganze Macht und die Macht seiner gefallenen

Engel aufgeboten. Aubert konnte feststellen, daß ein Geistwesen, selbst wenn es rebelliert, unglaubliche Kräfte besitzt und der Natur gebieten kann. Da ruft der Bischof Michael zu Hilfe. Und auf der Stelle wird ihm Hilfe zuteil. Der Sturm legt sich, das Meer sinkt; der Berg besteht, ähnlich wie die Arche Noah, in einer apokalyptischen Landschaft.

Die Abtei wird sich jedoch triumphal erheben; sie wird von dem berühmten Wunder des Abendlandes überragt, das sich zwischen Erde und Himmel erhebt. Sie bietet den unablässig niedergehenden Blitzen die Stirn und ist darin ein vollendetes Abbild von Michael, dem furchtlosen Ritter, der aufrecht zwischen Gottes Thron und Luzifers steht. Unbesiegbar.[359] Der Monte Tombe hat dem Mont-Saint-Michel Platz gemacht.[360]

Der Ruf des hl. Michael ist überwältigend und breitet sich blitzschnell aus. 710 weiht ihm Childebert III. sein Königreich. 732 erfleht Karl Martell, als er den bis dahin unbesiegten Sarazenen entgegengeht, unmittelbar vor der Schlacht von Poitiers den Beistand des Erzengels, dieses Verteidigers der Christenheit. Er hat keine Bedenken, dem Erzengel den Sieg über die muslimische Armee zuzuschreiben.

Braucht es noch andere Zeichen der wachsenden Vorrangstellung dieses Berges? Ja — und irische Pilger werden diese Zeichen schon bald erfahren.

Auch bei den Iren ist das Heidentum trotz der zweihunderjährigen Anstrengungen von Missionaren, die in der Nachfolge des hl. Patrick wirkten, noch nicht völlig ausgerottet, und die Verehrung des großen keltischen Gottes Dagda, den die Gallier Taranis oder Succelos nannten, hat noch immer überlebt. Mit ihm wird eine mythische Erzählung verbunden, in der Dagda einer Schlange oder einem Drachen, dem Symbol des Bösen, gegenübersteht und in einem Kampf zu Pferde tötet.[361]

359 1940 wurden von La Varende 992 Brände in der Geschichte des Berges gezählt, die eine natürliche oder eine kriminelle Ursache hatten, ganz zu schweigen von dem halben Dutzend Erdbeben.

360 Der Name des Monte Tombe hat in einem anderen Namen überlebt: eine benachbarte Felseninsel heißt Tombelaine; die Etymologie dieses Namens ist transparent, denn sie verweist auf Belenos, den Sonnengott der Kelten.

Um Dagda eines seiner Heiligtümer zu entreißen, haben die Mönche wohl die Legende vom Skellig Michael ersonnen.

Ein roter, außerordentlich wilder, mit Schuppen übersäter Drache ruiniert das Grünland der irischen Insel. Mit seinem Schwefel- und Feueratem zerstört er alles. Der rote Drache ist bei den Kelten und auch bei den Christen ein uraltes Bild für das Böse. Tapfere Krieger nehmen es mit dem Ungeheuer auf, aber es tötet sie alle. Und die Moral aus der Geschicht': Den Teufel bekämpft man nicht mit menschlichen Waffen, sondern durch das Gebet. Man setzte also wie in Sipontium und wie in Rom ein Triduum an. Durch Gottes Hilfe gestärkt, begeben sich die tapferen Iren mutig zur Höhle des Ungeheuers. Aber was sehen sie dort zu ihrer Überraschung, wenn nicht sogar zu ihrer Enttäuschung?! Der rote Drache ist tot. Er haust, bereits ganz steif, im hintersten Winkel seiner Höhle. Neben dem Kadaver liegen Waffen aus Silber, die von dem Helden, der das Untier zur Strecke gebracht hat, zurückgelassen worden waren. Voller Achtung und Ehrfurcht sammelt man sie ein. In der Nacht hat der Bischof einen Traum: Der hl. Michael erscheint ihm; er war es, der den Drachen getötet hat. Als Gegenleistung für seine wunderbare Hilfe verlangt er, daß seine Waffen unter großen Feierlichkeiten zu seinem berühmtesten Heiligtum gebracht werden.

Der Bischof beauftragt sofort vier robuste junge Männer mit dieser langen und gefährlichen Mission: sie sollen zum Monte Gargano reisen. Sie setzen mit dem Schiff auf das Festland über und nehmen dann den Weg nach Italien. Aber was geschieht? Die vier Burschen haben Beine wie aus Blei, sie trödeln im Schneckentempo daher. Selbst wenn sie manchmal für kurze Zeit in einem normalen Tempo voranschreiten, so bemerken sie, daß sie zurückgehen... Teufeleien? Nein, eine himmlische Mahnung. Der irische Bischof hatte den Erzengel nicht gut verstanden: sein berühmtestes Heiligtum war der Mont-Saint-Michel.

---

361 Man fand gallische Darstellungen von Succelos als Reiter, der mit einer Lanze eine riesige Schlange durchbohrt. Die Ikonendarstellungen des hl. Georg haben sich davon inspirieren lassen; ebenso war dies der Fall bei den Darstellungen des hl. Michael, der allerdings nicht zu Pferde, sondern als einfacher «Fußgänger» dargestellt wurde.

Die jungen Burschen waren unfähig, weiter als bis zur Normandie zu gehen. In der Überzeugung, daß sie dem hl. Michael eine Freude bereiten, übergeben sie die Waffen der Abtei.

Es ist die ausgeschmückte Geschichte von der Sakralisierung eines heidnischen Kultortes und der direkten Verbindung des Mont-Saint-Michel in Frankreich mit dem irischen Skellig Michael. Schon bald wird es weitere geben, denn im Laufe der Zeit breitet sich auch in England und Deutschland die Verehrung des hl. Michael aus. Diese Verehrung hat ihren Ausgangspunkt aber nicht am Monte Gargano, sondern in der Normandie. Der Grund dafür? Im wesentlichen war es die außerordentliche Vitalität des Herzogtums nach den Wikingerinvasionen, aber auch der unersättliche Kampfdurst und das Reisefieber der jungen Nachfahren von Rollon.

Von Frankreich bis nach Italien, von Italien bis nach Frankreich und schließlich auch im Heiligen Land verkünden die Normannen frohen Herzens ihren Glauben an den kriegerischen Erzengel, den sie zum Patron ihrer Provinz und zum Schutzherrn ihrer militärischen Unternehmungen erwählt hatten.

In Wirklichkeit haben die Normannen nach den Wikingersiegen des 9. Jahrhunderts die im ganzen karolingischen Reich verbreitete Verehrung des hl. Michael nur übernommen. Karl der Große war nämlich einer der großen Verteidiger des Erzengels. Bereits die letzten Merowinger hatten das Reich dem Bezwinger Luzifers geweiht und der Kaiser konnte sich auch noch des Gelübdes erinnern, das einer seiner Ahnen vor der Schlacht von Poitiers gemacht hatte. Die Allianz zwischen Karl dem Großen und dem hl. Michael ist aber sicher komplexer: Hier verbindet sich eine sehr lebendige und sehr realistische Frömmigkeit mit einer komplizierten religiösen und politischen Symbolik.

Denn trotz der loyalen Unterstützung, die die Päpste den Karolingern als Gegenleistung für deren militärische Hilfe zukommen ließen, verhielten sie sich doch nicht weniger als Usurpatoren. Wenn sie allerdings Anspruch auf den Schutz des Erzengels Michael erheben, so verleiht ihnen das eine noch höhere Legitimität als den Nachkommen Chlodwigs: Die der Erbfolge des Römischen Reiches, das Konstantinus dem Erzengel geweiht hatte. Im Jahr 813 weiht

Karl der Große am Ende des Konzils von Mainz seine Staaten und seine Banner dem Erzengel Michael, und er weitet die Feier des am 29. September begangenen Festes auf sein ganzes Reich aus. Von nun an tragen die Lilienbanner der Franken das Bildnis des Seraphen und folgende Inschrift:

Ecce Michael, Princeps magnus, venit in adiutorium mihi.[362]

Der Legende zufolge erinnert die Inschrift an den Beistand, den der Kaiser in seinen Kriegen gegen die Sachsen erfahren hat; Michael soll ihm sogar in voller Kriegsrüstung erschienen sein: auf einem weißen Schlachtroß reitend und ein blaues, mit Bourbonenlilien verziertes Banner in der Hand.

Wie dem auch sei, jene Epoche erlebte eine noch nie dagewesene Blüte an Heiligtümern, die dem Erzengel Michael geweiht wurden. Im 10. Jahrhundert zählte man in Frankreich 180 Klöster oder Abteien, die sich den Fürsten der himmlischen Heerscharen zum Patron erkoren hatten und etwa 200 Städte, Dörfer und Weiler trugen seinen Namen, ganz zu schweigen von den Türmen der Kathedralen, die nach altem Brauch stets unter den Schutz der drei Seraphim gestellt wurden, wie es der Fall in Saint-Riquier ist.

Es ist auch die Zeit, in der in Deutschland der Michaelsberg gegründet wird.

Die Geschichte vom Michaelsberg ist von einer sehr poetischen Legende umwoben. Sie reiht sich ganz in die Linie der Heiligtümer des Erzengels ein. Jedesmal hat Michael sie in einem harten Kampf von Luzifer, der sich hinter der ursprünglichen, heidnischen Gottheit verbarg, gewonnen. Auf diesem bayrischen Berg beteten die Germanen Wotan oder Frida, die bisweilen von den Geschichtsschreibern mit der Göttin Diana gleichgesetzt wurde. Wotan, der Gott der Gipfel, widerstand der Predigt des hl. Bonifatius[363], der beschlossen hatte, diesen Berg dem hl. Michael zu weihen. Der Heilige stürmte also ohne Furcht vor dämonischer Hexerei auf die heidnische Anhöhe. Der wackere Bonifatius hatte aber die Macht des Widersachers falsch eingeschätzt...

362 Siehe, Michael, der große Fürst; er kommt mir zu Hilfe.

363 Bonifatius war der erste Glaubensbote in Deutschland; im 8. Jahrhundert erlitt er durch seine eigenen Gläubigen das Martyrium.

Als er ganz allein näherkam und lediglich ein Kreuz in der Hand hielt, wurde der Berg lebendig; es war aber ein bösartiges, aggressives, destruktives, mörderisches Leben. Felsen lösten sich und rollten auf den Heiligen zu, um ihn zu zerschmettern. Steine zerbröckelten unter seinen Füßen, um ihn in tiefe Schluchten fallen zu lassen. Bäume und Dornen wuchsen so schnell, daß man es mit bloßem Auge erkennen konnte; sie bildeten eine undurchdringliche, natürliche Mauer zwischen dem Mann Gottes und dem «Gipfelgötzen».

Trotzdem versuchte Bonifatius, sich einen Weg durch diese Feindseligkeit und Grausamkeit zu bahnen. Aber kaum hat er ein Hindernis überwunden, da steht schon ein anderes, noch schlimmeres vor ihm. Er begreift: Jemand möchte ihn daran hindern, weiter vorzudringen. Luzifer verteidigt seine Domäne und wendet dabei seine ganze übernatürliche Macht an. Bonifatius weiß genau, daß kein Mensch, selbst wenn er ein Heiliger ist, dem Teufel ohne Hilfe von oben die Stirn zu bieten vermag. Ein Seraph bleibt ein Seraph... Im Unterschied zu vielen anderen, die sich in ihrer Anmaßung und Torheit für noch ausgefuchster als Satan hielten, versucht er nicht, allein gegen den Fürsten dieser Welt anzukommen. Nachdem er ihn erkannt hat, beginnt er nicht einen Kampf mit ungleichen Waffen, sondern er ruft Michael zu Hilfe. Sofort entflammt sich der Himmel und ein blendender Meteor steigt aus einer Wolke. In der Mitte dieses weißen Lichtes erkennt Bonifatius einen jungen Mann mit riesigen, makellosen Flügeln, bekleidet mit einem feurigen Harnisch, ein Schwert in der Hand. Am Himmel erscheint abermals ein Zeichen — man würde es eine Fackel aus Flammen und Schwefel nennen, die alles in Besitz nimmt und von innen her brennt als wäre sie eine einzige Glut. In ihr befindet sich ein anderer junger Mann, genauso schön wie der Erzengel Michael, wenn sein Gesicht nicht so viel Haß, Wut, Schmerz und Verzweiflung ausdrücken würde. Michael und Luzifer schauen sich an, dann stürzen sie aufeinander. Bonifatius kann es nicht fassen: die beiden Seraphim, der gute und der böse, diese beiden höchsten Fürsten unter allen Geistwesen prügeln sich wie Lumpensammler. Sie sind weit von einem spirituellen Kampf entfernt, von dem die Theologen berichten! Sie schlagen wie Holzfäller aufeinander ein, sie zanken sich, sie beißen und zerkratzen einander! Sie sind fast gleich stark, zwei furchterregende Champions, die keine Angst vor Schlägen haben. Diesmal gibt Luzifer nicht schnell auf; dieser Berg ist eine seiner letzten Hochburgen und die verteidigt er! Natürlich weiß er — denn dazu hat er noch genügend Engelintelligenz — daß er auch dieses Duell verlieren wird und daß er immer verliert, daß er der große Verlierer dieser ganzen Sache ist. Nur sein fürchterlicher, sein verfluchter Hochmut hindert ihn daran, um Gnade und Barmherzigkeit zu bitten; um jene Gnade und Barmherzigkeit, die der «Andere» ihm in Seiner hassenswerten Güte sogar gewähren könnte... Wenn er darum bitten würde... Dieser Gedanke steigert die Wut und den Haß des Rebellen nur noch. Wenn Michael diesen Berg für sich haben will, so soll es ihn teuer zu stehen kommen. Er wird Federn lassen müssen! Und Luzifer krallt seine Finger in die großen weißen Flügel seines zum Feind gewordenen Bruders; er zieht bösartig daran und ist fest entschlossen, ihm weh zu tun. Eine ganze Hand voll Schwungfedern des Erzengels bleiben ihm in der Hand und Bonifatius sieht, wie noch andere wirbelnd hinabfallen. Eine fällt vor seine Füße, Bonifatius bückt sich... Mein Gott, welches Wunderwerk! Es gibt nichts Vergleichbares auf der Welt! Das ist keine Feder, das ist ein Kleinod, wie kein Goldschmied es herzustellen vermöchte!

Dort oben hat Michael soeben seinen Kontrahenten zu Boden geschmettert. Der Teufel überläßt ihm den Platz und stößt dabei Schreie aus, die mehr seinen Zorn als seinen Schmerz ausdrücken; er ist viel zu stolz, unendlich viel zu stolz, um sich zu beklagen, wenngleich sich wohl niemand vorstellen kann, was er durchmacht...

Der Berg von Wotan und Frida wird zum Michaelsberg. Die Mönche fassen die Feder des Erzengels in einen kostbaren Reliquienschrein und bieten sie zur Verehrung den staunenden, verblüfften Gläubigen dar. Im Lauf der Jahrhunderte kommen sie zu Tausenden auf den Michaelsberg, um dort den erstaunlichen Beweis des Engelsbesuches zu bewundern, der noch verblüffender ist als die Spuren im Marmor des Monte Gargano und der italienische Purpurmantel, verblüffender als die Waffen des Skellig Michael, oder die St.-Aubert-Quelle, die Michael aus dem vom Meer umfluteten Felsen hat hervorsprudeln lassen, um seinen Anhängern reines Wasser zu schenken.

Es kamen die Reformation und die Glaubenskriege. Eines Tages bemächtigten sich die Protestanten der Abtei auf dem Michaelsberg. Sie unterschieden Volkspoesie nicht von päpstlicher Übervorteilung und entfernten jene Feder, von der man angenommen hatte, daß sie aus dem Flügel des Erzengels gefallen sei. Seitdem weiß niemand mehr, was aus ihr geworden ist...

Das Verschwinden der Feder hinderte Bayern jedoch nicht daran, dem hl. Michael treu zu bleiben und Gebetsgemeinschaften, karitative Einrichtungen und einen Ritterorden unter seine Schirmherrschaft zu stellen.

Der Michaelsberg hat der Bedeutung des Mont-Saint-Michel nicht den Rang abgelaufen, der noch mehr als der Monte Gargano die Macht des Erzengels symbolisiert; eine kriegerische, aber geheiligte Macht. Diese Art der Macht erklärt auch, warum das Mittelalter seinen Rittern den himmlischen Krieger zum Vorbild gab. Es begann bereits unter der Herrschaft Karls des Großen, dann aber vor allem durch ein berühmtes literarisches Werk: *Das Rolandslied.* Wenngleich die endgültige Fassung dieses epischen Gedichtes erst im 11. Jahrhundert niedergeschrieben wurde, so waren die ursprünglichen, heute unbekannten Texte bereits in den Jahren nach dem Drama von Roncevaux vom 15. August 778 im Umlauf. Dieses Heldenlied gibt ein beredtes Zeugnis von der Bedeutung, die dem hl. Michael beigemessen wurde. Michael[364] soll nämlich Karl eingegeben haben, das unbezwingbare Schwert namens Durandal, dem wackeren Recken Roland zu geben. Und als in der abgelegensten Pyrenäenschlucht, wo durch Ganelons Tücke die fränkische Nachhut verlorengeht, der Neffe des Kaisers nach hundert Heldentaten den Tod kommen fühlt, vertraut er sich dem Erzengel Gabriel an, für den er eine besondere Vorliebe hat. Anschließend empfiehlt der Graf de la Marche de Bretagne — denn er hat Sinn für die himmlische und die irdische Rangordnung — seine Seele dem Wohlwollen des hl. Michael vom Mont-Saint-Michel.

364 Einer seiner Spezialisten, Léon Gautier (11. Jh.) hatte keine Bedenken, einen Normannen als Verfasser des Liedes anzunehmen; Grund dafür war der gewichtige, einflußreiche Platz, den der Erzengel und der Berg einnahmen.

Das Rolandlied wurde in allen Provinzen, in denen die alte Sprache Nordfrankreichs gesprochen wurde, rezitiert; vielleicht geschah dies auf Anordnung des normannischen Herzogs Richard I. Dieses Lied rühmt die jungen Männer und macht sie zu Helden. Es spielt seine Rolle bei dem überschwenglichen Abenteuerfieber, von dem die normannische und französische Jugend im 10. und 11. Jahrhundert erfaßt wird, und das seinen Höhepunkt in dem wahnwitzigen und ruhmreichen ersten Kreuzzug (1095-1099) findet.

So wohlhabend die Normandie auch war, sie reichte nicht, um den Appetit der Wikingerkinder zu stillen. Die Söhne der adeligen Familien folgten dem alten Instinkt der skandinavischen Draufgänger und machten sich auf die Suche nach handgreiflichen Auseinandersetzungen und Heroismus. Sie machten sich aber auch auf die Suche nach Sonne, denn die nordischen Abkömmlinge träumten von milderen Landstrichen... Zu Dutzenden machten sie sich auf nach Italien. Manche, wie z.B. die berühmten Junker Hauteville aus dem Cotentin, teilten sich die Reiche im Süden auf. Andere hatten nie Glück und begnügten sich damit, geschickteren Herren als Kaufleute zu dienen. In den Pouilles finden alle ein liebgewonnenes Element ihrer alten Existenz wieder: die Verehrung des hl. Michael auf dem Gargano. Die himmlische Basilika hinterläßt mehr denn je den Eindruck eines Bollwerkes der Christenheit in einer Zeit, wo die Kirche von einer neuen Gefahr bedroht wird: vom Islam.

Michael, der Ritter Gottes, legt in die Herzen dieser rohen, verwegenen und leidenschaftlichen Jünglinge ein doppeltes Verlangen: Das Verlangen nach Eroberungen und das Verlangen nach dem Martyrium. Sie beginnen mit ihren Eroberungen in Sizilien, bevor sie sich für den heiligen Krieg entflammen lassen: Jerusalem und das Grab Christi zu befreien.

Wie könnte man den Impuls, der für den ersten Kreuzzug von den Normannen Italiens und Frankreichs, den Getreuen des hl. Michael vom Monte Gargano und denen des hl. Michael vom Mont-Saint-Michel, ausging, übergehen? Auch ihr Herzog Robert II., der unpassenderweise den Beinamen «Robert, der Teufel» erhielt, begab sich 1026 barfuß ins Heilige Land. Er starb auf dem Rückweg an Erschöpfung, aber vielleicht auch an einer Vergiftung und grüßte, ähnlich wie Roland in Roncevaux, den «hl. Herrn Michael», dessen Berg er nicht mehr wiedersehen sollte.

Aber diese Expedition sowie andere, anonyme und vergessene Expeditionen so vieler anderer, weniger berühmter Pilger, waren nicht vergeblich. Die normannische Kühnheit lohnt sich. Die Stützpunkte in Süditalien und auf Sizilien wurden zu unentbehrlichen Stationen künftiger Kreuzzüge. Die «Vorläufer», die während des 11. Jahrhunderts der Grausamkeit der Ungläubigen getrotzt hatten, um nach Palästina zu gehen, markierten die Wege der Wiedereroberung; Wege, denen die armen Leute Peters, des Eremiten, und die Ritter folgten.

Kein einziger Kreuzfahrer bezweifelte, daß der hl. Michael höchstpersönlich vor ihnen herzog. Sie erzählten von tausend Ereignissen, die sie für wunderbar hielten, und in denen sie ein aktives Eingreifen des Erzengels erkannt hatten. Nachdem die Franzosen, die Normannen und die Schar um Godefroy de Bouillon aus den Ardennen im Juli 1099 nach unsäglichen Mühen und unter Verlust Tausender Männer Jerusalem einschließen, sind sie überzeugt, auf den Schutzwällen der heiligen Stadt den kriegerischen Erzengel zu sehen, der ihnen ein Zeichen gibt. Diese Erscheinung, mag sie nun real oder imaginär[365] gewesen sein, erfüllt sie wieder mit Mut, den die vielen Prüfungen und auch die zwischen den Anführern herrschende Rivalität und der Ehrgeiz, ein wenig erschüttert hatten. Jerusalem ist wieder im Besitz der Christen.

Wieder ist es der hl. Michael, den Philippe Auguste und die anderen Barone auf dem zweiten Kreuzzug in der Person eines geheimnisvollen Reiters, der sie durch die gefährlichsten Gebiete geleitet, zu erkennen glauben...

Übrigens kämpft der Erzengel gegen den Islam und die grüne Fahne des Propheten an allen Fronten. Wenn das Spanien der Reconquista sich den hl. Jakobus von Compostella zum Patron erko-

365 Die normannischen Anführer waren durchaus fähig, aus allen Dingen ein Wunder zu machen, um ihre Mannen mitzureißen und aufzupeitschen. Sie konnten aber auch aufrichtig sein, wie es die Auffindung der heiligen Lanze beweist, als die Kreuzfahrer in Antiochien belagert wurden. Das hinderte einige Anführer jedoch nicht daran, diese Lanze lautstark für eine sakrilegische Täuschung auszugeben, wie Jaques Heers berichtet.

ren hat, so gehen die französischen Ritter, deren Weg über die Pyrenäen führt, sowie die Pilger von Santiago über die obligatorische Etappe von Notre-Dame-du-Puy. Die Kathedrale steht einer Legende zufolge in dem Ruf, von Engelhand[366] erbaut zu sein; sie befindet sich in der Nachbarschaft der außergewöhnlichen St.-Michaels-Kapelle von Aiguilhe, die schwindelerregend auf dem Gipfel eines vulkanischen Gesteins nistet und zu der man nur nach einem beschwerlichen Aufstieg gelangt, auf dem man — weiter unterhalb — den Oratorien des hl. Raphael und des hl. Gabriel einen Besuch abstatten kann.[367]

Michael, der Verteidiger der Kirche, der geistliche Anführer des Kreuzzuges und des Kampfes gegen den Islam, ist auch der heilige Patron Frankreichs. Die Ritter und die französische Monarchie erinnerten ihn immer wieder daran, als die finsteren Tage des Hundertjährigen Krieges und die großen nationalen Katastrophen über das Land einbrachen. Und in der Tat: Michael griff ein — zugunsten der Lilien und gegen die Leoparden.[368] Aber auch England war ein Land des Erzengels...

Auch da war es wieder das Werk der Normannen, die nirgendwo hingingen, ohne ihren himmlischen Beschützer mitzunehmen.

Zu Beginn des 11. Jahrhunderts hatte König Ethelred eine normannische Prinzessin namens Emma geheiratet. Emma war die Tochter von Herzog Richard I.[369] Unter dem Einfluß seiner jungen, schönen und feurigen Gattin weihte Ethelred 1014 sein Königreich dem hl. Michael; er machte dessen Feste zu obligatorischen Festen, an denen nicht gearbeitet wurde und denen ein dreitägiges Fasten und Beten vorausging.[370] Und der Erzengel erinnerte sich daran, daß er durch die Normannen nach England gekommen war.

---

366 Siehe nachfolgend das Kapitel, das Maria, der Königin der Engel, gewidmet ist.

367 St. Michael von Auguilhe wurde 970 erbaut und zwar mit großer Gewißheit als Kathedrale auf einem alten Druidenaltar. Manche sind sogar der Ansicht, daß der Gesteinsgang ein einziger gigantischer, sakraler Stein sei, eine Art Riesenmenhir, der noch aus der vorkeltischen Zeit stammt.

368 Lilie und Leopard sind Symbole für Frankreich und England.

369 Emma ist also die Tante von Robert II., und die Großtante von Guillaume le Bâtard; verwandtschaftliche Bande, die nicht ohne Folgen sein werden...

370 Festzuhalten ist, daß Ethelred nicht nur die beiden großen Feste vom 29. September und 8. Mai (dem Jahrestag der Erscheinungen auf dem Monte Gargano) beging, sondern auch das typisch normannische Fest am 16. Oktober, dem Kirchweih-Jahrestag des Mont-Saint-Michel.

Der einzige Sohn, der von Emmas und Ethelreds Kindern überlebte, heißt Eduard. Sein Vater starb, als er noch sehr jung[371] war. Daraufhin bemächtigte sich ein Usurpator des Thrones; der kleine Prinz findet bei Verwandten seiner Mutter Zuflucht. Von seiner Kindheit in der Normandie bewahrt sich Eduard eine sehr warmherzige Zuneigung für seine Cousins und das Land seiner Mutter. Als er in das Alter kommt, wo er sein Erbe in Besitz nehmen kann, beschließt er, es dem Herzog der Normandie auf Lebenszeit zu übergeben. Denn Eduard hat, obwohl er verheiratet ist, das Gelübde der Keuschheit abgelegt.[372]

Sein verschwundener Cousin Guillaume fordert mit Waffengewalt seine Rechte auf England ein. Mit dem Schiff legt er an der Insel an, liefert die Schlacht von Hastings, schlägt die Sachsen, tötet deren König Harald und setzt sich die Krone auf. Die ganze Militäraktion von Guillaume le Bâtard fand zwischen zwei Daten statt: vom 29. September bis zum 16. Oktober 1066.[373] Ein unbestrittenes Zeichen für die Menschen jener Epoche...

Soll England glauben, daß es nach einem solch bemerkenswerten Segen unter dem ewigen Schutz Michaels stehen wird? Nein... Als die Nachfolger der normannischen Herzöge voll Ehrgeiz zum Kontinent, nach Frankreich drängten, wandte sich der Erzengel von ihnen ab. Er ist der Verteidiger des Lilienreiches — und das will er auch bleiben. In diesen aufgewühlten Zeiten schlägt er sich auf die Seite des unterdrückten Frankreichs; und als menschlich gesehen alles verloren zu sein schien, erwirkt Michael von Gott jenes sagenhafte Wunder, das das Land seiner Wahl retten sollte.

Eine Antwort auf jahrhundertealte Frömmigkeit — das stimmt.

Seit der Merowingerzeit bemühte sich der gallische und dann der fränkische Klerus, das Königtum mit einer Weihe zu verbinden. Die Taufe Chlodwigs bildete dazu die Grundlage. Man ging dabei von dem gewöhnlichen Ritus der Salbungen aus, die an allen Neugetauf-

371 Emma verheiratete sich sogleich mit König Canut von Dänemark.
372 Schließlich entledigt er sich seiner Frau Edith, indem er sie in ein Kloster steckt...
373 Man darf nicht glauben, daß sich Guillaume gleichsam als Psychologe das Datum seiner Ankunft in England ausgesucht hatte. Das Wetter war schlecht, so daß nicht an eine Überfahrt zu denken war. Erst am Abend des 27. Septembers kamen trotz der Tag-und-Nacht-Gleiche günstige Winde auf...

ten vorgenommen wurden. Aus diesem Ritus wurde dann die Lehre von der Weihe ausgearbeitet, deren Vorausbild man schon in der Geste des hl. Remi[374] sehen kann. Der französische König, der über die Nation, *die älteste Tochter der Kirche,* herrscht und der gewissermaßen die Rolle eines Oberleutnants Gottes auf der Erde innehat, d.h. er ist der bewaffnete Arm der Christenheit, reiht sich in die lange Folge der Könige Israels ein, die Herrscher göttlichen Rechts waren. Von dort war es nur noch ein Schritt, bis daß die Kirche ihrer Lieblingstochter Frankreich, den Titel «Neues Israel» gab. Folglich ist es nur natürlich, Michael, der im Alten Bund der Schutzengel Israels war, und dann der Schutzengel der Kirche im Neuen Bund geworden ist, nun als den Schutzengel Frankreichs zu betrachten.

Diesen Schutz forderte die fränkische und die französische Monarchie in ihren drei Dynastien immer wieder ein: Weihe des Königreiches durch Childebert III., die von Karl dem Großen und von den Kapetingern mehrmals direkt oder indirekt erneuert wurde.

Die Schloßkapelle in Paris, in der die Königskinder getauft wurden, war schon vor 1165, dem Geburtstag des künftigen Königs, Philippe II. Auguste, dem Erzengel Michael geweiht worden. Der König schrieb eine machtvolle Intervention, die zu seinen Gunsten ausging, Michael zu. Sie ereignete sich in den schlimmen Stunden vor der Schlacht von Bouvines im Jahr 1215, als Verbündete die Vernichtung Frankreichs erstrebten, denn das Land begann auf dem Kampffeld der Welt zuviel Bedeutung einzunehmen. Michael übernahm den Posten des Generals der französischen Truppen und diesen Posten hatte er während des ganzen Hundertjährigen Krieges inne.

Die Herrschaft Karls V., die von den Truppen des Bertrand Du Guesclin unterstützt wurden, war eine stärkende, aufbauende Herrschaft nach den Katastrophen, von der die Regierungszeit seines Vaters, Jean II., gekennzeichnet war. In den letzten Jahren des 14. Jahrhunderts verschlechterte sich jedoch alles. Es begann in jenem

---

374 Manche spätere Berichte über Chlodwigs Taufe erzählen, wie Remi auf wunderbare Weise das heilige Chrisam erhalten hat; diese Berichte erwähnen aber nicht die berühmte Taube, sondern einen Engel, der — ganz offensichtlich ist es der hl. Michael — gekommen ist, um die Übertragung seines Schutzes zu bestätigen.

schönen Sommer 1392. Im Wald von Mans erleidet der junge König Karl VI. einen ersten Wahnsinnsanfall, was sich bis zu seinem Tod 1422 immer wieder ereignen wird; Anfälle, die um so schlimmer sind, als sie dem armen König immer wieder Zeiten der Ruhe lassen, in denen er seinen furchtbaren persönlichen Verfall, aber auch den bejammernswerten Zustand des Königreiches ermißt, das den widersprüchlichen und ehrgeizigen Zielen der anderen Mitglieder der königlichen Familie ausgeliefert ist... Die Konsequenzen dieses königlichen Wahnsinns zeigen sich in Spaltung, Haß, Eifersucht und Morden, bevor sie in einen Bürgerkrieg und dann in Kriege mit anderen Ländern ausarten. Ein Krieg folgt auf den anderen. Am 25. Oktober 1415 wird die schwere französische Kavallerie, die in einem Sturzregen, der die Ebene völlig aufgeweicht hat, nicht mehr manövrierfähig ist, in der Nähe des Dorfes Azincourt buchstäblich von den englischen Fußtruppen massakriert. Die Elite der Ritter geht in dem völligen Zusammenbruch unter. Die militärische Katastrophe ist nicht wiedergutzumachen. Dank der doppelten Komplizenschaft des Herzogs von Burgund, Jean sans Peur (Johannes ohne Furcht), und der französischen Königin Isabeau de Bavière, kann der englische König Henry V. als Sieger in Paris einmarschieren. Er stellt sich sogar als Gesandten Gottes[375] dar, der den Auftrag hat, das sündige, in Lastern und Skandalen versunkene Frankreich zu strafen...

Was dann kam, war auch nicht glücklicher. Der Wahnsinn des Königs verschlimmerte sich und ließ ihm immer wenige lichte Momente; zwei Thronfolger sterben nur wenige Monate hintereinander; die Träume nach Autonomie des Herzogs von Bourgogne nehmen immer mehr zu, er will, daß der König vergißt, daß er der Herrscher Frankreichs ist... Als interessierter Zuschauer sieht Henry V. den Tag kommen, an dem er die Krone Frankreichs, auf die Englands Könige seit Edward III.[376] rechtmäßigen Anspruch zu

375 Das sagt er zumindest in seiner Rede, die er dem Herzog von Orléans hält, den er in Azincourt gefangengenommen hat.

376 Edward III. war der Sohn von Prinzessin Isabelle von Frankreich, die eine Tochter Philipp IV. war. Da seine drei Onkel mütterlicherseits ohne männliche Nachfolger starben, war Edward der Meinung, daß er der legitime Erbe des französischen Thrones sei. Um aber gerade die Vereinigung zweier Kronen auf einem ausländischen Haupt zu verhindern, hatten die französischen Gesetzgeber die «loi salique» ausgeheckt, die verhinderte, daß das Erbrecht auch über Frauen weitergegeben werden konnte.

erheben glauben, an sich nehmen könnte. Er glaubte, daß dies bereits gemachte Sache sei, als er Karl VI. am 21. Mai 1420 um die Hand seiner Tochter bat und ihm zugleich das Versprechen abnahm, ihr — und nicht seinem jüngsten Sohn, dem Thronfolger Karl — den Thron zu überlassen. Karl VI. war sich der Tragweite dieses Schrittes nicht bewußt. Königin Isabeau trieb die Schande so weit, daß sie sogar beschwor, daß das Kind nicht vom König sei und es als uneheliches Kind nicht die Thronfolge antreten könne...

Der ganze, nördlich der Loire gelegene Teil Frankreichs ist nun in den Händen der Engländer. Nichts, nicht einmal der allzu frühe Tod Henry V., der zwei Monate vor seinem Schwiegervater[377] starb, kann verhindern, daß sein achtzehnmonatiger Sohn Henry VI. zum König von Frankreich und England proklamiert wird.

Nichts? Inmitten der tiefen Frömmigkeit, die im Königreich der Franzosen herrscht, bleibt ein Zeichen der Hoffnung, mit dem die wütenden Engländer nicht zurechtkommen. Der seit 1420 belagerte Mont-Saint-Michel setzt allen ihren Angriffen eine unbezwingbare Verteidigung entgegen; zwei Drittel des Landes hat der Feind bereits unter seiner Macht, aber das Haus des Erzengels leistet Widerstand. Alle, die noch an ein Wunder glauben, wenden ihre Augen zu diesem Wunderwerk des Abendlandes und zum Fürsten der himmlischen Heerscharen, zum Beschützer des Königreiches und seiner Könige. Die Franzosen wissen nicht, wie Michael sie retten wird, aber in der Finsternis, die sie umgibt, wagen sie noch, an diese entscheidende Hilfe zu glauben.

Die Goten sind sich dessen so deutlich bewußt, daß sie in einem Bemühen um Propaganda versuchen, sich den Erzengel versöhnlich zu stimmen. Sie wollen dadurch diese dickköpfigen Franzosen, die vor allem in der Normandie eine Widerstandsbewegung aufbauen, demoralisieren. Der Herzog von Bedford, Prinzregent John von England, ein Bruder von Henry V., ordnet an, Geldmünzen mit dem Bildnis des hl. Michael prägen zu lassen und dafür die französische Münze, auf der das Bild des Bezwingers von Luzifer prunkte, einzuziehen. Diese französische Goldmünze, auch Michelot[378] genannt,

377 Am 31. August 1422

war auf Anweisung Philipp VI., des ersten walisischen Königs, der den Patron seines Hauses ehren wollte, geprägt worden. Die französische Entschlossenheit wurde dadurch keineswegs erschüttert und der Mont-Saint-Michel steht noch immer unbezwingbar und keck da. Eine einzige Gewißheit bleibt: Solange der Mont-Saint-Michel steht, so lange wird Frankreich nicht völlig tot sein.[379]

Der Berg des Erzengels blieb inmitten des besetzten Landes fünf Jahre lang uneinnehmbar. Er war das Symbol der Volksseele, die die Niederlage nicht akzeptierte. Weit entfernt, im Osten des gemarterten Reiches, bietet eine andere französische Enklave den burgundischen Verrätern die Stirn; es ist die Region am Oberlauf der Maas. Wir schreiben den Sommer 1425; es ist Mittag. Ein Mädchen von dreizehn Jahren sitzt im Dorf Domrémy im väterlichen Garten. Sein Vater heißt Jacques Darc, von Beruf ist er Ackermann, seine Mutter heißt Isabelle Romée. Es sind fromme, ehrenhafte, arbeitsame, zuverlässige und aufrichtige Menschen. Sie haben mehrere Buben, aber nur ein Mädchen, das sie in ihrer Nähe halten. In diesen unruhigen Zeiten gilt die Tugend der Mädchen nicht viel und es gibt so viele Soldaten... Wie oft hat Jeanette schon gehört, daß ihr Vater sagte, er wolle sie lieber tot wissen, als daß sie mit den Soldaten gehen würde? Sie zählt es nicht mehr. Und was die Soldaten anbetrifft, so möge sie Gott vor ihnen bewahren, denn die sind nicht ihr Fall!

Es ist also Mittag in diesem lothringischen Garten, der in sommerlicher Apathie versunken ist.

«Als ich dreizehn Jahre alt war, vernahm ich die Stimme Gottes, die mir half, mich zu meistern und mein eigener Herr zu werden. Und zum erstenmal hatte ich große Angst. (...) Ich hörte die Stimme von der rechten Seite, wo die Kirche steht und nur selten hörte ich sie nicht ganz klar. Diese Klarheit kommt von derselben Stelle, wo die Stimme (mit dem) Gehör (zusammentrifft). Meistens ist es in großer Klarheit. Als ich nach Frankreich gekommen bin, habe ich

---

378 Die derzeitige französische 20-Francs-Münze, auf der der Mont-Saint-Michel eingeprägt ist, nimmt eine sehr alte numismatische Tradition auf.

379 Bereits während der Normanneninvasion war der Berg von den Unruhen verschont geblieben.

diese Stimme oft gehört... Die Stimme wurde mir von Gott gesandt und nachdem ich diese Stimme dreimal vernommen hatte, habe ich erkannt, daß es die Stimme eines Engels war. Diese Stimme hat mich immer gut behütet, und ich habe sie immer gut verstanden.

Sie lehrte mich, mich gut zu verhalten und in die Kirche zu gehen. Sie sagte mir, daß ich, Jeanne, nach Frankreich kommen solle... Diese Stimme sagte mir zwei- oder dreimal in der Woche, daß ich, Jeanne, aufbrechen und nach Frankreich kommen und mein Vater von meinem Weggehen nichts wissen solle. Die Stimme sagte, daß ich nach Frankreich gehen solle und daß ich nicht dort, wo ich war, bleiben könne.»[380]

Die sonderbare Anweisung, nach der Jeanne ihrem Vater nichts von alldem sagen soll, beunruhigt das Mädchen. So ungebildet Jeanne auch ist, so handfest ist doch der gesunde Hausverstand ihrer bäuerlichen Abstammung. Durch die schlichte Klarheit ihrer Antworten entwaffnet sie die ganze Scholastik ihrer kirchlichen und universitären Richter. Instinktiv weiß sie, daß es gute und böse Engel gibt und sie geht mit Klugheit und Unterscheidungsgabe vor. Das legt sie auch dem hinterhältigen und falschen Schmeichler Cauchon dar:

«Habt Ihr irgendwelche andere Zeichen dafür, daß diese Stimmen von guten Geistern kommen?»

«Der hl. Michael hat es mir versichert bevor die Stimmen kamen.»

«Woher wußtet Ihr, daß es der hl. Michael war?»

«Ich erkannte es an seinem Sprechen und an der Sprache der Engel und ich glaube fest daran, daß es Engel waren.»

«Wie konntet Ihr wissen, daß es Engel waren?»

«Ich habe es ziemlich schnell geglaubt und ich wollte es glauben. Als der hl. Michael zu mir kam, hat er gesagt, daß die hl. Katharina und die hl. Margareta zu mir kommen werden und daß ich auf ihre Ratschläge hin handeln werde. Den beiden sei aufgetragen worden,

380 Alle Zitate sind Auszüge aus den Zeugenaussagen, die Jeanne vor ihren Richtern im Prozeß von Rouen machte; sie wurden von Régine Pernoud in heutiges französisch adaptiert.

mich zu führen und mir bei dem, was ich zu tun hätte, raten sollten und daß ich glauben soll, was sie mir sagen und daß dies auf Anordnung Gottes geschehe.»

«Wenn sich der Teufel in der Gestalt eines guten Engels verbergen würde, woher würdet Ihr wissen, ob es ein guter oder ein böser Engel ist?»

«Ich wüßte genau, ob es der hl. Michael oder jemand anderer wäre, der den hl. Michael nachahmen würde. Das erste Mal hatte ich großen Zweifel, ob es der hl. Michael war, der zu mir gekommen war und dieses erste Mal hatte ich große Angst; dann habe ich ihn mehrmals gesehen, bevor ich wußte, daß es der hl. Michael war.»

«Wie habt Ihr früher den hl. Michael erkannt, als Ihr das erste Mal glaubtet, daß er Euch erschienen ist?»

«Beim erstenmal war ich ein Kind und ich hatte Angst und dann hat mich der hl. Michael unterwiesen und mir gezeigt und bewiesen, daß ich fest daran glauben müsse, daß er es sei.»

«Welche Lehren hat er Euch beigebracht?»

«Vor allem sagte er mir, daß ich ein braves Kind sein soll, und daß Gott mir helfen werde. Und neben anderen guten Dingen sagte er mir, daß ich dem König von Frankreich zu Hilfe kommen solle... Und der Engel erzählte mir von der Frömmigkeit, die im französischen Königreich herrschte.»

Es gibt offensichtlich zwei mögliche Lesarten des Abenteuers der Jeanne: Eine aus menschlicher und materialistischer Sicht und eine aus der Sicht des Glaubens. Die erste Lesart sieht in ihr ein kleines Mädchen mit blühender Phantasie, die vielleicht mit etwas Hysterie gemischt ist, wie es die Rationalisten im 19. Jahrhundert in Hinblick auf Mystiker und Visionäre angenommen haben. Jeanne habe die Visionen von den beiden Heiligen, deren Statuen sie in der Pfarrkirche gesehen hat, und die Vision vom hl. Michael, dem Patron des Königreiches, erfunden. Was dann aber eintrat, paßt schlecht zu dieser Theorie: Angefangen von diesem törichten Ratschlag, fortzugehen, sich vor dem Thronfolger Karl einzufinden, von ihm eine Armee zu fordern, um Orléans zu befreien, bis hin zu der siegreichen Verwirklichung dieser Vorhersagen.

Die Lesart aus der Sicht des Glaubens sieht den Erzengel am Werk, der sich der Schwachheit eines Siebzehnjährigen, zum Ruhm und zum Martyrium bestimmten Mädchens bedient, um Frankreich zu befreien.

Ebenfalls dem Ratschlag des Engels ist die Gewandtheit zuzuschreiben, mit der Jeanne, die im März 1429 an den in Chinon residierenden Hof gelangt, ohne Zögern Karl VII. erkennt, den sie nie zuvor gesehen hatte, und der sich unter die Schar seiner Höflinge gemischt hatte, da er die Gaben dieser sonderbaren Himmelsbotin auf die Probe stellen wollte. Wahr ist aber, daß Jeanne höchstpersönlich vor ihren Richtern sagt, daß sie im allgemeinen die Schutzengel der Menschen ihrer Umgebung sieht und mit ihnen spricht.

Um den der Verzweiflung nahen Thronfolger zu ermutigen, vertraute sie ihm ein Geheimnis an, das der unwiderlegbare Beweis für die Echtheit ihrer Sendung ist.[381] Karl VII. besaß nämlich keinen einzigen Sou mehr und dachte schon ernsthaft daran, im Ausland Zuflucht zu suchen. Diesem jungen, zweifelnden Mann sagte sie unumwunden:

«Ich sage Euch von seiten Gottes, daß Ihr der wahre Erbe und der Sohn des Königs seid, und daß Gott mich zu Euch gesandt hat, um Euch nach Reims zu geleiten, damit Ihr dort gekrönt und gesalbt werdet, wenn Ihr es wollt.»

Fassungslos sammelt Karl VII. die letzten Streitkräfte, über die er noch verfügt und vertraut sie diesem unerwarteten Feldherrn, den die Engländer eine Hexe zu nennen wagen, an. Nach sechsmonatiger Belagerung ist Orléans befreit, nachdem zuvor alle Versuche der besten französischen Ritter gescheitert waren. Seitdem feiert die Stadt jedes Jahr diese wundersame Befreiung. Das Datum hatte für die Menschen der damaligen Zeit den Wert einer Unterschrift und eines Beweises: Es war der 8. Mai, als die Goten die Belagerung

381 Dieses mysteriöse Geheimnis blieb ein Geheimnis... Die meisten Historiker sind der Meinung, daß es sich um die Antwort auf die angstvollen Fragen hinsichtlich seiner Legitimität als Prinz handelte, denn er war ja von seiner eigenen Mutter für unehelich erklärt worden... Dafür gibt es aber keine Beweise. Karl VII. soll kurz vor Jeannes Ankunft den Himmel gebeten haben, ihm Klarheit über seine Geburt und seinen wirklichen Rang zu geben. Da dieses innige Gebet keine menschlichen Zeugen hatte, konnte Jeannes Antwort nur von oben inspiriert gewesen sein.

aufgaben. In der ganzen Christenheit wurden die Erscheinungen des hl. Michael auf dem Monte Gargano gefeiert.[382]

Jeanne wird die Vollendung des Heldenliedes der Befreiung, deren Initiatorin und Heldin sie war, nicht miterleben. Ihre Mission wird mit dem Martyrium auf dem Scheiterhaufen von Rouen beschlossen; von der triumphierenden Kirche, der sie, wie es ihr der hl. Michael versichert, angehört, wird sie nicht verdammt, sondern nur von einigen verräterischen Klerikern und Kollaborateuren der englischen Besatzungsmacht.[383]

Aber was ihr der Erzengel vorhergesagt hatte, erfüllt sich Punkt für Punkt, so wie sie es ihren Richtern angekündigt hatte:

«Über die Liebe oder den Haß, den Gott für die Engländer empfindet, und was er ihren Seelen tut, weiß ich nichts, aber ich weiß genau, daß sie aus Frankreich vertrieben werden, mit Ausnahme derer, die hier sterben werden, und ich weiß, daß Gott den Franzosen den Sieg über die Engländer bescheren wird.»

1434 verlassen die Engländer, zermürbt vom Widerstand des Berges, nach einem letzten Angriff, der ihnen an Männern und noch mehr an Gold teuer zu stehen kam, den uneinnehmbaren Platz. Sie müssen außerdem vor den französischen Truppen zurückweichen, die inzwischen ihre Kraft, ihren Eifer und ihre Schärfe wiedergefunden hat. Der Erzengel triumphierte und Frankreich war gerettet.

Wenngleich Karl VII. — einer hartnäckigen Legende zum Trotz — gegenüber der kriegerischen Jungfrau und Märtyrerin, die ihm sein Königreich gerettet hatte, keineswegs undankbar war, so war es doch das Verdienst Louis XI., die Hilfe des Erzengels, den der König ganz vertraulich *mein Kumpane* nannte, zu rühmen. Am 1. August gründete er einen Ritterorden, den er selbstverständlich unter den Schutz des National-Erzengels stellte. Dabei sagte er:

---

382 Eine ähnliche Symbolik, die für die Menschen des 15. Jahrhunderts vielsagender war als für unsere Zeit, weist auch die Entdeckung von Jeannes Schwert auf, das sich unter dem Altar der St-Katharina-Kirche in Fierbois befand. Es soll dort sieben Jahrhunderte zuvor von Karl Martell deponiert worden sein, nachdem er bei Poitiers die Araber besiegt hatte; ein Sieg, den er schon damals dem hl. Erzengel Michael zuschrieb...

383 Das hatte sie so tief verstanden, daß sie ihren Richtern unablässig ihre Liebe für die triumphierende Kirche und ihr Mißtrauen gegenüber der streitenden Kirche, wie sie von Cauchon und Konsorten verkörpert wurde, unverblümt verkündete.

«... das ganz und gar einzigartige Vertrauen und die Verehrung, die wir für den heiligen Herrn Michael empfinden, den ersten Ritter, der für die Sache Gottes siegreich kämpfte, und der Seinen Ort und Sein Oratorium[384] immer bewacht und unbezwingbar verteidigt hat als Fürst und Beherrscher der alten Feinde des französischen Königshauses.»[385]

Der König hatte sich schon früher einmal auf eine Wallfahrt zum Mont-Saint-Michel begeben; er war ein sehr frommer Mensch. Diese Wallfahrt fand nach dem Tod Karls VII. im Jahr 1462 statt, um dem Erzengel für die Hilfe zu danken, die er ihm in der langwierigen Streiterei mit seinem Vater erwiesen hatte. 1471 kam auch Ludwig XI. in einzigartiger Dankbarkeit zu diesem Heiligtum.

Der König hielt sich in Alençon auf. Eines Nachmittags spazierte er im Park, unweit des Schlosses. Ein junger Page hatte ein gleichaltriges, leichtlebiges Mädchen — «ein ausschweifendes Frauenzimmer» heißt es in der Chronik — auf die Spitze eines der Türme gezogen. Er rechnete damit, daß das Mädchen, nachdem er ihm den König von ferne und in aller Muße gezeigt habe, Zutraulichkeiten nicht abgeneigt wäre, zumal der Turm so ruhig gelegen war, daß der Page sein Ziel erreichen würde. Dort oben bemerkten die beiden jungen Menschen aber, daß sie kaum etwas sehen konnten, was sie sehr verdroß. So kam ihnen die Idee auf die Plattform zu steigen. Der Bruchstein war schon alt, auf jeden Fall zu alt, um die jugendlichen Kapriolen zu ertragen... eine brüchige Zinne löste sich von der Mauer und fiel in die Tiefe. Man kann sich den Schrecken des jungen Paares vorstellen, als der große Stein genau auf das erhabene Haupt Seiner Majestät herabfiel...

Die Engel wachten. Der König machte einen Satz nach hinten; das rettete ihm das Leben. Nur seine Gewänder waren von oben bis unten zerrissen und hingen in Fetzen an ihm. Nachdem er die Ursache des Unfalls erfahren hatte und sicher war, daß es sich nicht um einen versuchten Königsmord handelte, zeigte sich Ludwig XI. nicht allzu streng gegenüber dem jugendlichen Draufgänger und dem

384 Gemeint ist der Mont-Saint-Michel.
385 *Livre des Ordonnances des chevaliers de l'ordre du très-chrétien roi France Louis XI.* Zitiert von Jean Delumeau in seinem Buch *Rassurer et protéger.*

Mädchen. Den Stein und die Reste seiner Gewänder brachte er als Zeichen eines aus Gerechtigkeit verhinderten Dramas mit großem Pomp zum Mont-Saint-Michel, wo er sie an einer Kette in der Abteikirche aufhängen ließ. In dieser Zeit ließ er auch das Wappen des Berges verändern. Bis dahin waren auf dem Wappen goldene Muscheln auf einem silberfarbenen Grund gewesen. Ludwig fügte noch etwas hinzu, was die Waffenkundler «chef de roi» nennen, d.h. ein besonderes Band, das das alte Wappen beherrscht und das wie das Wappen Frankreichs blaugrundig und mit goldenen Lilien versehen ist.

Der König hegte also eine alte und tiefgegründete Verehrung für den Erzengel, die sicher auch auf den weit verbreiteten Geschichten beruhte, die in seiner Kindheit von dem Beistand, den Michael dem in Not geratenen Frankreich hatte zukommen lassen, erzählt worden waren. Das erklärt auch die Sorgfalt, mit der er die Statuten seines Ritterordens ausarbeitete.

Für den «heiligen Herrn Michael» war Ludwig nichts zu kostbar. Er wollte, daß der Orden des Erzengels der nobelste in ganz Europa werden sollte, was er dann auch mehr als ein Jahrhundert lang war. Der König wußte, daß Qualität und Quantität nicht unbedingt zusammengehören. Er beschränkte in den ursprünglichen Statuten die Zahl der Ritter auf sechsunddreißig. Zwei Artikel beherrschten alle anderen: Die Ritter mußten beispielhafte Katholiken sein, und Verrat oder Flucht vom Kampfplatz würde beim Schuldigen ein sofortiges Erlöschen seiner Mitgliedschaft zur Folge haben. Dasselbe galt auch für Häresie. Einige Jahrzehnte später konnte man sehen, daß diese Statuten auch in die Tat umgesetzt wurden. François I. zögerte nämlich nicht, den zum Schismatiker und Häretiker gewordenen Henry VIII. von England aus dem Orden auszuschließen.

Die Ordenskette wog zweihundert Goldtaler und war aus Muscheln (das Wappen des Mont-Saint-Michel) gefertigt, wobei «eine mit der anderen durch doppelte Schlingen verschnürt war, die sich auf kleinen Goldkettchen oder Goldösen befanden, in deren Mitte auf einem Felsgestein ein Abbild des hl. Michael war». Es war den Mitgliedern untersagt, diese Medaille jemals abzulegen. Eines Tages mißachtete einer der Ritter diese Regel- als er auf dem

Schlachtfeld gefangengenommen wurde; er verbarg behende das Ehrenzeichen, das ihn als hohen Herrn zu erkennen gegeben und das Lösegeld wahrscheinlich in die Höhe getrieben hätte. Als diese Tat, bei der sich Knausrigkeit mit Feigheit verbunden hatte, bekannt wurde, wurde der Ritter seines Ranges enthoben. Und jeder hielt dies für reine Gerechtigkeit.

Dennoch war der Ruhm des Ordens nur von kurzer Dauer. Seit der Zeit Henri II. verlor der Orden des hl. Michael seinen Glanz. Er war der Elite, den edelsten und den tapfersten vorbehalten gewesen und wandte sich weltlichem Tand zu. Um allen, die ihm gerne beigetreten wären, Genüge zu tun, hielt man sich nicht mehr an die schicksalhafte Zahl von sechsunddreißig Rittern; die Qualität litt jedoch darunter. Hinzu kamen die Angriffe der Hugenotten, die sich sowohl über die Verehrung, die Päpste den Engeln entgegenbrachten, als auch über die dem hl. Michael zugeschriebenen Wunder lustig machten. Da sich die Häresie auch in der Aristokratie ausbreitete, wurde die Ordenskette immer weniger geschätzt. Karl IX. versuchte vergeblich den im Sterben liegenden Orden wieder aufzurichten.[386] Und der sehr fromme Henri III. wagte nicht, den Orden des hl. Michael zu unterdrücken, sondern er verstärkte ihn noch mit dem Patronat des Heiligen Geistes[387], der seinen Vorgänger schnell in den Schatten stellte... Schließlich wurde der Orden zu einer ehrenvollen bürgerlichen Auszeichnung im Bereich der Künste, der Literatur und der Medizin. Dieser Niedergang trug wesentlich dazu bei, daß in der Gesellschaft die Zuneigung für die Engel gemeinhin abnahm.

Die Gegenreformation bremste diesen Niedergang ein wenig, indem sie — oftmals mit Erfolg — versuchte, die beruhigende Engelfigur wieder populär zu machen. Aber die vertrauliche und sanfte Vorstellung vom Schutzengel vertrug sich nur schlecht mit der Größe des kriegerischen Erzengels; Michael ist nicht für die Geziertheit à la Saint-Sulpice gemacht, sondern für heroische Kämpfe und Angriffe. Jedesmal, wenn sich die Welt daran erinnern wollte, zeigte

386 Er war der letzte König Frankreichs, der zum Mont-Saint-Michel gepilgert ist.
387 Die neuen Ritter des Heiligen Geistes, die «cordons bleus», waren auch automatisch Ritter des hl. Michael.

der Fürst der himmlischen Heerscharen seine Macht und sein Wohlwollen.

Am Vorabend der Schlacht von Lepanto, also am 7. Oktober 1571, weihte Joseph von Österreich auf inständige Bitten des Papstes seine Flotte U.L.F. vom Rosenkranz und dem hl. Michael; er war überzeugt, daß er ihnen seinen überragenden Sieg, den er am nächsten Tag über die Türken errang, verdankte.[388]

Sonderbarerweise blieb die spanische Welt dem unsichtbaren Universum[389] viel enger verbunden und verbreitete vor allem durch die Jesuiten die Verehrung der Engel. Der Ursprung dieser Initiative, die Anna von Österreich 1652 ergriff, ist vielleicht in ihrer spanischen Erziehung zu sehen. Die Fronde (Aufstand) hörte deshalb nicht auf. Auf die Revolte der Parlamentarier folgte die noch gefährlichere Revolte der Prinzen. Die Regentin und ihre Kinder waren gezwungen, nach Paris zu fliehen; der Bürgerkrieg verwüstete zur großen Freude der Spanier das Königreich, denn sie profitierten von dieser Verwirrung, um Katalonien einzunehmen. Das blutige Beispiel der englischen Revolution ließ das Schlimmste befürchten.

In dieser extrem schwierigen Situation wendet sich die Königin, die mit allen menschlichen Mitteln kämpft, um ihrem Sohn die Krone zu erhalten, an den Himmel. Seltsamerweise erbittet sie nicht die Hilfe der Muttergottes, der Ludwig XIII. am 10. Februar 1638 feierlich Frankreich geweiht hatte. Er hatte diese Weihe als Dank für seinen Sieg von La Rochelle und als Dank für die bald bevorstehende Geburt des nach zwanzigjähriger Unfruchtbarkeit unverhofft erwarteten Thronfolgers vollzogen. Nein, Anna von Österreich erbittet nicht von der Muttergottes Hilfe und Beistand, sondern vom ersten Patron des Königreichs: Vom hl. Michael, der durch das Gelübde Ludwig XIII. und die Beschimpfungen der Hugenotten in den Schatten gestellt und vergessen wurde. Die Regentin erneuert die alte Weihe, die schon von Childebert und Karl dem Großen vollzo-

388 Lepanto befreite die christliche Welt eine Zeitlang von der beständigen Bedrohung durch die Mohammedaner. Diese Schlacht von Lepanto gab Spanien unter der Herrschaft Philipp II. eine Vormachtstellung, die den Franzosen nicht genehm war, was den Verzicht Karls IX. erklärt. Man könnte glauben, daß sich der Erzengel an jenem Tag mehr als Verteidiger der Kirche denn als Patron Frankreichs verhielt...

389 Spanien war von der Reformation verschont geblieben.

gen worden war. Im September war der Aufstand des französischen Hochadels beendet; die Pariser flehten den König an, in seine Stadt zurückzukehren; die Monarchie war solide gefestigt worden.

Es war das letzte Mal gewesen, daß sich das französische Königshaus feierlich an den hl. Michael gewandt hatte. 1722 verschwand sogar die Erwähnung seiner Schirmherrschaft aus den Akten, in denen sie nur noch der Form halber vorgekommen war.[390] Nur wenige sehen 1820 im Geburtsdatum des kleinen Herzogs von Bordeaux, dem Wunderkind, das am 20. September das Licht der Welt erblickte, ein Zeichen des Himmels. Er bewahrte seine Linie vor dem Aussterben. Es war nur gerecht, eine Gedenkmedaille mit dem Abbild des hl. Michael prägen zu lassen

In den anderen katholischen Ländern ist der Bruch nicht weniger stark. Wenn 1655 die Weihe der italienischen Halbinsel an den hl. Michael vom Monte Gargano die Pestepidemie, von der das Land betroffen war, beendet hatte und zu der Mode führte, ein Stückchen von dem geheiligten Felsen, auf den der Erzengel seinen Fuß gesetzt haben soll, als Schutz gegen Krankheiten zu tragen, so nahmen die unaufhörlichen Pilgerströme zur Basilika nun zum erstenmal in der Geschichte ab.[391]

Das den Engeln so verbundene Portugal widersteht dieser, von den Philosophen der Aufklärung inspirierten hämischen Abwendung von den Engeln besser. Dort hat im Jahr 1751 eine Ordensschwester, Antonia d'Astonac, eine Erscheinung des hl. Michael; er bittet sie, daß zu seinen Ehren ein Rosenkranz zusammengestellt werden soll. Allen, die diesen Rosenkranz beten, verspricht er seinen andauernden Schutz in dieser Welt und die Befreiung aus dem Fegefeuer.

Diese neue Verehrung kann weder ein 18. Jahrhundert, das mit den Engeln nichts mehr zu schaffen hat, in seinen Bann schlagen, noch auch eine Kirche, die bereits zu viele Probleme hat und die

390 Letztmalig wurde sie unter Ludwig XV. anläßlich seiner Salbung zum König erwähnt. Der König ließ zum Gedenken daran ein Ostensorium zum Mont-Saint-Michel senden.

391 Es ist die Zeit, in der die Enzyklopädie dem Wort *Wallfahrt* jene verheerende Definition gibt: «Reise, die aus einer falsch verstandenen Haltung der Frömmigkeit unternommen wird und die glücklicherweise aus der Mode gekommen ist.»

Engel wie Ballast opfert. Wie kann man sich um Nebensächliches kümmern, wenn das Wesentliche bedroht ist?

Aber ist es die beste Strategie, sich der Stütze jenes Engels zu berauben, der Luzifer besiegte, wenn die Hölle mit einer bis dahin seltenen Gewalt eine neue Offensive startet? Trotzdem muß man das Ende des 19. Jahrhunderts abwarten, bis man ein scheues Wiederaufleben der Verehrung für den hl. Michael feststellen kann. 1865 war Napoleon III., nachdem Bischof Dupanloup lange und hartnäkkig Druck ausgeübt hatte, bereit, den Mont-Saint-Michel wieder an die Kirche zurückzugeben. Seit der Revolution war die Abtei nicht mehr ein Gotteshaus, sondern in ein Gefängnis umgewandelt worden. Dem Bischof von Orléans gelang es, die Vorbehalte des Kaisers, der nicht gut auf Rom zu sprechen war, zu überwinden, indem er ihm den architektonischen Wert eines wundervollen Erbes, das nun davon bedroht war, eine Ruine zu werden, aufzuzeigen verstand. Am 16. Oktober 1867, dem Tag, an dem das Fest des hl. Michael in der Normandie gefeiert wurde, konnte der Erzengel sein Haus schließlich wieder in Besitz nehmen. Einige Pilger — sie kamen fast alle aus der Umgebung — begannen wieder zum Mont-Saint-Michel zu wallfahren. Nach dem Krieg von 1870 nahmen die Menschenscharen erheblich zu. Nationale Niederlagen und Katastrophen waren erforderlich, um die eingeschlafene Frömmigkeit wieder aufzuwekken! Das ruhmreiche Draufgängertum des Generals de Charette machte Beispiel.

Sogar in Rom wurde sich jeder bewußt, daß man den hl. Michael zu sehr vernachlässigt hatte. Pius IX. forderte auf, wieder zu ihm zu beten, und er vertraute ihm «die Verteidigung des katholischen Geistes» an. Der Papst, der im Vatikan eingeschlossen und des Kirchenstaates beraubt war, hatte am Kamin seines Zimmers eine Pendeluhr mit dem Bildnis des Erzengels anbringen lassen. 1875 gewährte er der Statue vom Mont-Saint-Michel die Ehre der Krönung. Die Zeremonie fand erst zwei Jahre später statt, wurde aber mit grandioser Feierlichkeit begangen.

An der Schwelle zum 20. Jahrhundert war Michael also wieder in seine herausragenden Würde als Verteidiger der Kirche eingesetzt worden. Das verdankte er wesentlich Leo XIII.

«Ich erinnere mich nicht mehr genau, in welchem Jahr es[392] sich ereignete...; eines schönen Morgens hatte der große Papst Leo XIII. die heilige Messe gefeiert und wohnte, seiner Gewohnheit gemäß, einer Danksagungsmesse bei. Auf einmal konnte man sehen, wie er ganz plötzlich seinen Kopf lebhaft erhob und intensiv auf etwas starrte, das über dem Kopf des Zelebranten war. Er hatte einen starren Blick, seine Augenlider bewegten sich nicht. Sein Blick drückte Schrecken und Staunen aus und sein Gesicht veränderte sich im Ausdruck und in der Farbe. Es ging etwas Fremdartiges und Großes in ihm vor.

Schließlich — es war, als würde er wieder zu sich kommen — gab er sich mit der Hand einen leichten, aber energischen Klaps und erhob sich. Man sah, wie er zu seinem Privatbüro ging... Seine Vertrauten folgten ihm beeindruckt und ängstlich. Sie fragten ihn dienstfertig: "Heiliger Vater, fühlt Ihr Euch nicht gut? Braucht Ihr etwas?" "Nein, nichts, nichts", antwortete er und zog sich zurück.

Nach einer halben Stunde ließ er den Sekretär von der Kongregation für den Gottesdienst rufen, hielt ihm ein Blatt Papier hin und beauftragte ihn, es drucken und allen Ordinariaten auf der ganzen Welt zukommen zu lassen. Was stand auf diesem Blatt Papier? Es war das Gebet, das früher am Ende der Messe[393] zusammen mit dem Volk gebetet wurde und das eine inständige Bitte an Maria sowie die glühende Anrufung des Fürsten der himmlischen Heerscharen beinhaltet und Gott anfleht, den Satan in die Hölle zu stürzen.»[394]

Der Text lautet so:

«Heiliger Erzengel Michael, beschirme uns im Kampfe, beschütze uns gegen die Bosheit und die Nachstellungen des bösen Feindes. Ihm möge Gott gebieten, so flehen wir inständig. Du aber, Fürst der himmlischen Heerscharen, wollest den Satan und die anderen bösen Geister, die zum Verderben der Seelen in der Welt umhergehen, mit Gottes Kraft in die Hölle hinabstoßen. Amen.»

---

392 Gemeint ist das 1886 eingeführte Gebet.

393 Dieses feierliche Gebet, das kniend gebetet wurde, wurde nach dem II. Vatikanischen Konzil gestrichen.

394 Zeugnis von Abbé Pechenino, *Civiltà cattolica,* 1930.

Seinem Privatsekretär Bischof Rinaldo Angeli zufolge, hatte Leo XII. an jenem Morgen eine Vision, die ihn vor Schrecken wie versteinerte. Er hatte gesehen, wie sich unzählige hämische und triumphierende Dämonen wie eine Schar von Raben über Rom versammelten und die Stadt mit ihrer unseligen Gegenwart erfüllten. Der Papst hatte die Eingebung, daß man innig zum hl. Michael beten müsse, um sie zurückzudrängen.

In einem ganz ähnlichen Sinne hatte Leo XIII. sicher auch jenen Exorzismus zusammengestellt, den er zur häufigen Anwendung empfahl. Dieses schnell berühmt gewordene Gebet wurde ab 1930 auf Wunsch Pius XI. besonders für die Bekehrung des kommunistischen Rußland verwendet.

Einer der interessantesten Aspekte bezüglich der wieder einsetzenden Verehrung des hl. Michael im 20. Jahrhundert besteht in der Vielfalt und Verschiedenartigkeit dieser Verehrung. Wenn der hl. Michael auch nicht mehr wie in den vergangenen großen Jahrhunderten der Christenheit ganze Scharen von Menschen anzieht, so zieht er jetzt doch die Eliten in seinen Bann — und zwar in den verschiedensten Bereichen.

In den Jahren von 1939 bis 1945 unterstreicht die Kirche natürlich seine Rolle als Patron Italiens und vor allem als Patron des besetzten und leidenden Frankreichs; sie stellt ihn als ein Bild unverhofften nationalen Wiedererstehens dar, aber vor allem ist er der Engel des Friedens. Dieser Titel war durch seinen Ruhm als kriegerischer und siegreicher Erzengel und den Schatten gestellt worden und die Kirche forderte auf, ihn unter diesem Titel anzurufen. Als Papst Pius XII. jungvermählte römische Paare im Mai 1940 segnete, sagte er ihnen, daß sie den hl. Michael als ihren Beschützer betrachten sollten, der fähig sei, sie in diesen tragischen Stunden, wo der Krieg sie voneinander trenne, zu vereinen.[395] Und heißt es in der Liturgie dieses Tages, an dem der Jahrestag der Erscheinungen auf dem Monte Gargano begangen wird, nicht: «Michael, Engel des Friedens, wird vom Himmel her in unsere Familien herabkommen;

395 Ansprache vom 8. Mai 1940.

als Friedensengel wird er die Kriege, die Ursachen so vieler Übel sind, in die Hölle verbannen?»

Fünf Jahre später kapituliert genau an diesem Jahrestag das nationalsozialistische Deutschland.

Mitten im Krieg kam es auf den Truppenübungsplätzen Großbritanniens unter den Fallschirmjägern des «freien Frankreichs» zu der Idee, die Einheiten, die noch zu jung waren, um Traditionen und einen heiligen Patron zu besitzen, unter die Schirmherrschaft des Erzengels Michael zu stellen. Aber man mußte erst das Ende des Konfliktes abwarten, um diese Wahl, mit der die ältesten Rituale des Rittertums wieder aufgenommen wurden, gewissermaßen offiziell anerkennen zu lassen. Zuerst drängte sich Michael in Indochina auf. Das Lied des II. Regimentes verkündet es. Es macht sich das hochmütige *Teufelslied* der Waffen-SS zunutze, wandelt es aber auf den hl. Michael um. Dort, wo sich die deutschen Elitetruppen auf den Teufel stützten — «wo wir herziehen, brennen die Wagen und der Teufel marschiert mit uns» — singt die Legion: «Wir haben nicht nur Waffen, sondern der hl. Michael marschiert mit uns!»

Ein anonymer Fallschirmjäger schrieb 1948 dieses Gebet zum hl. Michael, das die Spiritualität seiner Kampfeinheiten ausdrückt:

Kriegerischer Erzengel,
Wachsamer Beschützer,
Vergiß nicht
In jener Hochburg Frankreichs, wo du dein Zelt aufgeschlagen hast,
Wenn deine Füße auf dem azurblauen Meer ruhen
Und dein Kopf von dem azurblauen Himmel wie von einem
Heiligenschein umgeben ist,
Wenn die Menschen des Meeres deine Hilfe brauchen,
Daß die Menschen in den Lüften noch viel mehr deiner Hilfe bedürfen,
Am Ende eines Fallschirmsprunges
Haben sie hundertmal ihr Leben riskiert.
Wenn du bereits der
HEILIGE MICHAEL IN DER GEFAHR DES MEERES
Genannt wirst, so werde auch der
HEILIGE MICHAEL IN DER GEFAHR DER LÜFTE
Und da du als erster in sehr großer Stille

Aus den Höhen der Lüfte herabgestiegen bist,
Um zu kämpfen und zu siegen,
So hilf diesen neuen Erzengeln im Kampf.
Hilf ihnen, die nach deinem Beispiel still
Und langsam herabkommen,
Laß die Erde und die erstaunten Fluten
Unter ihren Schritten erbeben.
HEILIGER MICHAEL, PATRON DER FALLSCHIRMJÄGER,
Schirme uns im letzten Kampf,
Denn es wird der Tag kommen, an dem wir zum letztenmal
Unsere Flughäfen mit ihren langen Pisten verlassen.
Denn wer so oft aufbricht,
Kommt vielleicht eines Tages nicht mehr zurück.
Daher, HEILIGER MICHAEL, UNSER ERZENGEL, der du in diesen Momenten
Auch deinerseits aus noch viel höheren Himmeln springst,
Spring uns voraus
Mit größerer Geschwindigkeit,
In größerer Stille,
Mit mehr Sammlung,
Um unsere zerborstenen und tödlich verletzten Körper zu umfangen
Und sie in die unermeßlich große Fallschirmhülle einzuwickeln,
Deren weiße Seide mit den vielen Nähten
Als Leichentuch und als Altartuch
Bei unserem letzten und blutigen Opfer dienen wird.
Daher, HEILIGER MICHAEL, DU EROBERER,
der du in diesen Momenten
Auch deinerseits aus noch viel höheren Himmeln springst,
Spring uns voraus
Mit größerer Geschwindigkeit,
Kraftvoller denn je,
Kriegerischer denn je,
Um unsere Seele mit einer heiligen Leidenschaft zu erfüllen
Und den Teufel in seiner Verstiegenheit zu bezwingen,
Und diesmal mit Entschiedenheit um Verzeihung zu bitten
Vor dem höchsten Richter unserer Verirrungen.

Und von dem Mont Tombe, dieser Hochburg Frankreichs,
Wo du dich niedergelassen hast,
Du, unser Bruder Erzengel, hast unsere DZ[396] *gesehen,*
Damit sie verwandelt werden
In ebenso viele Siege, in ebenso viele Hochburgen,
Markiere unsere Flugbahn zur letzten DZ,
die der große Himmel Gottes ist![397]

Der siegreiche Michael ist nämlich auch der erste unter den Engeln, deren Aufgabe der Abbau von Konflikten ist. Er ist es, der auf alle Schlachtfelder der Christenheit — mag es sich dabei um irdische oder geistliche Kämpfe handeln — hinabsteigt, um die Seelen der Sterbenden aufzuheben und ihnen kraftvoll den Weg zum Himmel zu öffnen. Dieses Vertrauen drückte Basilius d. Gr. auf geradezu inspirierte Weise so aus:

«Ich bin beruhigt, denn ich habe dich so sehr geliebt, heiliger Michael, daß du dich in jenem letzten Augenblick meiner erinnern, und mich unter deinen Flügeln bergen wirst, um meine Verwirrung und Beschämung zu verstecken.»

396 *Dropping Zones*, Gebiet, wo die Fallschirmsprünge ausgeführt werden.
397 Zitiert von Abbé François Casta.

9. Die Erzengel Gabriel und Raphael

Die Neugier, die die christliche Antike gegenüber der Welt der Engel hegte, wurde nicht durch die Bibel allein zufriedengestellt. Vor allem im Orient ließen viele Gläubige ihrer Phantasie freien Lauf, indem sie sich viele Engel vorstellten und sie mit bizarren Namen ausstaffierten. Die Kirche, die solche abwegigen, aus einem neu erstandenen Heidentum oder aus der Gnosis hervorgegangenen Vorstellungen fürchtete, vermutete darin zu Recht magische Praktiken und verurteilte wiederholt diese Abirrungen. So erklärt sich auch die unglaubliche Langsamkeit, mit der in der katholischen Kirche die großen Engelgestalten Gabriel und Raphael dem Volke nahegebracht wurden.

Trotzdem hatte schon das Konzil von Rom im Jahr 492 die Verehrung der Erzengel Gabriel und Raphael sowie des hl. Michael, im Gegensatz zu anderen Erzengeln, für legitim erklärt. Aber während der Fürst der himmlischen Heerscharen, der Schutzherr der Kirche, die Stütze der Märtyrer in ihrem Kampf, der Bezwinger des Teufels, und der Führer der Seelen auf dem Weg in die Ewigkeit, dank Kaiser Konstantins zum Patron des Kaiserreiches wurde und sehr früh in der Christenheit bekannt und beliebt war, so blieben Gabriel und Raphael im «Ruhestand», unbekannt beim Volk und verkannt bei den Eliten. Wenngleich Altäre und Türme von Kathedralen unter ihren Schutz gestellt wurden, so besitzen sie doch keine eigenen Heiligtümer. Ihre ikonographische Darstellung ist an konventionelle Themen gebunden: Die Verkündigung bei Gabriel, der obligat neben der Jungfrau Maria steht; bei Raphael ist es im allgemeinen so, daß er eine Darstellung des verherrlichten Christus «ausgleicht», sei es, daß zwei Engel auf jeder Seite neben dem Herrn stehen (Michael und Gabriel rechts, Raphael und Uriel links), sei es, daß er zu den Sieben gehört, die vor dem Thron stehen. Diese untergeordneten Aufgaben gehen nach und nach zurück. Die beständig zunehmende Marienverehrung zog unvermeidlich auch ein neues Interesse für den himmlischen Boten nach sich. Im 13. und 14. Jahrhundert gab die Entstehung der Schutzengelverehrung gab Raphael eine «Chance», denn er verkörperte gleichsam den vollendeten Archetyp des Schutzengels.

Trotzdem bleibt dies alles nur von marginaler Bedeutung; der beste Beweis dafür ist die seltene Verwendung dieser Namen bei der Taufe.[398] Dennoch bieten Gabriel und Raphael der Frömmigkeit mehr als nur ein Thema zur Meditation.

Obwohl Gabriel beauftragt wurde, dem Propheten Daniel[399] die Bedeutung einer Visionen zu erklären, ist und bleibt er doch vor allem der Bote der Menschwerdung; er ist par excellence der Verkünder der Frohen Botschaft vom Heil. Im Verlauf dieser Sendung entfaltet er alle seine Talente, angefangen bei der feierlichen und furchterregenden großen Erscheinung bei Zacharias bis hin zum schlichten Traum, der er Joseph eingab. Er zieht alle Register: von überzeugender Milde bis zu heiligem Zorn, der den ungläubigen Priester mit Stummheit schlägt. Aber erst bei der Jungfrau Maria enthüllt er das Zentrum seiner Engelberufung, die in nichts anderem besteht als Gott zu dienen, indem er Ihm hilft, das Heil der Menschheit zu realisieren. Die Mystiker malten gerne das respektvolle Zögern dieses Himmelsfürsten aus, als es darum ging, sich vor der Auserwählten des Vaters, vor der Begnadeten, zu zeigen. Noch mehr inspiriert diese Szene die Künstler und zwar schon seit urchristlichen Zeiten. Die erste Darstellung datiert vom Ende des 2. Jahrhunderts; es ist ein Gemälde in den römischen Priscilla-Katakomben. Noch viele andere kamen seitdem hinzu.

Aber was weiß man genau von Gabriel? Sehr wenig.

---

398 Der Vorname Michael fand sich schon sehr bald in der östlichen Christenheit und sogar in der byzantinischen Dynastie. In Europa war er im Mittelalter sehr populär; besonders häufig kam er in der Normandie vor und auch heute ist er noch immer der am häufigsten vorkommende männliche Vorname in Frankreich. Gabriel war ein Name, der lange der Aristokratie vorbehalten war; zwischen 1900 und 1920 kam er für kurze Zeit in Mode, während Raphael in den siebziger Jahren für sehr kurze Zeit in Mode war.

399 Dan 8,15 und 9,21-27

Sogar die Etymologie entzweit die Gelehrten. Allgemeinhin ist anerkannt, daß Gabriel «Gott ist Kraft», oder «Gott ist meine Kraft» bedeutet; manche Wissenschaftler neigen aber auch zu anderen Übersetzungen: «Mein Vertrauen ist in Gott», oder «Der Gottes Vertrauen besitzt», ja sogar «Diener Gottes».

Der hl. Irenäus, der hl. Bernhard und der hl. Thomas von Aquin haben die (vom hl. Paulus nicht geteilte) Vorstellung, daß sich die Engel der höheren Chöre niemals von Gottes Thron entfernen; sie identifizieren Gabriel mit dem Fürsten des achten Chores und geben ihm die Stellung des obersten Erzengels. Cornelius von Lapis stützt sich hingegen auf die wütende Erklärung, die der glückselige Geist dem Zacharias machte: «Ich bin Gabriel, der vor Gott steht»[400], um in ihm einen Seraph zu sehen, was auch plausibel zu sein scheint.

Manche Theologen glauben, Gabriel mit dem Schutzengel der Muttergottes gleichsetzen zu können, oder vielleicht mit dem Schutzengel des menschgewordenen Wortes, der Christus im Ölgarten stärkt. Ähnlich wie Michael hat auch Gabriel den Ruf, ein Exorzist zu sein und Macht gegen die Dämonen zu besitzen. Manchmal wird er um eine gute Todesstunde angerufen.

Zunächst gilt sein besonderer Schutz aber den Verehrern der Muttergottes. Johannes XXIII. sagte von Gabriel, daß er «vor allem der Engel der Menschwerdung und ein bevorzugter Fürsprecher bei Unserer Lieben Frau» sei. Die Geschichte des Abbé Lamy zeigt es.[401]

Zu Beginn unseres Jahrhunderts machte der Kardinal-Erzbischof von Paris, Msgr. Amette, gerne folgende erstaunliche Aussage zu seinen Vertrauten:

«Ich habe in meiner Diözese einen zweiten Pfarrer von Ars; es ist der Pfarrer von La Courneuve.»

La Courneuve ist der Vorort einer Stadt, die sich auf dem Wege einer schnellen Industrialisierung und einer noch schnelleren Entchristianisierung befindet. Ein Teil der Bevölkerung setzt sich aus Randexistenzen, zumeist Lumpenhändler, zusammen. Sie leben in

---

400 Lk 1,19

401 Da sich die Kirche noch nicht über die eventuelle Heiligkeit des Abbé Lamy geäußert hat, will die Autorin weder ein Urteil vorwegnehmen, noch auch die Berichte von den Ereignissen so darstellen, als seien sie mit Sicherheit durch ein Wunder gewirkt worden.

armseligen Löchern, gehen nicht zur Kirche, leben in wilder Ehe und lassen ihre Kinder nicht taufen. Dazu gesellen sich viele Italiener, die erst vor kurzem eingewandert sind, zumeist illegal, und die allerlei unlautere Geschäfte machen. Diese armen Leute fliehen, obwohl sie katholisch sind, ebenfalls die Pfarrei, aus Furcht registriert und polizeilich erfaßt und anschließend festgenommen zu werden... Das Elend und die Angst tragen dazu bei, aus dieser Bevölkerung eine — wie das wohlhabende Bürgertum meint — gefährliche Klasse zu machen. Die Wohlhabenden ziehen sich ängstlich hinter die gut verschlossenen Mauern ihrer Besitztümer zurück. Wie um diesen wohlhabenden Bürgern Recht zu geben, wurde der letzte Pfarrer von St. Lucien eines Abends auf der Straße angegriffen. Über und über mit Schlägen bedeckt und ausgeraubt bittet der Priester um seine sofortige Versetzung. Der Bischof sah sich einem unlösbaren Problem gegenüber: Ihn zu ersetzen... Zwei Kandidaten, die er fragte, antworteten mit einem entschlossenen und definitiven Nein. Daraufhin wandte sich der Erzbischof an Jean-Edouard Lamy, einen Vikar von St. Ouen, der sich bereit erklärte, diese Pfarrei zu übernehmen.

Abbé Lamy, genauer gesagt, Pater Lamy, denn er gehört den Oblaten des hl. Franz von Sales an, kann kein Hindernis abschrekken, keine Schwierigkeit niederdrücken und kein Elend, sei es geistlicher oder physischer Art entmutigen. Und Gott weiß, daß dieser 47-jährige Ordensmann sein Päckchen — und mehr als das — zu tragen hat.

Jean-Edouard Lamy kam 1853 in Pailly in der Haute-Marne zur Welt. Seine Familie gehörte zum ländlichen Bürgertum der Winzer, die über einen gewissen Wohlstand verfügten. Jean-Edouard vernahm schon sehr früh den Ruf Gottes. In diesem Landstrich war man noch sehr fromm, und noch frommer in seiner Familie. Mitten im Terror hatten seine Großeltern ohne Bedenken alle vorbeikommenden, Widerstand leistenden Priester bei sich aufgenommen und ihr Haus für geheime Meßfeiern zur Verfügung gestellt, was sie fast mit ihrem Kopf bezahlt hätten, als einer ihrer Gäste festgenommen wurde, nachdem er ihr Haus verließ.

Der junge Jean-Edouard wuchs im Gedenken an diese heroischen Zeiten heran. Er wuchs auch in einem Klima heran, das von einer seltenen Vertrautheit mit der unsichtbaren Welt geprägt war. War es in diesem Landstrich nicht Brauch, daß man, wenn man jemandem begegnete, dem gewöhnlichen Gruß noch einen liebenswürdigen Gruß an den ihn begleitenden Schutzengel richtete? Auf die Fremden machte es einen seltsamen Eindruck, wenn sie auf einmal ein sonores «Guten Tag und auch einen Guten Tag der Begleitung!» vernahmen, obwohl sie allein unterwegs waren. Dennoch zeigten sich in Pailly und anderswo die so verehrten Engel den gewöhnlichen Sterblichen nicht auf sichtbare Weise. Eine Ausnahme war Jean-Edouard, der lange brauchte, um zu verstehen, daß ihm ein seltenes Privileg zuteil geworden war.[402] Der kleine Junge sah aber auch das mystische Lamm, das auf einem Hügel weidete; er sah wie die Muttergottes herabkam, um ihm zuzuhören, wenn er ihr Lieder sang... Am Tag nach seiner Erstkommunion kündigte Jean-Edouard seinen Eltern an, daß er Priester werde und sie stimmten zu. Nach den himmlischen Gunsterweisen begannen nun die dämonischen Nachstellungen. Satan hatte in diesem Knaben eine außergewöhnliche, mystische Seele entdeckt und bot alles auf, um ihn daran zu hindern, Priester zu werden. Jean-Edouard gestand eines Tages: «Die Seelen, die Gott liebt, werden nicht verhätschelt...»

Das Kind entkommt mehreren Unfällen, durch die es hätte getötet werden können. Später, Jean-Edouard ist 13 Jahre alt, brennt das Elternhaus in wenigen Minuten nieder; die Lamy sind ruiniert. Momentan steht es außer Frage, daß Jean-Edouard nicht ins Kleine Seminar gehen kann, denn seine Eltern können die dafür erforderlichen Mittel nicht aufbringen. Aber der Teufel ist noch nicht beruhigt... Als der jugendliche Jean-Edouard einige Tage nach der Katastrophe auf der Suche nach einer Muttergottesstatue[403], die er sehr liebte, in den Trümmern umherirrt, fallen die Überreste des Kamins auf ihn. Und obwohl die Steine ihn hätten erschlagen können, fielen sie auf die Seite.[404]

402 Pater Pio, der ebenfalls seinen Schutzengel sah, war sehr erstaunt, als er entdeckte, daß dies bei anderen Menschen nicht der Fall war.

403 Als er noch klein war, hatte er sie mit Farben bekleckst. Viele Jahre später sagte ihm die Muttergottes: «Ich wollte sie vor dem Brand retten, aber sie war so häßlich, so häßlich!»

404 In einer anderen Erscheinung sagte ihm Maria, daß der Teufel der Urheber dieser Nachstellungen war und daß sie diese Nachstellungen systematisch durchkreuzt habe.

Die Jahre vergehen, ohne daß die Familie wieder zu ihrem früheren Wohlstand kommt; aber auch der heranwachsende Jean-Edouard wird nicht mehr von göttlichen Gunsterweisen, aber auch nicht von den Nachstellungen des Teufels umgeben. Nach Ableistung seines Militärdienstes, wo er mit gesundheitlichen Schwierigkeiten zu kämpfen hatte, die ihm schon bald das Leben verpfuschen, und wo eine Gewehrsalve ihm das rechte Auge zerstörte, kann er schließlich bei den Oblaten des hl. Franz von Sales in Troyes eintreten. Dort ist man bereit, für die Kosten seines Studiums bis zur Priesterweihe aufzukommen, unter der Bedingung, daß er sich für fünfzehn Jahre in ihren Dienst stellt. Diese Bedingung ist schwer, denn die Oblaten haben für P. Lamy eine Aufgabe ausersehen, die unmöglich zu erfüllen ist, und an der sich schon mehrere Ordensmänner vor ihm erfolglos versucht hatten.

Troyes liegt in der Nähe des Zentralgefängnisses von Clairvaux, das in dem alten Kloster des hl. Bernhard errichtet worden war. Viele der früheren Häftlinge werden verpflichtet, sich in der Stadt aufzuhalten; andere, die noch hinter Gittern sind, haben ihre Familien nachkommen lassen. Dutzende Kinder und Jugendliche sind sich selbst überlassen, denn ihre Eltern sind im Gefängnis, oder gerade entlassen worden, oder auf dem Weg, dorthin zurückzukehren, denn die Rückfälligkeitsrate ist enorm hoch. Niemand hat auch nur die geringste Nachsicht mit diesen auf die schiefe Bahn geratenen Kindern, von denen manche schon mit sieben Jahren perfekte kleine Diebe sind. Die übermenschliche Aufgabe, der sich P. Lamy fünfzehn Jahre lang widmet, besteht darin, diese Kinder den Versuchungen der Straße, der Kriminalität, den Einflüssen des familiären Milieus und dem auf sie wartenden Gefängnis zu entreißen. Während seiner Wirkungszeit verausgabt er alle seine Kräfte, um diese Jungen, die von der Gesellschaft für unwiderruflich verloren gehalten werden, zu bessern. In Troyes ist er nur noch unter dem wenig überzeugenden Beinamen «der Gesindelpriester» bekannt. Seine schon immer schwächlich gewesene Gesundheit hatte er schließlich ganz ruiniert. Sie war es auch, die ihn 1892 nötigte, um eine Stelle als Vikar in einem der Pariser Vororte zu bitten, denn diese Stellen galten als geruhsamer... Dreiundzwanzig Jahre hindurch hat dieser

Priester mit den schwächlichen Kräften, der allmählich sein Augenlicht verlor, eine Arbeit auf sich genommen, die zehn junge, vor Gesundheit strotzende Männer zur Erschöpfung gebracht hätte. Kleiderabgabe für die Bedürftigen, Gebetskreise für Männer und für Frauen, Katechismus, Schirmherrschaften — die versuchten, gegen die zunehmende Entweihung des Sonntags durch den doppelten Einfluß von Kino und Sport anzukämpfen — und während des Krieges, zusätzlich zu der erdrückenden Verantwortung, die er für seine Pfarrei hatte, kam er auch noch den mobilisierten Priestern zu Hilfe, stand den vorbeiziehenden Militärgeistlichen und den nach La Courneuve strömenden Verletzten bei. In La Courneuve befand sich nämlich ein Verschiebebahnhof, der die Verletzten in die verschiedenen Krankenhäuser der Region um Paris brachte. Hinzuzufügen sind auch noch die Begräbnisse derer, die starben, bevor sie in eines dieser Pflegezentren gebracht werden konnten. Erblindet und in einem aufgenötigten Ruhestand findet der inzwischen achtzigjährige Abbé Lamy noch die Mittel, um in Violot, dem Geburtsort seines Vaters, den künftigen Marienwallfahrtsort Notre-Dame-des-Pois vorzubereiten, der in der dortigen Region sehr populär geworden ist. Zudem legt er noch den Grundstein für eine Ordensgemeinschaft: «Die Diener Jesu und Mariens», die eine wundervolle Entwicklung rund um die Abtei Ourscamp nahm, nachdem ihr zu Lebzeiten des Paters ein voller Mißerfolg beschieden war.

Dies alles wird genügen, um aufzuzeigen, daß Abbé Lamy nichts von einem Träumer, oder von einem Aufklärer an sich hatte. Er besaß auch eine große Seelenfeinheit, die erklärt, warum er ein außergewöhnlicher Beichtvater und Seelenführer wurde, der fähig war, in seinem benachteiligten Pfarrgebiet von Troyes innerhalb von fünfzehn Jahren zweiunddreißig religiöse Berufungen zu wecken. Manche seiner Worte drücken diese Seelenfeinheit aus:

«Hüten wir uns davor, irgend etwas zu dem Kreuz, das Gott den Seelen schickt, hinzuzufügen. Jedes ist schwer genug, es hat sein gut bemessenes Gewicht. Man darf keine einzige Unze hinzufügen.»

«Man darf die Seelen nicht ins Schlachthaus schicken.»

Dieser unerträgliche Dienst, der jeden anderen erschöpft hätte, war für Abbé Lamy erträglich, weil er seine Kraft in seiner beständigen Beziehung mit der anderen Welt fand. Wenn er die Messe feierte, sah er Christus; die Muttergottes besuchte ihn unvermutet und war amüsiert, wenn sie ihn dabei überraschte, daß er schlecht herausgeputzt, oder gerade mit Reinigungsarbeiten beschäftigt war, und noch mehr über Unmutsäußerungen, die ihm dann entschlüpften.[405] Mit den Engeln hatte P. Lamy jedoch die engsten Beziehungen und dazu gehörte auch Luzifer, worüber er sich nicht gerade freute...

Über diese Vertrautheit mit den Engeln gibt es einen verblüfften und aufrichtigen Zeugen.

Graf Paul Biver war, als er P. Lamy begegnete, ein Wissenschaftler, der, wenn auch nicht ganz verschlossen gegenüber einer Existenz Gottes, so doch sehr zurückhaltend war und an der Grenze zur Ungläubigkeit stand. Im Kontakt mit dem Abbé bekehrte er sich und wurde sein Biograph. Er hielt Abbé Lamy für einen Heiligen, ohne daß ihn diese Überzeugung jedoch daran gehindert hätte, genau zu beobachten. Er war prinzipiell nicht leichtgläubig; ein Erbe, das er seiner wissenschaftlichen Ausbildung verdankte und das seinen Aussagen Gewicht und zusätzliche Bedeutung verleiht.

1923 muß Abbé Lamy, der seit seiner Militärzeit einäugig war, seine pfarrlichen Aktivitäten aufgeben, da er an grünem Star leidet und sein Augenlicht fast völlig verloren hat. Er verbringt sein Alter zwischen der berühmten «Infirmerie Marie-Thérèse», die einst von Madame Chateaubriand für betagte Priester gegründet worden war (und von ihrem flatterhaften, aber großzügigen Schriftsteller-Gatten finanziert wurde...) und dem Haus seiner Schwester in Pailly. Abbé Lamy hatte Graf Biver eingeladen, ihn in diesem Herbst 1924 dorthin zu begleiten. Man schreibt den 19. November, es ist spät am Abend. Die Schwester und der Schwager von Abbé Lamy sind nicht mehr die Jüngsten und bereits vor einer Weile hinaufgegangen, um sich niederzulegen. Sie schlafen schon. Graf Biver und der frühere Pfarrer von La Courneuve tun es ihnen gleich. Die Tür ist verschlos-

405 Als die Muttergottes ihn eines Tages beim Putzen der Steinfliesen seiner Kirche in einer schmutzigen Schürze überraschte, und sah, daß er deswegen etwas verlegen war und sich gestört fühlte, sagte sie zu Gabriel: «Er hatte schon immer eine etwas wilde Demut...»

sen, das Dorf schläft. Außer dem alten Ehepaar und den beiden Gästen ist niemand im Haus. Paul Biver ist in seinem Zimmer, das an das des Abbé grenzt. Er hat sich bereits zu Bett begeben und ist schon fast eingeschlafen, als er das Geräusch einer lebhaften Unterhaltung aus dem Nachbarzimmer hört. Nebenan diskutieren drei Männer miteinander — darüber besteht kein Zweifel.

Drei Männer? Paul Biver erkannte ohne Mühe die Stimme von Jean-Edouard Lamy; sie war ihm vertraut und überdies auch leicht zu erkennen, denn sie hatte einen etwas ländlichen Akzent und sprach das «a» etwas länger. Die Stimmen der beiden anderen Gesprächspartner waren ihm indes völlig unbekannt. Außerdem beunruhigte ihn die Frage, wie diese beiden Herren, denn um solche muß es sich ihrem Tonfall nach handeln, in das Haus gekommen sind? Die Tür im Untergeschoß war zweimal verschlossen. Niemand hatte geklopft und niemand war hinuntergegangen, um zu öffnen. Weder von der Treppe noch vom Flur war ein Schritt zu hören gewesen, obwohl das Haus alt ist und die Stufen und Dielen sehr knarren.

Biver wird immer unruhiger, weil er keine Erklärung für die Anwesenheit der beiden Unbekannten im Zimmer seines Pfarrers finden kann. Der Graf ist so verwirrt, daß er, der wohlerzogene Mann, sich ganz indiskret verhält. Er erhebt sich, setzt sich kerzengerade auf, um sicher zu gehen, daß er nicht träumt und beginnt zu lauschen; er versucht zu verstehen, was im benachbarten Zimmer gesprochen wird. Ein alberner Gedanke streift ihn: wenn diese beiden Personen, die mit Abbé Lamy diskutieren, da sind, ohne daß ihre Anwesenheit materiell nachweisbar ist, so müßte man zulassen, daß sie nicht wie andere Menschen das Haus betreten haben... Nun können aber nur unkörperliche Wesen ganz bequem durch Mauern gehen...

Aus der Umgebung des Abbé Lamy hört man schon seit langem den Verdacht, daß dieser Priester mit der unsichtbaren Welt in Verbindung steht. Biver hatte von seinem Freund schon ein ganz spontanes, unfreiwilliges Eingeständnis vertraulicher Art, das er auf einmal abbrach und Biver anflehte:

«Ich bitte Sie inständig, sprechen Sie nicht eher darüber, als bis ich die Brücke zum Jenseits überquert habe!»

Der Graf zittert vor Erregung und lauscht intensiver als jemals zuvor in seinem Leben. Und er kommt auf seine Kosten. Gewiß, die Stimmen dringen zu ihm, er hört deutlich, daß sie französisch sprechen, aber das ist auch schon alles... Er versteht nicht das kleinste Wort dieser Unterhaltung. Er muß seine Beobachtungen auf das beschränken, was er wahrzunehmen imstande ist. Er ist sich mehr und mehr gewiß, daß er einem mystischen Phänomen zuhört. Die Stimme von Abbé Lamy gleicht seiner gewohnten Stimme, aber die beiden anderen...

«Einer der beiden Gesprächspartner hat eine sehr deutliche Stimme mit einem sehr männlichen und angenehmen, warmen Klang; er spricht ohne einen erkennbaren Akzent und auf entschiedene Weise. Ich höre manche Silben, aber es gelingt mir nicht, auch nur ein einziges Wort zu verstehen. Der andere hat eine dumpfere Stimme, die weniger angenehm, aber völlig normal ist. Er spricht mit weitaus größerer Zurückhaltung.»

Das Gespräch endet wie es begonnen hat und die geheimnisvollen nächtlichen Besucher verabschieden sich genauso diskret vom Abbé wie sie gekommen sind, ohne daß man Geräusche von Schritten hört, noch auch einen Schlüssel, der sich im Schloß dreht. Von Neugier verzehrt und ganz verblüfft stürzt der Graf zum Pfarrer; er gesteht ihm, daß er diese sonderbare Unterhaltung mitbekommen hat. Abbé Lamy schien das für ganz normal zu halten; er erklärte, daß Biver nichts verstanden hätte, wenn die abendlichen Besucher nicht gewollt hätten, daß er etwas davon hören und es bezeugen solle. Sie fänden sich nämlich fast jeden Abend zur selben Stunde ein und in der Vergangenheit habe noch niemand etwas von diesen Begegnungen geahnt. Aber wer sind diese Besucher? Die etwas gewöhnliche Stimme gehörte dem Schutzengel des Paters. Es ist ein bescheidener Engel mit ungekünsteltem Wesen, der nicht oft die Stimme erhebt, besonders dann nicht, wenn ein höherer Engel in der Nähe ist, was diesmal der Fall war... Die äußerst angenehme, sehr männliche, vornehme und selbstsichere Stimme, die Bivers Ohren geschmeichelt hatte, war nämlich die Stimme des Erzengels Gabriel.

Der Erzengel ist ein alter, sehr alter Bekannter von Jean-Edouard; sie waren einander am 9. September 1909 in der Kirche von Gray vorgestellt worden. Und zwar von der Muttergottes... Sie ist Gabriel sehr verbunden und hat mit ihm einen sehr vertrauten Umgang. Das erkennt der Abbé an der Art, wie Maria seinen Namen, Gabriel, ausspricht und an dem Klang, den sie keinem anderen Engel gegenüber verwendet.

Nach dieser Entdeckung machte P. Lamy dem Grafen noch wertvolle Angaben über das äußere Aussehen der Engel, über ihre Aufgabe bei den Menschen und dann auch noch über die erstaunliche Rolle, die sie während seines eigenen Lebens immer innehatten.

«Die Engel sind von ihrer Erscheinung her viel schöner als die Muttergottes. Mit den schönen Lichtreflexen, die unablässig auf ihren weißen Gewändern hin- und herfunkeln, sehen sie neben Maria, die so schlicht ist, wie prächtige Offiziere aus.

Ich habe niemals Flügel an ihnen gesehen. Sie sehen immer wie junge Leute aus. Auf ihrem Antlitz ist immer das Wohlwollen zu sehen, das sie für die Menschen empfinden, während die Dämonen hart, schroff und wild aussehen.

Wir geben den Engeln nicht die Bedeutung, die sie haben. Wir beten nicht genug zu ihnen. Die Engel sind sehr berührt, wenn wir zu ihnen beten. Es ist von großem Nutzen, zu den Engeln zu beten. Wir beten nicht genügend zu unseren Schutzengeln. Sie betrachten uns als kleine, bedürftige Brüder, und ihre Güte uns gegenüber ist außerordentlich groß.»

Was Abbé Lamy aber aus Bescheidenheit verschweigt, ist die Tatsache, daß er einer jener Mystiker ist, die das Privileg haben, neben ihrem Schutzengel noch einen zweiten, besonderen Beschützer unter den seligen Geistern zu haben und dieser ist Gabriel, dem Unsere Liebe Frau diese Aufgabe höchstpersönlich anvertraute. Der Erzengel wird nicht arbeitslos sein...

Je mehr Jahre vergehen, desto mehr leidet Abbé Lamy unter Sehproblemen. Im Alter ist er fast blind. Das hindert ihn aber nicht daran, seinen Dienst aufzugeben, obwohl er verschiedensten Unfällen ausgeliefert ist, die einem fast blinden Menschen zustoßen können. Vor allem abends ist es für ihn sehr schwierig, das Haus zu verlassen. La Courneuve ist voller kleiner, dunkler Gassen, voll finsterer Winkel und unsicherem, von Schlaglöchern durchzogenem Gelände. Es gibt dort Pfade und Fallgruben, wo sich der Pater nur blindlings bewegen kann und immer in Gefahr steht, sich den Hals zu brechen. Er hätte sich hundertmal die Knochen gebrochen, als er in Winternächten draußen umherging, um den Kranken das Altarsakrament zu bringen, wenn ihm nicht Gabriel und andere Engel zu Hilfe gekommen und vor ihm hergegangen wären. Von ihnen ging eine milde Helligkeit aus, die es dem alten Priester ermöglichte, sich zurechtzufinden. Und wenn er auf dem Rückweg manchmal ganz erschöpft seufzte: «Mein Gott, mein Gott, was bin ich müde!», so geschah es mehrmals, daß er im Bruchteil einer Sekunde auf einmal auf den Saint-Lucien-Platz, an die Tür seines Pfarrhauses gebracht wurde, ohne daß er hätte erklären können, wie dies geschehen ist. 1922 und 1923 erlebte er zwei «Interventionen», die noch wunderbarer waren und die den *Fioretti* des hl. Franziskus nicht nachstehen.

An einem Sommertag betete der Abbé in der Kapelle Notre-Dame-des-Bois in Violot. Diese Kapelle hatte er restauriert und zu einem Marienwallfahrtsort gemacht. Wie so oft sah er die Muttergottes und Gabriel. Als er die ländlich gelegene kleine Kapelle verlassen wollte, neigte sich Maria zu ihrem Lieblingserzengel und sagte ihm:

«Paß gut auf ihn auf, Gabriel; er wird dich brauchen.»

In dem Moment verstand der alte Priester nicht, um was es sich handelte und ging ruhig seines Weges. Trotz der Sonne, die an diesem Julinachmittag so schön schien, sah P. Lamy hinter seinen dikken schwarzen Brillengläsern fast nichts. Auf seinen Wanderstock gestützt, vertraute er seiner alten Kenntnis dieses Weges und seinem Gehör, um eventuelle Gefahren zu bemerken. Zerstreut und in Gedanken versunken hört er aber nicht, daß sich ihm ein Fahrradfahrer in voller Fahrt nähert. Und der Radfahrer hat seinerseits den alten Priester, der vor Angst am Wegrand erstarrt ist, zu spät gesehen. Ein Zusammenstoß ist unvermeidlich. Da geschieht es — und der Radfahrer bezeugt es vor dem ganzen Dorf auch auf die Gefahr hin, daß man ihn für einen Betrunkenen hält — daß Gabriel auf ihn herabstürzt und zwar mit jener unglaublichen Geschwindigkeit, die nur den Engeln eigen ist, da sie außerhalb unserer Zeitvorstellung sind. Zwei verblüffend starke Hände ergreifen den Mann und das Fahrrad, nehmen sie vom Weg und setzen sie dann sanft auf die Böschung des Weges..., während der Pater gerettet ist und wieder seines Weges geht.

Das Wunder im Jahr 1923 war nicht weniger durchschlagend. Wieder einmal ging der Pater zu seiner geliebten Kapelle Notre-Dame-des-Bois. Er hatte viele Blumen gepflückt, um den Altar zu schmücken und verschwindet geradezu hinter einem riesigen Strauß Rosen und Lilien, die einen betörenden Duft ausströmen. Nun war es aber so, daß es in diesem Landstrich keinen Bauernhof und kein Haus gab, das nicht einen Bienenstock besaß; die ganze Gegend brodelte und summte vor Bienen. Dieser marschierende Strauß zieht sie genauso unwiderstehlich an wie ein Marmeladentopf. Schon bald bemerkt der Abbé, daß er inmitten eines großen Bienenschwarmes ist, und daß diese Honigfliegen, wie man sie hier in der Region nennt, bedrohlich werden, da seine Bewegungen die Tiere reizen. Die Kapelle ist nicht mehr sehr weit entfernt, aber er müßte jünger sein, um ihren schützenden Raum noch zu erreichen, bevor die Bienen ihn angreifen. Da hört er auf einmal die vertraute Stimme Gabriels; der Erzengel spricht sanft zu den Insekten:

«Nein, stecht ihn nicht! Unsere Königin[406] würde sich nicht darüber freuen! Und wir müßten ihn dann in Menschengestalt bis nach Hause begleiten!»

Die Bienen gehorchen sofort; der ganze Schwarm zerstiebt und Pater Lamy hat keinen einzigen Stich abbekommen.

Eines der charakteristischen Merkmale des hl. Gabriel, so wie er sich zumindest dem Abbé gezeigt hat, besteht in einer unermeßlichen und steten Achtung vor Gottes Werken in seinen mannigfaltigen Formen. Dieser Engelfürst erniedrigt sich und spricht mit so unbedeutenden Kreaturen wie es diese Bienen sind, die von den Menschen mechanisch getötet werden. Und er spricht zu ihnen mit Güte und in einer Sprache, die sie verstehen. Diese Achtung dehnt

406 Die Muttergottes, Königin der Engel.

Gabriel aber auf alle und alles aus, sogar auf jene, die eigentlich seine Verachtung und seine unwiderrufliche Mißbilligung verdienen würden.

P. Lamy ist seit seiner Kindheit Opfer dämonischer Nachstellungen, die bisweilen sublim, grausam und furchterregend — so richtig des perversen und mächtigen Geistwesens würdig, das sie ersann — bisweilen armselig-schäbig, kindisch und lächerlich sind. Vor allem diese letzteren gehen dem Priester zur größten Freude des Widersachers, der sich sehr freut, ihn zum Zorn zu reizen, auf die Nerven. Eines Tages war Satan zu weit gegangen und hatte sich noch erbitterter als üblich gezeigt; der in Wut geratene Pater musterte den schönen, blonden Erzengel, der ein vor Schmerz und Haß[407] verzerrtes Gesicht hatte, von oben bis unten und fuhr ihn an:

«Wirst du mich jetzt endlich in Ruhe lassen! Du schmutziges Tier!»[408]

Luzifer hatte schon ganz anderes gehört und ignorierte die Anschuldigung großspurig. Nicht so Gabriel... Mit gestrengem Ton, den er nur selten bei seinem Schützling verwendete, fuhr er ihn heftig an; der Pater vergesse wohl, mit wem er spreche!

«Vergiß nicht, daß du mit einem Erzengel sprichst! Diskutiere nicht! Respektiere Luzifer! Auch als abgefallener Engel ist er noch immer ein Erzengel!»

Später erklärte ihm Gabriel, was er ihn damit habe lehren wollen. Der Abbé zog daraus Folgerungen, die mit den Erfahrungen vieler Mystiker völlig übereinstimmen, und die jene Revolte, jene furchtbare Tragödie des ursprünglichen, seraphischen Fürsten unterstreichen:

«Man kämpft nicht mit Satan; man kämpft durch Gebet. Er ist ein Seraph, er kann nach Belieben vor Gott treten. Er ist wie der Sohn einer adeligen Familie, der durch seine Laster ganz heruntergekommen ist. Durch sein Verhalten ist er nicht mehr achtenswert, aber man muß seine Familie in ihm achten. So muß man auch das

407 Luzifer zeigte sich Abbé Lamy auf diese Weise: «Luzifer ist groß und hat eine ziemlich schöne Gestalt; er ist mager und trägt einen Bart. Seine Augen funkeln grausam, seine Haare sind blond und er hat einen kurzen, gekräuselten Bart.»

408 Daß die abgefallenen Engel unter die vernunftlosen Tiere erniedrigt wurden, ist ein traditionelles Klischee, das in Romanen überreiche Verwendung findet.

Meisterwerk des Schöpfers achten, selbst wenn es zerstört ist. Wenn man Luzifers Engelnatur respektiert, betrübt man ihn viel tiefer...»

Gabriel lebt aber nicht nur in diesen Höhen, wo es um das Problem des Bösen im Plane Gottes geht, um die Tragödie Luzifers und seine unmögliche Versöhnung mit der Liebe, die er verraten hat und die Gott selber ist. Gabriel teilt P. Lamy auch ganz alltägliche Beobachtungen mit. Am 18. Mai 1912 war er so liebenswürdig, daß er einige Minuten vor Maria, seiner Königin erschien, um den Abbé davon in Kenntnis zu setzen:

«Der hl. Erzengel[409] sagte mir: "Gib acht! Du wirst vor der Jungfrau Maria beten!"»

Am 15. März 1918 war der Hinweis noch gebieterischer, wenn auch verhüllter.

In diesen letzten Kriegsmonaten befanden sich in La Courneuve nicht nur der Verschiebebahnhof für Kriegsverletzte, sondern auch mehrere Fabriken, die Waffen produzierten, u.a. auch Granaten. Bevor die Munition an die Front geschickt wurde, lagerte man sie zwischenzeitlich in Hallen, mitten in der Stadt. Die ganze Bevölkerung wußte, daß ein einziger Funken genügen würde, um die halbe Stadt zu sprengen. Überdies hatte P. Lamy, der manches im voraus wußte, weil er es «von oben»[410] erfuhr, seine Pfarrschützlinge unablässig vor einer furchtbaren Katastrophe gewarnt und sie aufgefordert, den Rosenkranz zu beten, um diese drohende Gefahr abzuwenden. Wir schreiben also den 15. März 1918; es ist Mittag und der Abbé scheuert keine vier Schritte von der Kirche entfernt die Steinfliesen. Einen Tag zuvor hatte er unversehens Besuch von der Muttergottes und sechzig Engeln in einem furchtbar heruntergekommenen Seitenschiff der Kirche erhalten. Von dieser Scham hat er sich noch nicht ganz erholt und will nun selber die Reinigungsarbeiten durchführen. Er sieht, daß sich sein Schutzengel und der Erzengel Gabriel in eine Ecke gedrückt haben und ihm zuschauen wie er sich mit seinen Eimern und Scheuertüchern abmüht. Sie haben eine

409 So redete P. Lamy Gabriel oft an.

410 Er sagte, daß er durch die Engel ganz zu Beginn des Krieges auf die Katastrophe hingewiesen worden sei, daß er aber von der Muttergottes das Versprechen erhalten habe, daß niemand getötet werde.

sonderbar zweifelnde Miene. Als P. Lamy, beseelt von seinem Eifer, alles auf Hochglanz zu bringen, ein Augen auf die Kirchenfenster wirft und sich fragt, ob er eine Leiter holen soll, um die Scheiben zu putzen, hört er, wie Gabriel zum Schutzengel flüstert:

«Es ist unnütz...»

Der Schutzengel lächelt und nickt zum Zeichen seiner Zustimmung. Diese kleine Bemerkung war beim Abbé nicht auf taube Ohren gestoßen. Er weiß, daß die Engel niemals ohne Grund sprechen, selbst wenn es nicht den Anschein hat, daß sie ihre Worte unmittelbar an jemanden richten. Ohne den Grund für diese Bemerkung zu verstehen, beschließt P. Lamy seinen Frühjahrsputz abzubrechen. Für den Nachmittag hat er verschiedene andere Arbeiten in der Kirche vorgesehen. Aber auf einmal hat er dazu keine Lust mehr. Eine sonderbare Idee kommt ihm in den Sinn, so als ob sie ihm von jemandem eingegeben wäre. Die Erstkommunion naht und der Abbé hat die Gewohnheit, den in Armut lebenden Kindern ein kleines Andenken zu schenken: fromme Bildchen, Rosenkränze... In diesem Jahr hatte er sich noch nicht darum gekümmert. Zwar ist dieser Einkauf in Paris keineswegs besonders dringend, trotzdem läßt ihn der Gedanke an einen Spaziergang im Pariser Stadtteil Saint-Sulpice nicht mehr los; er ist geradezu besessen davon: «Geh jetzt nach Paris! Geh sofort nach Paris! Bleib nicht hier! Geh nach Paris!»

Von dieser Eingebung geplagt, zieht Jean-Edouard Lamy einen Mantel an und nimmt die Straßenbahn in Richtung Hauptstadt. Kaum ist er eingestiegen und vielleicht hundert Meter in Richtung Aubervilliers gefahren, da ertönt ein furchtbares Getöse, das alle umliegenden Fenster zum Zerbersten bringt, auch die Kirchenfenster, die er noch unbedingt hatte putzen wollen... Die Waffenfabrik Sohier ist in die Luft gesprengt. Und alle benachbarten Häuser ebenfalls... Mit zitternden Knien und erschrockenem Herzen steigt der Abbé aus der Straßenbahn, betrachtet die Verwüstung und die Überreste seiner geliebten Kirche St. Lucien, deren Gewölbe eingestürzt ist. Dort, wo Jean-Edouard Lamy sonst um diese Stunde jeden Tag vor dem Tabernakel betete, ist nur noch ein Haufen Schutt, Steine und Ziegel. Ohne diese fixe Idee, unbedingt nach Paris fahren zu müssen, wäre der Pfarrer jetzt unter diesen Ruinen begraben und wahrscheinlich tot. Nur der Tabernakel mit den konsekrierten Hostien ist unversehrt; er scheint in der Luft zu schweben und wird nur von zwei Ziegelsteinen gehalten, die nicht niedergerissen wurden... Der Abbé steht kurz vor einem Herzanfall, aber nicht wegen des Gedankens, daß er wohl tot wäre, wenn er nicht auf den zuvorkommenden Ratschlag, den Gabriel so diskret gegeben hatte, gehört hätte, sondern wegen des Gedankens, daß es hier lange Zeit keinen Priester geben würde, der sich der Opfer annähme, wenn er jetzt unter diesen Trümmern dahinsiechen würde. Denn stundenlang war P. Lamy, der halb im Staub und in dem giftigen Rauch erstickte, der einzige, der den 900 Verletzten dieser Katastrophe die Absolution erteilte. Von den Gläubigen der Pfarrei St. Lucien war durch die Explosion niemand getötet oder schwer verletzt worden, so wie es Maria dem Abbé versprochen hatte.

Auch Gabriel, der Beschützer in allen Lagen, bezeugt den Menschen seine Macht und sein Mitleid. Seit Kriegsbeginn vergeht kein Tag, an dem nicht mehrere Züge mit Verwundeten, die von der Front evakuiert worden waren, den Bahnhof erreichen. Manche sterben trotz der Bemühungen der Ärzte und Krankenpfleger in den Waggons. Militärgeistiche begleiten diese Sterbezüge, aber es gelingt ihnen nicht, sich um alle zu kümmern. Denen die es wünschen, erteilen sie die Sterbesakramente, ohne jedoch Zeit zu haben, sich auch um die nicht praktizierenden Soldaten zu kümmern. Jeden Tag kommt P. Lamy zum Bahnhof und geht von Waggon zu Waggon, wobei manche Züge weit entfernt vom Bahnsteig stehen und es für einen 65-jährigen erschöpften und sehbehinderten Mann eine mühsame Turnübung ist, die Züge zu erklimmen.

«Ich ging auch durch die Waggons. Es ging sehr gut, wenn es Waggons mit einem Gang waren; wenn es andere Waggons waren, habe ich mich die ganze Wagenlänge lang an ausgestreckte Hände gehängt. Wenn ich sechzig- oder achtzigmal oder noch öfter hinaufsteigen mußte, halfen mir die Engel. Man ist nicht sehr schwer, wenn sie da sind.»

Die Hilfe Gabriels und des Schutzengels beschränkte sich aber nicht auf diese Arbeit als Träger. Nach einem Wort des Abbés «erleuchten sie die Gewissen», und ermöglichten es ihm, die Sterbesakramente mit größerem Nutzen zu spenden. Es kam sogar vor, daß sie täglich einige Wunder wirkten.

Eines Tages betrachtet P. Lamy ratloser denn je den Bahnsteig, wo mehr als zweihundert Schwerverletzte liegen — viele von ihnen nicht einmal auf einer Bahre. Alle diese Armseligen stöhnen und klagen über die Langsamkeit der medizinischen Hilfe. P. Lamy versucht sie zu trösten, ist sich aber seiner Ohnmacht angesichts von so viel Leid und Not bewußt. Das Los eines Soldaten betrübt ihn ganz besonders. Er ist sehr schwer verletzt. Die Ärzte, die ihn aufgegeben haben, eilen zu anderen Patienten, die sie noch retten können, während dieser Soldat laut schluchzt. Er schreit seine Angst vor dem Tod und die furchtbare Ungerechtigkeit seines Schicksals heraus und wiederholt immer wieder:

«Ich bin Familienvater... Ich bin Familienvater...»

Zwei barmherzige Wesen, die außer für den Abbé für alle anderen unsichtbar sind, beugen sich über den Sterbenden. Der Schutzengel macht über seinen Kopf ein Segenszeichen, das Gabriel sogleich mit dem seinen verstärkt. Der Pater, der ihre Geste bemerkt hatte, entfernt sich von dem Soldaten, ohne ihm — zum Erstaunen der anwesenden Leute — die Sakramente anzubieten. Ein kurzes Erstaunen... Der Todgeweihte hat sich aufgerichtet und unter Tränen lachend ruft er außer sich:

«Es geht mir besser! Ich spüre, daß es mir besser geht!»

Nach Aussage des P. Lamy wirken die beiden Engel häufig solche Heilungsgnaden. Diese Aussage stimmt mit der einer anderen Mystikerin, Mechthild Thaller, überein, die von Gabriel sagte, daß er denen beisteht, die körperlich oder seelisch leiden und daß er ein Engel des guten Todes sei.

Wenn die Fallschirmjäger den hl. Michael zum Schutzherrn erwählten, so wählten die Piloten den hl. Gabriel. Und da er par excellence der Verkünder der Frohen Botschaft ist, setzte ihn Pius XII. im Apostolischen Breve vom 19. Januar 1951 zum Patron aller Angestellten der Post- und Telekommunikation.

Der dritte Engel, dessen Name in der Bibel bezeugt wird, ist Raphael. Er ist uns nur durch eine kleine alttestamentliche Schrift bekannt: das Buch Tobit. Die Exegeten denken, daß dieses Buch auf unterhaltsame Weise neben moralischen Wahrheiten auf Unterweisung in die jüdische Engellehre abzielt. Es ist also wie ein kleiner Roman.

Tobit, aus dem Stamm Naphtali, hat sich als einziger geweigert, den Götzendienst, der vom gottlosen König Jerobeam in Israel eingeführt worden war, mitzumachen. Ob gelegen oder ungelegen, trotzt er den Spötteleien seiner Nachbarschaft und praktiziert äußerst gewissenhaft den Glauben seiner Väter, indem er die vom Gesetz vorgeschriebenen Wallfahrten nach Jerusalem macht, den Zehnten entrichtet, den Armen beisteht und Gott fürchtet. Als die Israeliten nach Ninive verschleppt wurden, verhält sich Tobit, der ebenfalls im Exil lebt, auch weiterhin als frommer Jude. Der Himmel scheint ihm das zunächst zu vergelten, denn Tobit genießt das Vertrauen des Herrschers; seine Situation ist gut, er lebt in Wohlstand und hat eine glückliche Familie. Eines Tages aber beginnt das Unglück diesen Gerechten ohne offensichtlichen Grund zu überwältigen.

Nach dem Tod des Herrschers verliert Tobit die Gunst des Nachfolgers. Seine bis dahin so erfolgreichen Handelsgeschäfte mit dem Ausland nehmen ab, als König Sanherib gegen Medien feindliche Angriffe startete und die Karawanenstraßen schließen ließ. Um für die militärischen Niederlagen, die er daraufhin einzustecken hatte, Vergeltung zu üben, ließ dieser perfide und grausame Ninivit die Juden massakrieren. Ihre Leichen ließ er von den Zinnen aus in die Ebene vor der Stadtmauer werfen und verbot unter Androhung der Todesstrafe, daß niemand sie begraben dürfe. Der fromme Tobit aber mißachtete — ähnlich wie Antigone — die Gesetze der Menschen, wenn sie den Gesetzen Gottes entgegenstanden. Er trotzte den Drohungen des Tyrannen, entfernte jede Nacht die Leichen, damit sie nicht Beute der Aasgeier würden und beerdigte sie. Natürlich wird Tobit eines Tages angezeigt und findet sein Heil nur in einer eiligst unternommenen Flucht. Alles, was ihm noch von seinem Besitz geblieben war, wird daraufhin konfisziert.

Nachdem Sanherib ermordet wurde, scheint jedoch alles wieder in die früheren Bahnen zurückzukehren. Auf Bitten seiner Verwandtschaft darf Tobit wieder nach Ninive. Dort findet er sein Haus, seine Frau Hanna und ihrer beider heranwachsenden Sohn Tobias vor. Er beginnt wieder mit seinem beispielhaften Leben. Und wenn es notwendig ist, betätigt er sich auch wieder als Totengräber. Wird Gottes Segen auf ihm ruhen? Ganz und gar nicht... Tobit leidet an grauem Star und verliert das Augenlicht. Er kann nicht mehr arbeiten und muß daher dulden, daß seine Frau bei anderen eine Stelle annimmt, um den Lebensunterhalt verdienen zu können. Als Gipfel der Ungerechtigkeit macht sich die Nachbarschaft über ihn lustig: Was hat es ihm also genützt, Gott und Seine Gebote zu achten? Jahwe hat ganz offensichtlich sein Gesicht von seinem Knecht abgewendet. In der antiken hebräischen Gesellschaft waren nämlich der soziale und finanzielle Erfolg ein sichtbares Zeichen für die Verdienste eines Menschen; sie waren der unmittelbare Lohn für dessen gute Taten. Bald überhäuft auch Hanna ihren Gatten mit Vorwürfen. Tobit fühlt sich zutiefst in seiner Würde getroffen und will sterben.

Zur selben Zeit wird in Medien die junge, sanfte und schöne Sara, die einzige Tochter des reichen Juden Raguel, von ihren Nachbarn und sogar von ihren eigenen Dienerinnen mit Anschuldigungen überhäuft. Siebenmal schon hat ihr Vater sie einem Mann zur Frau gegeben; siebenmal starben die jungen Ehemänner, sobald sie das Brautgemach betraten und sich dem Ehebett näherten. Auf diese Weise hat Sara alle ihre Vettern verloren, denen sie nach dem Gesetz zustand. Sie ist zu einem zölibatären und kinderlosen Leben verurteilt, was für eine Jüdin eine ungeheure Schande bedeutete. Verzweifelt steigt Sara in ihr Zimmer hinauf; sie ist fest entschlossen, sich aufzuhängen. Sara weiß nicht, daß sie mit ihrem Selbstmord die schwarzen Pläne Aschmodais[411] erfüllen würde, der zu den Sünden des Fleisches verführt und der das junge Mädchen unbedingt verdammen will. Aus Rücksicht gegenüber ihrer Familie, tötet sich Sara schließlich doch nicht; sie begnügt sich, flehentlich um ihren Tod zu bitten.

---

411 Dieser Name wurde einem bösen Geist der Perser entlehnt; etymologisch bedeutet Aschmodai «Ich bringe den Tod», «Ich töte», «Ich zerstöre». Dieser Name hat die entgegengesetzte Bedeutung von Raphael: «Gott heilt», «Gott ist Heilung».

Angesichts der Verzweiflung des alten Tobit und der unschuldigen Sara wird Gott erschüttert und sendet eiligst einen der sieben Geister, die immer vor Ihm stehen auf die Erde: Raphael, den Engel der Keuschheit und der ehelichen Liebe, den erklärten Feind Aschmodais, dieses heuchlerischen Meisters, der Männer und Frauen zu Akten drängt, die er selbst als reiner Geist lächerlich, obszön und abstoßend findet.

Raphael nimmt die Gestalt eines jungen Mannes an und stellt sich im Haus des Tobit mit dem Namen Asarja, Sohn des Hananja, vor. Es trifft sich gut. Der alte Tobit ist von krankhaften Gedanken besessen und will seinen Sohn nach Medien schicken, damit er kleine Ersparnisse von dort holt: eine Summe, die ungefähr ausreicht, um ein bescheidenes Begräbnis zu bestreiten... Der junge, unerfahrene Tobias braucht einen sicheren Führer; der angebliche Asarja bietet sich an, diese Mission zu übernehmen.

Noch nie war ein Führer so gut gewählt worden. Als die beiden einen Fluß überqueren, hilft Raphael seinem Schützling einen großen Fisch zu fangen, dessen Leber, Herz und Galle außerordentliche therapeutische Eigenschaften besitzen. Anschließend führt er ihn zu Raguel und enthüllt den beiden Männern was sie aufgrund des Exils nicht wußten: sie sind nahe Verwandte und Tobias hat ein Anrecht auf Sara. Trotz der Befürchtungen des Vaters und des Bräutigams drängt Raphael-Asarja zur Hochzeit und zeigt Tobias wie er, indem er die Innereien des Fisches ins Feuer wirft, einen Exorzismus vollziehen kann, der stark genug ist, um Aschmodai aus Saras Zimmer zu vertreiben. Tobias gehorcht; Aschmodai, der sich durch den Geruch äußerst belästigt fühlt, verzicht sich nach Ägypten, wo Raphael ihn aufgreift und ihm eine Züchtigung erteilt, die ihn abschreckt, das junge Paar wieder zu belästigen.

Anschließend regelt Raphael die kaufmännischen Angelegenheiten des Tobias, wobei er weitaus mehr einnimmt als vorgesehen war; diese Summe kommt noch zu Saras reichhaltiger Aussteuer und dem großen Erbe hinzu, das ihr als einzige Tochter zuteil wird. Der junge Mann kehrt also mit Reichtum heim. Dank der Fischgalle kann er die Blindheit seines Vaters heilen. Die Gerechten haben ihren Lohn empfangen.

Wie aber kann man Asarja, dem Führer, der alle diese Wunder ermöglicht hat, gebührend danken? Tobit und Tobias bieten ihm großherzig die Hälfte ihrer wiedergefundenen Güter an. Daraufhin beschließt der Engel, nachdem er ihnen einige moralische Ratschläge erteilt hat, ihnen die Wahrheit zu enthüllen:

«Ich will euch nichts verheimlichen; ich habe gesagt: Es ist gut, das Geheimnis eines Königs zu wahren; die Taten Gottes aber soll man offen rühmen. Darum sollt ihr wissen: Als ihr zu Gott flehtet, du und deine Schwiegertochter Sara, da habe ich euer Gebet vor den heiligen Gott gebracht. Und ebenso bin ich in deiner Nähe gewesen, als du die Toten begraben hast. Auch als du ohne zu zögern vom Tisch aufgestanden bist und dein Essen stehengelassen hast, um einem Toten den letzten Dienst zu erweisen, blieb mir deine gute Tat nicht verborgen, sondern ich war bei dir. Nun hat mich Gott auch gesandt, um dich und deine Schwiegertochter Sara zu heilen. Ich bin Raphael, einer von den sieben heiligen Engeln, die das Gebet der Heiligen emportragen, und mit ihm vor die Majestät des heiligen Gottes treten.

Da erschraken die beiden und fielen voller Furcht vor ihm nieder. Er aber sagte zu ihnen: Fürchtet euch nicht! Friede sei mit euch. Preist Gott in Ewigkeit! Nicht weil ich euch eine Gunst erweisen wollte, sondern weil unser Gott es wollte, bin ich zu euch gekommen. Darum preist ihn in Ewigkeit! Während der ganzen Zeit, in der ihr mich gesehen habt, habe ich nichts gegessen und getrunken; ihr habt nur eine Erscheinung gesehen. Jetzt aber dankt Gott! Ich steige wieder auf zu dem, der mich gesandt hat. Doch ihr sollt alles, was geschehen ist, in einem Buch aufschreiben.

Als sie wieder aufstanden, sahen sie ihn nicht mehr.»[412]

Dieses inspirierte Buch, das nur in der griechischen Übersetzung — Septanta — der Bibel bekannt ist, enthält also alles, was Raphael betrifft, wenn man zwei Verse aus dem Johannes-Evangelium[413] ausklammert, die überdies als ein späterer Einschub in den johanneischen Text betrachtet werden. Der Evangelist spricht vom Teich

---

412 Tob 12,11-21
413 Joh 5,2-4

Betesda in Jerusalem, ein Ort, zu dem sehr oft Kranke gingen, denn dem Wasser des Teiches wurden Heilkräfte zugesprochen.

«In diesen Hallen lagen viele Kranke, darunter Blinde, Lahme und Verkrüppelte, die auf die Bewegung des Wassers warteten. Ein Engel des Herrn aber stieg zu bestimmter Zeit in den Teich hinab und brachte das Wasser zum Aufwallen. Wer dann als erster hineinstieg, wurde gesund, an welcher Krankheit er auch litt.»

Dort lag auch ein Mann, der schon sechsunddreißig Jahre krank war. Es war ihm nie gelungen, als erster in den wundertätigen Teich zu tauchen... Und Johannes berichtet hier von einem der großen Wunder Christi.

Dieser Engel des Herrn vom Teich Betesda — ob er nun von Johannes oder von einem späteren Autor hinzugefügt wurde — ist immer mit Raphael, dessen Name bereits wunderhafte Heilung verheißt, gleichgesetzt worden. Daher muß man sich nicht wundern, wenn er ein Patron der Ärzte[414] und der Apotheker ist. In der Krankenliturgie wird Raphael als Engel wunderhafter Heilungen angerufen. Bei den Kopten wird seine Mittlerschaft zur Weihe der heiligen Öle erbeten.

Weil er Tobias auf seiner Reise geholfen hat, wird Raphael als Beschützer der Reisenden und der Pilger, sowie bei der Segnung von Fahrzeugen[415] angerufen. Manchmal wird er auch von Alleinstehenden angerufen, die einen Partner suchen, denn er hatte Sara und Tobias zur Hochzeit verholfen. Er beschützt die Verlobten und die Jungvermählten. Schließlich wird er auch als unfehlbarer Helfer in allen Alltagsschwierigkeiten, vor allem bei finanziellen Problemen, angerufen, da er alle Probleme der beiden Familien löste.[416]

Trotz dieser vielen wertvollen Eigenschaften, die ihn eigentlich zu einem bevorzugten Helfer der Gläubigen hätten werden lassen können, gewann er erst im 15. Jahrhundert, als sich die Spanier in ihn vernarrten, eine zaghafte Popularität. Während seine ikonographische Darstellung in einem gleichsam embryonalen Zustand verblieb

414 Neben dem hl. Lukas und den heiligen Kosmas und Damian.
415 Wenngleich der hl. Christophorus in dieser Domäne größere Popularität besitzt.
416 Es wurde der Autorin sogar versichert, daß der hl. Raphael auch der «zuständige» Engel sei, wenn es darum geht, an einem verregneten Abend im Berufsverkehr ein Taxi in den verstopften Pariser Straßen zu finden...

— Raphael wurde nur dargestellt, um die Bildkompositionen auszugleichen und zur trinitarischen Ziffer drei zu gelangen — werden seine Abbildungen häufiger, als sich die Verehrung der Schutzengel auszubreiten begann. Er ist nämlich deren Archetyp. Das war auch die Epoche, in der viel darüber diskutiert wurde, was wohl sein himmlischer Rang ist. Cornelius de Lapis ist der Meinung, daß Raphael unbezweifelbar ein Seraph ist, was auch logisch zu sein scheint; er stützt sich dabei auf die Aussage des Buches Tobit, in dem Raphael sich selber als einen der Sieben vorgestellt hat, die immer vor dem Thron Gottes stehen. Viele andere Theologen, die dem Gedankengebäude des Thomas von Aquin anhängen, lehnen diese Hypothese ab. Sie vertreten die Auffassung, daß ein Seraph eine zu hochstehende Persönlichkeit ist, um derart bescheidene und schlichte Aufgaben bei den Sterblichen zu übernehmen. Sie reduzieren den hl. Raphael auf den diskreten Platz eines Fürsten des neunten Chores, mit anderen Worten: er ist der Meister der Schutzengel...

Wenngleich Raphael zu Beginn der Renaissance eine den Katholiken vertraute Person geworden ist, so ist er im Laufe der Kirchengeschichte doch nur der hl. Franziska Romana erschienen. Eventuell kann man noch ein Ereignis hinzuzählen, das aber so bizarr ist, daß es aller Wahrscheinlichkeit nach mehr einer Mystifizierung als einem übernatürlichen Geschehen zuzuordnen ist: Es handelt sich um die sehr sonderbare und sehr umstrittene Serie von Erscheinungen (?), die dem Bauern Martin von Gallardon unter der Herrschaft Ludwig XVIII. zuteil geworden sein soll.

1816 war der Bauer Thomas Martin bei der Feldarbeit. Er war ein frommer Mann, aber kein wirklicher Mystiker; sein Pfarrer und seine Nachbarn schätzten ihn, und er war an Leib und Seele gesund. Thomas Martin war gerade mit einer unangenehmen, aber notwendigen Arbeit beschäftigt: Er düngte die Felder. Auf einmal bemerkt dieser rechtschaffene Mann, daß er nicht allein ist; neben ihm steht ein Herr, dessen Kommen er nicht bemerkt hatte. Thomas, der flinke Augen besaß, bemerkte sofort, daß es sich um einen feinen Herrn handelte, denn nur Stadtgecken kamen, um mit Zylinder und weißem Gehrock in den Feldern und dem Dung herumzuwaten.

Diese weiße Farbe schien ihm etwas lustig zu sein. Der Unbekannte läßt ihm keine Zeit zu weiterem Erstaunen und teilt ihm unverblümt mit, daß er der Erzengel Raphael ist. Er ist ihm, Thomas Martin, erschienen, um ihm aufzutragen, zum König in die Tuilerien zu gehen und ihm zu sagen, daß er sich in Gefahr befinde... Was dann folgt, erinnert auf einzigartige Weise an die Sendung, mit der Michael die junge Jeanne d'Arc beauftragt hatte, allerdings im entgegengesetzten Sinn... Es ging nicht darum, den König in seiner Gewißheit zu stärken, daß er der wahre Königssohn und legitime König Frankreichs ist, sondern Thomas Martin sollte genau das Gegenteil tun. Nicht daß Ludwig XVIII. nicht von königlichem Geblüt ist, sondern weil der angebliche Raphael sagt: «Der König nimmt einen Platz ein, der ihm nicht zusteht.»

Und der angebliche Engel verkündet, daß Ludwig XVII. sehr wohl noch lebe und es sich daher gebühre, ihn aufzusuchen und wieder auf den Thron zu setzen. Sollte dies nicht geschehen, würden zur Strafe große Unglücksfälle über Frankreich und die Monarchie hereinbrechen.

Martin geht zu seinem Pfarrer, erzählt ihm seine Geschichte und erhält durch Vermittlung des Priesters, der seinem Bericht Glauben schenkt, eine Privataudienz bei Seiner königlichen Majestät.

In einem politischen System wie wir es heute haben, würde man schnurstracks in die Psychiatrie geschickt, wollte man dem Bundespräsidenten eine ähnliche Botschaft auf diese Weise überbringen. Das damalige Geschehen schien so unwahrscheinlich zu sein, daß die Historiker es zu deuten versuchten, denn sie suchten nach einer Erklärung für diese Unterredung, die sie für unglaublich hielten, die aber in Wirklichkeit in der Bourbonen-Monarchie nichts Außergewöhnliches war. Ludwig XVIII., der persönlich ein Agnostiker war, verhielt sich immer als christlicher König, um wenigstens den Schein zu wahren. Indem er Martin empfing, ahmte er Ludwig XIII. und Ludwig XIV. nach, die ihre Sprechzimmer auch den ganz einfachen Leuten öffneten, die sich aber durch Gott beauftragt fühlten, mit ihnen zu sprechen. Seine Majestät hörte Martin mit viel Geduld und Güte zu; es lag ihm auch am Herzen, «die Hand dessen zu schütteln, die jene des Erzengels berührt hatte», er schenkt ihm einen Beutel

Gold, nicht ohne ihm zuvor versichert zu haben, daß er Nachforschungen unternehmen wolle, um seinen unglückseligen Neffen zu finden. Martin wird nach Gallardon zurückgeschickt und niemand denkt mehr an diese Geschichte.

Fünfzehn Jahre vergehen. Es kommt zur Revolution von 1830. Charles X., der weitaus frömmer ist als sein Bruder, besinnt sich in Rambouillet während der Bedenkzeit, die seiner Entscheidung, kampflos auf den Thron zu verzichten, vorangingen, an jenen sonderbaren Besuch des Thomas Martin zurück... Und wenn dieser Ackersmann Recht gehabt hätte? Wenn die königliche Familie dafür gestraft würde, weil sie das «Waisenkind des Tempels» beraubt hatten? Der König ist siebzig Jahre alt, er ist erschöpft und sucht Halt in wunderbaren Geschehnissen. Er schickt einen seiner Treuesten, Auguste de La Rochejaquelein, nach Gallardon, um Martin zu fragen, was er von den Juli-Ereignissen hält...

Der General de La Rochejaquelein — er ist der jüngste Bruder der beiden Helden von der Vendée, Henri und Louis[417], ist ganz verblüfft, als er vor einem kleinen Männlein im Nachthemd — es ist sehr spät — steht. Thomas Martin beklagt sich zunächst bitter darüber, daß Ludwig XVIII. dem Erzengel nicht gehorcht hat, dann sagt er:

Charles X. wird den Thron nicht mehr besteigen. Hinter ihm steht jemand, der ihn zurückdrängt. Er soll so schnell wie möglich Frankreich verlassen. Der Herzog von Angoulême und er werden im Ausland sterben. Henri V. wird niemals regieren.

Nachdem sich die Prophezeiung des Thomas Martin Punkt für Punkt erfüllt hatte, fragten sich einige Kommentatoren, ob seinem Wahn nicht doch einige religiöse Grundlagen innewohnten. Andere gingen sogar so weit, daß sie sagten, Martins Antwort sei die Grundlage für die Entscheidung Charles X. gewesen, Frankreich zu verlassen...

---

417 Henri de La Rochejaquelein, 1772-1792, war Generalissimus der katholischen und königlichen Armee; Louis de La Rochejaquelein, 1775-1815, leitete den Aufstand der Royalisten in der Vendée während des hunderttägigen Aufstandes; beide Brüder wurden im Kampf getötet.

Jean-François Chiappe hat bewiesen, daß A. de La Rochejaquelein den König auf Schloß Maintenon aufsuchte, also auf dem Weg, der nach Cherbourg führt. Das zeigt aber, daß Martins «Prophezeiung» die Entscheidung des Königs, der oft zu Unrecht als abergläubischer und sturer Prinz karikiert wurde, nicht beeinflußt hatte. Welche Einwirkungen die Prophezeiung aber auf das spätere Zögern der königlichen Familie und besonders des Grafen von Chambord hatte, der sich sehr davor fürchtete, ein Usurpator zu sein, ist ein anderes Problem.

Als entscheidende Frage bleibt: Hatte Martin Raphael gesehen oder nicht? Wenn man jene Hypothese ablehnt, nach der er nicht ganz klar bei Verstand gewesen sein soll, bleiben zwei Möglichkeiten: Thomas Martin war Opfer einer politischen Manipulation, die darauf ausgerichtet war, die wiedereingesetzten Bourbonen in Mißkredit zu bringen. Den Nutzen, den der falsche Ludwig XVII. und besonders Richemont und Naundorff daraus ziehen werden, wird noch offen sichtbar. Oder Martin hat wirklich einen Engel gesehen, der jedoch sicher nicht jener war, für den er sich ausgab... Deshalb kann man es auch für möglich halten, daß sich Luzifer auf Kosten des französischen Königreiches und seiner Könige amüsiert hat, indem er die Erscheinungen, die der hl. Michael Jeanne d'Arc hatte zuteil werden lassen, nachahmte... Damit wollen wir diese Gedanken abschließen.

10. Königin der Engel

Ein Engel ist ein reines Geistwesen. Und diese Geistigkeit verleiht ihm eine offenkundige Überlegenheit gegenüber allen anderen Geschöpfen. Kein Mann und keine Frau kann auf der natürlichen Ebene auch nur versuchen, mit dem niedrigsten Geist des untersten Engelchores zu rivalisieren. Der größte Heilige ist vor der Gewalt der Engelintelligenz wie ein Kind. Auch die Dämonen sind — trotz der unwiederbringlichen Verderbtheit ihrer Fähigkeiten — ihrem Wesen nach stärker als die Menschen, wenn diese auf ihre natürlichen, eigenen Kräfte reduziert sind. Es ist genau diese Überlegenheit ihrer Natur, die, als sich die abgefallenen Engel ihrer plötzlich bewußt wurden — in Luzifers Augen die Revolte rechtfertigte. Er würde Gott als Menschgewordenen nicht anbeten und noch weniger würde er die Frau, die der Schöpfer Seine Mutter nennen wollte, verehren. Der Fürst der Seraphim kann doch niemanden, der niedriger ist als er selber, anbeten oder ihm dienen...!

Wenngleich sein monströser Hochmut den rebellischen Engel blind machte und ihm verbot, dem menschgewordenen Gott Ehre zu erweisen, so war die Grundaussage richtig — ein Kennzeichen der Logik des Teufels: Mann und Frau standen in der Schöpfungshierarchie in Wahrheit unter den Engeln. Nichts kann bewirken, daß das Fleisch über dem Geist steht. Und dieses Gesetz ist für die ganze Menschheit gültig. Gott selber wollte sich in seinem menschgewordenen Wort — zur schmerzlichen Bestürzung des himmlischen Hofes — diesem Gesetz unterwerfen. Christus verzichtete als wahrer Mensch auf seine Privilegien als wahrer Gott und stellte sich unter seine Engel.

Für seine Mutter gilt unvermeidlich dasselbe. Als wirkliche Frau ist Maria kein reines Geistwesen, sondern ein menschliches, weibliches Wesen, das von seiner Natur her unter der Welt der Geistwesen steht. Und trotzdem ist sie deren Königin. Die Kirche bestätigte auf dem Konzil von Nizäa im Jahr 325, daß Maria nach ihrer Aufnahme in den Himmel über alle seligen Geister erhoben wurde und über sie herrscht. Schon sehr bald wurde sie in den Litaneien unter dem Titel *Regina Angelorum*[418] verehrt.

Königin der Engel — und trotzdem steht Maria ihrer menschlichen Natur nach unter ihnen... Wie war es möglich, dieses Paradox zu lösen? Die Theologen antworten auf diese Frage folgendermaßen: durch Gnade und durch Vorherbestimmung.

Als Gabriel das Haus von Nazareth betritt, grüßt er die Jungfrau Maria mit einem Titel, der zugleich ein neuer Name ist, so wie es in der Bibel in wichtigen Momenten der Heilsgeschichte Brauch ist. So wurde z.B. aus Abram Abraham und aus Simon wurde Petrus.

«Sei gegrüßt, du Begnadete.»

Keine andere Frau hatte jemals das Recht, so genannt zu werden. Das bedeutet nicht, daß Maria alle Gnaden Gottes in ihrer ganzen Fülle erhalten hat, denn diese Fülle der göttlichen Gnade ist in einem Menschen nur in Christus verwirklicht. Maria war aber bereit, sich hinzugeben und sich durch die göttliche Gnade und das göttliche Licht so sehr erleuchten zu lassen, wie es einem menschlichen Geschöpf nur irgend möglich ist. Sie tat dies bis an die äußersten Grenzen der menschlichen Möglichkeiten — und dies geschah durch ihre Vorherbestimmung.

Gewiß, auch die in der Prüfung treu gebliebenen Engel wurden in der Gnade gefestigt und können sie in keinster Weise mehr verlieren; sie sind nicht mehr fähig zu sündigen und genießen in unermeßlicher Freude die visio beatifica. Auf der Erde lebte Maria nicht in dieser beständigen, glückseligen Schau Gottes.[419] In Maria wurde jedoch die Reinheit zu einer heiligen Abscheu vor der Sünde. Sie erfaßt deren Abscheulichkeit bis zu einem Grad, der nur noch vom Empfinden, das Gott selber in der Fülle seiner Gerechtigkeit von der

---

418 Bereits die sogenannte Litanei von Loreto, die vom hl. Papst Sergius I. im 7. Jahrhundert empfohlen wurde, hatte Maria bereits diesen Titel verliehen. Entstanden war diese Litanei aber schon viel früher.

419 Sogar die Theologen sind in der Frage, ob Christus immer in der visio beatifica gelebt hat, geteilter Meinung.

Sünde hat, übertroffen werden kann. Mit dieser äußersten Reinheit kann sich kein Engel auf dieselbe Stufe stellen. Die Jungfrau Maria ist nicht nur das reinste aller Geschöpfe, sie ist auch das tugendhafteste, denn niemand liebt die absolute Vollkommenheit, d.h. Gott, so sehr wie sie. Sie war also ganz und gar würdig, den Schöpfer aller Geschöpfe, vor dem die Seraphim sich verneigen und ihr Gesicht verhüllen, zu tragen, zu gebären, aufzuziehen und zu nähren. Nur sie vermochte in ihren Armen Gott zu wiegen, der das Universum trägt. Ihrer Natur nach ist Maria nur ein Geschöpf und steht unter den Engeln, aber sie ist die Mutter Gottes. Und nach einem Wort des hl. Thomas von Aquin gilt: *Mater Domini Domina est.*[420]

Dadurch daß sie so sehr begnadet wurde, konnte sie im Himmel zu einem Grad an Herrlichkeit erhöht werden, der sogar noch unendlich viel höher ist als die Herrlichkeit des hl. Michael, der doch schon der erhabenste Geist unter den seligen Geistern ist. Die Liturgie vom Fest der Aufnahme Mariens in den Himmel verkündet es:

Exaltata est sancta Dei Genitrix / Super choros Angelorum ad caelestia regna.[421]

Christum, cum hunc venerat, / Quo mater susceperat, / Non est venter purior.

In quo, dum hinc revocat, / Matrem Christus collocat, / Thronus non est celsior.[422]

Und die Liturgie begründet auch sogleich, warum Maria so hoch erhöht wurde:

Immo, quod crediderit, / Quod sibi viluerit, / Nunc beatam dicimus.[423]

Und weil sie auf der Erde niemals Königin war — außer Königin der Schmerzen — ist sie im Himmel die Königin der Engel. Nichts

---

420 «Die Mutter des Herrn ist Herrin.»

421 Maria, die Mutter des Herrn, wurde über die Chöre der Engel erhoben ins himmlische Reich.

422 «Als Christus herabstieg, damit eine Mutter ihn empfange, war kein Schoß reiner als der ihre. Als Christus sie von der Erde zu sich heimholte, verlieh er ihr einen Thron, den niemand übertrifft.» Dieser liturgische Text entstammt dem Proprium einiger französischer Diözesen.

423 «Aber weil sie geglaubt hat, / weil sie sich erniedrigt hat, / preisen wir sie nun glückselig.»

ist von ihrer unaussprechlichen Königswürde, von ihrer göttlichen Mutterschaft, vor den Augen der Menschen sichtbar geworden und ihr selber wurde kein einziges der Privilegien zuteil, das die Maler ihr zueigneten, denn nachdem der Tag der Verkündigung und der Besuch Gabriels verstrichen war, hatte Maria wie jede andere Frau kein Anrecht mehr auf Botschaften von Engeln. Am Freitag, dem 7. April 30, kam kein einziger Engel, um ihr dieses unerhörte Unglück zu erklären, oder um ihr von der Auferstehung zu sprechen. Gabriel erscheint kein zweites Mal, um ihr die Verheißung, die er ihr einst überbracht hatte, zu bekräftigen:

«Du wirst ein Kind empfangen, einen Sohn wirst du gebären: dem sollst du den Namen Jesus geben. Er wird groß[424] sein und Sohn des Höchsten genannt werden. Gott, der Herr, wird ihm den Thron seines Vaters David geben. Er wird über das Haus Jakob in Ewigkeit herrschen, und seine Herrschaft wird kein Ende haben.»[425]

Anstelle des Davidthrones hatte ihr Sohn nur das Kreuz, die absolute Schmach, wenn man nach dem geht, was im Gesetz geschrieben steht: «Verflucht, wer am Holz hängt.»

Die wirkliche und äußerste Größe der Muttergottes und ihres Sohnes besteht darin, daß sie sich geweigert haben, sich dem menschlichen Schicksal zu entziehen; sie nahmen es in seiner ganzen Realität bis hinein in die Abgründe des Leidens auf sich, ohne jemals Zuflucht in wundergewirkten Erleichterungen oder Abmilderungen zu suchen.

Diese freiwillige Entäußerung und das tiefe Schweigen, von dem Marias Person in den Evangelien umgeben ist, hat manche Gläubige verwirrt; die einen bedauerten aus Frömmigkeit, die anderen aus Neugier, daß sie nicht mehr über sie erfahren. Ein Ziel der apokryphen Texte bestand darin, auf diese von den kanonischen Büchern unbeantwortet gebliebenen Fragen zu antworten. Wunderhafte Geschehnisse nehmen in den Apokryphen einen großen Raum ein und die Welt der Engel ist natürlich eng damit verbunden. Ein Text, der unter dem Titel *De ortu beatae Mariae et infantia Salvatoris*

---

424 Für die Juden ist nur ein einziger groß: Gott. Maria kann sich nicht darüber täuschen.
425 Lk 1,31-33

bekannt ist und Pseudo-Matthäus zugeschrieben wird, gibt dazu mehrere Beispiele:

Schon in frühester Kindheit wird Maria von den Engeln mit besonderer Aufmerksamkeit umgeben; die Engel steigen vom Himmel herab, um ihr eine Nahrung zu geben, die ihrer würdig ist. Sie enthüllen ihr die göttlichen Mysterien und die göttliche Größe. Als sie von ihren Eltern in den Tempel gebracht wird, um dort erzogen zu werden, besitzt sie bereits eine solche Vollkommenheit, daß ihre Gefährtinnen eine krankhafte Eifersucht an den Tag legen. Aus Verspottung grüßen sie Maria eines Tages mit «Königin der Jungfrauen». Ihre sarkastischen Bemerkungen bleiben ihnen jedoch in der Kehle stecken, als Gabriel ihnen erscheint und verkündet, daß sie, ohne es zu wissen, eine Prophezeiung ausgesprochen haben, «denn dieser Titel wird sehr wahr sein». Später und auch während der ganzen Kindheit Jesu bleiben die Engel die Vertrauten der Heiligen Familie; sie helfen ihr bei den häuslichen Arbeiten...

So poetisch diese Geschichten auch sein mögen, so muß man diese charmanten Szenen doch als fromme Legenden einstufen, selbst wenn sie die Ikonographie und die Darstellungen im Stil von Saint-Sulpice beeinflußt haben. Auf der Erde stellten sich die Engel nicht auf diese Weise in den Dienst ihrer Königin.

Aber daß sie es in der anderen Welt tun, dafür hat die Kirche Bestätigungen. Der hl. Gregor d.Gr. schrieb die göttliche Milde bei der Erscheinung auf Schloß Saint-Ange der Fürsprache Mariens zu, und er täuschte sich nicht darin. Diese Milde drückte sich darin aus, daß der hl. Erzengel Michael sein Schwert wieder in die Scheide steckte. Übrigens erschien der Erzengel dem Papst just in dem Moment, als die Prozession den Gesang des *Regina caeli* anstimmte.

Die Kirche — die orthodoxe noch mehr als die katholische — hat nach der Entschlafung der Gottesmutter gerne von ihrer Aufnahme in den Himmel, in den sie mit ihrem vor Tod[426] und Verwesung bewahrten Leib aufgestiegen ist, gesprochen. Und der hl. Michael ist Maria in Begleitung der ganzen himmlischen Heerscharen entgegen-

426 Die Orthodoxen betrachten es als gewiß, daß Maria nicht gestorben, sondern eingeschlafen ist. Dann sollen die Engel gekommen sein, um sie zu holen und lebendig in den Himmel zu bringen.

gegangen, um ihr einen triumphalen Einzug in das Reich ihres Sohnes zu bereiten; er führte sie bis zu jenem Thron, der ihr für die Stunde ihrer Krönung bestimmt war.

Diesen himmlischen und königlichen Hofstaat haben die Mystiker geschaut und beschrieben.

Als Gertrud im letzten Drittel des 13. Jahrhunderts in das Kloster von Helfta eintritt, drängt sie weniger geistlicher Eifer als vielmehr die Sehnsucht nach dem Studium zu diesem Schritt. Helfta ist eines dieser Häuser auf deutschem Gebiet, in dem die Künste blühen. Und das war es, was zunächst eine Motivation für Gertruds Klostereintritt gewesen war.

Das junge Mädchen widmet sich mehrere Jahre lang ganz und gar den Studien; die geheimnisvollen Bücher ziehen sie ganz in den Bann. Nichts läßt das Feuer erahnen, das unter dieser Asche schwelt. Als Gertrud 21 Jahre alt ist, wird sie von Christus berufen. Er verkündet ihr, daß er sie mit einer besonderen Liebe liebt und dafür bittet er sie auch um ihre Liebe. Gertrud zaudert nicht, obwohl sie weiß, daß diese mystische Liebe eine Quelle furchtbarer geistiger und körperlicher Leiden sein wird; sie sind das Unterpfand für die empfangenen Gunsterweise, für die ihr gewährten Gnaden und werden sie auf furchterregende Weise mit dem Kreuz verbinden. Gertrud gibt sich ganz der Liebe hin, sie ist für alles bereit und wird zu einer der ersten Botinnen des Heiligen Herzens Jesu. Ihre Visionen nehmen zu. *Das Buch der Offenbarungen* ist voll davon.

Als Gertrud an einem Marienfest in die Kirche hinabsteigt, bemerkt sie, daß der ganze Raum mit Schutzengeln und deren Gefährten erfüllt ist; sie stehen neben ihnen und jeder von ihnen trägt einen Korb mit wundervollen Blumen und Früchten. Diese Früchte und Blumen stellen die Opfer und die guten Werke der Ordensschwestern dar. Andere Engel stellen an den normalen Platz der Äbtissin einen Thron aus Gold. Damals war die große heilige Mechthild Äbtissin von Helfta. Soeben hat dort die Muttergottes Platz genommen. Die Engel stimmen in die Gesänge der Nonnen ein; paarweise treten sie näher und legen ihre Körbe der Muttergottes zu Füßen.

Dieses Bild unterscheidet sich nicht sehr von der Vision des P. Lamy zu Beginn des 20. Jahrhunderts; in seiner Vision bewegt sich die Muttergottes niemals ohne eine Engeleskorte, die ihrer würdig ist.

«Mit welcher Einfachheit und Zuneigung umgeben sie die Engel! Gott hat ihr Millionen gegeben. Sie kennt sie alle bei ihrem Namen, während die Engel sie nur unter einem einzigen Namen kennen: Königin. Jeder von ihnen hat ein eigenes Gepräge und alle sind sie schön.»

Auch P. Lamy hörte, daß die Engel mit den Gläubigen während der Messe sangen. Es handelte sich um ein Marienlied, das in den traurigen Tagen des Ersten Weltkrieges besonders angezeigt war: *Mutter der Hoffnung.*

Mutter der Hoffnung
Deren Name so liebreich ist,
Rette, rette Frankreich!
Erbarme dich unser!

P. Lamy beschrieb die Muttergottes und ihre Engel, angefangen bei Gabriel, aber er war auch Zeuge von noch erstaunlicheren Dialogen zwischen Maria und Luzifer. Diese Erscheinungen erregten bei der Veröffentlichung des Buches von Graf Biver einiges Aufsehen, obwohl es mit einem Vorwort von Jaques Maritain versehen worden war.

Viele Christen stellen sich Maria als unerbittliche Feindin des Teufels vor. Dabei stützen sie sich auf den Vers der Genesis[427], wo es heißt: «Feindschaft setzte ich zwischen dich und die Frau, zwischen deinen Nachwuchs und ihren Nachwuchs. Er trifft dich am Kopf und du triffst ihn an der Ferse.»[428] Der Teufel hatte Maria ja schon von Anfang an als seine Rivalin betrachtet und ihr gegenüber unerklärliche Eifersucht und Haß genährt. Daher konnte er bei ihrem Kommen nur die Flucht ergreifen. Wenngleich es stimmt, daß sie einander bekämpfen und daß die Muttergottes stets siegreich aus

427 Gen 3,15
428 Die Theologen sind der Meinung, daß der Nachwuchs der Frau, d.h. Christus, der als einziger von einer Frau ohne Mitwirkung eines Mannes geboren wurde, den Kopf der Schlange — ein Bild für den Teufel — zerschmettern wird — und nicht die Frau.

dieser ständigen Konfrontation hervorgeht, so betont Maritain doch, daß man die Engelnatur Luzifers und den kleinen Rest an Privilegien, die ihm bis hinein in seinen Abfall erhalten blieben, nicht aus dem Blick verlieren dürfe. In Übereinstimmung mit dem Buch Ijob, das erzählt, wie der Teufel vor Gott erschienen ist, um das Recht zu erlangen, den Gerechten verfolgen zu dürfen, und auch in Übereinstimmung mit dem Evangelium, wo es an einer Stelle heißt, daß der Herrscher dieser Welt gefordert habe, die Apostel wie Weizen zu sieben, darf man annehmen, daß Luzifer nicht aus Gottes Gegenwart verbannt wurde.[429] Seine Handlungen stehen nicht außerhalb des göttlichen Planes und das Schlechte, das er zu tun glaubt, wendet sich gegen ihn selbst, denn häufig dient es dazu, den Ruhm der Heiligen zu vergrößern. Dieses «Überleben» der Engelnatur in Luzifer wird in jeder Zeile des Dialoges sichtbar, den Pater Lamy am 9. September 1909 in Gray vernahm. Die Muttergottes bemerkte, daß Luzifer ihr folgte; sie sagte zu ihm:

«Du bist es?»

«Ich habe die Erlaubnis des Vaters.»

«Gut... Du weißt wie man dem Vater gehorcht!»

Dann begann zwischen den beiden eine lange Auseinandersetzung, während der beide den kommenden Krieg vorhersagten; sie meinten, er sei eine Strafe für die Sünden der Welt und besonders für die Sünden Frankreichs und Deutschlands. Mit Entschiedenheit gab Luzifer keinem der beiden zukünftigen Gegner Recht:

«Sowohl auf der einen wie auf der anderen Seite wurde man schuldig...»

P. Lamy sagte voll Trauer: «Luzifer kennt die Schuld immer sehr gut.»

Und der «Mörder von Anfang an», er, der diesen Haß und Groll geschürt hatte, freut sich ganz offen angesichts des bevorstehenden, nicht sühnbaren Gemetzels, durch das viele Seelen der Hölle entgegenstürzen. Aber die Muttergottes gebietet ihm Einhalt, sie war auf einmal ganz herrisch geworden:

«Nein, Luzifer, nein! Ich werde sie, dir zum Trotz, retten!»

---

429 Gott hat Luzifer nicht aus dem Himmel verjagt; er hat sich durch seine Revolte selbst aus dem Himmel getrieben.

Und P. Lamy gibt an, welche Waffe das auf der Erde entfesselte Böse allein noch zu überwinden vermag: «Das Rosenkranzgebet, betrübt den Widersacher! Er ist der erklärte Feind des Rosenkranzes.»

Diese Aussage deckt sich mit der Erklärung, die Leo XIII. am 12. September 1897 abgab. Nach Leo XIII. ist der Rosenkranz das vornehmliche Gebet der Engel.

Wenn es also vorkommen kann, daß Erscheinungen der Muttergottes dämonische[430] Erscheinungen nach sich ziehen können, so kommt es zum Glück aber häufiger vor, daß solche Erscheinungen von treuen Engeln begleitet werden.

Die älteste ist sicherlich die von Le Puy-en-Velay. Zwar ist es nicht möglich, mit wissenschaftlicher Genauigkeit die Epoche anzugeben, in der sich die Erscheinung zugetragen hat, und man kann sie auch nicht in das 1. oder 2. Jahrhundert datieren, aber man kann doch mit Gewißheit sagen, daß sich bereits ganz am Anfang des 5. Jahrhunderts ein Marienheiligtum in Puy befand. Die ursprüngliche Anlage dieser Kirche war noch älter. Die Sakralisierung jener Gegend ist in mancher Hinsicht mit denen der Heiligtümer des Erzengels Michael zu vergleichen, zu denen übrigens auch Le Puy-en-Velay mit seiner außergewöhnlichen Kapelle im Gesteinsgang von Aiguilhe gehört.

Le Puy, von den römischen Galliern Anicium genannt, ist ein sehr alter Kultort, der bereits bis in vorkeltische Zeiten zurückreicht. Dort befindet sich ein Dolmen, ein heiliger heidnischer Stein, der vom Volk verehrt wurde. Dieser Stein stand, wie viele andere, in Verbindung mit einem Fruchtbarkeitsritual, wodurch verständlich wird, warum Frauen hier die Nacht verbrachten. Die Tradition zog es aus Gründen der Schamhaftigkeit vor, zu sagen, daß dieses Dolmen im Ruf stand, Fieberkrankheiten zu heilen...

Eines Nachts hatte sich eine arme Frau auf den Stein gelegt, in der Hoffnung, Erleichterung für ihre Übel zu finden.[431] Da erschien ihr eine wunderschöne Frau; sie war von zahlreichen Engeln umgeben

430 Ganz zu schweigen von satanischen Karikaturen, die echte Marienerscheinungen nachzuahmen versuchen, wie u.a. in Lourdes...

und forderte sie auf, zum Bischof zu gehen und ihm zu sagen, daß an diesem Ort eine Marienkirche erbaut werden soll.

Von dieser Legende gibt es mehrere Versionen, die von den üblichen Ausflüchten der Bischöfe, von Schneefall mitten im Sommer (wie im Fall von Santa Maria Maggiore in Rom), bis hin zum sonderbaren Verhalten eines Hirsches[432], der mit seinem Geweih den Umfang des künftigen Heiligtums ausmaß, reichten. Es ist unmöglich, Wahrheit und Legende voneinander zu scheiden, und da der Verfasser auch die Namen der kirchlichen Würdenträger verwechselt, stehen wir nicht vor einer gesicherten Chronik. Etwas anderes ist hingegen gewiß: Der Dolmen wurde in die Fundamente der Kirche eingearbeitet, was in anderen Fällen, wo ein alter heidnischer Kultort christianisiert wurde, nicht vorkommt, da es Brauch war, alle Spuren des ursprünglichen Verehrungsgegenstandes zu zerstören. Yves Chiron betont zu Recht, daß es eines gewichtigen Motivs bedurfte, damit die Erbauer der Kirche den heidnischen Stein verschonten. Und welches Motiv könnte es wohl gewesen sein, wenn nicht eine als echt geltende Erscheinung?

Vereint in einem gemeinsamen Eifer ziehen die Muttergottes, der hl. Michael und die Engel die mittelalterlichen Pilger nach Anicium, das inzwischen zu Le Puy-Sainte-Marie wurde. Die Stadt findet Eingang in das Heldenlied der Kreuzzüge und der spanischen Reconquista, denn für die aus dem Norden kommenden Menschen war sie eine obligate Etappe auf dem Weg nach Compostella.

Die Muttergottes und Michael, die Beschützer des französischen Königreiches und der Christenheit in ihren Gefahren, erschienen am 10. und 11. August 1519 gemeinsam auf dem Berg Verdaille in der Nähe des Dorfes Cotignac, nicht weit von Draguignan entfernt.

Eines frühen Morgens macht sich ein Holzfäller namens Jean auf den Weg zur Arbeit. Einige Chronisten geben seinen Nachnamen mit Labaume, andere mit Lasaque an — damals war der bürgerliche

431 Man könnte in Frankreich hundert Beispiele anführen, sie waren mit mehr oder weniger ausdrücklichen Ritualen verbunden, die alle darauf zielten, daß die Frauen einen Ehemann oder Kinder bekämen. Bis vor gar nicht allzu langer Zeit suchte man bei solchen Ritualen seine Zuflucht.

432 Der Hirsch ist ein Tier, das mit Cernunnus, dem gehörnten Gott der Kelten, in Verbindung steht; er ist die Gottheit des Frühlings, der Natur und der Fruchtbarkeit.

Stand eines jeden noch nicht genau fixiert. Auf dem Berg sieht er in einer lichtvollen Glorie die Muttergottes mit dem Jesuskind auf dem Arm. Maria wird vom Erzengel Michael, vom hl. Bernhard und der hl. Katharina begleitet.[433]

Am 14. September beginnt der Bau der Kapelle U.L.F. von der Gnade. Man schreibt ihr viele Wunder zu, vor allem aber werden die Marienerscheinungen von Cotignac mit den Pariser Erscheinungen des Jahres 1637 in Verbindung gebracht; in diesen Erscheinungen wird Ludwig XIII. und Anna von Österreich der Thronfolger versprochen, den sie nicht mehr erwarteten.

Das Schicksal des französischen Königreiches, dessen Könige die Muttergottes zur Königin und Schutzherrin erkoren, hat Maria während all der Erscheinungen des 19. Jahrhunderts in Paris, La Salette, Pontmain beunruhigt.[434] Allerdings ging nur in der rue du Bac eine Engelerscheinung der Erscheinung der Muttergottes voraus. Den Grund[435] dafür wird man in der äußerst starken Verehrung, die Sr. Katharina ihrem Schutzengel entgegenbrachte, zu suchen haben.

Katharina-Zoé Labouré wurde 1806 als achtes von siebzehn Kindern eines begüterten Bauernpaares in Fain-les-Moutiers im Burgund geboren. Sie ist erst neun Jahre alt, als am 9. Oktober 1815 ihre Mutter plötzlich stirbt — ganz aufgezehrt durch die vielen Geburten, die schweren täglichen Arbeiten und auch durch den Schmerz, den ihr der Tod von sieben ihrer Kinder, die noch in ganz jungen Jahren starben, verursacht hatte. Die älteste Tochter Marie-Louise ist zwanzig Jahre alt und kümmert sich um ihre jüngeren Geschwister. Das jüngste Kind, August, ist drei Jahre alt und krank. So tapfer und hingebungsvoll Marie-Louise auch ist, sie ist dieser schweren Auf-

---

433 Der hl. Bernhard ist ein Dichter im Bereich der Marien- und der Engelverehrung. Die hl. Katharina von Alexandrien ist eine der Seligen, die den Erzengel Michael bei den Erscheinungen der Jeanne d'Arc begleiten. Manche Pedanten halten die historische Wirklichkeit ihres Martyriums für fraglich, da ihre Leidensgeschichte erst sehr spät auftaucht und sehr literarisch gefärbt ist. Sie ist auch — gemeinsam mit Michael — die Patronin des Hauses Valois. Es sind also Heilige, die mit Frankreich besonders verbunden sind.

434 Nur Lourdes bildet hier eine Ausnahme, und Bernadette beharrte ihr ganzes Leben lang darauf, daß diese Erscheinungen keinerlei politischen Charakter hatten.

435 Den Grund, nicht die Erklärung. Weil Katharina ihren Schutzengel so sehr liebte, empfing sie die Gnade ihn zu sehen; es handelte sich nicht um Autosuggestion!

gabe nicht gewachsen. Der Vater ist in dieser traurigen Zeit keine große Hilfe, denn die Situation macht ihn ganz verzagt. Man beschließt, die Familie aufzuteilen. Katharina und Tonine, eine ihrer jüngeren Schwestern, werden einer Tante anvertraut. Für die sanfte und schüchterne Katharina, die sehr an ihren Eltern hängt, bedeutet der Tod ihrer Mutter, der nun noch durch das weit entfernt liegende «Exil» verstärkt wird, eine furchtbare Trennung, zumal sie glaubt, daß ihr Vater sie nicht mehr liebt. Das Waisenkind besitzt aber, auch wenn es sich dessen noch nicht bewußt ist, von seiner verstorbenen Mutter die «Waffen», die ihm helfen werden, die Trauer zu überstehen.

Wenngleich Mutter Labouré, die sich von den Geburten ihrer Jüngsten nur schlecht erholte, keine Zeit fand, um Katharina lesen und schreiben beizubringen, so lehrte sie dem Kind doch das Beten. In dieser Epoche hatte die nahe bevorstehende Revolution das Unterrichtswesen im ländlichen Bereich auf den Kopf gestellt, da die kleinen Schulen aufgelöst worden waren. Das kleine Mädchen, das zu früh der mütterlichen Liebe beraubt war, richtet seinen Hunger nach Zuwendung auf die Muttergottes und seinen Schutzengel. Schon sehr bald ist Katharina davon überzeugt, daß Gott sie zum Ordensleben beruft. Eines nachts sieht sie im Traum wie der hl. Vinzenz von Paul sie einlädt, in den von ihm gegründeten Orden der Filles de la Charité (Barmherzige Schwestern) einzutreten. Leider widersetzt sich Vater Labouré, der über die Pläne seiner Tochter unterrichtet war, mit äußerster Entschlossenheit. Schon Marie-Louise hatte diesen Weg beschritten und so fromm Vater Labouré auch ist, so ist er doch nicht gewillt, zwei Kinder der Kirche zu schenken. Katharina muß warten bis sie volljährig ist und sie bedarf der finanziellen Hilfe eines ihrer älteren Brüder, um schließlich am 21. April 1830 über die Schwelle des Noviziates in der rue du Bac zu treten. Nun beginnt für sie eine Reihe mystischer Geschehnisse, denen ihre Seelenführer und die Oberinnen zunächst ungläubig, dann aber verwirrt gegenüberstehen.

Der 25. April ist in jenem Jahr ein großer Tag für die beiden Gemeinschaften, die Vinzenz von Paul im 17. Jahrhundert gegründet hatte: die Lazaristen und die Filles de la Charité. Die Reliquien des Vaters der Armen und der Findelkinder, den Königin Anna von Österreich das «Gewissen des Königreiches» nannte, sollen feierlich in die Kirche der Lazaristen, aus der sie vertrieben worden waren, zurückgebracht werden. Charles X. beehrte die Feierlichkeiten mit seiner erlauchten Anwesenheit. Trotz des Festes herrscht eine drükkende Atmosphäre, denn jeder spürt die Gefahren, die in jenem Frühling auf der Monarchie lasten. Die Erinnerung an die Glaubensverfolgung ist noch bei allen ganz wach, ebenso die Furcht, daß wieder eine Zeit des Untergrundes und des sehr realen Martyriums anbricht.

Als Katharina an diesem Abend vor dem Reliquienschrein betet, hat sie eine dreifache Vision vom Herzen des hl. Vinzenz und die sehr klare Vorwarnung vom baldigen Niedergang der Königsherrschaft. Sie ist darüber untröstlich. Ihr Beichtvater, den sie davon unterrichtet, macht ihr Vorwürfe, denn er ist sicher, daß er es mit einem überspannten jungen Mädchen zu tun hat und das ist etwas, was die Kirche nicht gerade schätzt. Er verhält sich gewiß auch nicht liebenswürdiger, als ihm die Novizin sagt, daß sie bei jeder Messe die sichtbare Wahrnehmung der Realpräsenz in der Eucharistie hat. Am 6. Juni sieht sie Christus als König, der auf einmal der Insignien seiner Königsherrschaft beraubt ist. Dies war ein Hinweis auf den unmittelbar bevorstehenden Fall des Thrones und auf den dramatischen Bruch, den dieser Niedergang für das revolutionäre Frankreich und seine Beziehung zu Gott nach sich ziehen würde.

Obwohl sie wieder und wieder beschimpft wird, bewahrt Katharina doch die innere Gewißheit, daß ihr hier eine Gnade von oben zuteil wurde. Nur eines macht sie traurig: Sie hat noch nicht die Muttergottes gesehen. Wie kann es möglich sein, daß sich Maria, die sie zu ihrer Mutter erwählte, als sie in dem Zimmer, in dem ihre tote Mutter aufgebahrt war, eine Marienstatue innigst umarmte, sich ihr noch nicht gezeigt hat? Am Abend des 18. Juli fleht Katharina die Muttergottes an, ihr zu erscheinen; voll Hoffnung legt sie sich schlafen. Was dann geschah, erzählt sie am Ende ihres Lebens auf Bitten der Oberen:

«Gegen halb zwölf nachts hörte ich, wie mein Name gerufen wurde:

“Schwester! Schwester!”

Ich erwachte und schaute auf die Seite, von der ich die Stimme vernommen hatte; sie war von der Seite des Ganges gekommen. Ich zog den Vorhang beiseite[436] und sah ein weißgekleidetes, ungefähr vierjähriges Kind, das mir sagte:

“Steh schnell auf und gehe in die Kapelle; die Muttergottes wartet auf dich.”

Ich dachte sofort:

Aber man wird mich hören!

Das Kind antwortete mir:

“Sei unbesorgt, es ist halb zwölf; alle schlafen fest. Komm, ich warte auf dich.”

Ich zog mich eilends an und ging auf die Seite, wo dieses Kind stehengeblieben war, ich war nicht weiter als bis zum Kopfende meines Bettes gegangen. Es folgte mir, besser gesagt: Ich folgte ihm. Es war immer zu meiner Linken und sandte überall, wohin es ging, helle Strahlen aus. Überall, wo wir gingen, war Licht entzündet worden, was mich sehr erstaunte. Aber noch überraschter war ich, als ich die Kapelle betrat... Die Tür öffnete sich kaum, daß das Kind sie mit der Spitze seines Zeigefingers berührt hatte.

Aber mein Staunen wurde noch größer als ich sah, daß alle Kerzen und Leuchter angezündet waren: Es erinnerte mich an die mitternächtliche Weihnachtsmesse. Die Muttergottes sah ich aber nirgends. Das Kind führte mich in den Chorraum, neben den Platz des geistlichen Direktors. Und dort kniete ich mich nieder. Das Kind blieb die ganze Zeit über stehen.

Weil ich die Zeit sehr lang fand, schaute ich, ob die Wächterinnen[437] nicht etwa über die Tribüne gingen. Schließlich kam der Augenblick und das Kind sagte mir:

“Siehe, die Muttergottes, schau, da ist sie!”

Ich vernahm ein Geräusch, das sich wie das Rascheln eines Seidenkleides anhörte; es kam von der Tribüne, dort wo das Bild des hl. Josef ist; dann kam das Geräusch von den Treppen des Altars und

436 Es war der Alkoven, der das Bett im gemeinsamen Schlafsaal umgab.

437 Es handelte sich um Ordensschwestern, die darauf achteten, daß im Haus alles in Ordnung war.

zwar von der Evangelienseite, von einem Sessel, der dem der hl. Anna[438] ähnelt.

Trotzdem war es nicht die hl. Anna, die in dem Sessel saß, sondern die Muttergottes.[439] Es war nicht dieselbe Person wie die hl. Anna. Ich war mir nicht sicher, ob es die Muttergottes war. Aber das Kind, das noch da war, sagte mir:

"Schau, da ist die Muttergottes."

In jenem Moment hätte ich unmöglich sagen können, was ich empfand und was in meinem Innern geschah. Es schien mir, als würde ich die Muttergottes nicht sehen.

Da sprach das Kind zu mir, aber es sprach nicht mehr wie ein Kind, sondern wie ein Mann, wie der stärkste Mann, und er benutzte stärkste Worte. Nun, als ich die Muttergottes so anschaute, machte ich einen einzigen großen Sprung zu ihr.»

Katharina verharrt eine ganze Weile kniend vor dem Sessel; ihre Hände sind gefaltet und ihre Arme ruhen auf den Knien der Muttergottes. Sie hört, wie Maria von den Gefahren spricht, die Frankreich bedrohen; sie hört, wie ihr Maria verspricht, die Lazaristen und die Barmherzigen Schwestern zu beschützen; Maria kündigt ihr die Vereinigung zweier anderer Frauenorden mit dem Orden der Barmherzigen Schwestern an und schließlich kündigt ihr Maria auch noch den tragischen Tod — «in vierzig Jahren» — des Pariser Erzbischofs an. Alles verwirklicht sich Punkt für Punkt, bis hin zur Exekution von Bischof Darboy 1871, der durch die Communards als Geisel genommen und mit anderen Priestern, Ordensleuten, Offizieren und angesehenen Persönlichkeiten erschossen wurde.

«Ich weiß nicht, wie lange Zeit ich so verharrt bin. Ich weiß nur, daß ich, als Maria fortging, etwas bemerkte, das erlosch. Schließlich war da nur noch ein Schatten, der in Richtung Tribüne ging und zwar auf demselben Weg, auf dem Maria auch gekommen war. Ich erhob mich von den Altarstufen und sah das Kind dort, wo ich es zurückgelassen hatte. Es sagte zu mir:

---

438 Sr. Katharina spielt auf ein anderes Bild in der Kapelle an, auf dem die hl. Anna auf einem Sessel sitzt, während Maria, die bei dieser Darstellung noch ein Kind ist, neben ihr steht und gerade lesen lernt.

439 In ihrer etwas ungelenken Sprache möchte Katharina sagen, daß Maria dort allein und nicht, wie auf dem Gemälde, zusammen mit ihrer Mutter war.

“Sie ist weggegangen.”

Wir gingen denselben Weg zurück; noch immer war alles erleuchtet und dieses Kind ging noch immer an meiner linken Seite. Ich glaube, dieses Kind war mein Schutzengel, der sich sichtbar gemacht hat, um mich die Muttergottes sehen zu lassen, denn ich hatte viel darum gebetet, daß er mir diese Gunst erwirken möge. Er war weiß gekleidet und trug ein wunderbares Licht mit sich, d.h. er strahlte vor Licht; er war ungefähr vier bis fünf Jahre alt.

Als ich wieder in meinem Bett lag, war es zwei Uhr morgens.»

Diese Engelerscheinung erfordert mehrere Anmerkungen. Der erste Gedanke, der einem in den Sinn kommen könnte, ist: Katharina hat geträumt. Aber sie macht sofort so genaue und so «materielle» Angaben, daß man diese Hypothese verwerfen muß. Die Unsicherheit, die sie bezüglich der Identität ihrer Besucherin eingesteht, geht nicht bis zum Zweifel. Dieses Unsicherheit spricht außerdem zugunsten der Wirklichkeit dieser Erscheinung. Der Schutzengel zeigt sich Katharina auf eine relativ seltene Weise: als kleines Kind. Die hl. Franziska Romana sah ihren Schutzengel auch als kindliche Person, er wollte sie aber über den Tod ihres Sohnes und ihrer Tochter trösten. Der Engel ist lichtvoll; er erleuchtet Katharina nicht nur auf den dunklen Gängen des Noviziates, wie es auch die Engel bei P. Lamy auf dem wenig überschaubaren Gebiet von La Courneuve und beim hl. Philipp Neri in den Gassen von Rom taten, sondern er zündet unterwegs auch noch alle Kerzen an. Dort bekommt der Bericht der schlichten, demütigen und beinahe ungebildeten Schwester Labouré Ähnlichkeit mit den biblischen Texten, in denen Engel verschlossene Türen öffnen und den Schlaf von Schlummernden tiefer werden läßt. Ihr Engel handelt und bewegt sich in der sichtbaren Welt wie sich der Erzengel verhielt, als er kam, um Petrus aus dem Gefängnis des Herodes zu befreien. Und Katharina ist sich nicht sicher, ob sie träumt, so wie auch der Apostelfürst sich fragte, ob er träume, und erst als er auf der Straße und frei war, glaubte er, daß er wach war. Schließlich spricht der Schutzengel angesichts der durchaus verständlichen Fragen seines Schützlings mit der Autorität eines erwachsenen und sehr erfahrenen Mannes.

Die hl. Katharina Labouré hatte später noch andere Erscheinungen. Besonders zu erwähnen ist jene, die dazu führte, daß die berühmte Wundertätige Medaille geprägt wurde. Ihren Schutzengel sollte sie jedoch nicht mehr sehen.

Es gibt jedoch noch andere Engelerscheinungen. Am 21. August 1879 sehen zahlreiche Bürger von Knock Mhuire (Irland) als sie gegen 19 Uhr von ihren Feldern zurückkommen, vor einer ganz normalen Mauer, die plötzlich von einem übernatürlichen Lichtschein erleuchtet ist, die Muttergottes, den hl. Josef, den Evangelisten Johannes, einen Altar und das mystische Lamm — alle von Engeln umgeben.

Wenngleich es die katholische Kirche für klug hielt, die Aufmerksamkeit der englischen und protestantischen Besatzung nicht auf diese marianische und eucharistische Erscheinung zu ziehen, wurde Knock Mhuire doch zu einem der Hauptwallfahrtsorte in Irland. Es ereigneten sich dort so viele Heilungen, daß dem Dorf der Beinamen verliehen wurde: «das Lourdes von Irland».

Im deutschen Wigratzbad, das nahe an der schweizerischen und österreichischen Grenze liegt, antizipierten im Jahr 1936 die Engel — ohne daß sie sich sichtbar zeigten — die Marienerscheinung, die einer Frau aus dem Nachbarort Wangen im Februar 1938 zuteil werden sollte.

In Deutschland ließen die Muttergottes und die Engel die Niederlage des Nationalsozialismus erhoffen. Es hat den Anschein, daß sie auch in Ile-Bouchard (Frankreich) am 8. Dezember und an den darauffolgenden Tagen eingriffen, um die kommunistische Bedrohung von Frankreich abzuhalten.

Die kommunistische Partei, die in der Widerstandsbewegung und in den ersten Monaten nach der Befreiung eine starke Rolle gespielt hatte, glaubte, ohne Hindernisse die Institutionen der Republik durch ihre Kader beherrschen zu können. Trotz des beträchtlichen Einflusses, den die französische kommunistische Partei besaß, erfüllten sich ihre Hoffnungen nicht. Im Gegenteil! Im Mai 1947 brachen MRP und SFIO[440] das unmittelbar nach dem Krieg geschlossene

440 Section française de l'Internationale ouvrière (Französische Sektion der internationalen Arbeiterbewegung).

Bündnis, durch das die Kommunisten an der Regierung beteiligt waren. Die Reaktion ließ nicht auf sich warten und sie war von unglaublicher Gewalt. Es kam zum Generalstreik, der zu einer rebellierenden Bewegung wurde; es kam zu ganzen Serien von Attentaten und Sabotageakten, von denen einer am 3. Dezember zur Entgleisung des Zuges Paris-Tourcoing führte, was etwa zwanzig Reisenden den Tod brachte; am 6. und 7. Dezember kam es in Paris und in der Provinz zu Tumulten und Meutereien, wobei mehrere Demonstranten getötet wurden... Die Regierung berief in dieser bürgerkriegsähnlichen Atmosphäre die Reservisten ein. Frankreich stand am Rand der sozialen Explosion und der Revolution.

Am 9. Dezember geschieht es plötzlich, daß die CGT[441] und die Kommunistische Partei, die an der Macht waren und noch am Vortag bis zum äußersten gehen wollten, zurückwichen und dem Generalstreik sowie ihrer Gewaltkampagne ein Ende bereiteten. Es stimmt, daß viele Mitstreiter genug hatten, und daß der Bewegung langsam die Luft ausging, während in der Gewerkschaftsbewegung Meinungsverschiedenheiten ausbrachen. Dies kam der Regierung zugute, die daraufhin wieder die Orte unter ihre Kontrolle brachte, die zuvor unter dem Einfluß der Kommunisten gestanden hatten.

Es ist daher möglich, für die schnelle Entkrampfung der Krise und den Mißerfolg der kommunistischen Partei eine rationale Erklärung zu finden. Dennoch hatte sich am 8. Dezember, dem Fest der Unbefleckten Empfängnis Mariens, etwas zugetragen, das vielleicht in Verbindung zu der damals aktuellen Situation stand, oder diese vielleicht beeinflußt hat.

An jenem Mittag hatten die zwölfjährige Jacqueline Aubry, ihre siebenjährige Schwester Jeanne und ihre zehnjährige Cousine Nicole Robin einen Abstecher in die Kirche gemacht, bevor um 13.30 Uhr in ihrem Dorf Ile-Bouchard die Schule wieder begann. Jacqueline ist ein frommes Mädchen mit einer besonderen Verehrung für Maria. Sie ist aber keineswegs überschwenglich oder «mystisch angehaucht». Es ist ihre Gewohnheit, täglich vor der Statue der Muttergottes zu beten, um wieviel mehr an diesem 8. Dezember, an dem

441 Confédération Générale du Travail.

die Novene zur Immakulata endet! Wie weit wissen die drei Mädchen über die Unruhen, die in der Hauptstadt und in den großen Industriestädten ausgebrochen sind, Bescheid? Das läßt sich nicht sagen. In den ländlichen Gegenden ist es noch nicht üblich, ein Rundfunkgerät zu besitzen. Zeitungen, die von verschiedenen schmutzigen Begebenheiten und schlüpfrigen Affären erfüllt sind, läßt man Kinder nicht lesen. Haben die drei Kleinen bei den Erwachsenen ein angstvolles Gespräch mitbekommen? Das scheint nicht der Fall zu sein.

Wie dem auch sei, während sie vor dem Marienaltar den Rosenkranz beten, wird Jacquelines Aufmerksamkeit von einem sehr strahlenden und zugleich sehr milden Licht, das zwischen dem Kirchenfenster und dem Altar ist, angezogen. Dort, auf der linken Seite, steht eine sehr schöne Dame in einer Grotte; sie wird von einem großen Engel begleitet, der zu ihrer Rechten steht. Jeanne und Nicole sehen es auch. Voller Furcht verlassen sie hastig die Kirche. Draußen treffen sie zwei Klassenkameradinnen; es sind die Schwestern Sergine und Laura Croizon. Sie erzählen ihnen, was sie soeben gesehen haben. Natürlich ist die kindliche Neugier größer als die Angst, zumal es ihnen Mut macht, daß sie jetzt in einer Gruppe sind. Sie kehren also in die Kirche zurück und sehen noch immer dasselbe — außer Sergine, die nichts besonderes erblickt. Die Dame lächelt den Kindern zu. Später am Nachmittag kehren die vier Mädchen zum Marienaltar in die Kirche zurück. Sofort, oder doch fast sofort, sind die Dame und der Engel wieder da. Die Dame sieht traurig aus und sagt:

«Sagt den kleinen Kindern, daß sie für Frankreich beten sollen, denn Frankreich braucht sehr nötig Gebet.»

In den darauffolgenden Tagen bis zum Ende der Erscheinungen am 14. Dezember, erneuert die Muttergottes ihre Bitte «für Frankreich, das sich in großer Gefahr befindet». Jacqueline, die fürchtete, bei den Menschen nur auf einen allgemeinen Skeptizismus zu stoßen, forderte Zeichen, damit die Menschen glauben.

Obwohl die Dame sehr verschwiegen war, sagte sie:

«Ich bin nicht gekommen, um Wunder zu wirken, sondern um zum Gebet für Frankreich, das sich in diesen Tagen in großer Gefahr befindet, aufzufordern.»

Es wurden auch Zeichen gegeben, die zwar nicht spektakulär, aber auch nicht durch natürliche Ursachen zu erklären sind.[442] Zunächst ist da die plötzliche Heilung der kurzsichtigen Jacqueline, die wieder ihre volle Sehkraft hat und keine Brille mehr tragen muß.[443] Und am letzten Tag der Erscheinungen geschah es, daß ein Sonnenstrahl, der zu dieser Jahreszeit und aufgrund der Stellung der Kirche unerklärbar war, vor tausend Anwesenden einige Minuten lang auf den vier kleinen Seherinnen ruhte.

Dieses letzte und überdies sehr diskrete Phänomen läßt einen an die großen Erscheinungen des 20. Jahrhunderts in Fatima denken, wo ein Engel eine ganz wichtige Rolle spielte.

Die Erscheinung von Fatima ereignete sich zwischen April und Oktober 1915. Genauere Angaben über das Datum gibt es nicht, denn das Mädchen, das diese Erscheinungen hatte, ist zu unwissend gewesen, um die Wochentage oder die Namen der Monate zu kennen. Sie heißt Lucia dos Santos und war damals acht Jahre alt. Das Geschehen ereignete sich in Aljustrel, mitten im Zentrum Portugals. Wie fast alle Kinder im Land hütete Lucia die Tiere auf den Feldern; in jenem Frühling beginnt sie mit dieser Hirtenaufgabe; sie ersetzt ihre ältere Schwester Carolina, auf die jetzt härtere Arbeiten warten. Lucia ist mit drei anderen Mädchen zusammen, den Töchtern von Matias: Teresa, Maria-Rosa und Maria Justino. Die vier Kinder sind sehr fromm, sehr gewissenhaft und sehr zurückhaltend. Im Gegensatz zu den anderen Kindern mögen sie keine lauten Spiele und verbringen die langen Tage auf den Feldern mit dem Singen verschiedener Marienlieder. Und sie singen auch noch ein anderes Lied, das in ganz Portugal populär ist: *Engel, singt mit mir!*

An jenem Tag lassen die jungen Hirtenkinder ihre Schafe auf dem Hügel von Cabeco weiden. Von dieser Höhe aus überblickt man die

442 Die Kirche hat kein offizielles Urteil über die Erscheinungen von Ile-Bouchard gefällt, aber sie toleriert, daß dort ein Kultort entstand.

443 Yves Chiron vermerkte, daß Jacqueline auch an Hornhautverkrümmung litt und schielte — diese Probleme waren auch weiterhin vorhanden.

Olivenhaine der Umgebung. Es ist ungefähr Mittag und Lucia kommt es in den Sinn, den Rosenkranz zu beten. Kaum haben sie begonnen, da unterbrechen die vier Kinder auch schon das Gebet: Sie sind verwirrt, ja sogar fast erschrocken, denn sie sehen, wie sich über den Bäumen etwas hin- und herbewegt. Sie sind ungebildete Bauernkinder, kleine Analphabeten, denen die Worte fehlen, um ihre Fassungslosigkeit zu beschreiben oder auszudrücken. Sie wissen nicht, was sie da sehen. Es könnte eine Wolke sein, wenn Wolken eine solche weiße Farbe und eine solche Transparenz besitzen würden, die noch reiner als Schnee wären. Es ähnelt einer Statue aus Schnee, durch die die Sonne scheint... Es ist weit entfernt, es ist undeutlich, aber mitten in dieser Klarheit läßt sich etwas erkennen, das wie eine Menschengestalt aussieht... Verängstigt fragen die Mädchen:

«Was ist das?»

Sie zerbrechen sich den Kopf ohne eine richtige Antwort zu finden. Als sie in den folgenden Tagen den Mut haben, noch einmal auf den Hügel von Cabeco zu gehen, sahen sie noch zweimal diese weiße Form, die aussah wie eine menschliche Gestalt.

Lucia ist ein schweigsames und kluges Mädchen; sie hat sich gehütet, daheim etwas von dem zu erzählen, was sie gesehen hat und das sie beschrieb «als eine Person, die in ein Leintuch gehüllt war» und von der man «weder die Augen noch die Hände» erkennen konnte. Unglücklicherweise erzählen ihre Freundinnen aber überall, was sie gesehen haben.[444] Unter dem Druck der Fragen und weil sie nicht lügen kann, sagt die kleine Dos Santos peinlich genau, was sie gesehen hat. Für ihre Mutter ist das Problem schnell gelöst, obgleich sie fromm ist. Ohne Widerrede zu dulden, macht sie der Diskussion ein Ende: «Kinderdummheiten!» Denn sie möchte nicht zu einem Spottlied auf den Lippen ihrer Familie werden. Die liebe und sanfte Lucia hatte sich in den Augen ihrer Familie zu einer Märchenerzählerin gewandelt, über die man sich nach Belieben lustig machen kann. Und jeder nützte dies auch weidlich aus, während sich das

444 Es ist hier anzumerken, daß nach der ersten Erscheinung in Lourdes vom Februar 1858 nicht Bernadette, sondern ihre Schwester, die nichts gesehen hatte, alles ihrer Mutter erzählte.

Mädchen in seiner Traurigkeit und seinem Nicht-verstanden-Werden zurückzog.

Die Monate vergehen. Im Frühling 1916 geht Lucia nicht mehr mit ihren bisherigen Gefährtinnen auf die Weiden, sondern mit ihrer Cousine und ihrem Vetter, Jacinta und Francisco Marto, die sechs und acht Jahre alt sind. Genau wie im Vorjahr ist es Lucia nicht möglich, das Ereignis genau zu datieren. Wie im Vorjahr ließen sie ihre Schafe auf dem Cabeco weiden. Am Vormittag beginnt es zu regnen. Die Kinder suchen unter einem Felsen, der in einem Olivenhain von Lucias Pate liegt, Schutz. Und obwohl der Regen aufgehört hat und die Sonne wieder scheint, blieben sie an diesem Ort. Sie spielen, als auf einmal «ein ziemlich starker Wind»[445] durch die Bäume fegt. Dieser unvermutete Windstoß aus heiterem Himmel erstaunt die Bauernkinder so sehr, daß sie ihr Murmelspiel aufgeben.

«Da sahen wir über den Ölbäumen dieselbe Gestalt, von der ich bereits gesprochen habe. Sie kam auf uns zu. Jacinta und Francisco hatten sie noch nie gesehen, und ich hatte auch nie zu ihnen davon gesprochen. Je näher sie kam, desto besser erkannten wir ihre Züge. Die Gestalt hatte das Aussehen eines jungen Burschen von 14 oder 15 Jahren; sie war weißer als der Schnee und die Sonne machte sie so transparent als wäre sie aus Kristall. Sie war von großer Schönheit.

Wir waren überrascht und halb benommen. Wir sagten kein Wort. Als der Engel bei uns ankam, sagte er uns:

"Habt keine Angst! Ich bin der Friedensengel. Betet mit mir!"

Er kniete sich auf die Erde, neigte seine Stirn bis auf den Boden. Von einer übernatürlichen Bewegung gedrängt, ahmten wir ihn nach und wiederholten die Worte, die wir ihn sagen hörten:

"Mein Gott, ich glaube, ich bete an, ich hoffe und ich liebe dich. Ich bitte dich um Verzeihung für jene, die nicht glauben, die nicht anbeten, die nicht hoffen und die dich nicht lieben."[446]

---

445 *Un rumo com un cop de bent*, ein Geräusch wie ein Windstoß, sagte Bernadette Soubirous zu Abbé Pomian, ihrem Beichtvater, um jenen Moment zu beschreiben, der der ersten Erscheinung U.L.F. von Lourdes am 11. Februar 1858 voranging. Sie benutzte damit, ohne es zu wissen, jene Worte der Apostelgeschichte, mit denen die Herabkunft des Heiligen Geistes am Pfingsttag beschrieben wurde.

446 Diese kurze Anrufung ist unter dem Namen «Gebet des Engels» bekannt und wurde in der Kirche zu einem weit verbreiteten Gebet.

Nachdem er das Gebet dreimal wiederholt hatte, erhob er sich und sagte uns:

"Betet auf diese Weise. Die Herzen Jesu und Mariens hören der Stimme eurer Bitten aufmerksam zu."

Dann verschwand er.»[447]

Francisco hatte wie seine Schwester und seine Cousine den Engel gesehen, aber er hatte seine Worte nicht gehört und er hörte auch später die Worte der Muttergottes nicht. Er hatte die beiden Mädchen immer als «Dolmetscher» nötig. Überwältigt von dem Einbruch des Übernatürlichen und von der Vision des Engels, den Lucia als «er war Licht»[448] beschrieb, verharrten die Kinder in tiefer Verneigung; sie waren unfähig sich zu bewegen oder ein Wort zu sagen. Als sie zuhause waren, sagten sie nichts von der Erscheinung.

Der Fatimaexperte Bruder Michael von der Dreifaltigkeit, betont, daß die Engel — seien es nun der Schutzengel Portugals oder ihre jeweiligen Schutzengel gewesen — den jungen Hirtenkindern bekannt waren, daß ihre naive Verehrung aber überhaupt in keinem Verhältnis zu der gewaltigen Erscheinung stand, die einer biblischen Erscheinung glich und unwiderlegbar darauf hinwies, daß ihnen hier eine ähnliche Engelerscheinung wie im Evangelium zuteil geworden war. Auch die große Einfachheit der Kinder und ihr mangelhafter Wortschatz stand in keinem Verhältnis zu dem Gebet, das der Engel sie lehrte und dessen Begriffe ihnen natürlich fremd waren.

Mehrere Tage hindurch sind die drei Seherinnen durch ihre mystische Erfahrung erschüttert; erst dann kehren sie zu ihrem gewöhnlichen Leben zurück. Der Sommer ist ins Land gezogen. Es ist so heiß, daß man die Tiere noch vor dem Mittag in den Stall zurückführen muß, damit sie erst wieder hinausgehen, wenn sich der Tag neigt. Die drei Kinder sind hinten in Lucias Garten, im Schatten der Bäume. Sie spielen in der Nähe des Brunnens.

«Auf einmal sahen wir denselben Engel bei uns.

447 Zeugnis von Schwester Lucia.
448 Zeugnis von Schwester Lucia gegenüber dem Kanoniker Barthas.

“Was macht ihr? Betet, betet viel! Die Pläne der heiligen Herzen Jesu und Mariens sind voll Erbarmen für euch. Opfert dem Allerhöchsten unablässig Gebete und Opfer auf.”

“Wie sollen wir aufopfern?”, habe ich gefragt.

“Schenkt Gott mit allen euren Kräften ein Opfer als Akt der Wiedergutmachung für die Sünden, durch die er beleidigt wird und als flehendes Bittgebet für die Bekehrung der Sünder. Auf diese Weise werdet ihr den Frieden auf euer Vaterland herabziehen. Ich bin sein Schutzengel, der Engel von Portugal. Vor allem aber nehmt die Leiden an, die der Herr euch schicken wird, und ertragt sie mit Ergebung.”»

Wieder einmal bleiben die Kinder alleine; sie sind unfähig, dem intensiven Erlebnis, das ihnen soeben widerfahren ist, und das sie wie eine unermeßlich große physische Müdigkeit überfällt, Ausdruck zu verleihen. Und so schweigen sie auch weiterhin.[449] Aber jetzt verwischt sich ihr Eindruck und die Intensität des Geschehens nicht mehr. Die Gnade hat sich dieser kindlichen Seelen bemächtigt und verlieh ihnen eine Kraft, dank derer sie allen Prüfungen die Stirn bieten konnten; den Kindern von Marto wurde auch die Kraft gegeben, ihren frühen Tod, dem ein langes und quälendes Leiden voranging, für das Heil der Sünder aufzuopfern.

«Die dritte Erscheinung war wohl im Oktober, oder Ende September, denn wir verbrachten die Stunden der Siesta nicht mehr im Haus.

Nachdem wir gegessen hatten, kamen wir überein, zur Grotte, die auf der anderen Seite des Hügels liegt, zu gehen und dort zu beten. Deshalb machten wir einen Umweg über die Abhänge dieses Hügels, und wir mußten über einige Felsen klettern, die dort oben auf der Pregueira waren. Den Schafen gelang es mit einigen Schwierigkeiten dort entlangzugehen.

Sobald wir angekommen waren, knieten wir uns hin, das Gesicht bis auf die Erde geneigt, und wir begannen das Gebet des Engels zu wiederholen: “Mein Gott, ich glaube, ich bete an, ich hoffe und ich liebe dich...”

---

449 Jacinta und Francisco, die beide sehr jung starben, sprechen nicht von dem Engel. Lucia wartete bis 1924, ehe sie diese ersten Erscheinungen enthüllte.

Ich weiß nicht, wie oft wir dieses Gebet wiederholt hatten, als wir über uns ein unbekanntes Licht leuchten sahen. Wir standen auf, um zu sehen, was geschah und da sahen wir wieder den Engel, der in seiner linken Hand einen Kelch hielt, über dem eine Hostie war, aus der einige Tropfen Blut in den Kelch tropften.

Der Engel ließ den Kelch und die Hostie in der Luft, verneigte sich in unserer Nähe und wiederholte dann dreimal folgendes Gebet:

“Heiligste Dreifaltigkeit, Vater, Sohn und Heiliger Geist, ich bete dich zutiefst an und ich opfere dir den kostbaren Leib, das Blut, die Seele und die Gottheit Jesu Christi auf, der in den Tabernakeln auf der Erde gegenwärtig ist, als Wiedergutmachung der Schmähungen, der Sakrilege und der Gleichgültigkeit, mit denen er beleidigt wird. Ich bitte dich durch die unendlichen Verdienste seines heiligsten Herzens und des unbefleckten Herzens Mariens um die Bekehrung der armen Sünder.”

Dann stand er auf, nahm wieder den Kelch und die Hostie in seine Hände, gab mir die heilige Hostie und Jacinta und Francisco das Blut aus dem Kelch, während er gleichzeitig sprach:

“Nehmt den Leib und trinkt das Blut Christi, das von den undankbaren Menschen furchtbar geschmäht wird. Macht ihre Missetaten wieder gut und tröstet euren Gott.”

Wieder verneigte er sich bis zur Erde und wiederholte noch dreimal mit uns das Gebet: “Heiligste Dreifaltigkeit...”

Dann verschwand er.

Beflügelt von der übernatürlichen Kraft, die uns umgab, ahmten wir den Engel in allem nach, d.h., wir verneigten uns wie er und wir wiederholten die Gebete, die er gesprochen hatte.

Francisco war es dann, der bemerkte, daß es schon fast Nacht wurde. Er war es, der uns daran erinnerte und der daran dachte, daß wir unsere Herde nach Hause zurückführen mußten.»

Die drei Kinder sollten den Engel nicht mehr sehen; sie betrachteten die drei Besuche stets wie eine himmlische Vorbereitung auf die Erscheinungen der Muttergottes, die am 13. Mai 1917 begannen. Weil es sich in gewisser Weise um eine private Katechese handelte, erwähnte sie anschließend — mit Ausnahme von Schwester

Lucia — niemand. Geistlichen, denen sie sich zuvor anvertraut hatte, rieten ihr alle davon ab, die Engelerscheinungen zu erwähnen, aus Angst, daß darüber die Marienerscheinungen in Verruf gebracht werden könnten. Der «wundersüchtige Christ» war selbst im Portugal der zwanziger Jahre nicht gern gesehen... Die Botschaft des Engels beinhaltet aber eine untadelige Theologie und zwar so sehr, daß man die Kinder unmöglich des Betruges bezichtigen kann. Seine Botschaft ist «dreifaltig»: Er lehrt die Verehrung des Heiligsten Herzens Jesu und des unbefleckten Herzens Mariens; er lehrt, daß Gebet und Opfer wiedergutmachende Verdienste erwirken und er spricht vom Prinzip der Gemeinschaft der Heiligen. Und das eucharistische Wunder vom Oktober 1916 steht ganz in einer Tradition, von der die Kinder nichts wissen. Denn durch Engel ausgeteilte Kommunionen sind in der Kirchengeschichte nicht ohne Beispiel. Diese waren es auch, die Papst Pius X. in seiner neuen Politik bestärkten: Er wollte nämlich die Erstkommunion auf ein Alter herabsetzen, in dem die Kinder ihrer Vernunft mächtig sind, ja bei einigen Kindern, die entsprechend reif oder fromm sind, sogar noch früher — entgegen des damals herrschenden Brauches, der die Erstkommunion bis zum 12. oder 13. Lebensjahr hinauszögerte.[450] Obwohl Jacinta und Francisco beide in dem Alter waren, in dem sie zur Erstkommunion hätten gehen können, hatte der Ortspfarrer sie nicht zum Tisch des Herrn zugelassen, denn er war entschlossen, die neuen römischen Anweisungen zu übergehen.[451]

Auch die blutige Hostie entspricht einer Reihe von wunderbaren Ereignissen, die mit dem Glauben an die Realpräsenz verbunden sind. Das berühmteste Wunder dieser Art ist das sogenannte Wunder von der Messe in Bolsena, einer italienischen Stadt, wo ein ungläubiger Priester im Jahr 1263 plötzlich sah, wie die Hostie, die er soeben konsekriert hatte, zu bluten begann.[452]

---

450 In Lourdes zögerte Maria 1858 nicht, das Dogma von der Unbefleckten Empfängnis, das 1854 von Pius IX. trotz einer gewissen Feindseligkeit seitens mancher Kleriker und der vorherrschenden katholischen Meinung promulgiert worden war, zu bestätigen.

451 Im 18. Jahrhundert kommunizierte der kleine Gerhard Majella aus der Hand des Erzengels Michael, weil er aufgrund seines Alters noch nicht zu den Sakramenten zugelassen war. Siehe das folgende Kapitel.

452 Der Maler Raphael hat dieses Geschehen zur Grundlage eines seiner schönsten Bilder in den Gemächern des Vatikans gemacht.

Nachdem nun die Aufrichtigkeit der Seherkinder und die Richtigkeit der lehrmäßigen Aussagen, die sie dem Engel zuschrieben, aufgezeigt sind, stellt sich noch eine letzte Frage: Wer war dieser selige Geist, der sie heimgesucht hatte?

Er selbst stellte sich während der Erscheinung vom Frühling und Sommer 1916 mit zwei verschiedenen Titeln vor: «Ich bin der Engel des Friedens», sagte er zuerst und dann: «Ich bin der Schutzengel Portugals». Als Lucia u.a. vom Kanoniker Barthas gefragt wurde, ob sie den Eindruck hatte, daß sie zwei verschiedenen Engeln begegnet sei, sagte sie immer, daß es sich um ein und dieselbe Person gehandelt habe. Der hl. Thomas von Aquin ließ die Annahme zu, daß die Völker dieser Erde von Gott einem Engel aus dem Chor der Fürstentümer anvertraut sind.[453] Dabei stützte er sich auf ältere theologische Meinungen und auf das Buch Daniel. Wir sahen bereits, daß Portugal seit 1514 an jedem dritten Sonntag im Juli das Fest seines Schutzengels feiert. Der Name des Schutzengels wurde nicht angegeben. Das Fest wurde aber bereits Ende des 16. Jahrhunderts anläßlich der großen Krise, die auf den Tod Sebastians IV. und der Annexion Portugals durch Spanien folgte, bestätigt. Pius X. strich dieses Fest, das im 19. Jahrhundert in Vergessenheit geraten und durch die in Portugal sehr aktive Freimaurerloge lächerlich gemacht worden war, kurz vor den Ereignissen von Fatima. Die Portugiesen baten Pius XII. um die feierliche Wiedereinsetzung des Festes. Heutzutage fällt es mit dem Nationalfeiertag zusammen, der am 10. Juni, dem Jahrestag, an dem Camoens starb, begangen wird.

Die erste Hypothese wäre also, daß es ein Engel aus dem Chor der Fürstentümer war, der — um die biblische Terminologie des Buches Daniel zu verwenden — der Fürst von Portugal ist.

Eine zweite Hypothese will diesen Engel mit dem hl. Michael gleichsetzen; sie stützt sich auf mehrere Argumente. «Engel des Friedens» ist in der Liturgie einer der Titel des höchsten Seraph. Der erste katholische König Portugals, Alfonso Henriquès, hatte sein Land dem Erzengel Michael geweiht. Das war in der mittelalterlichen Ritterzeit und vor allem in einem Königreich, das den Angrif-

453 Diese Frage wurde im Kapitel über die Schutzengel eingehender behandelt.

fen des Islams ausgesetzt war, nur ein folgerichtiger Schritt. Kann man daraus schließen, daß Michael und der Schutzengel Portugals ein und dieselbe Person ist? Die Gegner dieser These betonen, daß der seraphische Fürst überall und in allen seinen Erscheinung seinen Namen lautstark verkündet. Sogar als er Jeanne d'Arc verkündet, daß er der Beschützer des französischen Königreiches ist, stellt er sich zunächst als »Ich bin Michael» vor. Warum sollte er es in Fatima vermieden haben, seinen Namen zu nennen? Und schließlich hat es den Anschein, daß das Fest des Schutzengels von Portugal niemals den hl. Michael, Patron des Landes und Schutzherr der Monarchie, mit dem Schutzengel des Königreiches verschmolzen hat. Die diesbezügliche Debatte bleibt offen und das Mysterium bleibt gewahrt.

Bei den Erscheinungen, die zwischen dem 18. Juni 1961 und dem 13. November 1965 in dem spanischen Dorf Garabandal stattgefunden haben sollen, ließ sich Michael, der Maria voranging, jedoch sofort als Erzengel erkennen. Diese Erscheinungen waren sehr zahlreich, aber die Kirche ist derzeit der Auffassung, daß sie sich rational erklären lassen.[454] Da die Erscheinungen von Garabandal zum Typ der alarmierenden und eschatologischen Erscheinungen gehören, ist die Anwesenheit Michaels, der die letzte Schlacht gegen den Herrscher dieser Welt zu führen hat, verständlich. Wie in Fatima kam es auch hier zu wundergewirkten Kommunionen, die den vier Sehermädchen gereicht wurden, und die teilweise auch fotografiert wurden, ohne daß es jedoch möglich ist, eine eventuelle Manipulierung des Negativs ausschließen zu können. Die Anhänger dieser Erscheinungen sagen, daß sie am Festtag des hl. Aubert eingesetzt haben. Aubert war der Bischof, der einst den Mont-Saint-Michel errichten ließ. Als Zeichen seiner alten Schirmherrschaft über Frankreich habe der Erzengel mehrmals unter den Scharen der Pilger und der Neugierigen die Franzosen bezeichnet, damit sie das Kreuz verehren konnten...

So hat Unsere Liebe Frau von Jahrhundert zu Jahrhundert und von Land zu Land aufgezeigt, daß sie die Königin der Engel ist. Das berühmte italienische Heiligtum von Loretto ist sogar wie ein

454 Yves Chiron betont, daß die Bischöfe von Santander nie gesagt haben, worin diese natürliche und rationale Erklärung besteht.

Beweis, daß sich die neun Chöre der Engel nicht scheuten, eines Tages als «Möbeltransporteure» zu wirken, um ihrer Königin zu gefallen. Die Tradition schreibt nämlich den Engeln zu, das Haus von Nazareth auf dem Luftweg nach Italien transportiert zu haben, damit es nicht den Moslimen in die Hand fallen sollte.[455]

455 Man versteht den Ursprung der Legende besser, wenn man weiß, daß das Haus durch die adelige Familie De Angelis nach Italien transportiert wurde.

11. Die Heiligen und die Engel

Die Theologie lehrt einmütig, daß die Engel in jedem Augenblick unseres Lebens an unserer Seite stehen, daß sie uns nie verlassen und daß sie uns, wie es im Psalm heißt, auf allen unseren Wegen leiten. Trotzdem sehen wir sie nicht. Das beruht nicht so sehr auf einer natürlichen Unfähigkeit; diese Blindheit gegenüber den Dingen der unsichtbaren Welt ist vielmehr ein Resultat unserer Verfehlungen: Wir sind nicht rein genug, um eine Engelvision zu verdienen. Früher sagte man gerne von einem Neugeborenen, das ohne Grund lächelte, daß es den Engeln zulächeln würde. Darin spiegelt sich der Volksglaube, demzufolge sehr kleine Kinder nach der Taufe durch ihre völlige Unschuld das Privileg haben, die seligen Geister zu erkennen. Kein Säugling, der noch nicht des Wortes mächtig ist, kann bestätigen, ob diese Aussage begründet ist, oder nicht. Manchmal kommt es aber vor, daß manchen Kindern, wenn sie größer werden, dieses Privileg der frühesten Zeit weiter gewährt wird. Einige besonders vorherbestimmte Kinder hatten einen so vertrauten Umgang mit ihrem Schutzengel, daß man meinen könnte, er sei wie einer ihrer gewöhnlichen Gefährten. So war es z.B. beim künftigen P. Pio und bei P. Lamy, die beide sehr erstaunt waren, als sie eines schönen Tages entdeckten, daß es den anderen nicht so erging... Sie haben recht: Eigentlich sind sie es, die sich in der Normalität bewegen. Ohne das Gewicht der Sünden würde die Welt die Engel sehen. Jean-Edouard Lamy sagte, daß uns von den Engeln weniger als eine Glasscheibe trennt — es sei nur ein winziges *Häutchen*. Die Heiligkeit, von der das Evangelium spricht, ist eine Rückkehr zur ursprünglichen Unschuld. Deshalb gehen manche — vielleicht sogar alle — Heilige durch dieses Häutchen, das die sichtbare Welt von der unsichtbaren trennt. Bei manchen geschieht dies täglich und während ihres ganzen Lebens; bei anderen ist dieser «Durchgang» an ein besonderes Ereignis gebunden und bildet eine Ausnahme. Dieses Phänomen trat in allen Epochen auf.[456]

Die Engel sind im Evangelium zugegen, wenngleich verhalten: Sie sind die Befreier des Petrus aus dem Jerusalemer Gefängnis; sie beschützen Paulus auf seinen Wanderungen durch das Reich. Auch nach dem Tod der Apostel verlassen sie die junge Kirche nicht. Als die Verfolgungen ausbrachen, werden viele Märtyrer in ihren Qualen von Engeln gestützt.

Im Gegensatz zu den meisten Patrizierfamilien Roms hatte sich die Familie des Valerius entschlossen, nicht in einem der eleganten Stadtviertel wie z.B. dem Aventin, sondern in dem vielbevölkerten und volkstümlichen Stadtteil Trastevere zu residieren. Auf den Ruinen dieses Hauses erhebt sich heute hinter einem Platz, der nur wenig von Touristen besucht wird, eine der schönsten Kirchen Roms; sie steht am Ende eines Gartens, der seine antike Architektur bewahrt hat und in dessen Mitte sich ein Wasserbecken und Rosensträucher befinden. Die Kirche ist der hl. Cäcilia geweiht.

Die Archäologen sagen übereinstimmend, daß die jetzige St.-Cäcilia-Kirche an der Stelle eines sehr viel älteren Heiligtums steht, das wahrscheinlich eines der ursprünglichen *tituli* war: ein Privathaus, das reiche Christen den Gläubigen zur Verfügung stellten, bevor die Kirche im Jahr 313 offiziell anerkannt wurde. Die Archäologen sind auch einhellig der Meinung, daß dieser Besitz dem Klerus von einer Frau aus der Familie der Caecilii geschenkt wurde. Die Frau hieß Caecilia Metella; es war nämlich Brauch, daß die Mädchen den — in eine weibliche Form veränderten — Vornamen ihres Vaters annahmen. Hier sind auch schon die Grenzen der historisch gesicherten Fakten, und es beginnt einer der umstrittensten Berichte des katholischen Martyrologiums. Anzufügen ist, daß sich dieser Bericht auf einige spätere, aber verwirrende Feststellungen stützt.

Im Oktober 1599 wird es dringend erforderlich, daß die Basilika Santa Cecilia renoviert werden muß. Der Kardinal von Santa Cecilia

---

456 Dieses Kapitel gibt nicht vor, dieses Thema erschöpfend darzulegen; es will nur eine allgemeine Vorstellung von der Beziehung geben, die zwischen Heiligkeit und Engelerscheinungen besteht.

— es ist nämlich Brauch, daß die Kardinäle Titularinhaber einer römischen Pfarrei sind — heißt Paolo-Emilio Sfondrati; er ist der Neffe von Papst Gregor XVI. Päpstliche Vetternwirtschaft hindert Kardinal Sfondrati, der ein früherer Schüler des hl. Philipp Neri im Oratorium war, nicht daran, ein guter Priester zu sein. Während der Renovierungsarbeiten entdeckt der Kardinal mehrere antike Sarkophage aus weißem Marmor. Als guter Römer ahnt er sofort, daß es sich hier um besondere Reliquien handelt, die von Papst Pascal I. dort zu Beginn des 9. Jahrhunderts hingebracht worden waren. In diesem Fall waren es die sterblichen Überreste der heiligen Märtyrer Cäcilia, Valerius, Tiburcius und Maximus. Vor Erregung zitternd läßt Kardinal Sfondrati die Sarkophage öffnen. In dem einen ruhen in der Tat die Überreste der drei Männer. Im anderen...

Ein Ruf der Überraschung folgt dem Öffnen des Grabes. Hier ruht ein junges, vielleicht 18-jähriges Mädchen; es liegt auf der Seite, wie eine Schlafende, die kurz vor dem Erwachen ist. Die junge Frau ist seit 1300 Jahren tot, trotzdem ist ihr Leib unversehrt, er wurde auf wunderbare Weise vor dem gewöhnlichen Gesetz der Verwesung bewahrt. Sie ist mit einem weißen, golddurchwirkten Gewand bekleidet. Es ist das Kleid einer Patrizierin, das jedoch große Blutflecken aufweist, die so frisch aussehen, als sei das Blut erst soeben geflossen. Weitere blutige Leintücher liegen gefaltet neben dem Leichnam. So war es frommer Brauch bei den ersten Christen; sie sammelten das Blut der Märtyrer auf. Als der Kardinal die Tücher beiseite nimmt, kann er sehen, daß das junge Mädchen an der Kehle drei tiefe Wunden hat; der Kopf ist fast vom Rumpf getrennt, was die sonderbare Stellung erklärt, in der die Tote beerdigt worden war. Und schließlich ist die rechte Hand in einer sonderbaren Stellung verkrampft. Sfondrati versteht und begreift, daß drei Finger aufgerichtet geblieben waren, was der Kardinal als ein letztes Bekenntnis zum Geheimnis der Heiligen Dreifaltigkeit interpretiert. In aller Eile wird der Bildhauer Maderno gerufen, um das ergreifende Bild, das sich den Zuschauern bietet, zu reproduzieren: die unversehrte Cäcilia, eine der berühmtesten römischen Märtyrinnen. Maderno und alle anderen sind so betroffen, daß niemand es wagt, eine sakrilegische Hand an den Leichnam der kleinen Apostelin der Keuschheit zu legen. Ohne andere Untersuchungen anzustellen, wird Cäcilia wieder unter dem Hauptaltar ihrer Kirche zur Ruhe gebettet. Nur die entzückende Statue von Maderno bezeugt das Wunder.

Die Kirche kennt weitere Fälle von unverwesten Leichnamen; sie weisen stets auf eine solide, sichere, außergewöhnliche Heiligkeit, auch wenn diese Heiligkeit nicht immer berühmt oder öffentlich bekannt war. Gott bewahrt nicht den Leib eines x-beliebigen Menschen vor dem allgemeinen Los der Verwesung und der Würmer. Es gibt keine natürliche Erklärung für dieses Phänomen, besonders wenn es sich um einen 1300 Jahre alten Leichnam handelt, der überdies mit Blut bedeckt ist, das sich normalerweise sobald es mit Luft in Berührung kommt, zersetzt und zwar mit welchem Geruch... noch dazu im heißen römischen Klima... Diese Verschonung des Körpers der hl. Cäcilia[457] ist a priori ein Unterpfand für eine außergewöhnliche Heiligkeit, die weit über jener modernen Behauptung steht, nach der es sich bei Cäcilia um eine fromme Witwe handelt, die ihr Haus der Kirche vermacht hat.

Warum sollte man nicht wieder einen Text aufnehmen, der als die *Passion der hl. Cäcilia* bekannt wurde? Dieser Text wurde zwar erst um das Jahr 500 geschrieben, beruht aber vielleicht auf älteren Dokumenten.

In dem luxuriösen Haus ihrer Eltern auf dem Marsfeld lebt die junge und schöne Cäcilia; sie ist untröstlich. In diesem Jahr 176 der Erlösung wird sie 16 Jahre alt und ihre Eltern sind der Ansicht, daß sie schon zu lange gewartet haben, um sie zu vermählen. In wenigen Tagen soll Cäcilia mit dem ältesten Sohn des Valerius, dessen Familie beinahe der prunkvollen römischen Familie Metelli ebenbürtig ist, feierlich vermählt werden. Cäcilia sieht zwei Hindernisse für diese Heirat, die miteinander zusammenhängen: sie ist Christin, Caius Valerius ist Heide. Cäcilia liebt einen anderen mit ihrem ganzen Herzen und ihrer ganzen Seele; sie hat sich geschworen, nur ihm zu gehören: sie hat Christus ihre Jungfräulichkeit geweiht.

---

457 Die Urkirche kannte solche Phänomene. Die Christengemeinschaften von Smyrna und Lyon vermerkten, daß die gefolterten Überreste der heiligen Märtyrer Polycarp, Pothin, Blandine und ihrer Gefährten, deren Passion historisch nachgewiesen ist, anstelle des stinkenden Verwesungsgeruches liebliche Wohlgerüche verbreiteten.

Es kommt nicht in Frage, dies Valerius zu erklären. Seit der großen Verfolgung durch Nero im Jahr 64 ist man in Rom sehr schlecht angesehen, wenn man Christ ist... Selbst wenn Marc Aurel es in seinem aufgeklärten Philosophenhumanismus vermeidet, die Christusgläubigen systematisch zu verfolgen, wird einer Denunziation aus Prinzip mit einem scharfen Verhör vor der Obrigkeit nachgegangen und damit es nicht zu Irrlehren kommt, ist der Denunzierte verpflichtet, dem Kaiser und Rom zu opfern... Für den, der sich weigert und der bekennt, daß er nur seinen Gott anbetet, diesen Gott, von dem die Heiden behaupten, er habe einen Eselskopf und man opfere ihm Neugeborene, gibt es nur einen Urteilsspruch: Tod.

Cäcilia ist in dieser römischen Aristokratie geboren, die aus der absoluten Verachtung des Leidens und des Todes eine Ethik gemacht hat. Es fließt zuviel Blut von Konsulen und Kaisern in ihren Adern, als daß sie durch das Schwert des Henkers in Schrecken versetzt werden könnte. Aber da sind ihre Eltern... Das junge Mädchen steht zwischen ihrem Schwur, Jungfrau zu bleiben und dem Gehorsam, den es der Familie schuldet. Cäcilia weiß nicht, wie sie aus diesem Dilemma herausfinden soll und das Hochzeitsdatum rückt immer näher. Sie betet.

Am Vortag dieser Hochzeit, vor der sich Cäcilia so fürchtet, taucht ein Engel, ihr Schutzengel, vor ihr auf. Er gibt ihr den unglaublichsten Rat: sie soll ihren Eltern gehorchen und Caius Valerius heiraten. Und für den Rest möge sie Vertrauen haben; ihr Mann werde sie nicht berühren. Cäcilia bleibt also still und heiratet Valerius. Er ist jung, schön, kultiviert, liebenswert, tapfer. Er hat alle guten Eigenschaften und Cäcilia könnte sich heftigst in ihn verlieben, wenn sie sich nicht schon auf andere Weise gebunden hätte. Caius Valerius ist seinerseits von seiner Frau ganz bezaubert. Deshalb beweist er auch äußerste Geduld und schier grenzenloses Verständnis, als er merkt, daß sich Cäcilia seinen Zärtlichkeiten entzieht, nachdem sie allein im Hochzeitsgemach sind. Er hält sie für unschuldig und verschreckt — und es stimmt, das ist sie auch. Er will sie weder brüskieren noch zwingen. Da beginnt seine Frau mit einem äußerst überraschendem Gespräch:

«Höre, mein sanfter und liebenswürdiger Gemahl: Ich habe einen Engel meines Gottes als Schutzherrn, der über mich mit Fürsorglichkeit wacht. Wenn er sieht, daß du vorhast, mich sinnlich zu verführen, wird sein Zorn gegen dich entflammen. Unter seinen Vergeltungsschlägen wirst du in der Blüte deiner wunderbaren Jugend sterben.

Wenn er jedoch sieht, daß du mich mit reinem Herzen und makelloser Liebe liebst, wenn du meine Jungfräulichkeit unversehrt erhältst, wird er dich so lieben wie er mich liebt und dir seine Gunst erweisen.»

Cäcilia hat großes Glück. Valerius ist nämlich ein ruhiger, vernünftiger junger Mann, der gegenüber einer Frau keine brutalen Methoden anwenden kann. Viele junge Burschen wären der Ansicht gewesen, daß nun genug gescherzt sei und sie hätten ihr Recht als Ehemann in Anspruch genommen, um die widerspenstige Gemahlin gewaltsam zu nehmen. Das ist aber nicht seine Art. Er hält an sich, atmet tief durch und fragt:

«Liebst du einen anderen?»

Das ist die einzig schlüssige Erklärung, die ihm in den Sinn kommt. Diese ganze Engelgeschichte hat er vergessen, aber er hat vage verstanden, daß er eine Christin geheiratet hat. So steht es also um ihn! Und was erzählt man nicht alles von diesen Leuten und deren zweifelhaften Sitten... Auf dem Palatin sagt man, daß sich diese Leute, die an einen Gott mit einem Eselskopf glauben, nachdem sie ein Kind getötet und gegessen haben, schrecklichen Orgien hingeben. Jungfräulichkeit! Wenn es bei den Christen Vestalinnen gäbe, so wäre das doch bekannt! Valerius ist davon überzeugt, daß Cäcilia die Geliebte eines Mannes dieser Sekte ist; in diesem südländischen jungen Mann erwacht die Eifersucht und er schreit:

«Wenn du einen anderen liebst, so werde ich euch alle beide töten!»

Cäcilia läßt sich durch diesen nur allzu verständlichen Wutanfall nicht aus der Fassung bringen. Sie nimmt Valerius Hand und schwört ihm, daß es für sie keinen anderen Mann gibt, daß sie ihn unendlich liebt, daß sie aber nicht das Bett mit ihm teilen kann. Und unablässig spricht sie von diesem Engel ihres Gottes, der ihre Jungfräulichkeit behütet... Valerius glaubt langsam, daß diese Familie Caecilii ein verrücktes Mädchen an ihn loswerden wollte... Verzweifelt sagt er:

«Nun gut, dann zeige mir diesen Engel deines Gottes!»

Wenn er ihn sehen werde, so wolle er seine Frau nicht nur unberührt lassen, sondern auch an ihren Gott glauben. Cäcilia lächelt. «Mein armer Valerius, um Engel sehen zu können, muß man gereinigt sein...» Gereinigt? Was soll das heißen? Cäcilia beweist nun ihrem Mann ihr ganzes Vertrauen. Sie weiß, daß er zu rechtschaffen ist, zu edel und zu sehr diesem römischen Glauben anhängt, der unbedingte Treue bis in den Tod und unverbrüchliche Achtung vor einem einmal gegebenen Wort beinhaltet, um ihr Geheimnis zu verraten. Cäcilia sagt ihm, wo er den Priester Urban finden kann.

«Auf der Höhe des dritten Meilensteines in der Via Appia.»

Urban — das ist der Papst. Der dritte Meilenstein ist der Treffpunkt der geächteten Christen. Cäcilia legt die Sicherheit ihrer Brüder und ihres Bischofs in die Hände ihres Gatten; es ist das teuerste, was sie besitzt.

«Der Priester Urban wird dich unterweisen, wie du dich reinigen kannst.»

Valerius ist durch das Vertrauen seiner Frau sehr berührt und erwidert es mit demselben Vertrauen. Er fürchtet nicht die dunklen, unsicheren Straßen Roms, sondern geht in die Nacht hinaus. In der Via Appia, dort, wo Cäcilia es ihm gesagt hatte, findet er den Papst. Urban scheint schon auf ihn gewartet zu haben. Er stimmt ein Loblied an auf die «fromme Cäcilia, die den wilden Löwen, der ihr durch die Heirat zugefallen war, in ein Lamm verwandelt hat». Wie es dazu kam, daß Valerius von Urban für einen wilden Löwen gehalten wurde, sagt der Autor der *Passion* nicht... Aber der Papst fügt noch mit gesundem Hausverstand hinzu:

«Ich danke Gott, Valerius, denn du wärest nicht hierher gekommen, wenn du nicht schon bekehrt wärest!»

Und in der Tat: Ähnlich wie der Glaube bei Paulus auf dem Weg nach Damaskus wie ein Blitz eingeschlagen hatte, so schlägt er jetzt auch in Valerius ein; er fällt zu Füßen des Pontifex nieder und bittet ihn flehentlich, er möge ihn in der christlichen Religion unterweisen. Urban gibt seinen Bitten nach und Caius Valerius kehrt noch vor dem Morgengrauen — welch wunderbare Schnelligkeit — in der Katechese unterwiesen, getauft und gereinigt in sein Haus im Stadtteil Trastevere zurück. Im Hochzeitsgemach betet Cäcilia. Und wie sie es ihrem ungläubigen Mann gesagt hatte, ist sie nicht allein. Plötzlich werden auch Valerius Augen geöffnet und er sieht den Engel, der über die geweihte Jungfrau wacht und «wie eine Flamme glänzt». Bei seinem Kommen lächelt der Engel. Er hält in seinen Händen zwei Kronen aus herrlichen Blumen, die tausendmal schöner und tausendmal duftender sind als jene, mit denen die Gäste das junge Paar am Vortag gekrönt haben:

«Ich habe sie euch aus dem Paradies mitgebracht. Sie werden niemals verwelken. Und niemand wird sie auf dieser Welt sehen, der die Keuschheit nicht so liebt, wie ihr sie geliebt habt.»

Dann fragt der Engel, welche Gnade er Valerius erwirken soll. Der junge Mann zögert nicht:

«Die Bekehrung meines geliebten Bruders Tiburcius.»

Der Engel verspricht, daß auch Tiburcius schon sehr bald um die Taufe bitten werde. Und bevor der Engel verschwindet, übermittelt er noch eine tröstliche Nachricht:

«Ihr werdet alle drei die Palme des Martyriums empfangen.»

Dies kommentierte der Autor der *Passion* sehr kühn: «Er überließ sie der Fülle ihres Glückes.»

Wer könnte daran zweifeln, daß Valerius und Cäcilia bei dem Gedanken, zu Tode gequält zu werden, vor Glück in die Luft gesprungen sind...?

Unterdessen war Tiburcius, der jüngere Bruder von Valerius, gekommen, um die Vermählten zu begrüßen. Er bleibt auf der Schwelle des Hochzeitsgemaches stehen; der angenehme Geruch des erlesensten Parfüms, das er je wahrgenommen hatte, erfüllt den Raum, ohne daß er jedoch entdeckt, woher dieser liebliche Duft kommt. Sein älterer Bruder erklärt ihm daraufhin so als wäre es die natürlichste Sache der Welt, daß seine Frau und er Kronen aus himmlischen Blüten tragen... Nach einem Moment der Fassungslosigkeit realisiert Tiburcius mit Schrecken, daß seine Schwägerin eine von diesen gottlosen Christinnen ist, von denen man so viel spricht. Mit anderen Worten: Sie ist eine dieser Verachteten, die mit dem Tode bedroht sind; eine einzige Nacht hatte ihr genügt, um ihren Mann in diese abscheuliche Sekte zu ziehen. Alle vernünftigen Einwände, die Tiburcius vorbringt, können die Begeisterung der beiden nicht dämpfen.

Caius Valerius und Tiburcius sind unvorsichtige Proselyten. Während sie trotz der kaiserlichen Dekrete die Märtyrer begraben, werden sie erwischt und vor den Richter gebracht; dort verteidigen sie ihren Glauben und werden auf der Via Appia enthauptet, nachdem sie aber zuvor noch den Unteroffizier Maximus[458] bekehrt haben. Cäcilia aber, die denunziert wurde, verurteilte man dazu, im Bad ihres schönen Hauses erstickt zu werden.[459] Da sie der heiße Wasserdampf noch nicht getötet hatte, wollte ihr der Henker den Kopf abschlagen; seine Hand zitterte jedoch, so daß er dreimal von neuem ansetzen mußte, bis er schließlich sein sterbendes Opfer, das im eigenen Blut badete, im Stich ließ...

Wenngleich vertrauenswürdige historische Dokumente fehlen, die es ermöglichen würden, in der Biographie von Cäcilia, Valerius, Tiburcius und Maximus das Wahre von der ausgeschmückten Legende zu unterscheiden, so besteht jedoch kein Grund, die Historizität der Märtyrerakten von Karthago zu leugnen, obwohl sie von Engeln und Wundern strotzen.

Nach den blutigen Verfolgungen, die Marc Aurel gestattet hatte, erlebte die Kirche unter der Herrschaft von Commodus fünfzehn Jahre lang eine Zeit der Beruhigung. Commodus besaß nicht die politische Härte seines Vaters und kümmerte sich nur wenig darum, ob die Christen für das Reich eine Gefährdung bedeuteten oder nicht. Er stand auch unter dem Einfluß einer Frau, der er besonders zugetan war; sie hieß Marcia und empfand für die neue Religion

458 Dies ist ein Zug, den man in vielen Märtyrerakten findet, u.a. auch bei Genès von Arles, der Gerichtsschreiber war. Es ist nicht völlig unglaubhaft, daß es im Prätorium zu Blitzbekehrungen kam, denn die Menschen, die bei diesen Gerichtsverhandlungen anwesend waren, wurden von dem Mut der Christen zutiefst bewegt. Noch wahrscheinlicher ist, daß die christlichen Beamten oder Soldaten es nicht ertrugen, Handlanger der Verurteilung ihrer Brüder zu sein und es deshalb vorzogen, sich selbst anzuzeigen.

459 Es bestehen in der Tat Bäder unter der Kirche Santa Cecilia, aber die Archäologen sagen, daß es sich dabei um öffentliche Bäder des Stadtteiles handelt. Hingegen läßt sich das Vorhandensein von Bädern im Haus des Valerius nur schwer erklären...

Sympathie, ohne selber Christin zu sein. Septimus Severus, der zu Beginn des 3. Jahrhunderts Commodus nachfolgte, schien in religiöser Hinsicht nicht grausamer als sein Vorgänger zu sein. Er änderte im Jahr 202 jedoch ganz unvermittelt seine Haltung, als er auf einer Reise in die orientalischen Provinzen sah, welchen Fortschritt das Christentum dort gemacht hatte. Er war darüber ganz bestürzt und setzte die alten Verordnungen wieder in Kraft.

In Karthago gab es gegen Ende des Jahres 202 eine kleine Gruppe, deren besonderes Kennzeichen es war, daß sie nicht von einem Priester, sondern von einem Laien, Saturus, geleitet wurde. Dieser junge Mann hatte mehrere Proselyten um sich geschart, ohne dabei deren Abstammung, Rang oder Geschlecht Gewicht beizumessen. Bei Saturus traf man Sklaven wie Revocatus und Felicitas, junge Männer aus der gehobenen Gesellschaft wie Saturninus und Secundulus und eine junge Patrizierin Vibia Perpetua. Sie war 21 Jahre alt, verheiratet und Mutter eines Sohnes, der erst einige Monate alt war.

Der ganze römische Teil Afrikas stand den Christen äußerst feindlich gegenüber; die kleine häretische Gruppe der Montanisten hatte nämlich mit ihrem Fanatismus und ihrer Aggressivität bei den Heiden, die nicht sehr geneigt waren, zwischen verschiedenen Gruppen dieser verabscheuten Sekte zu unterscheiden, große Erbitterung ausgelöst. Die noch nicht getauften Katechumenen des Saturnus werden angezeigt und festgenommen. Dieser Eifer versetzt den Präfekten Hilarianus in Bestürzung, als er unter den Gefangenen auch Vibia Perpetua entdeckt, die durch ihre Geburt und ihre Heirat den Hochadel dieser Region repräsentiert... In der Hoffnung, das Los der jungen Patrizierin von dem ihrer weniger hochgeborenen Gefährten zu erleichtern, läßt Hilarianus die Gruppe zunächst in einem Privathaus internieren. Und er läßt nichts unversucht, um Perpetua zu dem zurückzuführen, was er für das Allgemeingut hält: Eines Tages sieht die junge Frau ihren Vater Vibius Perpetuus kommen; er trägt seinen Enkel auf dem Arm. Es folgt eine furchtbare, herzzerreißende Szene; der Vater weint, fleht, droht, setzt seine väterliche Autorität ein, bevor er das Kind in die Arme seiner Tochter legt und sie beschwört, es nicht als Waise zurückzulassen...[460] Aber Perpetua läßt sich weder durch die Tränen ihres Vaters noch durch die Anwesenheit ihres Sohnes erschüttern. Hilarianus wendet daraufhin eine andere Methode an. Er hatte die römische Tugend in dieser liebenswürdigen Seele unterschätzt, aber würde es diese stolze Patrizierin, die den Tod und die Folterqualen verachtet, auch ertragen, wie eine Sklavin behandelt zu werden — ohne all den Komfort und Luxus, in dem sie aufgewachsen war? Die kleine Gruppe wird nach Karthago zurückgebracht und dort in ein Verlies geworfen, das unter allen Kerkern der Stadt das abscheulichste war, das Hilarianus hatte finden können. Angesichts dieser stinkenden und schmutzigen Realität werden die Nerven der jungen Frau und damit auch die ihrer Freunde zusammenbrechen — davon ist der Präfekt überzeugt.

Hilarianus hatte seine Rechnung aber ohne den Wirt gemacht..., denn er hatte mehrere Faktoren nicht beachtet, die seine Vorstellungskraft als hoher heidnischer Beamter einfach überstiegen.

Da war zunächst die heroische Rückkehr des Saturus. Der junge Mann war bei der Festnahme seiner Freunde nicht zugegen gewesen und befürchtete, daß seine Neophyten schwach werden und dem Glauben abschwören könnten. Daher lieferte er sich selber der Obrigkeit aus und erklärte, daß er allein für die Bekehrung dieser Menschen verantwortlich sei, wodurch sein Fall nach dem Gesetz sehr viel schwerwiegender wurde. Die Anwesenheit ihres Anführers hat in der Tat den Mut dieser Unglückseligen gestärkt, aber vor allem gelang es Saturus, Kontakt mit der Außenwelt aufzunehmen und einen Priester zu finden, der seine Freunde taufte. Der Empfang des Sakramentes hob sie über sich selbst hinaus, sogar Felicitas, die durch eine fortgeschrittene Schwangerschaft sehr erschöpft war. In dieser Atmosphäre gesteigerten Eifers beginnt eine Serie von Träumen und Visionen, die Saturus und Perpetua zuteil wurden und in denen sie Christus, den Engeln und den Dämonen begegnen.

Während die Visionen von Vibia Perpetua von einem wundervollen Symbolismus erfüllt sind und der größten Mystiker würdig wären, so verdankt die Kirche eine der ersten Visionen von den Engelpsychagogen Saturus. Perpetua sieht mehrmals, wie sie den

460 Die hl. Perpetua hat ein Manuskript mit dem Bericht über ihre Zeit im Gefängnis hinterlassen.

Teufel, der bald in der Gestalt eines Drachen und bald in Gestalt eines grinsenden Ägypters auftaucht, mit Füßen tritt.

Eines Nachts, nachdem Perpetua erzählt hatte, wie Saturus ihr geholfen hatte, eine sehr hohe und schmale Leiter, deren Sprossen aus scharfen Schwertern bestanden und die sich im Himmel verlor, zu erklimmen, ergriff Saturus das Wort. In seinem Traum oder seiner Vision waren sie gestorben[461] und zwar in einem Amphitheater:

«Vier Engel zogen unsere Seelen in Richtung Osten, ohne sie zu berühren. Wir lagen nicht in der gewöhnlichen Stellung, sondern es schien uns, als würden wir einen sehr sanften Hügel ersteigen.»[462]

Auf diese Weise getragen, kamen die Zeugen zu einem wunderbaren Garten, der mit Engeln und Seligen erfüllt war, die bei ihrem Anblick ausriefen:

»Da sind sie! Da sind sie!»

Die Märtyrer werden dann im Triumphzug bis zum Thron des Lammes geführt. Christus neigt sich vor, um sie zu empfangen und ihnen den Friedenskuß zu geben. Damit sie alle auf derselben Höhe stehen, erheben die Engel sie. Es ist eine warnende Vision. Am 7. März 203 sterben Saturus und seine Gefährten in der Arena.

Unter Kaiser Decius wird Victor, ein junger Tribun aus dem Senatorenadel, dessen Garnison in Marseille liegt, als Christ denunziert. Und anstatt seinen Glauben zu leugnen, bekennt ihn der Offizier ganz offen. Er wird verurteilt und ins Gefängnis geworfen. Vielleicht sind die Richter, die ein Urteil normalerweise schneller vollstrecken, verärgert, weil sie es mit einem Patrizier zu tun haben, und hoffen — wie zuvor schon die Richter in Karthago bei Vibia Perpetua — Victor beugen zu können. Der Tribun wird jedoch nur von einer einzigen Sorge gequält: es ist nicht die Gewißheit seines baldigen Todes, sondern die Tatsache, daß es ihm an diesem Ort unmöglich ist, den Armen — seiner Gewohnheit gemäß — Wohltaten auszuspenden... Ein Engel steigt in den Kerker hinab und öffnet ihm die Tür. Victor

461 Der Gedanke an das, was sie erwartete, hatte von der Gruppe Besitz ergriffen. Wenngleich sie hochgestimmt waren, so waren sie aber gewiß auch von Schrecken erfüllt... Es ist dieser ganz menschliche Schrecken, der überdies von furchtbaren Beispielen genährt wurde, der dieser mystischen Erfahrung, die die Märtyrer von Karthago in der Arena machten, ihren Wert und ihre Dimension verlieh.

462 Aus den Märtyrerakten von Karthago.

verläßt das Gefängnis, geht seinen täglichen Beschäftigungen nach und ordnet alles so, daß andere an seiner Stelle den Armen beistehen; dann begibt er sich wieder ins Gefängnis. Über seinem Grab wird später die große Abtei erstehen, die seinen Namen trägt.

Die Geschichte von Felix, einem Priester aus Nola, der zur selben Zeit lebte, hat ähnliche Züge. Felix, als Christ denunziert, wird ins Gefängnis gebracht. Leider ist er aber der einzige aus seiner Gemeinschaft, der weiß, wo der alte Bischof Maximus Zuflucht gefunden hat. Wenn Felix stirbt, wird Maximus in seinem Versteck an Hunger sterben. Ein Engel steigt in das Gefängnis hinab und erklärt Felix, daß er auf die Freude des Martyriums verzichten muß, um dem Bischof beizustehen... Felix fügt sich. Nach seiner Befreiung zieht er sich in die Einsamkeit zurück, lebt als Eremit und stirbt in sehr hohem Alter.

Nicht weniger klassisch ist die Geschichte von Dorothea. Wie Cäcilia, so hat auch Dorothea, eine junge, schöne Christin aus Cäsarea in Kappadokien, ihre Jungfräulichkeit Christus geweiht. Mehreren Bewerbern hatte sie schon einen Korb gegeben. Zu diesen Bewerbern gehörte auch Theophilus, ein Student der Rechtswissenschaften. Er war ein schlechter Verlierer und ging zum römischen Prokurator, um Dorothea zu denunzieren. Der Statthalter läßt die Beschuldigte vorladen. Sie gesteht, Christin zu sein und weigert sich unbeugsam, den Götzen zu opfern, woraufhin sie zum Tod verurteilt wird. Auf dem Weg zur Hinrichtung lauert Theophilus ihr auf. Er wurde von ihr nicht geliebt? Nun gut, so freut er sich wenigstens darüber, daß er sie unter Qualen sterben sieht! Er lagert am Straßenrand und macht sich über das junge Mädchen lustig. Und weil er schon vage etwas über den Glauben dieser Christusanhänger und ihrer unbezwingbaren Hoffnung auf das ewige Leben, das Paradies und die Auferstehung gehört hat, spottet er:

«Sag, Dorothea, könntest du mir nicht aus dem schönen Garten, in den du zu gehen glaubst, wenn du dein Leben wieder erhältst, einige Blumen und Früchte bringen?»

Dorothea lächelt und ihr Engel lächelt ebenfalls. Er reicht ihr einen goldenen Korb; in ihm liegen Rosen und Lilien, Pfirsiche, Äpfel und Rosinen, die so schön sind, daß sie nicht auf dieser Erde hätten wachsen können. Dorothea nimmt den Korb und schenkt ihn Theophilus. Der durchtriebene Student fällt vor seinem Opfer auf die Knie; er weint, er glaubt. Und er wird als Märtyrer sterben.

Ebenso berühmt und im Kanon der Messe erwähnt wie Cäcilia, Perpetua und Felicitas ist auch Agnes. Sie gehört zu jenen Märtyrern, deren Gedenken der Zahn der Zeit hart zugesetzt hat. Dennoch hatte sie auch Glück, denn sie war eines der letzten römischen Opfer, über die Papst Damasus sechzig Jahre nach ihrem Tod Befragungen bei denen anstellte, die sie noch gekannt hatten.

Der 21. Januar 305 ist für den römischen Stadtrat nur ein gewöhnlicher Gerichtstag: Christen und nochmals Christen... Je mehr Christen den wilden Tieren vorgeworfen werden, desto mehr kommen wieder... Eine schlimme Brut... Aber heute bemerken die Richter unter den Beschuldigten ein Gesicht, das sie beunruhigt und in innere Bewegung versetzt: Es ist das Gesicht eines Mädchens, so jung, daß man sagen würde, es sei noch ein Kind. Wie alt ist sie? Zwölf Jahre, vielleicht auch dreizehn... Sie ist sehr hübsch und gut gekleidet. Zweifelsohne kommt sie aus einem freien und sogar wohlhabenden Haus. Wie ist sie nur in dieses Prätorium gekommen? Die geschwätzigen Zuhörer streiten sich darüber: Die einen sagen, sie sei durch einen Burschen denunziert worden, dessen Antrag sie abgelehnt habe, die anderen sind der Meinung, sie sei schon in der Morgendämmerung von selbst gekommen, habe sich an den Weg gestellt, den die Angeklagten nehmen und diese ermutigt, indem sie ihren Glauben voller Glut verkündete und so den Mut ihrer Brüder stärkte. So jung und schon so fanatisch... Was für ein Elend sind doch diese Christen! Ein so hübsches Kind!

Und der ehrwürdige Magistrat behandelt die Heranwachsende wie ein Kind; er rät ihr, die verrückten Träumereien zu vergessen und zu ihren Eltern zurückzukehren, die sich gewiß um sie sorgen. Wenn sie seine Tochter wäre, so würde er ihr ein paar ordentliche Ohrfeigen verpassen, um sie zu lehren, daß sie sich nicht um etwas anderes als um ihre Puppen und ihren Spinnrocken zu kümmern habe!

Aber diese guten Worte regen die Kleine nur zu neuen Glaubensbekenntnissen an, die sie mit einer so begeisterten Stimme und so reifen Worten vorträgt, daß sich der Richter seines Irrtums bewußt wird; es war nicht richtig gewesen, zu ihr wie zu einem kleinen Mädchen zu sprechen, sondern man mußte sie wie eine Frau behandeln. Warum will sie sterben? So schön wie sie ist, fehlt es nicht an netten Burschen, die ihr den Hof machen. Wird sie auf Glück, Liebe, Jugend, Schönheit, auf die Freuden der Mutterschaft verzichten? Welche Dummheit wäre das!

In der Menschenmenge beginnen die Männer — junge und weniger junge — zu lachen. Grobe Witze werden laut. Sie sind sicher, daß sie nur fünf Minuten mit Agnes allein zu sein bräuchten und schon würde dieses Mädchen das Leben und die Liebe mit anderen Augen betrachten!

Agnes läßt sich nicht aus der Fassung bringen. Sie mißt den Richter und die Gaffer, die ihr Obszönitäten entgegenrufen, ruhigen Blickes. Und sie sagt ihnen geradeheraus:

«Der Leib, den Augen lieben können, die mir nicht angenehm sind, möge verderben!»

Der Magistrat ändert nochmals seine Taktik. Alles in allem ist Agnes doch nur ein Mädchen, das nicht weiß, worum es in Wirklichkeit geht. Kennt man mit zwölf Jahren den Preis des Lebens? Er wird ihr Angst machen, große Angst, und sie wird ohne weitere Fragen nach Hause gehen.

«Junges Mädchen, wenn du so weitermachst, werde ich dich den Flammen ausliefern!»

Das ist keineswegs nur eine Scheindrohung. Agnes weiß, daß im Römischen Reich Dutzende Scheiterhaufen angezündet wurden, auf denen ihre Brüder und Schwestern verbrannt wurden. Vor zwei Jahren hat in Alexandrien der Prokurator die Märtyrin Herais lebendig verbrennen lassen; sie war erst fünfzehn Jahre alt, und er hatte Potamienne, ein gleichaltriges Mädchen, vor den Augen der Mutter in einen Kessel mit kochendem Pech tauchen lassen. Aber diese abscheuliche Drohung kann die Entschiedenheit des Kindes nicht erschüttern. Da kommt dem Richter eine Idee, die er vielleicht für liebenswürdig hält, die aber für die Christinnen den absoluten Horror darstellt, dem sie um jeden Preis entgehen wollen. Das römische Gesetz verbietet, eine Jungfrau zu töten. Daher verurteilen die Prokuratoren die jungen Christinnen oft, allzu oft, nicht zum Tod in der

Arena, den sie nicht fürchten, sondern sie verkaufen sie an Bordelle... Diese Praktik war so verbreitet, daß eine kurze kirchliche Formel lautet: *Potius leo quam leno!*[463] Die Theologen, beseelt von dem Wunsch, ihre Schäflein zu beruhigen und ihnen Mut einzuflößen, sagen, daß eine Vergewaltigung nicht die Reinheit der Opfer zunichte macht, da diese nicht zugestimmt haben. Trotzdem... Im Jahr 304 hatte Irene, eine junge Mazedonierin, deren Schwestern vor ihren Augen verbrannt wurden, ohne daß sie erschüttert worden war, den Kopf verloren: Man hatte sie in ein Bordell eingeschlossen und sie sprang aus dem Fenster, um der Schande zu entgehen.[464]

Agnes ist nicht Irene. Sie hat die Lehre der Kirche gut behalten und erwidert:

«Wenn ich meinen Gott liebe, bin ich keusch. Wenn ich Ihn berühre, bin ich rein. Wenn ich Ihn besitze, bin ich Jungfrau.»

Das Lachen wird wieder stärker. In der Nähe des Domitian-Zirkus[465] ist ein Bordell, das großen Zulauf hat. Man wird ja sehen, ob das junge Mädchen noch genauso rein ist, wenn es dort wieder herauskommt!

Und Agnes wird nackt in das Freudenhaus eingesperrt. Aber ihr Schutzengel wacht. Ein makelloses Gewand umhüllt die kleine Märtyrerin auf einmal, während ihre Haare so schnell wachsen, daß sie einen dichten Mantel bilden. Und der Engel wird für die Anwesenden sichtbar[466] — was durchaus glaubhaft ist. Er zeigt sich den Anwesenden so majestätisch und furchterregend, daß keiner der

463 «Besser ein Löwe als ein Zuhälter!»

464 Trotz dieses Selbstmordes, oder dieses Selbstmordversuches wurde Irene wie ihre Schwestern Chiona und Agape heiliggesprochen.

465 Heute befindet sich dort die Piazza Navona, die übrigens genau den alten Umriß beibehalten hat. Die Kirche Sant' Agnese in agone steht an dem Ort, wo Agnes gefoltert wurde. Sie wurde auf dem Grundstück ihrer Eltern in der Via Nomentana begraben.

466 Eine kürzlich von Joan Wester Anderson in den Vereinigten Staaten durchgeführte Untersuchung über Engel hat folgende sonderbare Anekdote enthüllt: Eines Abends kehrte eine junge Frau sehr spät in ihre Wohnung in einem übel beleumdeten Stadtteil New Yorks zurück. Mehrere Nachbarinnen von ihr waren schon Opfer von Angriffen geworden. Als sie einen ziemlich zwielichtigen Burschen bemerkte, betete sie halbtot vor Angst zu ihrem Schutzengel, damit er sie unversehrt nach Hause kommen lasse. Und in der Tat erreicht sie ohne Probleme ihr Appartement. Kaum hatte sie die Tür hinter sich geschlossen, als sie Hilferufe hörte. Die durch ihren Anruf herbeigeeilte Polizei verhaftet den Vergewaltiger. Als sie aufgefordert wurde, als Zeugin aufzutreten, stellte sie ihm die Frage, warum er sie nicht angegriffen hätte? Und der Bursche gab eine seltsame Antwort: «Sie scherzen wohl? Haben Sie denn nicht gesehen, wie groß der Kerl war, der Sie begleitet hat?»

«Kunden» es wagt, sich dem Kind zu nähern. Schließlich muß man Agnes ersticken.

Nicht alle jungen Christinnen hatten dieses Glück.

Als sich die Kirche nach der Bekehrung von Konstantin im Frieden festigte, hatten die Interventionen der Engel nicht mehr die Ermutigung der Märtyrer zum Ziel und die seligen Geister kamen auch nicht mehr, um deren Tod zu mildern, sondern um die Evangelisierung einer noch mehrheitlich heidnischen Gesellschaft zu begünstigen. Sie können von schlichten Träumen, die eine Berufung festigen sollen, bis hin zu grandiosen und öffentlichen Erscheinungen reichen.

St. Martin, der Apostel der Gallier, hatte in allen diesen Bereichen Erfahrungen gesammelt.

Er wurde 316 in Sabarium, einer Garnisonsstadt in Pannonien geboren. Martin entstammte einer Offiziersfamilie, die sehr an den alten römischen Werten und an den alten Göttern hing. Obwohl er den glühenden Wunsch nach einer Bekehrung und einem religiösen Leben verspürt, muß er dem Gesetz gehorchen und in die Fußstapfen der väterlichen Karriere treten. Mit sechzehn Jahren wird er eingezogen und kommt nach einem obligatorischen Aufenthalt in der Kavallerieschule zu einer in Amiens stationierten Truppe.[467] Trotz seiner militärischen Verpflichtungen gelingt es Martin, in dieser Bischofsstadt seine christliche Bildung zu vervollständigen, nicht jedoch den entscheidenden Schritt zu tun, und um die Taufe zu bitten. Gott wird ihn dazu «zwingen». Als der junge Offizier an einem Winterabend in den Straßen auf Patrouille ist, erbarmt er sich eines Bettlers, der unter seinen fadenscheinigen Lumpen friert. Er macht seinen weiten, warmen Purpurmantel der römischen Kavallerie auf, entzweit ihn und gibt die Hälfte dem vor Kälte zitternden Bettler.[468] In der Nacht hat Martin eine Vision: Christus erscheint ihm und ist mit der Mantelhälfte bekleidet, die er verschenkt hatte. Der ganze Engelhofstaat begleitete den Herrn, der zu seinen Engeln sprach:

467 Manche Autoren sprechen von den Lanzern aus Sabarium.
468 Nach den militärischen Verordnungen waren die Soldaten nur Eigentümer der Hälfte ihrer Habseligkeiten. Martin hatte also über den ihm gehörenden Teil verfügen können.

«Seht diesen Mantel. Martin, der noch nicht Christ ist, hat mich mit ihm bekleidet.»

Nach diesem sanften Tadel zögert Martin natürlich nicht länger, sondern bittet um die Taufe. Später tauchen die Engel wieder in seinem Leben auf, als er Bischof von Tours und ein so furchterregender Feind des Heidentums geworden ist, daß er täglich von Dämonen gequält wird. Alle Anstrengungen des Satans, der Martin hindern will, die gallischen Landstriche zu evangelisieren, führen jedoch zu nichts.

Wenn die Worte des Heiligen nicht ausreichen, um die Bauern davon zu überzeugen, die Götzentempel niederzureißen, kommen ihm die Engel zu Hilfe. So war es auch in einem Dorf, das noch heute La Fontaine-Saint-Martin (St.-Martins-Quell) heißt.

Dort stand ein Heiligtum der ägyptischen Göttin Isis, deren Kult durch orientalische Kaufleute und durch Legionäre nach Gallien gekommen war. Martin weiß schon seit langem, daß die Götzen — egal mit welchem Gesicht oder mit welchem Namen sie von den Menschen ausgestattet werden — nur das haßerfüllte Lächeln Satans vor der Blindheit der Menschen verbergen. «Die Götter der Nationen sind Götzen», heißt es im Alten Testament. Der Bischof weiß dies nur zu genau, da der gefallene Seraph bei ihren beinahe täglichen Begegnungen mit geradezu diebischer Freude das Aussehen von Gottheiten annimmt, die Martin schon seit seiner Kindheit ablehnt. An einem Tag erscheint er als Jupiter, am nächsten als Merkur oder Venus — schmachtend, entzückend und sinnlich erregend... Die Geister des Bösen verstellen sich leidenschaftlich gern und nehmen andere Identitäten an. Martin hat sich nie an der Nase herumführen lassen und daher ist er einer ihrer gefährlichsten Feinde.

Vor den zunächst überraschten, dann aber immer ungehalteneren Einwohnern legt Martin die Ohnmacht der Göttin dar: Eine unbeseelte Statue, die nichts sieht und nichts hört, aber den Widersacher verbirgt, der der Mörder von Anfang an war und sich darüber freut, Seelen zu verderben, indem er sie in der Sklaverei des Götzendienstes hält. Der Bischof schließt seine Rede mit einer Einladung, dem einzigen, wahren Gott zu folgen, und einer kraftvollen Aufforderung, diese Bleibe Luzifers niederzureißen. Die Einheimischen verbergen nicht länger ihren Zorn vor diesem fremden Eindringling, vor diesem christlichen Priester, der sie verpflichten will, ihren verehrten Tempel zu zerstören, und der dabei nicht bedenkt, daß dies die furchtbare Rache der erzürnten Isis auf sie ziehen wird. Sie weigern sich nicht nur, an das Heiligtum Hand anzulegen, sondern sie bedrohen auch Martin und seinen Schüler Demetrius. Der Bischof achtet nicht auf den Volkszorn und die hochgeschwungenen Mistgabeln, die Hände, die Steine umklammern und bereit sind, ihn zu steinigen. Er wird erst von hier weggehen, wenn der Tempel zerstört ist. Martin ruft Gott um Hilfe an und Gott antwortet ihm sofort. Ein Unwetter läßt Wolken am bis dahin heiteren Himmel zusammenballen. Donner grollt. Blitze erhellen den fahlen Himmel. Angesichts dieser Explosion der Elemente ziehen sich die Bauern in den Schutz ihrer Strohhütten zurück. Das Unwetter wird immer heftiger und es konzentriert sich immer mehr auf den Tempel der Isis. Inmitten des Sturmes und der Blitze sieht Martin zwei prachtvolle Engel, zwei Racheengel, die auf seine Stimme hin herbeigeeilt sind und dem Wind und den Blitzen gebieten. Sie leiten das himmlische Feuer auf den Tempel, in den mit fürchterlichem Getöse der Blitz einschlägt. In einer einzigen Sekunde fängt das Gebäude Feuer und brennt wie eine Fackel.

Dann beruhigt sich das Gewitter genauso plötzlich wie es ausgebrochen ist. Bestürzt und entsetzt kommen die Dorfbewohner beschämt hervor; sie knien vor Martin nieder und bitten um die Taufe. Um sie zu trösten, läßt der Heilige eine wundertätige Quelle aus dem Boden entspringen. Der Ort wurde zu einem Wallfahrtsort. Er zog den mittelalterlichen Pilgereifer an und verlieh dem Dorf seinen Namen.

Diskreter war ein Zeichen, daß Martin gegen Ende des 4. Jahrhunderts in Mailand für einen römischen Würdenträger wirkte. Jene Zeit erlebte während der kurzen Herrschaft Julians, des Apostaten (360-363), ein Wiederaufleben des Heidentums, mit dem der Kaiser einverstanden war. Dieses Wiederaufleben verstärkte die Opposition, in der sich ein ganzer Teil der Gesellschaft — einschließlich des Hochadels, der öffentlichen Funktionsträger, der Armee und der Universität — gegenüber dem Christentum befand. Sie waren der

Meinung, daß das Christentum den wahren Werten Roms entgegengesetzt sei und überdies ein Feind der Künste und der Literatur sei. Auf Druck der Auguren und Götzenpriester kam es wieder zu sporadischen Christenverfolgungen, wodurch der Kirche wieder neue Märtyrer geschenkt wurden. Diese Ausbrüche führten im Jahr 380 dazu, daß Kaiser Thesodosius das Heidentum schlicht und einfach untersagte und alle Tempel konfiszieren ließ.

Der junge Bischof von Mailand, Aurelius Ambrosius, ist Anfang vierzig und steht nicht in dem Verdacht, Rom und die Sitten der Alten zu verraten. Ambrosius ist von Kopf bis Fuß ein Patrizier, ein früherer Gouverneur von Ligurien und Emilia, berühmt in ganz Italien wegen seines ausgeprägten Gerechtigkeitssinnes und seiner Rechtschaffenheit, die in seiner Umgebung selten waren, denn auch damals gab es schon Korruption. Ambrosius ist aber auch ein Gelehrter und ein Philosoph, ein großer Leser und Kommentator von Cicero und Seneca. Seine Predigten und Unterweisungen sind Vorbild für eine harmonische Vereinigung von antiker Weisheit und christlicher Lehre. Trotzdem sind viele seiner Zuhörer nur der Fassade nach bekehrt. Sie nehmen an den Gottesdiensten teil, weil ihnen verboten wurde, etwas anderes zu tun. Wenn der Götzenkult nun auch ganz verurteilt ist — allein die Tatsache, vor dem Familienaltar Weihrauch zu verbrennen, zieht bereits die Beschlagnahmung des Besitzes durch den Staat nach sich — so hat sich der alte Glaube nun in den inneren Gewissensbereich zurückgezogen, wo er Groll nährt. An jenem Tag empfindet ein Mann, der Ambrosius predigen hört, nur spöttische Verachtung für die Worte des Bischofs, obwohl sie philosophisch gefärbt sind. Aber seine Verachtung wandelt sich in Glauben: Hinter dem mailändischen Bischof steht ein Lichtwesen, das ihm die erhabenen Worte seiner Predigt eingibt. Mit entzückten Augen spürt der Heide, wie sich seine Intelligenz der christlichen Lehre öffnet. Nun ist er wirklich und endgültig bekehrt.

Das 5. Jahrhundert ist sehr hart für das ganze Römische Reich, denn es befindet sich in den Händen der Barbaren. Auch die Bretagne ist nicht davon verschont. Seit Honorius im Jahr 405 die drei Legionen zurückgerufen hatte, die über die Sicherheit der Bretonen wachten, ist das Land eine schutzlose Beute für die Sachsen und die

Schotten. Jedes Jahr setzen irische Piraten zu Beginn der schönen Jahreszeit an die Ufer über, plündern, brandschatzen und nehmen die Küstenbewohner als Gefangene mit. In jenem Frühling richteten die Schotten ihre leichten Boote auf die Mündung der Severn, im damaligen Gallien. Sie verwüsten das Gebiet von Banaviem Taberniae und machen sich mit etwa einhundert Gefangenen auf den Heimweg. Unter ihnen ist auch ein sechzehnjähriger Junge, Patricius, der Sohn eines reichen, angesehenen römischen Steuerbeamten, der einen sehr ausgedehnten Besitz sein eigen nennen konnte. Patricius ist das Paradebeispiel eines verwöhnten, eitlen, angeberischen, egoistischen Kindes. Ein Augenblick hatte genügt, um ihn zu einer Ware, zu einem menschlichen Tier zu machen. Er wird mit gefesselten Händen und Füßen in eine feindliche Umgebung geworfen, und um nicht verrückt zu werden oder das Bewußtsein seiner Identität zu verlieren, klammert sich Patricius, der jetzt den Hirtendienst auf den Hügeln der Grafschaft Antrim versieht, an das einzige Gut, das ihm noch geblieben ist, und um das er sich zuvor kaum gekümmert hatte: seinen christlichen Glauben. Sechs Jahre lang ist Patricius ein Schweinehirt. Sechs Jahre lang betet, fastet und weint er. Am Ende dieser sechs Jahre ist der ehemals charakterlose Heranwachsende ein junger, von Begeisterung entbrannter Asket geworden. Zweimal wurden ihm ganz klare innere Einsprechungen zuteil, die ihm ankündigten, daß er bald sein Heimatland und seine Familie wiedersehen werde, und daß ein Schiff auf ihn warte, mit dem er nach Hause fahren kann. Das waren seine ersten Kontakte mit den Engeln. Und in der Tat: So wie die Stimme, die er vernommen hatte, es ihm angekündigt hatte, sah er ein Boot, das in einer kleinen Bucht vor Anker lag. Die Seeleute machten keinerlei Schwierigkeiten, um dem Sklaven bei der Flucht zu helfen; an der gallischen Küste ließen sie ihn von Bord gehen. Patricius fand seine Familie, aber er bemerkt überrascht und verwirrt, daß er nicht glücklich ist. Etwas fehlt ihm. Aber was? Er weiß es nicht. Eines Nachts hat er einen Traum:

«Ich sah einen Mann namens Victorinus; er kam mit unzähligen Briefen von Irland. Einen dieser Briefe gab er mir; ich las den Beginn des Schreibens, der wie folgt lautete: "Die Stimme Irlands." Und als ich diesen Anfang las, kam es mir so vor, als würde ich unzählige irische Stimmen vernehmen, die mich anflehten, in ihr Land zurückzukehren.»[469]

Patricks Traum hat Ähnlichkeit mit einem Traum des hl. Paulus, als dieser nicht mehr wußte, wohin er seine Schritte lenken sollte und er einen Mazedonier in Volkstracht sah, der ihn bat, seinem Land zu Hilfe zu kommen. Die Tradition hat in diesem Mann aus dem Traum des hl. Paulus immer den Schutzengel Mazedoniens gesehen; in Viktorinus sieht sie den Schutzengel Irlands.

Nachdem Patrick nach vielen Schwierigkeiten in Gallien Priester geworden ist, erhält er die Erlaubnis, auf die Insel zurückzukehren. In nur einer Generation macht er aus ihr die Insel der Heiligen.

Die Vertrautheit mancher Heiligen mit der Welt der Engel kann sich auf verschiedene Weisen äußern. Manchen bringt ein Engel materielle Hilfe oder einen bestimmten Schutz in Gefahren; anderen ist er ein Meister im geistlichen Leben. Es kann auch vorkommen, daß er der Vermittler der Gabe der Unterscheidung oder der Prophetie, oder daß er sogar der Urheber eines ungeschuldeten himmlischen Gnadengeschenkes ist.

Bevor Gregor später der große und heilige Papst Gregor I. wurde, war er zunächst der einzige Sohn eines römischen Senators und Erbe eines sehr großen Besitzes auf dem Caeliusberg bei Rom, in dessen Nachbarschaft ein Tempel sowie Gärten lagen, die Kaiser Claudius einst hatte errichten lassen. Solange sein Vater Gordianus noch lebte, wollte Gregor ihn in seinem hohen Alter nicht betrüben und gestand ihm daher nicht, daß er Sehnsucht nach dem Ordensleben habe; statt dessen studierte er weiterhin Jura, begann eine politische Karriere und wurde noch in sehr jungen Jahren Präfekt von Rom, was mehr eine Ehre und weniger mit wirklichen Machtbefugnissen verbunden war. Als sein Vater 575 starb, gab Gregor alle diese Eitelkeiten der Welt, auf die er es nie abgesehen hatte, auf. Er wandelte sein Haus auf dem Caelius in ein Benediktinerkloster um und stellte es unter die Schirmherrschaft des hl. Andreas. Dorthin zog er sich zurück, um als einfacher Mönch zu leben.[470] Gregor hatte die Gewohnheit, täglich zwölf Arme der Stadt bei sich aufzunehmen

469 *Bekenntnisse des hl. Patrick*
470 An dieser Stelle steht heute die Kirche San Gregorio Magno.

und zu ernähren; er bediente sie persönlich in dem *triclinium* seines Hauses an einem großen Tisch aus Stein. Eines Mittags bemerkte Gregor, daß sich bei ihm anstelle von zwölf Armen dreizehn eingestellt hatten. Da er dem Bedürftigen nicht sein Herz verschließen, sondern auch ihm ein Almosen geben wollte, ließ er ihn mit den anderen eintreten. Er ließ sie Platz nehmen und ging in die Küche, um zu sehen, wie er auch noch diesen zusätzlichen Gast würde sättigen können. Als er aber zurückkam, entfernte der dreizehnte Bettler seine Lumpen und auch sein armseliges Aussehen und zeigte sich in seiner ganzen Herrlichkeit: Er war ein Engel.[471] Gregor hatte so einen Beweis für die Richtigkeit einer Aussage des hl. Paulus, der gesagt hatte, daß einige Brüder glaubten, Reisenden oder Bettlern beizustehen, während sie in Wirklichkeit Engeln Gastfreundschaft angeboten hatten...

Ist es da noch erstaunlich, daß Gregor sich, nachdem er Papst geworden war, mit besonderer Sorgfalt den Fragen der Engellehre widmet, und daß sein Pontifikat mit der berühmten Erscheinung des hl. Michael auf dem Mausoleum Kaiser Hadrians beginnt?

Das Leben des hl. Gerhard Majella ist überreich an mystischen Wundern und Beweisen seiner Verbundenheit mit den Engeln. 1726 wurde er als Sohn eines Schneiders in Muro, südlich von Neapel, geboren. Schon von Kindheit an zeigte Gerhard eine außergewöhnliche Frömmigkeit. Mit sieben Jahren fleht er seinen Pfarrer an, ihn zum Tisch des Herrn zuzulassen, was damals noch keineswegs Brauch war. Man mußte bis zum zwölften Lebensjahr warten und der Pfarrer hatte nicht die Absicht, ihm Sonderrechte zu gewähren. Gerhard zieht sich blutenden Herzens zurück. In der folgenden Nacht wird er durch ein wunderbares Licht geweckt. Im Zentrum dieser lichtvollen Herrlichkeit sieht er einen prächtigen Engel, der einen Kelch in Händen hält. Der hl. Michael ist herabgekommen, um dem kleinen Majella die Kommunion zu reichen, die sein unnachgiebiger Pfarrer ihm verweigert hatte.[472] Zwischen Gerhard

471 Der Tisch des *triclinium* besteht noch immer; er befindet sich in der St.-Barbara-Kapelle, wo diese Engelerscheinung in einem Fresko festgehalten wurde.

472 Weiter oben sahen wir bereits dasselbe Phänomen in Fatima. Man findet es auch am Lebensende (1938) der seligen Sr. Faustyna. Sr. Lucia bestätigte, daß es sich um eine wirkliche Hostie gehandelt hat.

und dem Fürsten der himmlischen Heerscharen beginnt eine Freundschaft, die nicht mehr erkalten sollte.

Die Jahre vergehen. Bevor Gerhard bei den Redemptoristen eintritt, wo die Wunder (z.B. Bilokation und Unsichtbarkeit) dieses kleinen, dreiundzwanzigjährigen Laienbruders internationalen Widerhall finden werden, für die das Zeitalter der Aufklärung keine Erklärung hat, will er eine Wallfahrt zum Monte Gargano machen. Die Zeiten, in denen große Menschenscharen zum Berg des Engels drängten, sind längst vorbei. Das Heiligtum ist in Vergessenheit geraten und hat seit Jahren keine «Reklame» mehr gekannt. Die Philosophen machen sich über die Naiven, die noch an Engel glauben, lustig. Es kommen nur noch einige fromme Gläubige aus Süditalien zum Monte Gargano.

Zu ihnen gehört auch Gerhard Majella, und es ist ihm gelungen, einige seiner Freunde auf diese Wallfahrt mitzunehmen. Aber sie sind jung und sorglos. Der Monte Gargano scheint ihnen greifbar nahe vor Augen zu liegen. Unbesorgt ist die kleine Schar aufgebrochen; sie haben sich weder um genügend Lebensmittel, noch um Geld gekümmert. Die unvorsichtigen Burschen bemerken aber rasch, daß sie unüberlegt gehandelt haben: Der Weg ist weiter als sie angenommen hatten; sie haben ihre knappen Vorräte nicht gut eingeteilt und keinen Pfennig in der Tasche. Es ist zu spät, um umzukehren. Sie werden nun doch von etwas Angst erfaßt. Nur Gerhard nimmt dieses Mißgeschick nicht tragisch. Er sagt ganz heiter, daß er, sobald sie auf dem Berg angekommen sein werden, ein Mittel fände, um alles zum Besseren zu wenden. Die anderen beschließen, ihm zu vertrauen. Mit wunden Füßen und trockener Zunge läßt sich die Gruppe auf den Stufen der Kirche nieder. Alle werfen verzweifelte, ohnmächtige, neidvolle Blicke auf die Geschäfte und Herbergen, in die sie, aus Mangel an Geld, nicht gehen können. Gerhard bittet sie noch um etwas Geduld und geht in die Basilika. Er kniet sich vor die Statue des Erzengels und fleht Michael an, ihnen zu helfen. Als Gerhard seine Gebete beendet hat, nähert sich ihm ein junger, unbekannter Mann und drückt ihm wortlos eine gefüllte Geldbörse in die Hand.

Als Wesen, die in allen Lebenssituationen hilfreich beiseite stehen, erscheinen die Engel dem hl. Raimund Nonnat und der hl. Rosa von Lima.

Raimund kam schon wie durch ein Wunder auf die Welt. Seine Mutter starb, als er auf die Welt kam; der katalanische Arzt, der bei der Entbindung zugegen war, mußte große Kühnheit besitzen — man schrieb das Jahr 1204 — um das Risiko eines Kaiserschnittes, den er an dem Leichnam durchführte, auf sich zu nehmen. Sicher hoffte man nur noch darauf, dem Kind die Taufe spenden zu können, bevor es seiner Mutter ins Grab folgen würde. Gegen alle Erwartung überlebte Raimund aber und bekam den Beinamen *Nonnatus*, Nicht-Geborener, weil er nicht wie alle anderen Menschen geboren worden war.

Als Halbwaise suchte Raimund nach einer anderen mütterlichen Liebe. Er fand sie in einer sehr frühen Verehrung der Muttergottes. In der Pfarrkirche verbringt er vor einer Statue Unserer Lieben Frau gerne ganze Stunden im Gebet. Diese Frömmigkeit entspricht nicht dem Geschmack seines Vaters, der seinen Sohn für träge hält. Soll er doch lieber die Tiere auf den Weiden hüten, als seine Zeit mit Gebeten zu vergeuden! Raimund ist ein gehorsames Kind. Er weidet daher die Herde, aber täglich überfällt ihn die unbezwingbare Sehnsucht, zur Kirche zu laufen und zu beten. Wie aber kann er beides miteinander vereinen? Der Himmel sorgt... Jedesmal, wenn Raimund erneut die Sehnsucht verspürt, seine himmlische Mutter wiederzusehen, steigt ein Engel herab und nimmt seinen Platz als Hirt ein. So wird der Junge in seiner Berufung gestärkt, tritt in einen Orden ein und widmet sich dem Freikauf von Christen, die als Sklaven in islamischen Ländern leben.

Rosa del Flores ist eine Heilige der Extreme; ihr einziges Ziel in dieser Welt besteht darin, der hl. Katharina von Siena in Kasteiungen gleichzukommen. Rosa wurde 1586 in Lima geboren; sie ertrug die luxuriöse und frivole Atmosphäre, an der die reichen spanischen Kolonialherren sich freuten, nicht. Sie ist schön, begehrenswert, erwünscht, und wird daher in einem Milieu, in dem die Abendländer nicht zahlreich sind, sehr heftig begehrt. Aber ähnlich wie die kleine Agnes, die der römischen Menge ins Gesicht rief: «Der Leib, den Augen lieben können, die mir nicht gefallen, möge verderben!», so arbeitet auch Rosa unablässig daran, diese Schönheit, die die Männer zur Sünde treibt, zu zerstören. Auf ihr Gesicht legt sie Pimentumschläge... Ihre Hände taucht sie in Kalk und als ihre Eltern sie zum Ball führen wollen, mischt sie Nadeln unter die Blumen ihrer Krone... Als schließlich ganz Lima glaubt, daß sie verrückt geworden ist, schließt sie sich im hintersten Garten in ein kleines Häuschen ein, weigert sich, es zu verlassen und zwingt sich, keine Nahrung zu nehmen und sich keine Ruhe zu gönnen. Dieses unsinnige Fasten erschöpft sie. Es ist ihr nicht wohl. Ihre bestürzte Mutter will bei den Nachbarn eine Tasse Schokolade erbitten; dieses Getränk ist sehr in Mode und zugleich auch ein Heilmittel, das sich die ruinierten del Flores nicht leisten können. Rosa hält ihre Mutter zurück. Ihr Vorhaben ist unnötig, denn sie hat bereits ihren Schutzengel gebeten, ihr diesen Dienst zu erweisen. Ist sie im Delirium? Keineswegs. Es klopft an der Tür; die Nachbarin steht da — und hält eine Tasse dieser berühmten Schokolade in der Hand. Ein junger unbekannter Mann sei gekommen und habe sie im Namen von Rosa del Flores darum gebeten...

Dasselbe göttliche Zartgefühl wurde auch beim hl. Johannes von Gott sichtbar. Er, der früher ein Soldat gewesen war und sich bekehrt hatte, gründete den Orden der Barmherzigen Brüder. Johannes hatte so viele Aufgaben, daß er überlastet war und das Putzen vernachlässigte. Aber was soll's?! Irgend jemand schleicht sich jeden Tag bei ihm ein und putzt. Johannes überrascht ihn bei der Arbeit: Es ist ein Engel.

Hilfe in allen Lagen — das könnte die Devise der Engel sein.

Thomas von Aquin, der spätere doctor angelicus, wurde 1225 auf Schloß Roccasecca bei Neapel geboren. Er ist Erbe eines großen Namens und eines beträchtlichen Vermögens; beides gibt man nicht leichthin auf. Trotzdem hat Thomas seine Wahl getroffen. Als er am Ende seiner Studien heimkehrt, kündet er seinen Eltern an, daß er Dominikaner werden möchte.

Der vom hl. Dominikus gegründete Orden steht in seinen Anfängen; noch hat er nicht den Ruf, den er schon bald haben wird. Die Familie von Aquin ist fassungslos. Ihr Sohn, ein Bettelmönch, der unter freiem Himmel auf öffentlichen Plätzen barfuß predigt! O nein, Erbarmen! Welche Schande! Könnte er sich nicht ansehnlichere Ziele setzen? Mit etwas Geld und Beziehungen, die glücklicherweise nicht fehlen, wäre es so einfach, ihm zu einer Karriere in der Kirche zu verhelfen, wenn er unbedingt Kleriker werden möchte. Würde er nicht gerne in einigen Jahren in seiner geliebten Abtei auf dem Monte Cassino, wo er seine Studien verbracht hat, Abt werden? Thomas läßt sich aber nicht von den elterlichen Versprechungen umgarnen und es ist nur Recht, wenn er geistliche Ämter nicht durch Geld erwirken will. Verärgert und wütend versuchen seine Eltern einen Gewaltakt: Sie sperren ihren widerspenstigen Sohn auf Roccasecca ein. Von dort darf er erst dann wieder fortgehen, wenn er zur Vernunft gekommen ist. Wochen vergehen, Monate vergehen. Thomas zeigt eine Dickköpfigkeit, die man nie bei ihm vermutet hätte. Einer seiner Brüder hat eine verdorbene Idee. Wenn sich der junge Mann so an seine angebliche Berufung als Bettelbruder und schmutziger Mönch hängt, so wohl nur deshalb, weil er das wahre Leben noch nicht kennt. Man müßte ihm bloß einen Vorgeschmack darauf geben. In den anrüchigen Vierteln von Neapel sucht man nach einer Prostituierten, die jung, schön, erfahren und schamlos ist. Nach einer Nacht in den Armen dieser betörenden Sünderin würde Thomas nicht mehr von den Dominikanern träumen! Und man sperrt die Versucherin in das Zimmer des jungen Mannes ein. Alle «Angriffe» des armen Mädchens stoßen aber auf einen heroischen Widerstand. Am Morgen kapituliert sie.

Thomas bleibt allein. Und siehe da, es erscheinen ihm Engel. In ihren Händen halten sie einen Gürtel, Symbol für Enthaltsamkeit und Reinheit:

«Im Namen Gottes gürten wir dich mit dem Gürtel der Keuschheit, der durch keine Versuchung jemals mehr gelöst werden kann.»

Der Orden des hl. Dominikus bewahrt diese sonderbare Kordel in ihrer Kirche von Chieri auf. Obwohl sie mehrmals wissenschaftlich untersucht wurde, ließ sich weder die Zusammensetzung des aus einer unbekannten Materie bestehenden Stoffes analysieren, noch fand man eine Erklärung, warum es unmöglich ist, den Knoten zu lösen...

Die Familie Aquin war überzeugt worden und ließ ihren Sohn seinen Weg gehen.

Für die polnische Helena Kowalska — die spätere selige Sr. Faustyna — machte sich ein Engel zur Hausmeisterin.

Helena ist ein besonders privilegiertes und von Gott erwähltes Menschenkind. 1910, sie war gerade 5 Jahre alt, erklärt sie ihren Eltern, sie habe das Paradies gesehen... Die Kowalski halten diese Aussage für einen kindlichen Traum. Aber das ist sie nicht. Mit 14 Jahren sagt sie ihrer Familie, daß sie Ordensschwester werden will, was aber sofort auf unüberwindlichen Widerstand stößt. Zunächst müßte sie erst einmal recht egoistisch sein und den Ihren zumuten, ohne ihren kleinen Lohn als «Mädchen für alles» auszukommen. Überdies weiß sie auch, daß ihre Eltern nicht so vermögend sind, ihr eine Aussteuer mitzugeben. Welches Kloster würde sie aber unter diesen Umständen nehmen wollen? Nachdem Helena mit Vorwürfen überhäuft worden war, sagt sie sich von dieser religiösen Berufung los und beginnt ein Leben zu führen wie es alle jungen Mädchen tun: sie geht tanzen und kokettiert. Aber alle diese Vergnügen hinterlassen in ihr einen schalen Geschmack und in ihrem Herzen wächst eine immer größer werdende Bitterkeit. Als sie eines Abends auf einem Ball eine sehr schnelle Drehung macht und daraufhin in den Armen eines Kavaliers landet, hört sie ganz deutlich, wie ihr eine innere Stimme sagt: «Meine Geliebte, wie lange willst du mich noch warten lassen?»

Helena zweifelt keine Sekunde daran, daß diese Stimme die Stimme ihrer einzigen und wahren Liebe ist: die Stimme Christi, den sie für die nichtigen Verführungen der Welt verraten und verlassen hat. Sie überlegt nicht länger, zögert nicht länger, sinnt nicht länger über die unlösbaren Schwierigkeiten nach, die auf sie warten. Sie packt ihren Koffer, fährt mit dem Zug nach Warschau und läutet an der Pforte der Schwestern der Barmherzigkeit. Ihren Eltern hatte sie aus Angst, daß sie sich neuerlich widersetzen würden, nichts gesagt. Gegen alle Wahrscheinlichkeit weist die Oberin das junge Mädchen nicht ab, sondern nimmt sie auch ohne Aussteuer an, denn sie ist überzeugt, daß Helena eine echte Berufung hat und vielleicht sogar noch mehr: Daß sie auf ihrer leuchtenden Stirn ein

Zeichen der Auserwählung trägt. So empfängt Helena also den Schleier und erhält den Namen Schwester Faustyna. Für sie beginnt ein mystisches Leben, das mit Ekstasen und Visionen erfüllt ist. Faustyna empfängt die Stigmata. Sie glüht. Faustyna liebt Christus mit unersättlicher Liebe; kein Leiden kann sie entmutigen. Mit allen Fasern ihres Seins sehnt sie sich nach dem Himmel. Das irdische Exil wird ihr täglich widerwärtiger. Jeder neue göttliche Gnadenerweis verdeutlicht ihr noch stärker die Grenzen ihrer menschlichen Intelligenz und ihrer leiblichen Verfaßtheit. Katharina von Siena sagte, daß ihr Herz auseinanderbreche, weil es von einer zu großen Liebe erfüllt sei. Faustyna sagte dasselbe. Manchmal wird sie unter dem «Gewicht» der Gnade ohnmächtig.

«Wenn mein Herz nicht mehr die Kraft hatte, zu ertragen, was in ihm geschah, brach ich in Schluchzen aus. Da berührte mich mein Schutzengel und sagte zu mir:

"Der Herr läßt dir sagen, daß du dich erheben sollst."

Ich stand sofort auf, aber ich war nicht getröstet. Das Heimweh nach Gott riß mich nur noch stärker mit sich.»

Gott erbarmt sich dieser unerträglichen Exil-Empfindung, von der Faustyna erfüllt ist.

«Als ich eines Tages anbetete, war mein Geist wie in Agonie und ich konnte meine Tränen nicht zurückhalten; da sah ich einen Geist von großer Schönheit, der zu mir sagte:

"Der Herr läßt dir sagen: Weine nicht mehr."

Nach einem Augenblick sagte ich:

"Wer bist du?"

Er sagte mir:

"Ich bin einer der sieben Engel, die Tag und Nacht vor dem Thron Gottes stehen und ihn ohne Unterlaß lobpreisen."

Trotzdem hat dieser Geist mein Heimweh nach Gott nicht gestillt; er hat es nur noch stärker werden lassen. Die Schönheit dieses Geistes kommt von seiner tiefen Vereinigung mit Gott. Am folgenden Tag begann er während der Messe vor der Erhebung der Gaben die Worte "Heilig, Heilig, Heilig" zu singen, und seine Stimme hallte wie die Stimmen von mehreren tausend Menschen; ich kann es nicht beschreiben.»[473]

Die begnadete Faustyna empfängt aber noch weitere Gnaden. 1937 war sie zur Pförtnerin ernannt worden; diese Aufgabe erfüllte sie in dieser äußerst unruhigen Zeit mit großer Angst. Sie fürchtete, daß bewaffnete Banden oder Kommunisten eindringen könnten, und sich vielleicht ähnliche Greuel wie jene, die von den Kommunisten in Spanien verübt worden waren, ereignen könnten...

«Als ich erkannte, wie gefährlich heute der Dienst an der Pforte ist..., ging ich zu einem Gespräch mit dem Herrn. Ich bat, Er möge es fügen, daß kein böser Mensch sich der Pforte nähere. Da hörte ich die Worte: "Meine Tochter, als du an die Pforte gingst, habe Ich einen Cherumbim über das Tor gestellt, um es zu beschützen. Sei beruhigt." Als ich nach diesem Gespräch zurückkam, sah ich eine weiße Wolke und in ihr einen Cherumbim mit verschränkten Armen. Sein Blick war wie ein Blitz.»

Für andere Menschen sind die Engel Meister der Gotteserkenntnis und helfen ihnen Fortschritte zu machen, damit sie der ihnen zugedachten mystischen Gnaden würdig werden. Das bezeugen die Lebenswege zweier Italienerinnen, die fünf Jahrhunderte voneinander getrennt sind: Francesca Ponziani und Gemma Galgani.

Francesca wurde 1384 in Rom geboren; ihre Familie gehört dem Hochadel an. Francesca ist das einzige Kind und die einzige Erbin. Deshalb hat es ihr Vater auch sehr eilig, sie zu verheiraten. Francesca ist erst 11 Jahre alt, als sie feierlich mit Lorenzo Ponziani, dem ältesten Sohn einer Familie, die dem antiken Patriziertum des kaiserlichen Roms entstammt, verlobt wird. Das junge Mädchen freut sich keineswegs darüber, sondern schluchzt und fleht ihre Eltern an, mit ihr Erbarmen zu haben und sie nicht zu einer Heirat zu zwingen, die sie in Schrecken versetzt: sie will keinen anderen Bräutigam als Christus. Aber trotz zwölf Jahrhunderten Christentum ist Francesca Bussa in ihrer Wahl genauso unfrei wie einst die hl. Cäcilia. Ihr Beichtvater, der keine Komplikationen liebt, bezichtigt sie des Aufruhrs gegenüber der väterlichen Autorität und befiehlt ihr mit Nachdruck, den Ehemann, den ihr Vater für sie ausgesucht hat, zu akzeptieren. Das junge Mädchen fügt sich. Aber die Anstrengung war zu

473 *Tagebuch* der Sr. Maria Faustyna Kowalska, Parvis-Verlag, 4. Aufl. 1996

groß, die Gewissensbisse zu lastend und die Reue zu bitter gewesen... Die Samt- und Brokatgewänder, die sie tragen muß, brennen ihr auf der Seele. Der Schmuck der Ponziani ist für sie schwerer als Sträflingsketten. Francesca erkrankt und geht mit Freude dem Tod entgegen; alles zieht sie diesem mondänen Leben vor, zu dem sie verurteilt wurde!

Während sie eines Nachts in Agonie darniederliegt, steht auf einmal ein junger Mann vor ihr. Er ist mit Lumpen bekleidet, aber diese Lumpen strahlen. Der junge Mann stellt sich vor: Er ist der hl. Alexis, dieser römische Patrizier, den seine Eltern gegen seinen Willen zu einer Heirat zwingen wollten. Alexis floh mit Gutheißung seiner Verlobten von daheim, lebte als Bettler und kehrte zum Sterben in das elterliche Haus zurück. Er gab sich aber nicht zu erkennen und wurde aus Nächstenliebe unter einer Treppe beherbergt... Aus eigener Erfahrung kennt Alexis die Nöte Francescas. Und nun komme er von Gott, um ihr eine Wahl anzubieten: entweder kann sie jetzt sterben, wie sie es sich schon lange innig zu wünschen scheint, oder sie kann gesunden und auf dieser Erde im Exil bleiben. In diesem Fall werde sie sehen, daß eine echte Christin auch in der Welt viel zur Ehre Gottes wirken kann. Denn Gott möchte durch seine Dienerin Großes tun, allerdings werde Francesca zu leiden haben. Francesca wählt das Leben und das Leiden. Sie wird reich gesegnet, sowohl mit Lebensjahren, als auch mit Nöten, die über sie einbrechen.

Dieser heroischen Wahl folgt eine wunderbare und plötzliche Heilung, sowie erste Erscheinungen von Personen, die sie von nun an nie mehr verlassen werden: Dämonen und Engel.

Während der Teufel mit Francesca (der späteren hl. Franziska Romana) sein altbekanntes Spiel trieb, zeigte sich der Schutzengel von einer seltenen Rauheit — nach dem Motto: «Wer sehr geliebt wird, wird auch sehr gezüchtigt.»

Luzifer zieht seine üblichen Register, die er für besondere Seelen bereithält, die er mit seinem gewöhnlichen Arsenal an menschlichen Leidenschaften und Begierden nicht betören konnte. Eines Tages nimmt er die Gestalt eines ehrwürdigen Bettelmönches an, der im Palast der Ponziani empfangen wird und ein schreckliches Bild vom religiösen Leben malt. Ein andermal erfrischen sich Francesca und ihre Schwägerin Vanozza im Sommer am Ufer des Tiber; der Teufel nutzt die Gelegenheit und wirft beide in den Fluß. Sie wären ertrunken, wenn ihnen nicht eine noch stärkere, ebenfalls unsichtbare Hand zu Hilfe gekommen wäre. Nachdem dieser Mordversuch mißlungen war, griff er an einem anderen Tag Vanozza an und stürzte sie von einer Treppe. Daß sie sich nicht alle Knochen brach, lag daran, daß dieselbe unsichtbare Hand sie noch im Flug aufgriff. Der Widersacher will die Auserwählten gerne ermorden, obwohl der göttliche Beistand auf ihnen ruht. Voller Wut raunt er Francesca mit knirschender Stimme ins Ohr: «Ich habe versucht, deine geliebte Vanozza zu töten, um dich zur Verzweiflung zu bringen. Ich werde es wieder tun.»

Und in der Tat, er läßt nicht davon ab...

Unterdessen macht Francesca, die alle diese Fallen durchschaut hat, Fortschritte auf dem Weg der Heiligkeit. Ihre Heiligkeit ist die einer Frau, die in der Welt steht. Sie hat Putz und Geschmeide abgelegt und den verärgerten Minen der gehobenen römischen Gesellschaft die Stirn geboten. *Madonna*[474] Ponziani verbringt die Hälfte ihrer Zeit in Hospizen, wo sie Kranke pflegt, oder in den Elendsquartieren, um sich der Armen anzunehmen; die andere Hälfte ihrer Zeit verbringt sie im Gebet. Überdies findet sie noch die Zeit, um sich um ihr großes Haus und die Erziehung ihrer drei Kinder zu kümmern. Die Kinder wurden zwischen 1400 und 1406 geboren: Gian-Battista, Gian-Evangelista und Agnese. Wenn Francesca aus Versehen einmal eine auch noch so geringe Pflicht vergißt, wird sie von ihrem Schutzengel recht heftig zur Ordnung gerufen. Ihre Umgebung erlebt dies einmal auf bestürzende Weise:

Eines Abends befinden sich viele Gäste im Salon der Ponziani und wie es so oft in Gesellschaft vorkommt, drehte sich das Gespräch nur um ein einziges Thema; um das interessanteste, leider...: Schlechtes über andere reden.

Gewöhnlich gelingt es Francesca, das Gespräch auf ein anderes Thema zu bringen, aber in diesem Moment ist sie zerstreut und still

474 Im mittelalterlichen römischen Dialekt bedeutet *Madonna* Frau und bezeichnet eine adelige Frau.

und achtet nicht auf diese Schlangenzungen, die den Ruf anderer Menschen zerstören... Wer schweigt, stimmt zu... Das scheint zumindest ihr Schutzengel zu denken; er fällt über sie her und verpaßt ihr eine Ohrfeige, die es in sich hat. Im Salon wenden sich alle in Richtung des Geräusches und zwanzig verblüffte Augenpaare schauen auf Madonna Ponziani, die blutrot angelaufen und den Tränen nahe ist. Auf ihrer Wange sind ganz deutlich die Spuren von fünf Fingern sichtbar...

Zu eben jener Zeit war Francesca auch Opfer zunehmender diabolischer Schikanen, so daß sie manchmal ganz blau geschlagen war. Offensichtlich gefiel es der unsichtbaren Welt sie zu verprügeln!

Das Ungemach der jungen Frau war indes nicht mit diesen Qualen beendet. In den Jahren um 1410 wird die Christenheit durch das große Schisma im Abendland zerrissen. Es ist jene skandalträchtige Zeit, in der sich zwei Päpste um den Thron des hl. Petrus streiten: der eine in Rom, der andere in Avignon... Die Hauptstadt der katholischen Welt ist für alle inneren und äußeren Begierden eine leichte Beute. Der König von Neapel hatte ein Auge auf die Stadt geworfen und rechnete mit Verbündeten in der Aristokratie, besonders aus der Familie der Colonna. Die Ponziani schworen nur auf den Heiligen Vater, teilweise aus wirklicher Verehrung, teilweise aus einem schon viele Jahrhunderte währenden Haß gegen die Colonna. Eine bewaffnete Auseinandersetzung ist unvermeidbar und geht zugunsten der neapolitanischen Kämpfer aus. Für die Ponziani wird sie zu einer Katastrophe.

Da ist zunächst Lorenzo, der so schwer verletzt wird, daß seine Kameraden ihn für tot halten. Kaum kommt er wieder ein wenig zu Kräften, wird sein älterer Bruder gefangengenommen. Für seine Befreiung fordert Neapel eine Geisel und zwar seinen Neffen Gian-Battista, den Erben, denn Vanozza hat ihrem Gemahl keine Kinder geschenkt. Trotz ihrer Angst liefert Francesca ihren Sohn eigenhändig den Neapolitanern aus, um dafür die Freiheit ihres Schwagers zu erhalten. Ist es mit diesem Opfer genug? Gewiß nicht... Sie hat noch zwei Kinder und einen Ehemann...

Ihr wieder zu Kräften gekommener Mann wird auf Anordnung der Colonna von Rom aus ins Exil geschickt. Dann stirbt der kleine

Evangelista an der Pest. Er war 9 Jahre alt. Daß ein Mädchen aus der Nachbarschaft sagte, sie habe ihn unter Engelgeleit in den Himmel aufsteigen sehen, genügte nicht, um die Tränen der Mutter zu trocknen. Für Francesca vergeht ein furchtbares Jahr; sie richtet ihre ganze Liebe auf das, was ihr noch geblieben ist: Gott und Agnese. Aber Gott will kein geteiltes Herz.

Ein Jahr nach dem Tod ihres Sohnes betet Madonna Ponziani eines Nachts in ihrem Zimmer. Im Osten erhellt die erste Dämmerung den Himmel. Aber es ist nicht der Sonnenaufgang, der das Zimmer auf einmal mit einer wundervollen Helligkeit erleuchtet. Francesca erhebt die Augen: vor ihr stehen zwei Jungen. Der erste, der sie mit unaussprechlicher Zärtlichkeit anlächelt, ist Evangelista, dessen Tod sie fast gekreuzigt hat. Evangelista, so wie er in ihrer Erinnerung lebte, und trotzdem verändert: Von einer Schönheit, die nicht von dieser Welt ist. Der zweite, blond und gelockt, strahlt von anderer, höherer Herrlichkeit und Glanz. Zuerst ist Francesca stumm vor Ergriffenheit, dann stottert sie:

«O Sohn meines Herzens... Bist du es? Von woher bist du herabgekommen? Wer sind deine Gefährten und worin besteht deine Freude? Engel Gottes, du hast also deine arme Mutter nicht vergessen? Du denkst also noch inmitten der himmlischen Seligkeit an die Leiden hier auf Erden?»

Das Kind lächelt und beantwortet ruhig und fest die angstvollen Fragen, die seine Mutter allzu lange zurückgehalten hatte.

«Ich wohne im Himmel. Die Engel sind meine Gefährten. Wir haben keine andere Beschäftigung als die göttliche Vollkommenheit, die Quelle aller Seligkeit ist, zu betrachten. Weil wir auf ewig mit Gott vereint sind, haben wir keinen anderen Willen als den seinen, und unser Friede ist so umfassend wie sein Wesen ohne Grenzen ist. Er selber ist unsere Freude, eine Freude ohne Grenze und ohne Ende.

Im Himmel enthüllen uns die höheren Engel durch ihr Licht die Mysterien der Gottheit. O meine Mutter, wenn Ihr wissen wollt, welcher Platz mir inmitten der himmlischen Chöre zugedacht ist, so wißt, daß die anbetungswürdige Güte Gottes mich unter die Erzengel gestellt hat. Der Geist, den Ihr an meiner Seite seht, ist mein

Gefährte; er hat einen höheren Rang, deshalb ist seine Schönheit strahlender als meine. Gott sendet ihn Euch, um Euch zu trösten und Euch auf Eurer Pilgerfahrt von der Erde zum Himmel zu leiten. Er wird immer bei Euch sein; für Euch wird er sichtbar sein, für die Augen aller anderen aber ist er unsichtbar.

Ich habe niemals die Erinnerung an jene verloren, die mich auf der Erde geliebt haben. Ich weiß, wie glücklich Ihr wäret, mich wiederzusehen und Gott hat mir erlaubt, zu kommen und Euch zu trösten. Freut Euch, meine Mutter, denn ich bin wirklich Evangelista, Euer Sohn.»

Man kann feststellen, daß Evangelista Ponziani im Himmel ein richtiger kleiner Theologe geworden ist und daß er für ein Kind von 9 Jahren auf bewundernswerte Weise die Lehre des hl. Thomas von Aquin aufgenommen hat. Aber Francescas unermeßliche Freude wird sich trüben. Bereits zu Lebzeiten besaß Evangelista die Gabe der Vorhersicht. Er hatte seiner Familie die Verwundung seines Vaters vorhergesagt und einem vorüberziehenden Mönch hatte er seinen geheimen Ehrgeiz vorgeworfen, der ihn sowohl in dieser als auch in der jenseitigen Welt ins Verderben führen werde. Jedesmal hatten sich die Vorhersagen des Kindes schauerlich erfüllt. Diese Gabe besaß er nun noch immer und was er seiner Mutter jetzt ankündigte, hätte jeder Frau das Blut in den Adern gefrieren lassen.

«Meine Mutter, ich habe für Euch noch eine andere Botschaft. Der Herr fordert von Euch meine kleine Schwester Agnese. Im himmlischen Jerusalem ist ihr Platz bereit. Bald wird sie mir nachfolgen. Betrübt Euch nicht darüber. Seid vielmehr glücklich, daß Ihr erfahrt, daß Eure Kinder unter den Engeln des Himmels sein werden.»

Agnese ist 7 Jahre alt und strotzt vor Gesundheit. Trotzdem sieht ihre Mutter von diesem Augenblick an das Todeszeichen auf der Stirn ihres Töchterchens. Ein Jahr später wird Agnese Ponziani bettlägerig und stirbt an einer Kinderkrankheit.

Um die vom Schmerz über den Verlust ihrer Kinder erfüllte Mutter zu trösten, läßt Gott ihr den Erzengel. Kaum ist ihr Sohn verschwunden — die Sonne erleuchtet inzwischen die Dächer Roms — wirft sich Francesca dem Geistwesen zu Füßen und fleht es an, sie zu leiten, zu stärken und gottergeben zu machen. Von da an verläßt er sie nicht mehr. Er ist so leuchtend, daß sie sein Gesicht inmitten des starken Glanzes nicht erkennen kann. Praktisch ist es auch, denn sein Licht ermöglicht es ihr, auch mitten in der Nacht ohne Leuchter zu lesen... Nur wenn Francesca mit ihrem Beichtvater über ihn spricht, oder wenn sie von den Dämonen angegriffen wird, verhüllt der Erzengel seinen furchterregenden Glanz ein wenig und läßt sich in aller Ruhe betrachten.

Für den Seelenführer von Madonna Ponziani, Don Antonio, ist es ein kraftvoller Trost, mit Francesca über den Engel zu reden. Don Antonio ist ein Priester, der über die Skandale und die Nöte der Kirche und des Papsttums sehr betrübt ist.

«Ist der Engel immer an Eurer Seite? In welcher Gestalt seht Ihr ihn? Wie groß ist er?»

«Seine Größe entspricht der eines neunjährigen Kindes; es ist die Größe meines Evangelista. Seine Schönheit übertrifft die der Sonne. Ich sehe ihn häufig mit auf der Brust gekreuzten Armen, seine schönen Augen hat er zum Himmel erhoben; es ist eine Haltung tiefer Anbetung. Kein Wort vermag die Reinheit seines Blickes wiederzugeben. Es genügt mir, ihn anzuschauen, und schon spüre ich, wie mein Herz von größter Liebe entflammt ist und ich verstehe den Adel der Engelnatur. Sein langes Gewand ist strahlend weiß und fällt bis auf seine Füße. Auf seinen Schultern sehe ich eine Dalmatik, deren Farbe wechselt. Manchmal scheint sie mir lilienweiß zu sein, dann wieder rot wie Feuer oder azurblau wie der Himmel. Er verläßt mich nie. Wenn ich gehe, so geht er an meiner Seite. Wenn es vorkommt, daß ich über staubige Wege oder schlammige Pfade gehe, so geht er mit, aber weder Staub noch Schmutz berühren ihn jemals. Es ist ihnen nicht gestattet, diese so reinen Engelfüße zu beschmutzen.

Träumereien einer unglücklichen Frau, einer der Liebe beraubten Mutter, die nun ihre Zuneigung einem Phantasieobjekt zuwendet, dem sie eine Ähnlichkeit mit ihrem verstorbenen Lieblingssohn verleiht?

Diese Erklärung wäre vielleicht naheliegend, wenn Francesca Ponziani eine Träumerin wäre, eine Melancholikerin, die gewöhnlich in einer imaginären Welt Zuflucht suchen würde, weil eine solche Welt nicht so hart ist wie die Realität. Aber das ist bei Francesca nicht der Fall. Diese junge Frau von dreißig Jahren besitzt einen völlig gesunden Geist und erträgt die schlimmsten Prüfungen mit unerschütterlicher innerer Ruhe, die ihre große geistige Ausgeglichenheit beweist. Beständig gibt sie sich ihren unzähligen karitativen Aktivitäten hin. Und schließlich folgen ihren Schritten Zeichen und Wunder.

Da ist zunächst einmal die Gabe der Unterscheidung. Madonna Ponziani ist entweder eine außergewöhnliche Psychologin oder wirklich von ihrem Engel über die Geheimnisse der Seelen erleuchtet, denn sie wird schon bald für alle Beichtväter Roms zur letzten Zuflucht, wenn sie es mit Sterbenden zu tun haben, die störrisch bleiben und in Gefahr stehen, auf ewig verdammt zu werden.

In einem Hospital liegt eine junge Frau mit Kindbettfieber; ihr Kind hat nicht überlebt und auch sie selber wird sterben. Sie weint, schluchzt und trägt ein Geheimnis in sich, das sie niemandem — auch nicht dem Beichtvater — anvertrauen will. Als letztes Mittel läßt dieser Francesca fragen. Zwei Worte, ein Blick... und Francesca weiß es; sie überzeugt die Sterbende, alles dem Priester zu sagen. Obwohl sie überzeugt sei, daß sie für die Abscheulichkeit ihres Tuns in die Hölle müsse, würde Gott ihr doch Barmherzigkeit erweisen. Die unglückselige Frau, selber noch ein halbes Kind, hat ihr Neugeborenes erwürgt und nicht taufen lassen. Die Gewissensbisse vernichteten sie fast.

Im Palast der Savelli lag einer der Söhne im Sterben. Im Klima der Gewalt, das seit der neapolitanischen Intervention in Rom herrschte, waren politische Morde und Duelle an der Tagesordnung. Savelli war auf dem Feld tödlich verletzt worden; er spuckt Blut... Und er spuckt seinen Haß aus. Sein Widersacher kniet weinend an seinem Bett und fleht ihn an, ihm zu verzeihen: er wollte ihn doch nicht töten! Savelli ist es aber egal, ob der andere ihn töten wollte oder nicht. Trotz der Beschwörungen des Priesters ist der junge Mann entschlossen, die Schuld nicht zu vergeben. Damit sein Mörder den Rest seines Lebens in Angst verbringt, ist er bereit, sein Seelenheil aufs Spiel zu setzen. Die Savellis lassen Madonna Ponziani kommen. Sie tritt ein, nimmt die Hand des jungen Mannes und flüstert ihm etwas ins Ohr. Der im Stolz Verhärtete senkt die Augen, bevor er in Tränen ausbricht: er verzeiht. Und er stirbt friedlich in den Armen seines Rivalen.

Für Francesca sind die geistlichen Gnaden wesentlich. Für viele Menschen haben die materiellen Gnaden weitaus größere Bedeutung. Sie weiß wohl um sie, genau wie sie weiß, was ihr Gebet bewirkt. Die Heiligen wirken Wunder, weil sie Gott alles geschenkt haben. Francesca hat ihre Kinder dem Herrn gegeben. Auf dieser Erde ist sie als Mutter «enteignet», aber sie rettet unablässig die Kinder anderer Mütter...

Ein totgeborenes Kind wird lebendig. Ein kleiner Junge, der in den Tiber gestürzt war und nur noch tot herausgefischt werden konnte, kommt wieder zum Leben. Ein stummes Mädchen beginnt zu sprechen. Ein blinder Junge sieht. Es genügt, daß die aufgelösten Eltern zu ihr kommen, damit die unmöglichsten Heilungen erwirkt werden. Ein römischer Arzt sah Francesca am Bett eines seiner kleinen Patienten und überließ ihr den Platz mit den Worten:

«Wo Gott arbeitet, hat die Medizin nichts zu suchen!»

Die himmlischen Gunsterweise beschränken sich aber nicht darauf. Inmitten einer Hungersnot, auf die wie immer eine Epidemie folgte, beschloß Francesca der ganzen Not von Trastevere zu Hilfe zu kommen... Ein unmögliches Unterfangen! Da könnte sie gleich ein Faß ohne Boden aufzufüllen versuchen! Die Kornvorräte im Palast der Ponziani sind bald erschöpft, dann — auf ihre Anordnung — der Weinkeller... Ihr Schwiegervater regt sich auf, wie er es noch nie getan hat. Er hat alle Phantastereien seiner Schwiegertochter erduldet, sogar daß sie, eine Ponziani, eine edle Dame, sich in Fetzen kleidet und das Gespött von ganz Rom ist. Aber er duldet es nicht, daß sie in einer Hungersnot ihrem eigenen Haus das zum Leben Notwendige entzieht! Ist sie verrückt? Seit wann gebietet Gott, daß man die eigene Familie des Hungers sterben lassen soll, um Fremde zu nähren? Francesca senkt betreten den Kopf. In ihrem Eifer alles teilen zu wollen, hat sie nicht die Konsequenzen ihres Tuns bedacht. Früher war es vorgekommen, daß sie auf den Straßen für die Armen gebettelt hat; das will sie nun wieder tun bis ihr Schwiegervater sich beruhigt hat und bereit ist, mit ihr auf den Speicher und in den Keller zu gehen...

Schimpfend folgt Ponziani seiner Schwiegertochter und bleibt bestürzt stehen: Der Speicher, in dem nur noch etwas Stroh gelegen hatte, quillt über vor Weizen; der Keller, in dem die leeren Fässer lagen, ist voller Fässer, die mit einem so köstlichen Nektar gefüllt sind, wie er ihn noch nie gekostet hat. Er umarmt Francesca:

«Meine liebe Tochter, verzeih mir! Nimm in Zukunft alles, was du willst; du ziehst so viele Gnaden auf mein Haus herab!»

Francesca nimmt den Rat ihres Schwiegervaters wörtlich und teilt wieder freigebig aus. In ihrer Hingabe geht sie soweit, daß sie einer Kranken ihr Bett schenkt. Und was kommen mußte, kam... Sie steckt sich an. Diesmal hat außer der guten Vanozza niemand ein Wort des Mitleids für sie. Diese Verrückte hat es sich selbst gesucht! Wie in den ersten Tagen ihrer Ehe hofft Francesca auf den Tod. Aber sie stirbt nicht. Gott braucht sie noch. Während sie über die Schrecknisse der Sünde meditiert, erscheint ihr Raphael. Er fordert sie auf, mit ihm zu kommen und die Strafe der Sünder anzuschauen. An seiner Seite besucht sie die Hölle und das Fegefeuer.

Die Abhandlung über die Hölle, die aus den Offenbarungen der hl. Franziska Romana zusammengestellt wurde, hat manche Ähnlichkeit mit einem Werk Dantes: *Die göttliche Komödie*, die diese gebildete Italienerin gewiß gelesen hatte. Muß man daraus schließen, daß Francesca unbewußt von dem florentinischen Dichter abgeschrieben hat — und zwar bis hinein in die Inschrift, die sie über das Portal der «Tränenstadt» setzt: «Hier ist die Hölle, wo es keine Ruhe, keine Erholung, keine Hoffnung gibt»?[475]

Nein, die Offenbarungen Franziskas sind von einer Spiritualität getränkt, die weit über jener von Dante steht. Zudem muß man sich in Erinnerung rufen, daß die Visionen des Dante wesentlich auf der Lehre der Kirche, des hl. Hieronymus und des hl. Thomas von Aquin beruhen. Das genügt bereits, um die Ähnlichkeiten zwischen den beiden Werken weitgehend erklären zu können. Was das Fege-

475 Auf dem Portal der *Hölle* von Dante liest man: «Ihr, die ihr hier eintretet, laßt alle Hoffnung fahren.»

feuer anbetrifft, so ist ihre Vision ganz anders als die des Dante Alighieri.[476]

1414 nimmt das Leben von Madonna Ponziani durch die Niederlage der Neapolitaner, die gezwungen sind, Rom zu verlassen, eine glücklichere Wende. Lorenzo kann nach vier Jahren des Exils heimkehren und Gian-Battista wird befreit. Aber Francescas Sühneleiden ist noch nicht beendet. Sie empfängt die Stigmata. Diese Wunden — seien wir realistisch — tauchen sie erst in eine angstvolle Fassungslosigkeit und dann, als sie begreift, welche Gnade ihr zuteil wurde, in Scham. Je weiter Francesca auf dem mystischen Weg voranschreitet, desto entfesselter reagieren die Dämonen. Es genügt ihnen nicht, auf sie einzuschlagen wie auf eine Gipsfigur, sondern sie werfen sie auch in brennende Kamine, sie hängen sie in der Luft auf und versuchen mehrmals, sie zu töten. Wenn sie die Grenzen überschreiten, greift der Erzengel ein, indem er sich zwischen sie und ihre Verfolger stellt. Es genügt, wenn er seinen schönen blonden Kopf schüttelt, damit die «Anderen» verschwinden. Manchmal beklagt sich die Heilige:

«Ihr kommt zu oft! Ich würde gerne das Ende des Kampfes sehen!»

Die außergewöhnlichste Intervention ihres Engels hatte viele Zeugen.

Mit siebzehn Jahren wurde Gian-Battista, da er nun der einzige Sohn der Ponziani war, zu einer allzu frühen Heirat gedrängt. Seine Wahl fiel auf ein sehr junges, zwölfjähriges Mädchen. Aber während Francesca in diesem Alter sanft und fromm gewesen war, ist Mobilia hochmütig und bildet sich etwas auf ihre Abstammung und ihre Stellung ein. In den ersten Jahren der Ehe ist sie ganz aufgebracht gegen diese Schwiegermutter mit dem Armutstick und sie ersinnt alles mögliche, um sie öffentlich zu demütigen und ihr das Leben widerwärtig zu machen. Angesichts der stillen Ergebung von Madonna Ponziani, die verborgen in ihrem Zimmer weint, eifert Mobilia nur noch mehr gegen sie. Eines Tages hatte sich die junge Frau, die durch die Geburt zweier Kinder noch selbstsicherer geworden war, besonders grausam verhalten. Auf einmal hält sie mitten in

476 Über die Stellung, die die Engel im Fegefeuer der hl. Franziska einnehmen, möge man im Kapitel über die Todesengel nachlesen.

ihrer harschen Schmährede inne. Ihr Mann und ihr Schwiegervater, die beide empört waren und sie zum Schweigen bringen wollten, sehen wie, sie sich auf ihrem Stuhl aufrichtet, nach Atem ringt, und dann von unerträglichen Schmerzen überwältigt, zu Boden fällt. Der Erzengel, der die ständigen Angriffe der Schwiegertochter leid war, hatte ihr die Zurechtweisung erteilt, die Lorenzo und Gian-Battista allzu lange hinausgezögert hatten... Nun war die Furie endgültig gebändigt worden; von da an verhielt sie sich umgänglicher und wurde für Francesca zu einer idealen Schwiegertochter.

Als Francesca eines Tages mit ihrem dreijährigen Enkel Girolamo im Salon, wo sich die ganze Familie aufhält, spielt, erscheint der Teufel. Madonna Ponziani kennt ihn schon seit so langer Zeit, daß er sie nicht mehr beeindrucken kann. Außer ihr und dem kleinen Girolamo, der in seiner Unschuld noch hellsichtig ist, sieht ihn niemand der im Raum anwesenden Personen. Von Schrecken erfüllt, beginnt der Kleine zu weinen. Daraufhin begeht die Großmutter den Fehler, ihn auf den Arm zu nehmen. Dieses Spektakel bringt den Widersacher auf eine noch durchtriebenere Idee: Um die Großmutter erfolgreich zu treffen, wird er das Kind schlagen. Francesca versucht es mit den gewöhnlichen Hilfsmitteln, sie vermehrt Kreuzzeichen und Stoßgebete. Der Teufel lacht... Sie weiß nicht mehr, was sie tun soll. Da befand der Erzengel, der diese Szene aus einigem Abstand beobachtet hatte, daß es genug sei. Er nähert sich, stößt den Teufel zurück, nimmt in aller Ruhe Girolamo aus den Armen seiner Großmutter, mißt den Widersacher mit seinen Blicken ab, so als wolle er sagen: «Komm doch und hole ihn aus meinen Armen, wenn du dich traust...»

Lorenzo, Mobilia, Gian-Battista, die nur verstanden, daß sich etwas Unerklärbares zutrug, trauten ihren Augen nicht: Girolamo hängt mitten im Salon in der Luft — ungefähr in Brusthöhe, so als würde er getragen. Er lacht und streichelt mit seiner Patschhand einem unsichtbaren Wesen das Gesicht. Und dann scheint er zu seiner Wiege zu fliegen, wo erfahrene, aber verborgene Hände die Decke zurückziehen, das Bettzeug ordnen und das Kind hineinlegen... Rasend vor Zorn und voller Abscheu weicht der Widersacher.

Dort, wo Francescas Erzengel wacht, scheitern alle dämonischen Pläne kläglich. Als Madonna Ponziani Witwe geworden ist, kann sie endlich jenes Gelübde erfüllen, das ihr so wertvoll war, das Gelübde, dessen Verwirklichung ihr armer Vater (der es später sehr bereute, gegen die Berufung seiner Tochter eingeschritten zu sein!) verhindert hatte: ein Ordensleben zu führen. Sie gründete, nicht ohne Schwierigkeiten, aber mit der beständigen Hilfe der Muttergottes, der Apostel und der Engel, die Oblaten, ein Kloster ohne Klausur, dem sie ihre letzten Lebensjahre widmete. Unter den vielen Frauen, die Francesca in die Gemeinschaft aufnahm, war auch die einzige Tochter ihrer Freundin Madonna Colluzzi, die ebenfalls Witwe und ziemlich einsam war. Sie hatte dem Klostereintritt ihrer Tochter zugestimmt. Nachdem sie dann aber allein in ihrem Palast zurückgeblieben ist, merkt sie, daß sie nicht ohne ihr Kind leben kann. Die Tage vergehen, alle sind gleich, alle sind leer, alle sind schwarz. Madonna Colluzzi verfällt der Verzweiflung und ist davon überzeugt, daß es einfacher wäre, zu sterben. Sie besorgt sich einen Dolch...

Francesca ist in ihre Gebete vertieft, als sie auf geheimnisvolle Weise davon benachrichtigt wird. Mit den Augen ihrer Seele sieht sie, daß ihre Freundin Perna im Begriff steht, Hand an sich zu legen und die schlimmste Sünde zu begehen, während der Teufel, der ihr diese tristen Gedanken eingeflüstert hat, offen und hämisch lacht...[477]

«O mein Gott, erlaube nicht, daß ein solches Verbrechen begangen wird!»

In ihrem Zimmer erhebt Perna bereits die Hand, um zuzustoßen. Und sie verharrt in dieser Position... Fünf Finger, die sie nicht sieht, die aber eine einzigartige Kraft besitzen, schließen sich um ihre Faust und lähmen ihr Tun. Sie sind so stark, daß die Verzweifelte einen Schmerzensschrei ausstößt und ihren Arm senkt. Zugleich hat sie den Eindruck, aus einem Alptraum zu erwachen. Sie begreift nicht mehr, was sie hatte tun wollen, noch auch, warum sie es tun wollte.

477 Ein fast analoges Geschehen trug sich im Leben von P. Pio zu. Während des Ersten Weltkrieges soll ihm seine Gabe der Bilokation die Möglichkeit gegeben haben, den Selbstmord eines italienischen Offiziers, der sich entehrt glaubte, zu verhindern.

Nachdem der Erzengel seine Sendung erfüllt hat, kehrt er zu Francesca zurück.

Aber nicht mehr für lange. Es ist 24 Jahre her, daß Evangelista seiner trauernden Mutter erschienen war und ihr seinen himmlischen Gefährten vorgestellt hatte. Seine Aufgabe war es, sie auf dem Weg der Heiligkeit und der Mystik voranschreiten zu lassen. Unter seiner Leitung hat Francesca solche Fortschritte gemacht, daß sie — in den Grenzen, die ihr durch den Leib auferlegt sind — diesen seligen Seraphim, die sie bei ihren Besuchen im Paradies geschaut hat, ebenbürtig geworden ist. Sie hatten ihr anvertraut, daß die göttliche Liebe die Seele entflamme, ohne sie doch jemals zu verzehren und daß diese Liebe die Seraphim über die kühnsten Träume der Geschöpfe hinaus entzücke... Für eine solcherart erhobene Seele ist ein Erzengel nicht mehr der geeignete Führer. Während Francesca allein in der Kapelle betet, verneigt sich der schöne Geist des achten Engelchores vor ihr und nimmt Abschied. Sie wird ihn auf der Erde nicht wiedersehen. Aber noch bevor die Heilige sein Weggehen bedauern kann, wird sie von einer Ekstase mitgerissen, die sie vor den Thron Gottes versetzt; vor diesen Thron, in dessen Nähe sie trotz der tadelnden Worte des hl. Paulus, der ihr gesagt hatte, daß sie auf Erden noch eine Menge zu tun habe, immer bleiben wollte. Die neun Engelschöre umgeben den Thron und ein Engel nach dem anderen verneigt sich vor der Herrlichkeit des Lammes. Sie kommen, um seine Befehle entgegenzunehmen. Soeben tritt die zweite Engelhierarchie hervor: Die Herrschaften, die das Universum verwalten; die Kräfte, die dem Wasser und der Finsternis gebieten... und schließlich die Mächte, die als Krieger und Exorzisten überall zur Verfolgung der Legionen Satans ausgesandt werden. Einer von diesen Mächten verneigt sich vor dem Thron, und Francesca vernimmt die Stimme des Allerhöchsten, die diesem Geist aus dem sechsten Engelchor einschärft, bis zu ihrem Tod auf sie achtzugeben.

Als Francesca aus ihrer Ekstase zurückkehrt, sieht sie den ihr vertrauten Erzengel nicht mehr; er ist gegangen. An seiner Stelle steht ein junger Mann, der die Größe eines Erwachsenen hat und von unvorstellbarer Schönheit und Majestät ist. Seine Kleider sind wie Licht. Sogar Francesca kann den Anblick dieses himmlischen Fürsten nicht lange ertragen. Die Dämonen sind starr vor Schreck und weichen schon zurück, wenn sie ihn nur sehen. Der Erzengel sollte eingreifen, um Francesca gegen sie zu schützen; ihr neuer Gefährte begnügt sich mit dem Hochziehen einer Augenbraue, mit einem Blick. Sein Wille genügt schon, um die Rebellen in die Flucht zu schlagen. In seiner Rechten hält er drei goldene Palmen; in seiner Linken eine Spindel, auf der dieser furchterregende Kämpfer mit der mechanischen Geste einer Spinnerin einen Goldfaden aufspult... Der hl. Benedikt kommt, um Francesca die Bedeutung dieser Attribute zu erklären: Die Palmen stehen für die Kraft, der Faden für die Liebe und die Spindel für unablässige Arbeit. Gott will, daß sie bereit ist, die Oberin der Oblaten zu werden, anstatt eine in der Menge untergetauchte Schwester zu sein. Die Heiligen leben nicht auf der Erde, um sich auszuruhen...

Am 9. März 1440 gibt Francesca Bussa, Madonna Ponziani, die seit langem nur noch *la Poverella del Trastevere* (die kleine Arme von Trastevere) genannt werden wollte, in einer letzten Vision ihre Seele Gott zurück. In dieser letzten Vision öffnet ihr das Geistwesen, von dem sie in ihrem Alter begleitet wurde, die Pforten des Himmels.

«Ich sehe den Himmel offen. Der Engel steht vor mir. Meine Aufgabe ist erfüllt; er ruft mich.»

Ein im Jahr 1964 veröffentlichtes Nachschlagewerk über Heilige läßt das große Mißtrauen sichtbar werden, das einige Autoren gegen Wunder und Engel hatten; in diesem Buch wird das erstaunliche Leben der Heiligen folgendermaßen zusammengefaßt:

«Die hl. Franzika Romana, diese adelige Frau aus Rom, widmete den größten Teil ihrer Zeit den Werken der Frömmigkeit und der Nächstenliebe und war doch zugleich das Vorbild einer innerlichen Frau. Sie gründete die Oblaten des hl. Benedikt. *Es heißt*, daß sie während der letzten 23 Jahre ihres Lebens von einem Erzengel beraten wurde, der nur für sie sichtbar war.»[478]

Während des ganzen Jahres 1886 kämpfte Aurelia Galgani, die durch eine Tuberkulose und durch die zu dicht aufeinanderfolgenden Geburten ihrer acht Kinder aufgezehrt war, mit dem Tod. Es ist

478 *Dictionnaire historique des saints* von John Coulson.

nicht so, daß diese noch nicht einmal vierzigjährige Frau den Tod fürchten würde; aber ihre Letztgeborenen sind noch so klein, daß sie die Mutter kaum entbehren können. Frau Galgani ist besonders um eine ihrer Töchter in Sorge. Die achtjährige Gemma — dieser italienische Vorname ist nicht sehr gebräuchlich; er bedeutet «Gemme» und Aurelia mag ihn nicht besonders — ist ein Mädchen von äußerst feiner Sensibilität und hängt an der Mutter nicht nur durch die normalen menschlichen Bande, sondern auch aufgrund einer gemeinsamen Frömmigkeit. Seit Monaten ist es unmöglich, das Kind, wenn es nicht in der Schule ist, aus dem mütterlichen Zimmer zu locken, obwohl das Risiko einer Ansteckung besteht. Frau Galgani ist untröstlich. Wie wird Gemma die unvermeidliche und bald bevorstehende Trennung ertragen können? Zu dieser ersten Angst kommt noch eine andere. Ihr Mann, ein Apotheker, ist ein redlicher Mensch, aber seit Gemmas Geburt zeigt er ihr gegenüber eine eifersüchtige, exklusive Liebe; er zieht sie ungerechterweise vor. Schon mehrmals ließ er sich hinreißen zu sagen, daß für ihn nur ein einziges seiner Kinder zähle: Gemma... Er verhätschelt sie, überhäuft sie mit Geschenken, betet sie an. Dem Mädchen ist das allerdings sehr unangenehm und es weist die väterliche Großzügigkeit und Zärtlichkeit mit wachsendem Unmut zurück. Frau Galgani befürchtet, daß ihr Mann ihre Tochter verdirbt und aus ihr ein kleines, eitles und oberflächliches Geschöpf macht. Gemma ist so hübsch... Ihre regelmäßigen Züge sind rein wie die einer Madonna des Malers Raphael und ihre großen Augen, die ihr Gesicht zu verschlingen scheinen, verleihen ihr eine sonderbare Schönheit. Schon jetzt drehen sich die Leute auf der Straße nach ihr um. Wie wird es dann erst in einigen Jahren sein?! Aurelia hat für die Zukunft ihrer Tochter solche Sorgen, daß sie ihr diese etwas unnormale Frage stellt:

«Würdest du, wenn das möglich wäre, bald mit mir ins Paradies gehen?»

Gemma antwortete mehrmals mit «Ja». Vielleicht war es diese morbide Atmosphäre, zu der noch das allzu große Risiko einer Ansteckung kam, die Heinrich Galgani dazu führte, seine Frau und seine Tochter voneinander zu trennen — indem er das Kind zu einer

Tante schickte. Als Gemma von ihrer Mutter getrennt wurde, schluchzte sie:

«Wenn ich Mama verlasse, wer wird mir dann von Jesus erzählen?»

Jesus selbst wird sich um sie kümmern. Als Gemma in der Kirche betete, vernahm sie eine Stimme, die ihr schon bald vertraut werden sollte:

«Willst du mir deine Mama schenken?»

Sie bejaht es. Am 11. November 1886 stirbt Aurelia Galgani. Und ein Gnadenregen beginnt sich über ihre Tochter zu ergießen. Diese Gnaden sind so offensichtlich, daß Gemma entgegen dem allgemeinen Brauch schon mit neun Jahren zur Erstkommunion gehen darf. Der Priester aus ihrer Pfarrei in Lucca fürchtet, daß sie in ihrem jugendlichen Eifer sterben könnte, falls sie das Brot des Lebens nicht empfangen darf...

Mit 17 Jahren ist Gemma Galgani eines der schönsten Mädchen in der Toscana — wie es ihre Mutter vorhergesehen hatte. Ihre Familie möchte sie gerne bald verheiraten, was nicht schwer sein würde und auch der Familie einen Dienst erweisen würde; Vater Galgani ist ein guter Mensch, der das Geld für Arzneimittel von den Armen nicht eintreibt und der auch vergißt, den Pachtzins zu erheben. Wenn man sich um sechs Kinder und zwei unverheiratete ältere Schwestern, die ebenfalls mit im Haushalt leben, zu kümmern hat, dann sind Nächstenliebe und Unterbewußtes manchmal «Nachbarn». Die Apotheke geht dem Ruin entgegen. Wenn Gemma einen reichen Ehemann angeln würde, wäre dies eine unglaubliche Erleichterung! In dieser Absicht führt man das junge Mädchen aus; es wird herausgeputzt und man schenkt ihm den ersten Schmuck. Ihre Patin schenkt ihr eine goldene Uhr und ein Kreuz aus Halbedelsteinen. Gemma kehrt nach Hause zurück, stellt sich vor ihren Spiegel, befestigt die Uhr an ihrem Mieder und trägt das Kreuz so, daß es gut sichtbar ist. Das Resultat ist bezaubernd und das fromme Kind erlaubt sich ein befriedigtes Lächeln; Gemma hat Lust zu einem kleinen Spaziergang, sie möchte ein wenig bewundert werden... Aber sie geht nicht hinaus..., denn in ihrem Zimmer steht auf einmal ein unbekannter, prachtvoller junger Mann. Er ist schöner als man es mit Worten ausdrücken kann und strahlt wie Licht. Sein

Blick ist traurig und es liegt ein Tadel darin, der das Mädchen am liebsten im Erdboden hätte versinken lassen. Es ist Gemmas Schutzengel... Mit ernster Stimme verkündet er:

«Der einzige Schmuck, der die Braut eines gekreuzigten Königs verschönt, sind die Dornen und das Kreuz.»

Von nun an trägt Gemma nie mehr Schmuck, sie zieht nur noch unförmige schwarze Kleider an und flieht den Blick der Männer, seien sie jung oder alt, seien es Ärzte, ihr Vater oder ihre Brüder, mit einer heiligen Abscheu. Sie hat einen Heiratsantrag erhalten, der sich nicht zurückweisen läßt und dieser Bräutigam will ihr einziger sein. Und sie hat gewählt: Die Dornen und das Kreuz; sie wird sie reichlich empfangen.

1897 wird ihr Vater innerhalb weniger Monate durch ein Krebsleiden hingerafft. Er hinterläßt seiner Familie keine einzige Lire. Daraufhin versucht die Verwandtschaft wieder einmal, die schöne Gemma zu verheiraten. Die jungen Männer streiten unter ihrem Fenster. Sie soll auf ihre klösterliche Kleidung verzichten und ihre Wahl treffen! Von den Freiern umzingelt und zu einer Ehe gedrängt, die ihr zuwider ist, fleht Gemma — wie schon viele andere vor ihr — Christus an, sie von dieser lästigen und hassenswerten Schönheit zu befreien... Sie wird erhört. Vielleicht hatte sie sich bei ihrer sterbenden Mutter oder am Krankenbett eines ihrer Brüder, Eugenio, der zwei Jahre zuvor an Schwindsucht gestorben war, angesteckt; Gemma erkrankt an Tuberkulose und zwar in der schlimmsten Form. Innerhalb eines Monates ist die schöne Gemma nur noch ein ausgemergelter Schatten ihrer selbst; ihr Rücken wird von Knochentumoren zerfressen und sie ist bettlägerig. Ihre Liebhaber ergreifen die Flucht...

Sie wollte die Dornen und das Kreuz? Nun hat sie sie. Sie ist 20 Jahre alt und leidet unter furchtbaren Schmerzen. Hat sie ihre Kräfte und ihren Mut überschätzt? Ihre Jugend lehnt sich gegen diese abscheuliche Krankheit auf. Sie wollte sterben als sie gesund war. Jetzt, wo sie an ihr Krankenlager gefesselt ist, bereut sie es, nicht mehr so wie alle anderen Mädchen ihres Alters zu sein. Gemma klammert sich an das Bild des Gekreuzigten. Die Dornen und das Kreuz! Aber wie schwer ist das...

Jemand betritt ihr Zimmer. Ein außerordentlich schöner und verführerischer Mann, der das Auftreten eines großen Herrn hat. Er bemitleidet sie und ihre Schmerzen, die er sogar «Torturen» nennt... Wie kann Gott sagen, Er liebe sie und ihr zugleich soetwas antun!

«Glaube mir: Er ist böse. Diejenigen, die ihn lieben, verabscheut er am meisten! Schau, wie er seine Freunde behandelt... Weißt du, ich gehe gut mit den Meinen um...»

An dieser Sprache erkennt die verblüffte Gemma den Besucher. Luzifer lächelt: Um ihr seine Güte zu beweisen, wird er ihr die Gesundheit zurückschenken. Sie wird vollkommen geheilt werden und so schön wie früher sein. Für ihn ist das ein Kinderspiel. Schließlich ist er ja ein Seraph. Aber dafür möchte er... — o, sie soll ganz beruhigt sein — fast nichts! Sie soll nur mit diesen Abtötungen, mit diesen barbarischen Praktiken, mit dieser Buße und diesem Fasten, das sie sich auferlegt, aufhören... Und mit diesen im Gebet verlorenen Stunden. Sie soll das Leben genießen. Und jetzt hätte sie schon beinahe alles verloren! Möge sie doch Nutzen aus diesen Gaben ziehen, die von den anderen so begehrt sind: Jugend, Gesundheit, Schönheit, Liebe, Geld... Er werde ihr all das geben.

Gemma hat sich mit einem empörten Ruck aufgesetzt:

«Mein Seele ist mir wichtiger als mein Körper! Verschwinde!»

Der Herrscher dieser Welt ist entlarvt und zieht sich zurück, nicht ohne das junge Mädchen zuvor noch zu bedrohen: Sie wolle seine Freundschaft, seinen Bund, seinen Schutz und seinen Reichtum, den er großzügig an seine Diener verteilt — zumindest eine Weile lang — nicht? Nun, so hat sie eben Pech gehabt! Sie wird schon noch merken, daß er ein furchterregender Feind ist...

In den darauffolgenden Tagen und Wochen verschlimmert sich Gemmas Gesundheitszustand ganz rapide. Zu der Knochentuberkulose, die ihren Rücken aushöhlt und dazu führt, daß sie ihre Beine nicht mehr gebrauchen kann, kommen nun auch noch eine Mastoiditis[479] und kurze Zeit später eine Gehirnhautentzündung... Die Kranke leidet, aber sie weist hartnäckig Opium zur Linderung der Schmerzen zurück; sie will sogar nicht einmal betäubt werden, als

479 Entzündung der Schleimhäute am Warzenfortsatz des Schläfenbeines (Anm. des Übersetzers).

der Chirurg versucht, die befallenen Knochen abzuschaben... Unnütze Torturen. Die Ärzte haben ihre junge Patientin aufgegeben; der Tod ist nur noch eine Frage von Stunden.

Gemma fühlt sich außerdem so schlecht, daß sie den Tod wie eine Befreiung erwartet. Sie ist so erschöpft, daß sie das Buch, das ihr eine mitfühlende Nachbarin brachte, nicht aufgeschlagen hat: Es ist ein Buch über das erbauliche Leben des Passionistenbruders Gabriele Possenti, der im Orden Gabriele dell'Addolorata[480] hieß; er war ein Mystiker, der 1862 mit 23 Jahren starb und in Italien bereits verehrt wurde. Schade, daß Gemma nicht in dem Buch blätterte, denn dann hätte sie Ähnlichkeiten zwischen ihrer religiösen Erfahrung und der des Gabriele entdeckt... Beide lebten z.B. in einer großen Vertrautheit mit ihren Schutzengeln.

Der Abszeß, die Wunden nach der Curettage..., Gemma kann nicht schlafen. Plötzlich reißt sie die Augen weit auf. Ihr Zimmer ist in sanftes Licht getaucht, das jenem Licht ähnelt, das ihr Schutzengel ausstrahlt, wenn er sich ihr zeigt. In der Mitte dieses Lichtes steht ein junger Mann.

«Gemma, meine kleine Schwester... Ich bin Gabriele dell'Addolorata. Ich soll dich im Auftrag Gottes etwas fragen. Möchtest du jetzt mit mir in den Himmel kommen? Oder wärest du bereit, noch auf dieser Erde zu bleiben und für die Sünder zu leiden?»

Wenn Gemma bereit ist, im irdischen Exil, in diesem Tal der Tränen, noch weiterhin zu leben, wird sie von all ihren physischen Krankheiten geheilt werden. Dafür werden ihr viele andere Leiden zuteil, aber ihre einstige Herrlichkeit im Himmel wird im Verhältnis zu diesen Leiden stehen. Gemma wählt das Leiden und die Herrlichkeit, das Kreuz und die Dornen. Als der Arzt am nächsten Tag kommt, um — wie er meint — den Tod festzustellen, findet er das junge Mädchen frisch und munter vor; es war gerade von der Frühmesse zurückgekehrt. Die Heilung von Hirnhautentzündung, Mastoiditis und Knochentuberkulose werden von Wissenschaftlern

480 *L'Addolorata* ist in Italien die Bezeichnung für die Schmerzhafte Muttergottes oder die Muttergottes von den Sieben Schmerzen; unter diesem Namen kennt man den im Jahr 1920 kanonisierten Heiligen übrigens auch in Frankreich: Gabriel von den Sieben Schmerzen.

und der religiösen Obrigkeit als ein echtes Wunder angesehen, denn eine natürliche Heilung war hier unmöglich.

Gemma sollte noch fünf Lebensjahre vor sich haben. In ihrem Todesjahr 1903 erlitt sie keinen Rückfall, sondern sie hatte ihre Lebensjahre in einem heroischen Tausch unablässig für das Heil der Sünder oder die Gesundung von unheilbar Kranken aufgeopfert...

Sie verbrachte diese fünf kurzen Jahre in freiwilliger Zurückgezogenheit bei einer befreundeten Familie, nachdem mehrere Klöster sie aufgrund ihrer früheren Tuberkulose nicht hatten aufnehmen wollen.

Es war ein schlichtes Leben, das sie nach den Anweisungen führte, die sie in ihren Ekstasen von Jesus erhielt:

«Willst du mich wirklich lieben? Dann lerne zunächst einmal zu leiden: Das Leiden wird dich lieben lehren.»

«Das Kreuz ist der Thron der wahrhaft Liebenden.»

«Ich warte auf dem Kalvarienberg auf dich.»

Gemma widerfuhren die verschiedensten Arten von Leiden, Nachstellungen des Teufels, angefangen bei Schlägen und physischer Gewalt, durch die sie zu Boden geschmettert wurde, so daß sie nicht mehr aufstehen konnte, bis hin zu obszönen Versuchungen gegen die Keuschheit und Versuchungen zum Mord. Um den lasziven Visionen, mit denen Satan sie überflutete, zu entkommen, ging Gemma an einem Winternachmittag, als sie sich ganz brennend vor Verlangen fühlte, in den Garten hinaus und sprang in ein Wasserbecken. Das Wasser war so kalt, daß sie sich vor lauter Erstarrung nicht bewegen konnte. Wenn ihr Schutzengel ihr nicht zu Hilfe gekommen wäre, wäre sie ertrunken.

Diabolische Leiden, aber auch göttliche Leiden. Jesus hatte sie wissen lassen, daß er von denen, die ihn lieben, fordert, was der Vater von ihm gefordert hatte. Den Kalvarienberg und das Kreuz, gewiß, und so empfing Gemma die Stigmata — aber vor allem die Teilnahme an jener unerträglichen Verlassenheit, die er im Ölgarten und am Kreuz erfuhr, als es ihm schien, daß Gott sich von ihm abgewandt habe, während er sich unter der Last der Sünden dieser Welt krümmte... Gemma lernte die Schrecken der mystischen Nacht kennen. Sie, die nur noch von der Liebe und der Kontemplation lebte, fühlte sich ein ganzes Jahr lang von Gott verlassen, zurückgewiesen und verworfen — und zu alledem ließ Satan es sich nicht nehmen, ihr zuzurufen, daß sie verdammt sei. Um den Preis ihres eigenen Leidens verhinderte sie, daß andere verdammt wurden; sie öffnete vielen Seelen im Fegefeuer die Pforten zum Paradies.

Als Beistand in ihren Prüfungen hatte sie ihren Engel. Obwohl sie immer wieder sagte, daß sie ihn liebe, sagte sie auch unumwunden: «Er ist ein wenig hart, mein Engel!»

Das spricht für sich!

Eines Tages ärgert sich der Engel über eine unvorstellbare Sünde — es ist nämlich schwer sich vorzustellen, daß Gemma sündigte... Zuerst macht er ihr eine etwas wütende Szene: «Du Unselige! Wie kannst du es wagen, dich in meiner Anwesenheit so zu verhalten?»

Daraufhin schmollt der Engel trotz Gemmas Tränen, ihrer Reue, ihres Flehens und ihres Versprechens sich zu bessern, einen ganzen Tag lang... Franziska hatte gesagt, daß ihr Erzengel, wenn sie gesündigt hatte, für sie unsichtbar wurde, um sie zu strafen; Gemma hätte an jenem Tag viel dafür gegeben, wenn ihr Engel auch unsichtbar geworden wäre... Aber nein, er folgt ihr unerbittlich mit einem bösen Blick und einem bitteren Zug um den Mund; stur wie einst das Auge, das Kain im Grab verfolgte... Er schreit nicht mehr, er brummt nicht mehr, er braust nicht mehr auf — es ist noch schlimmer: er schweigt.

Gemma hoffte schon nicht mehr, ihn wieder versöhnen zu können (ein verärgerter Engel läßt sich nicht leicht wieder beruhigen und allem Anschein nach lassen sich Engel schnell verärgern, da sie wohl einen aufbrausenden Charakter haben) bittet sie Gott, die Muttergottes und alle Heiligen, daß man ihn aus ihrem Blickfeld entfernen möge solange er sich nicht wieder beruhigt habe... Aber niemand erhört sie und der Engel setzt ihr störrisch und wütend nach. Gemma freut sich, daß der Engel — außer von ihr — wenigstens von niemandem gesehen wird. Angesichts eines solch erzürnten Geistwesens wäre es für jeden offensichtlich, daß sie eine große, elende und entsetzliche Sünderin ist und jedermann würde sich mit heiligem Abscheu von ihr abwenden...

Schließlich geht sie nach einem letzten vergeblichen Versuch, ihn doch noch zu versöhnen, unter Tränen zu Bett. Nachdem sie ihm eine gute Nacht gewünscht hat, tut der Engel etwas ganz Unerwartetes...

Dieser große Wüterich ist nur ein kluger und gerissener Erzieher. Welchem Kind ist nicht schon einmal etwas Ähnliches widerfahren, nachdem es bestraft worden ist? Gibt es etwas Schlimmeres als stundenlang von einer verärgerten Mutter oder einem wütendem Vater nicht beachtet zu werden?

Während Gemma ihr Kopfkissen mit Tränen netzt, streichelt ihr eine tröstende Hand über die Wange. Es ist ihr Engel, der sich über sie neigt, sie umarmt und leise flüstert:

«Nun schlafe, du kleiner Bösewicht!»

Glücklicherweise verhält sich der Engel nicht immer so. Als Gemma in das Wasserbecken gefallen war, hat er sie herausgezogen. Als er sie eines Abends auf dem Fußboden ihres Zimmers liegen sah, nachdem der Teufel sie so zugerichtet hatte, daß sie nicht aufstehen konnte, legte er sie ganz mütterlich ins Bett. Wenn es vorkam, daß sie so in ihre Gebete vertieft war, daß sie sich in der Kirche verspätete, nahm er die Gestalt eines jungen Mannes an, um ihr zu ersparen, in der dunklen Nacht allein nach Hause zu gehen und auf den Straßen angesprochen zu werden. Manchmal betätigte er sich auch wegen des Schneckentempos der italienischen Post als Briefbote: Er überbrachte Gemmas Briefe den Adressaten, die sich darüber wunderten, ein unfrankiertes Schreiben vom andern Ende des Landes ganz unerwartet auf ihrem Tisch vorzufinden.[481] Bei vielen Gelegenheiten bestand für Gemma, wenn sie in Ekstase war, ein großes Unfallrisiko, wodurch der Engel genötigt war, seinen ganzen Erfindungsgeist und seine ganze Klarsichtigkeit zu aktivieren, um Verletzungen zu verhindern. Manchmal schützt er vor, daß ihn diese Arbeit ermüde. Er schüttelt seinen schönen Kopf und sagt:

481 Gemmas Seelenführer und erster Biograph, Pater Germano, machte mehrmals diese Erfahrung. Er war darüber verwirrt und vergewisserte sich daraufhin, daß eine Täuschung oder ein Betrug ausgeschlossen war... Im Leben von Pater Pio gibt es ähnliche Geschehnisse.

«Meine arme Kleine... Du bist ganz schön unvollkommen! Ich muß ständig auf dich achten. Wie viel Geduld brauche ich für dich!»

Er selber glaubt jedoch kein Wort davon und ist der erste, der sich betrübt, als P. Germano, Gemmas Seelenführer, ihre Beziehung etwas zu familiär findet. Dieser heiligmäßige Mann hatte nämlich ganz schockiert entdeckt, daß Gemma zu ihrem Engel «Du» sagte... Welch' Leichtfertigkeit! Welche Respektlosigkeit! Weiß sie denn nicht, welcher Abgrund ein armseliges, fleischliches und sterbliches Geschöpf von einem makellosen und unsterblichen Geist — und wäre es auch nur der kleinste aus dem untersten Engelchor — trennt?! Von nun an soll sie sich nicht mehr unterstehen, anders als in der Höflichkeitsform mit ihm zu sprechen![482] Tage und Wochen gehorchen Gemma und der Engel und reden sich mit «Eure Herrschaft» an... Es fällt ihnen aber schwer, dabei ernst zu bleiben — besonders wenn sich das junge Mädchen aus Versehen irrt und unfreiwillig das frühere «Du» verwendet. Schließlich hebt P. Germano seine Anordnung wieder auf.

Etwas anderes mißfällt dem guten Pater aber ebenfalls: Die immer häufiger werdenden Gespräche, die Gemma nicht nur mit ihrem Schutzengel, sondern auch noch mit vielen anderen himmlischen Geistern führt, die ihr der Schutzengel zuführt. Der Schutzengel war nämlich der Meinung, daß sie zuviel mit den Menschen sprechen würde... Wo sie doch Jesus hat! Wo sie doch ihn hat!

«Wenn du reden willst, so sprich mit Jesus oder mit mir!», sagte er ihr.

Daher also diese irritierenden Selbstgespräche...

Des Paters Strenge hat einen Grund. Auch andere Geister nützen diese Besuche und machen es sich zur Gewohnheit, in Gemmas Zimmer aufzutauchen. Der Priester fürchtete die Angriffe der Dämonen nicht, so lange sie sich in ihrer wahren Gestalt zeigten. Jetzt aber nehmen die stärksten unter ihnen die Gestalt von Engeln des Lichtes an; jene Gestalt, die sie vor ihrem Sündenabfall hatten. So lange sie nicht sprechen oder sich nicht zu ihren grausamen oder

482 Im Italienischen ist dies die dritte Person Singular, in der die Anrede «Eure Herrschaft», «Eure Hoheit» mitschwingt. Der Gebrauch dieser Anrede ist weder sehr bequem, noch geht sie sehr spontan von der Zunge.

abstoßenden Scherzen hinreißen lassen, ist es unmöglich, sie von ihren treugebliebenen Brüdern zu unterscheiden. Gemma ist unter diesen strahlenden Engeln verloren: Einer ist schöner als der andere und es gelingt ihnen, in ihren Augen den Widerschein des sie verzehrenden Höllenfeuers zu erlöschen, es gelingt ihnen, auf ihren Gesichtszügen die Verkrampfungen des Schmerzes eines ewig Verdammten oder das höhnische Lachen des Hasses zu tilgen.

Unter diesen Umständen gibt es nur eine Lösung, um auf wirksame Weise die Geister unterscheiden zu können: Man muß die Engel der Finsternis zwingen, ihre Masken abzulegen. P. Germano unterbreitet Gemma zwei schlaue Pläne:

Mit ihrem Schutzengel verbringt Gemma viele Stunden in einem heiligen Wettstreit im Gebet, das von kurzen Stoßgebeten durchzogen wird. So gute Komödianten und so gerissene Lügner die abgefallenen Engel auch sein mögen, so gibt es doch Worte, die sie nicht aussprechen können... Den Namen des «Anderen»..., den seines menschgewordenen Wortes, dem ihre ganze Abscheu gilt..., den seiner Mutter..., den des Erzengels Michael, den sie ihrem morbiden System der Wertverdrehung den «Großen Drachen»[483] nennen...

Gemma soll daher jedesmal, wenn ihr ein Engel erscheint, diesen auffordern, ihre Worte zu wiederholen: «Es lebe Jesus! Gepriesen sei Maria!»

Die treuen Engel, die mit diesen Worten begrüßt werden, wiederholen mit Begeisterung: «Es lebe Jesus! Gepriesen sei Maria!»

Die anderen können mit knapper Not verhindern vor Abscheu eine Grimasse zu ziehen; sie verbergen das Aufflammen des zusätzlichen Schmerzes, der ihnen das bloße Hören dieser verhaßten Namen verursacht. Und die sollen sie auch noch wiederholen...?! Ganz verkrampft stottern sie: «Es lebe... Gepriesen...»

Dabei vermeiden sie sorgsam die verbotenen Silben und machen sich schnell aus dem Staub. Aber sie kommen immer wieder zurück... Daraufhin befiehlt P. Germano Gemma, sie solle alle seine

483 Das war der Name, mit dem ein Dämon den Erzengel Michael bezeichnete, als der Pfarrer von Ars bei einer Besessenen einen Exorzismus sprach. Man bedenke, daß dieser Name (Drache oder Schlange) in der Bibel immer Luzifer bezeichnet. Der Teufel sieht das Böse als etwas Gutes an.

früheren Ratschläge der Höflichkeit und des Respektes vergessen und statt dessen jetzt schon beim geringsten Zweifel dem unerwünschten Besucher auf die Nase spucken und ihn wie ein dummes Tier behandeln!

Und so spuckt Gemma die Gestalten der Dämonen unablässig an. Schon bald wird sie von einem feinen Gespür geleitet; ihre himmlischen Freunde behandelt sie natürlich nicht auf diese Weise. Eines Tages aber empfand sie einen Moment lang Zweifel. Es schien ihr, daß ihr Schutzengel vor ihr stehe. Aber was wäre, wenn es einer von diesen finsteren Engeln lustig gefunden hätte, sein Aussehen anzunehmen, um sie in die Irre zu führen? Gemma schaut den Engel durchdringend an. Er lächelt sie an und scheint die Situation sehr amüsant zu finden. Soll sie spucken oder nicht? Sie entscheidet sich und spuckt die Engelgestalt an... Der Engel rührt sich nicht. Er bricht nicht in Zorn aus, wie es die Dämonen tun. O je! Sie hat ihren guten und heiligen Engel angespuckt! Ihn, den sie so sehr respektieren soll, daß sie nicht einmal «Du» zu ihm sagen darf!

Der Engel lächelt weiterhin. Rot vor Scham weiß Gemma nicht, wohin sie sich wenden soll. Dann aber glaubt sie ihren Augen nicht zu trauen. Auf dem Fußboden — dort, wo ihre Spucke gelandet war — war eine wundervolle weiße Rose erstanden. Auf ihren Blütenblättern stand in goldenen Lettern: «Alles empfängt man von der Liebe.»

Alles von der Liebe empfangen... Der Engel hatte ausgedrückt, was Gemmas Devise hätte sein können. Als sie 1903 mit 25 Jahren an einer Infektionskrankheit starb, hatte die hl. Gemma Galgani nie etwas anderes als dieses Gesetz der Liebe angewandt.

Francesca Ponziani hatte einen Engel gehabt, der sich verbarg, wenn sie gesündigt hatte; Gemmas Engel war fähig, einen ganzen Tag lang zu schmollen und schlechte Laune zu haben. Pater Pio hingegen scheute sich nicht, seinen Schutzengel einfach nicht zu beachten, wenn er der Meinung war, daß sich dieser ihm gegenüber im Unrecht befand...

Mit bürgerlichem Namen hieß Pater Pio Francesco Forgione. Er war am 25. Mai 1887 im Dorf Pietrelcina im Samnium geboren worden. Seine Mutter Maria-Giuseppa verehrte den hl. Franz von

Asisi ganz besonders und vermittelte diese Verehrung ihrem Sohn. Francesco wußte schon in sehr jungen Jahren, daß er der Kirche dienen, ein franziskanisches Leben führen und bei den Kapuzinern eintreten wollte. 1903 trat er dann im Alter von 15 Jahren als Novize in den Orden ein. Er wurde zu einem ganz außergewöhnlichen mystischen Leben und zu einem sehr fruchtbaren Apostolat berufen. Und wie immer, wenn sich Berufungen von solcher Qualität zeigen, mischten nicht nur die Dämonen, sondern auch die Engel mit.

Diese gegen die Erwählten gerichteten diabolischen Entfesselungen haben einen beängstigenden Charakter. Durch welche unergründliche Erlaubnis können die Dämonen nach ihrem Belieben handeln? Wieso konnten sie der hl. Franziska Romana oder ihren Angehörigen mehrmals nach dem Leben trachten? Warum legten sie Feuer an den elterlichen Bauernhof des P. Lamy? Warum verprügeln sie den Pfarrer von Ars oder Gemma Galgani? Warum ereifern sie sich sechzig Jahre lang ganz hartnäckig gegen Pater Pio?

Auf diese Frage antwortet der hl. Johannes vom Kreuz, der selber ähnliche Erfahrungen machte:

Es geschieht, «daß der Teufel gewisse Gnadenerweise wahrnimmt, die Gott mittels eines guten Engels der Seele mitteilt, denn er läßt es gewöhnlich zu, daß der Teufel solche erkennt. Einmal deswegen, damit er gegen die Seele gemäß dem Maß der ihm zustehenden Gerechtigkeit vorgehen kann, er sich nicht auf sein Recht berufen und sagen könne, ihm sei keine Gelegenheit geboten worden, die Seele heimzusuchen, wie es bei Ijob geschah (1, 1-9). Dies wäre der Fall, wenn Gott nicht irgendwie Gleichheit zwischen den beiden Gegnern, die um die Seele streiten, dem guten und dem bösen Engel, zuließe. So wird der Sieg höher geschätzt und die in der Versuchung treugebliebene Seele wird reicher belohnt.

Wir müssen hier wohl beachten, daß dies die Ursache ist, weshalb Gott dem Teufel erlaubt, auf eine Seele nach dem gleichen Maß einzuwirken, wie er selbst mit ihr verfährt. Wenn sie etwa durch einen guten Engel echte Visionen erhält (...), so gibt Gott doch auch dem bösen Geist Erlaubnis, ihr entsprechende falsche Visionen vorzuspiegeln, die, wie es häufig geschieht, eine unvorsichtige Seele zu täuschen vermögen.»[484]

Francesco Forgione hat immer seinen Schutzengel gesehen. Wie Pater Lamy, so war auch dieser kleine, sehr fromme Junge äußerst erstaunt, als er erfuhr, daß nicht alle Getauften ihren Schutzengel sehen. Er sah auch die Muttergottes und als er fünf Jahre alt war, kreuzte der Teufel zum ersten Mal seinen Weg.

Bei dieser ersten Begegnung hatte der Teufel, den Pater Pio *Barbablu* oder *Il Tristo*[485] gab, die Gestalt eines Priesters angenommen. Er stand auf einmal auf dem Weg und versuchte, das Kind daran zu hindern, nach Hause zu gehen. Aber bei diesem finsteren, falschen Geistlichen tauchte ein junger Bursche auf, der Schutzengel von Francesco, der den Teufel mit einem einzigen Kreuzzeichen in die Flucht trieb.

Je mehr Francesco Forgione an Kraft und Gnade zunahm, um so rauher, schwieriger und furchtbarer wurde der Kampf. Das ganze Kloster von San Giovanni Rotondo, das ungefähr 30 Kilometer vom Monte Gargano entfernt ist, hallte von den Sarabanden wider, die von Satans Anhängern in der Zelle des Paters durchgeführt wurden. «Sarabanden», bei denen der Pater furchtbar geschlagen wurde. Nach solchen Nächten sahen die Gläubigen ihn mit einem von Schlägen verunstalteten Gesicht oder einem blauen Auge zum Altar schreiten, wo er die hl. Messe feierte.

Eines Nachts, als die Tracht Prügel heftiger als gewöhnlich[486] ausgefallen war, fühlte sich der erschöpfte, leidende Pater nicht mehr fähig, allein zu kämpfen. Er ruft seinen Engel zu Hilfe. Gewöhnlich ist der Engel nie sehr weit entfernt. Diesmal aber bleibt alles Flehen des Paters ohne Antwort, und die Schläge hageln weiter auf seine Schultern. Als sie schließlich aufhören, ist Pater Pio zwar gerädert, aber er ist vor allem äußerst wütend. Nicht einmal so sehr auf die abgefallenen Engel, die ja schließlich nichts anderes als ihre Arbeit als Dämonen tun, sondern auf seinen Schutzengel, der seine Arbeit nicht getan hat... Und als der Schutzengel schließlich in der Morgen-

484 Johannes vom Kreuz, *Die dunkle Nacht der Seele* (23. Kapitel).

485 «Blaubart», «Der Trostlose», denn Trauer ist eines der Charakteristika des Teufels, der untröstlich ist über das, was er verloren hat; es ist eine Trauer, die er den Seelen einzuflößen versucht, um sie zur Verzweiflung zu bringen.

486 Brief des Pater Pio an seinen Seelenführer, Don Agostino, vom 5. November 1912, zitiert im Buch von Abbé Derobert, *Padre Pio, témoin de Dieu,* Hovine, 1986.

dämmerung liebenswürdig und lächelnd ankommt, wird er empfangen wie nur wenige Schutzengel empfangen wurden...

«Ich knurrte ihn ernstlich an, weil er so lange auf sich hatte warten lassen, obwohl ich ihn unablässig zu Hilfe gerufen hatte. Um ihn zu bestrafen, wollte ich ihm nicht ins Gesicht schauen, ich wollte weggehen, ich wollte ihm fliehen, aber der Arme folgte mir fast unter Tränen.»

Genauso hätte er seinen Schatten in der vollen Mittagssonne fliehen können! Allerdings sind die Engel stolze, empfindsame, verhaltene und nicht gerade geduldige Wesen. Der Schutzengel von Pater Pio hatte die Komödie schon nach einem kurzen Moment satt. Er würde seine Ewigkeit nicht damit verbringen, Francesco für eine Verfehlung um Verzeihung anzuflehen, für die er gar nicht verantwortlich war. Wenn sich ein Engel taub stellt, so deshalb, weil er von höherer Stelle eine diesbezügliche Anweisung erhalten hat und nicht, weil er träge herumbummelt! Schließlich schnappte er sich seinen Schützling, pflanzte sich vor ihm auf und fragte ihn, ob er ihn wohl endlich einmal reden lasse?!

«Er hielt mich so lange fest, bis ich die Augen hob; ich schaute ihn geradeheraus an und bemerkte, daß er sehr beleidigt war. Und siehe da:

"Ich bin immer in deiner Nähe, mein lieber Kleiner, ich umgebe dich immer mit Zuneigung, die deine Dankbarkeit gegenüber dem Geliebten deines Herzens (Gott) in mir ausgelöst hat. Diese Zuneigung, die ich für dich hege, wird nicht einmal mit deinem Tod erlöschen."»

Bis zu seinem Tod im Jahr 1968 erfuhr Pater Pio alle nur erdenklichen Gnaden und Leiden. Bilokation, Stigmata, Transverberation, Geruch von Heiligkeit, Zungenrede... Das heißt, er besaß die unglaubliche Fähigkeit, an zwei Orten zugleich zu sein — in seinem Kloster und am anderen Ende der Welt, was Zeugen bestätigen können; er trug die Wundmale Christi an seinem Leib und an seinem Brustkorb hatte er eine Wunde, die vergleichbar ist mit der Wunde, die Christus durch den Lanzenstoß des römischen Soldaten auf dem Kalvarienberg zugefügt worden war; er verbreitete einen lieblichen Duft von Lilien, Rosen oder Veilchen, der so stark war, daß seine

Verleumder ihn beschuldigten, Kosmetika oder Duftwässer zu benutzen...; bei der Beichte sprach er in Sprachen, die ihm völlig unbekannt waren. Yves Chiron beschreibt in seiner Biographie den Fall eines amerikanischen Soldaten der in Italien landete. Dieser Mann, ein Katholik, war ein schwarzer Hafenarbeiter in New York, der statt des normalen englisch (eine Sprache, die Pater Pio nicht kannte) nur den vulgären Slang von Harlem sprach; dieser Slang ist aber für jeden, der nicht in den Straßen dieses schwarzen Viertels aufgewachsen ist, unverständlich. Kaum hatte sich der Soldat vor Pater Pio gekniet, da begann dieser auch schon im Slang zu sprechen, so als hätte er sein Leben lang nichts anderes getan.

Aber Pater Pio besaß auch ein Charisma, das aus ihm einen wundertätigen Beichtvater machte: Die Hellsichtigkeit, die Klarsichtigkeit, jene sehr seltene Fähigkeit, in den Gewissen wie in einem offenen Buch zu lesen.

Andere Mystiker besaßen diese Gabe ebenfalls: Die hl. Katharina von Siena, die hl. Maria Magdalena von Pazzi, an die sich die Oberin ihres Klosters in Florenz wandte, um von den jungen Postulantinnen jene zu erkennen, die eine echte karmelitische Berufung hatten. Der Pfarrer von Ars, Jean-Marie Vianney, besaß diese außergewöhnliche Gabe jedoch in einem ganz außergewöhnlichen Ausmaß.

Einem Pönitenten, dem er Sünden offengelegt hatte, die so verborgen und so alt gewesen waren, daß er sie vergessen hatte, antwortete Jean-Marie Vianney:

«Ihr Schutzengel hat es mir gesagt.»

Pater Pio gab oft zu verstehen, daß er seine Informationen aus derselben Quelle erhielt. Als Abbé Derobert noch ein junger Seminarist in Rom war, ergab sich 1955 einmal die Gelegenheit nach San Giovanni Rotondo zu gehen. Er unternahm diese Reise mit einiger Zurückhaltung. Vielleicht erinnerte er sich an die Anschuldigungen, die in den zwanziger Jahren gegen Pater Pio erhoben worden waren — sie waren nur ein Prolog zu jenen Anschuldigungen, deren Opfer er unter dem Pontifikat Johannes XXIII. werden sollte. Jedenfalls dachte Abbé Derobert, daß er es mit einem unglücklich Erleuchteten oder einem Scheinmystiker zu tun habe. Das hinderte ihn jedoch nicht, die berühmten Beichttalente des Kapuziners zu testen.

Die erste Überraschung dieses etwas zu selbstsicheren jungen Mannes: In Gegenwart von Pater Pio verlor er auf einmal alle seine Fähigkeiten und blieb still; dann war er unfähig, sich an das zu erinnern, was er hatte beichten wollen. Pater Pio ließ ihn einen kurzen Augenblick lang den Boden unter den Füßen verlieren, dann half er ihm wieder «auf die Beine» und zwar mit Angaben, die so präzise waren, daß sie nicht das Resultat einer natürlichen Erkenntnis sein konnten. Pater Pio wies mit großem Nachdruck auf jene Verfehlungen des Abbés, die er nie gebeichtet hatte. Er hatte sie nicht so sehr aus Nachlässigkeit nicht gebeichtet, sondern weil er sich der Schwere und der Tragweite dieser Verfehlungen nicht bewußt war.

«Mit Tränen in den Augen zeigte er mir das Gewicht von manchen Handlungen auf..., ein Gewicht, an das ich, ehrlich gesagt, nie gedacht hatte. Aber als ich sie in jenem Moment durch den Mund von Pater Pio erklärt bekam, erhielten sie für mich ihre wahre Dimensionen.

"Das ist gewichtig... Das ist gewichtig!" und er begann zu weinen und er litt.

Ich fühlte mich gar nicht wohl in meiner Haut, denn alles was er sagte, stimmte. Er gab mir sogar ganz genaue Details an, die ich selber total vergessen hatte. Manchmal handelt man im Reflex und hat dabei nicht einmal das Empfinden irgendeiner Schuldhaftigkeit.»[487]

Dieser mit sich zufriedene Seminarist, der an diesen Ort gekommen war, um sich über einen armseligen italienischen Mönch, der von einigen hohen kirchlichen Würdenträgern des Betruges bezichtigt wurde, lustig zu machen, erhielt nun die Lektion seines Lebens. Da er, nachdem er die Absolution erhalten hatte, noch fassungslos und beunruhigt dort verharrte und nicht verstand, was ihm widerfahren war, fragte ihn Pater Pio:

«Glaubst du an deinen Schutzengel?»

In den fünfziger Jahren war die Engelverehrung ganz aus der Mode gekommen; sie galt als kindisch, lächerlich und peinlich. Der

487 Abbé Derobert, *op. cit.*

französische Seminarist ist immerhin so von Pater Pios Persönlichkeit beeindruckt, daß er es nicht wagt, ihm ins Gesicht zu lachen. Er antwortet — sei es als Herausforderung, sei es, weil er sich überrumpelt fühlte — mit der ersten Dummheit, die ihm in den Sinn kommt:

«Eh... Ich habe ihn noch nie gesehen!»

Der Engel hatte sich schon seit langem zurückgehalten, obwohl es ihm sehr «in der Hand juckte» und nun gab Pater Pio dem Seminaristen im Auftrag des Schutzengels eine schallende beidseitige Ohrfeige. Und er setzte hinzu:

«Schau gut hin: Er ist da und er ist sehr schön!»

Abbé Derobert, dessen Wangen inzwischen feuerrot sind, ist so sehr von der Wahrhaftigkeit der Worte des Kapuziners überzeugt, daß er sich unvermittelt umdreht und fast erwartet, daß der himmlische Geist hinter ihm steht:

«Natürlich sah ich nichts, aber im Blick des Paters lag ein Ausdruck, so als würde er etwas sehen. Er schaute nicht ins Leere.

"Dein Schutzengel ist da und er behütet dich! Bete zu ihm...!"

Pater Pios Augen waren ganz licht, sie spiegelten das Licht meines Schutzengels.»

Ob es als modisch galt oder nicht: Abbé Derobert machte sich seitdem nie mehr über seinen Schutzengel lustig.

12. Um dich zu behüten auf all deinen Wegen...

Seit einem Jahrhundert sind die Schutzengel so sehr aus dem allgemeinen Bewußtsein verbannt, daß der Glaube an ihre Existenz nicht mehr, oder fast nicht mehr eingestanden werden kann. Die Antwort, die Abbé Derobert 1955 Pater Pio gab, ist sehr bezeichnend für diese Geisteshaltung in der katholischen Kirche. Der junge Mann fühlte sich verlegen; es war als habe ihn der stigmatisierte Kapuziner gefragt: «Glaubst du an den Geist, der in Aladins Wunderlampe eingeschlossen ist?» oder: «Glaubst du an die Feen bei Aschenputtel oder in den Märchen oder glaubst du an Dornröschen?»

Es kommt vor, daß ein Schutzengel Unfälle verhindert, oder es vereitelt, daß sich sein Schützling vor die Räder eines Wagens wirft. Und in der Tat, es ist eine der Aufgaben der Geister des neunten Engelchores über das Leben, die Gesundheit und die Güter der Menschen zu wachen. Aber diese Aufgabe ist nicht die entscheidende Aufgabe. Weit gefehlt! Die hl. Gemma Galgani hatte Luzifer, der Lichtgestalt angenommen hatte, um sie in Versuchung zu führen, daran erkannt, daß er ihr die Heilung und die Erfüllung ihrer materiellen Wünsche versprach. Ein getreuer Engel hätte ihr niemals vorgeschlagen, dem Leib den Vorzug vor der Seele zu geben. Die eigentliche Sendung der Engel besteht nämlich nicht darin, den Menschen zu helfen, möglichst lange und möglichst komfortabel auf dieser Welt zu leben, sondern sie besteht darin, sie in geistlicher Gesundheit heil in das Vaterland zu bringen, das ihnen ursprünglich zugedacht war: In den Himmel, aus dem sie durch die Sünde Adams und Evas vertrieben worden waren. Daher ist Raphael der Archetyp des Schutzengels; seine Reise mit Tobias symbolisiert die Rückkehr des Kindes zum himmlischen Vater, das dabei von den schützenden Fittichen des Engels geleitet wird. Die Engel sind keine Feen oder orientalische Geister aus *Tausendundeinenacht*, die im Dienst der Menschheit stehen, um deren Wünsche zu erfüllen und sie von ihren Sorgen, ihren Nöten und ihrer Verantwortlichkeit zu befreien.

Der Katechismus lehrte früher, worin die genaue Aufgabe der Schutzengel besteht und welche Beziehung man mit ihnen unterhalten soll:

«Schutzengel werden jene Engel genannt, die Gott bestimmt hat, um uns zu beschützen und auf dem Weg des Heiles zu leiten. Sie stehen uns durch ihre guten Eingebungen bei, und indem sie uns an unsere Pflichten erinnern, führen sie uns auf dem Weg des Guten. Sie bringen Gott unsere Gebete dar und erwirken uns Seine Gnaden. Wir müssen der göttlichen Güte gegenüber dankbar sein, daß uns die Schutzengel gegeben wurden — und wir müssen den Schutzengeln für die Sorge dankbar sein, mit der sie sich um uns kümmern.»[488]

Diese Dankbarkeit führt dazu, die Anwesenheit des Engels respektvoll zu achten, indem wir ihn durch keine Sünde betrüben, indem wir mit größerer Sorgfalt beten und unverzüglich den guten Inspirationen, die er unserer Seele eingibt, folgen.

Wenngleich die Verehrung der Schutzengel erst im ausgehenden Mittelalter eingesetzt hat und von Spanien ausging, und wenngleich man sie leicht mit den großen Krisen, die jene Epoche erschütterten und mit der Angst, in der die Christenheit im 14. und 15. Jahrhundert lebte, in Verbindung bringen kann, so ist sie doch keine fromme Erfindung einer unglücklichen katholischen Generation, die damit eine Antwort auf die anstehenden Probleme geben wollte. Die Kirche stützt ihre Lehre auf die Bibel, auf das Evangelium und die Lehre der Kirchenväter und Kirchenlehrer.

Die erste Spur dieser gläubigen Überzeugung von der Existenz eines Engels, der über jeden einzelnen Menschen wacht, findet sich im Buch Genesis.[489] Der alte Patriarch Jakob sagte beim Segen über die Nachkommen seines Sohnes Josef: «Der Engel, der mich erlöst

488 Großer Katechismus von Pius X.
489 Gen 48,16

hat von jeglichem Unheil, er segne die Knaben.» In diesem Vers trifft man nicht auf eine Doppeldeutigkeit wie es sonst oft der Fall ist, wenn im Alten Testament die Engel für Gott selber stehen, der aus Ehrfurcht nicht genannt wird.

Die Essener von Qumran lehrten ihre Anhänger, daß jeder Mensch während seines ganzen Lebens von einem Engel und von einem Dämon begleitet wird, die sich um seine Seele streiten. Diese Überzeugung wurde von den Pharisäern aufgegriffen und schien — mit Ausnahme der Sadduzäer — allgemeine Geltung zu haben. Die Sadduzäer hatten eine verkürzte Auffassung vom Judaismus, sie leugneten auch die Existenz einer unsichtbaren Welt und die Auferstehung von den Toten. Es ist selbstverständlich, daß die Leute aus dem Kreis um Jesus die Überzeugung der Essener teilten.

Als Petrus festgenommen und ins Gefängnis geworfen wurde, gaben sich die ersten Gläubigen kaum der Illusion hin, ihn noch einmal lebend wiederzusehen, denn sie hatten schon die Exekution des Jakobus und die Steinigung des Stephanus miterlebt.

Aber Petrus, der durch einen Engel auf wunderbare Weise aus dem Kerker befreit worden war, läuft nach einem Moment der Verblüffung, der ihn überwältigte als er sich auf einmal im Freien stehen sah, wie ein Verrückter zum Haus von Markus' Eltern, in dem zweifellos das letzte Abendmahl stattgefunden hatte, und das der diskrete Treffpunkt der Gemeinschaft geworden war.

Er hämmert gegen die Tür und ruft. Im Innern herrscht Panik. Man glaubt, daß die Häscher des Herodes gekommen sind. Nur die Magd Rhode hat den Eindruck, die vertraute Stimme des Anführers des Apostel wiederzuerkennen. Mutig geht sie bis zur Haustür, lauscht, öffnet vielleicht das Guckloch und sieht Petrus.

«Vor Freude machte sie das Tor nicht auf, sondern lief hinein und berichtete: Petrus steht vor dem Tor. Da sagten sie zu ihr: Du bist nicht bei Sinnen. Doch sie bestand darauf, es sei so. Da sagten sie: Es ist sein Engel. Petrus aber klopfte noch immer. Als sie öffneten und ihn sahen, staunten sie.»[490]

---

490 Apg 12,14-16

Diese Aussage: «Es ist sein Engel» bestätigt den Glauben der ersten Christen an diesen individuellen Schutzengel, der sich bei bestimmten, wichtigen Gelegenheiten anstelle seines Schützlings zeigen kann.

Und warum sollte das auch anders sein, da Christus diese Lehre der Essener doch feierlich bestätigt hat?!

Nachdem Jesus die Jünger aufgefordert hatte, wieder wie Kinder zu werden, und diejenigen warnte, die diesen *Kleinen*, die den Weg der Kindschaft gewählt haben, Ärgernis zu geben, sagte er:

«Hütet euch davor, einen von diesen Kleinen zu verachten! Denn ich sage euch: Ihre Engel im Himmel sehen stets das Angesicht meines himmlischen Vaters.»[491]

Dieser Vers besitzt für die christliche Lehre von den Schutzengeln entscheidende Bedeutung. Er besagt, daß jeder Gläubige seinen Engel hat und daß dieser Engel, der auf Erden wacht, zugleich auch immer in die Ekstase der visio beatifica getaucht ist.

Dieser Vers zieht aber auch drei Fragen nach sich: Wer hat einen Engel und wer nicht? Von welchem Augenblick an tritt dieser Engel in das Leben des Menschen ein? Kann man auf die eine oder andere Weise die Freundschaft oder den Schutz dieses himmlischen Wesens verlieren?

Die Frage: «Wer hat einen Engel und wer nicht?» könnte man auch anders stellen: Kann man einen Engel haben, auch wenn man kein Christ ist?

Die Debatte um diese Frage hat die Kirchenväter und Kirchenlehrer lange Zeit in zwei Schulen und zwei Lager geteilt. Zur ersten Schule gehören Tertullian sowie die heiligen Augustinus, Ambrosius, Johannes Chrysostomus, Johannes Cassian, Hieronymus und Gregor von Nyssa. Sie sind der Meinung, daß alle Menschen einen Schutzengel haben. Der hl. Thomas von Aquin schreibt sogar, daß selbst der Antichrist seinen Schutzengel hat[492] — man hat schon im voraus Mitleid mit den Schwierigkeiten seiner Aufgabe...!

Die andere Schule, zu der Origenes, sowie die heiligen Basilius und Cyrill von Alexandrien gehören, ist strenger. Sie lehrt: «Jeder

491 Mt 18,10
492 *Summa theologica*, I, q 113, art 4, ad 3

Gläubige hat einen Engel als Beschützer und Hirten in seiner Nähe. Dieser Engel soll ihn zum (ewigen) Leben führen.»[493]

Die Kirche hat zugunsten der ersten Schule entschieden und dies auf dem Konzil von Trient feierlich wiederholt.

Daß ausnahmslos jeder Mensch unter dem Schutz eines Engels steht, hat sofort eine neue Schwierigkeit aufgeworfen: Wie kann es sein, daß die Menschheit dann noch weiter sündigt? Warum bringen die Schutzengel die Mörder, Tyrannen, Henker und andere Ungeheuer nicht zur Vernunft? Oder warum verhindern sie nicht wenigstens, daß diese Übeltäter ihre Verbrechen begehen?

Hier setzt das Geheimnis der Freiheit der Kinder Gottes ein. Genauso wie Luzifer und die Engel so erschaffen wurden, daß sie ganz bewußt zwischen gut und böse wählen konnten, so wurde auch der Mensch als ein Geschöpf erschaffen, das fähig ist, gut und böse zu unterscheiden — und das daher auch sündigen kann. Den Menschen oder den Engeln diese Möglichkeit zur Sünde vorzuenthalten, sie nur auf das Gute allein auszurichten, sie in gewisser Weise zu programmieren, hieße ihnen die Freiheit vorzuenthalten.

Ähnlich wäre es, wenn jedem Menschen ein Engel beigesellt wäre, der die Intelligenz, die Seele und die Taten des Menschen völlig beeinflussen könnte: Dann wäre die Menschheit im Zustand eines Hundes, der sorgfältig an der Leine gehalten wird. Gott hat die Menschen nicht so angebunden wie die Menschen ihre Hunde an dic Hundehütte anbinden.

Das ist also der Grund, warum die menschliche Seele nur von Gott allein ergründet werden kann. Kein Engel und kein Dämon kann mit Gewalt in sie eindringen, um ihr seinen guten oder schlechten Willen aufzunötigen. Wenn unsere Reaktionen, unsere Taten und unsere Gedanken für sie nicht ganz unvorhersehbar sind, so liegt das daran, daß die Intelligenz der Engel die Psychologie der Menschen sehr gut kennt und daß sie genau um die Verknüpfungen von Ursache und Wirkung weiß. Die psychische Verfaßtheit der Menschen ist für die Engel kein Buch mit sieben Siegeln. P. Lamy erinnerte gerne daran, daß die Intelligenz des Teufels, so verdorben

493 Basilius

sie auch ist, immer noch die Intelligenz eines Engels ist. Er sagte: «Die Natur dieser Geistwesen ist überaus bemerkenswert! Sogar noch im abgefallenen Zustand. Unsere Gedanken sind ihnen verborgen, aber es ist ihnen ein Leichtes, sie zu erahnen!»

Etwas zu erahnen ermöglicht auch, etwas zu antizipieren; das war das Geheimnis aller großen Strategen. Und etwas zu antizipieren ermöglicht auch bis zu einem bestimmten Punkt zu handeln. Für einen Dämon heißt das: Die ausgeklügeltste Falle zu stellen und die betörendste Versuchung in Gang zu setzen. Für einen Engel hingegen: Verfehlungen zu vermeiden, oder zu vermeiden versuchen.

Der hl. Johannes vom Kreuz lehrt, daß Gott in seiner Gerechtigkeit den Teufel im Hinblick auf den Engel nicht noch mehr benachteiligen wollte als er es ohnehin schon aufgrund seines Bruches mit der göttlichen Weisheit und dem höchsten Licht ist. Zum Wohl der Seelen und aus Respekt vor der individuellen Freiheit muß das Spiel ehrlich gespielt werden. Der einzige, der die Chancen der beiden Lager nach Belieben verändern kann, ist niemand anderer als der Betroffene selber: Der Mensch, der unmittelbar vom Ausgang dieses Konfliktes betroffen ist.

Die Christen sind durch die Taufe von der Erbsünde reingewaschen; sie werden durch die Sakramente unterstützt und sind daher in gewisser Weise gegen die dämonischen Angriffe geimpft. Wenn sie nicht das Ihre dazutun, indem sie eine Todsünde[494] begehen, haben sie große Chancen, den Angriffen des Bösen siegreich zu widerstehen, oder die Schäden wieder auszubessern, falls sie einen Moment lang unterlagen. Die Taufe schenkt ihnen auch eine größere Leichtigkeit, um die Ratschläge ihres Engels zu hören und ihm zu gehorchen. Aber je mehr ein Mensch sündigt, um so schwächer wird diese Fähigkeit in seiner Seele. Das kann so weit gehen, daß er für die Anrufe seines Beschützers fast taub ist und daher werden seine Chancen auch immer geringer, diesem Zustand Abhilfe zu schaffen.

---

494 Erinnern wir uns daran, daß zur Todsünde der vollständig freie und ganze Wille gehört, einen schlechten Akt zu setzen und dabei ganz deutlich zu wissen, daß dieser Akt schlecht ist.

Für einen Heiden hingegen ist die Stimme des Engels fast nicht wahrnehmbar, da die Erbsünde weiterhin ihre Verheerungen ausübt. Die Stimme des Teufels spricht aber sehr laut und stark.[495]

Jeder Mensch hat also einen Engel; es steht ihm aber frei, ob er auf ihn hören will oder nicht. Ab wann wird dieser Schutz durch den Engel aber gewährt? Es kann nicht ab der Taufe sein, denn das würde ja nur die Christen betreffen. Allerdings ist die Taufe der Zeitpunkt, wo die Kommunikationsfähigkeit des Engels mit seinem Schützling durch die erlösende Gnade anwächst. Wird der Engel dem Kind daher bei der Empfängnis oder bei der Geburt gegeben?

Der in seiner Zeit viel gelesene hl. Bernhard, dessen Unterweisungen im 15. Jahrhundert von Dionysius dem Kartäuser wiederaufgenommen wurden, sagte, daß ein Kind schon vom Schoß seiner Mutter an der Obhut eines Engels bedarf. Das Kind habe nämlich eine unsterbliche Seele und wenn es vor der Niederkunft stürbe, wäre es der Taufe beraubt und dazu verurteilt, in alle Ewigkeit in der Vorhölle zu sein, jenem neutralen Ort, an dem die nicht erlösten, unschuldigen Menschen nicht in den Genuß der visio beatifica gelangen — an dem sie allerdings auch nicht leiden[496] müssen. Dionysius schreibt:

«Selbst die Kinder, die noch im Mutterleib eingeschlossen sind, haben Engel, die sie beschützen. Es können ihnen nämlich im mütterlichen Leib Unfälle zustoßen: Den Schoß der Mutter nicht verlassen zu können oder zu sterben. Desgleichen bedürfen sie des Beistandes der Engel, um nicht daran gehindert zu werden, die Taufe zu empfangen.»[497]

Deshalb beteten die christlichen Mütter bis vor gar nicht langer Zeit während ihrer Schwangerschaft, daß ihr Kind wenigstens so lange leben möge, daß es getauft werden kann.

Bernhard, Dionysius und die anderen Kommentatoren waren allerdings der Ansicht, daß der Schutzengel der Mutter für diese

495 Origenes und Basilius
496 Sie sind nicht verdammt. Die Verdammung ist die unerträgliche Entbehrung Gottes; sie ist eine der Strafen: Für die Verdammten ist sie ewig, für die Seelen im Fegefeuer ist sie von begrenzter Dauer.
497 *Sermones in festo sancti Michaelis archangeli et omnium sanctorum angelorum.*

Aufgabe ausreiche; erst bei der Geburt des Kindes werde dieser von einem anderen Schutzengel abgelöst.

Dieser Engel verläßt das Neugeborene dann nicht mehr.

Die ersten Theologen fragten sich, ob es möglich ist, daß sich der Schutzengel von seinem Schützling entfernt und nicht mehr zurückkehrt. Der hl. Basilius war der Ansicht, daß die Sünde den Engel vertreibt «wie Rauch die Bienen vertreibt». An der Sünde hafte in gewisser Weise ein Gestank, den die seligen Geister nicht ohne Abscheu ertragen können. Dieser Gedanke ist nicht so albern wie es vielleicht den Anschein hat. Es ist in der Tat vorgekommen, daß Heilige einen so außergewöhnlich feinen Geruchsinn hatten, daß sie in ihrer Umgebung die Menschen erspürten, die nicht im Stand der Gnade waren... Dies war beispielsweise der Fall bei Brigitta von Schweden, der solche Gerüche dermaßen unerträglich waren, daß ihr unwohl wurde; ähnlich war es bei Philipp Neri, der im Beichtstuhl durch seine Nase die schweren Sünden spürte, die seine römischen Pönitenten bei der Anklage ausgelassen hatten. Wenn Männer oder Frauen den Geruch der Sünde wahrnehmen können, wie sollte man daran zweifeln, daß ein Engel geradezu allergisch darauf reagiert?

Aber auch wenn der Engel den geistigen Gestank der Sünde seines Schützlings nur schwer erträgt, so lehrt die Kirche doch, daß er sich nicht von seinem Schützling entfernt. Damit widerlegt sie die Lehre des hl. Basilius. Der Schutz des Engels bleibt niemals aus; in allen Situationen hält er sich zur Intervention bereit — selbst beim größten Sünder, sobald auch nur der geringste Schimmer von Reue in seiner Seele aufleuchtet. Der Schutzengel ist da, um seinen Schützling gemäß dem göttlichen Licht zu erleuchten und ihm zu helfen, seinen Willen und seine Taten nach diesem Licht auszurichten.

Der hl. Bernhard — im Mittelalter war er es, der die Engelverehrung am meisten verbreitet hat — zeigte seinen Mönchen gerne das Wirken der Engel auf: Sie wachen über die Mönche Tag und Nacht, sie beschützen ihren Schlaf, sie nehmen an ihrem Gebet teil, sie begleiten sie überall und kümmern sich in allen Wechselfällen des Lebens um sie.

Die Devise des neunten Engelchores könnte heißen: unterweisen, ermahnen und beschützen.

Unterweisen? Um das zu tun, benötigt der Engel die aktive Mitarbeit, den guten Willen seines Schützlings; für eine Seele, die sich durch die Sünde seinen Ratschlägen gegenüber verschließt, oder auch für einen Menschen, der nicht getauft wurde und der daher wie taub für seine Stimme ist, kann er nicht viel tun.

Wenn die Seele aber bereit ist, auf ihn zu hören, dann lenkt der Engel den menschlichen Verstand; er hilft ihm, das Gute zu suchen und das Böse zurückzuweisen. Diese Unterweisung hat immer ein einziges Ziel: das ewige Heil. Deshalb soll man von ihm nicht erwarten, was er nicht geben kann. Vor allem nicht das, was durch Mut und eigene Arbeit im Laufe der Zeit gegeben wird....

Es ist also völlig unnütz, einen Engel am Abend vor einem Examen zu Hilfe zu rufen, in der Hoffnung, daß er einem beistehe, um die unregelmäßigen englischen Verben oder mathematische Lehrsätze, die man während des ganzen Schuljahres vernachlässigt hat, noch zu lernen. Sicher spricht er fließend englisch und alle mathematischen Gleichungen sind für ihn ein Kinderspiel, aber es ist unnütz, an diesem entscheidenden Punkt irgend etwas von ihm zu erwarten...

Daß ein Engel nicht in den Bereichen unterweist, in denen man sich selber die nötigen Informationen auf gewöhnliche Weise beschaffen könnte, beweist die Geschichte des Hauptmanns Kornelius.[498]

Kornelius' Schutzengel, der die Mühe auf sich genommen hatte, dem Hauptmann zu erscheinen, hätte das Werk auch beenden und ihn im Glauben unterweisen können, nach dem er suchte. Aber nein. Er begnügte sich damit, ihm zu sagen: Laß Petrus kommen, der beim Gerber in Joppe wohnt.

Wenn der Engel auch nicht die Hilfe oder die Belehrung erteilt, die man sich mit gewöhnlichen Mitteln selber beschaffen kann, so kann er aber doch der Intelligenz eine größere Kapazität des Verstehens, eine neue Rezeptivität schenken. Der hl. Augustinus verglich

498 Apg 10,1-5

dieses Wirken mit dem Öffnen eines Fensters, was dazu führt, daß man besser unterscheiden kann, was draußen geschieht.

Trotz solcher Interventionen bleibt die Kommunikation zwischen den Engeln und den Menschen immer unvollständig, da unsere Intelligenz zu begrenzt ist. P. Lamy vernahm eines Tages, wie Gabriel mit den Bienen redete und dabei eine ihnen gemäße Sprache verwendete. Und in der Tat: Dieser himmlische Fürst erniedrigte sich weniger, um von der Kommunikation mit einem Menschen zur Kommunikation mit einem Insekt überzugehen, als bei dem Übergang, der für ihn erforderlich ist, wenn er von der Sprache und den Gedanken der Engel zu unserer Sprache und unseren Gedanken wechselt... Ob die Engel nun mit Insekten oder mit Menschen sprechen, sie müssen zu einer vereinfachten, begrenzten Ausdrucksweise Zuflucht suchen; sie verwenden Analogien. Genau das macht Raphael auch beim alten Tobit.

Da Tobit den Mann, dem er das Leben seines einzigen Sohnes während der gefahrvollen Reise anvertrauen will, gerne kennen möchte, fragt er ihn nach seinem Namen. Am Ende der Geschichte sagt der Engel ohne Umschweife: «Ich bin Raphael, einer von den sieben heiligen Engeln, die das Gebet der Heiligen emportragen und mit ihm vor der Majestät des heiligen Gottes treten.» Aber vorläufig gibt er noch eine ganz andere Identität an:

«Ich bin Asarja, der Sohn des großen Hananja, einer von den Brüdern deines Stammes.»[499]

Muß man daraus schließen, daß Raphael lügt? Nein, das wäre undenkbar. Er sagt genau die Wahrheit, aber Tobit, der in den Selbstverständlichkeiten und den a priori unserer materiellen Welt gefangen ist, versteht es nicht.

Asarja, ein gewöhnlicher, banaler Vorname, bedeutet nämlich «Hilfe» oder «hilfsbereit». Und das ist nicht weit von der Bedeutung des Namens Raphael entfernt: «Gott heilt.» «Hananjas» bedeutet indes: «Derjenige, der sich in den Wolken verbirgt.» Da Raphael Wert darauf legt, das Wort «groß» hinzuzufügen, sagt er deutlich, daß Hananjas niemand anderer als Gott ist, denn kein frommer Jude

499 Tob 5,13

würde es wagen, jemand anderem als Jahwe das Adjektiv «groß» zuzuschreiben. Er stellt sich also als «Die Hilfe von Gott» vor. Tobias ist aber nicht bereit, diese Botschaft zu entschlüsseln; er faßt daher nur die vordergründige, banale Identität des Engels auf. Und so geht es fast ständig in der Kommunikation zwischen Engeln und Menschen zu...

Desgleichen ist auch keine Hilfe vom Schutzengel zu erwarten, wenn es um mehr oder weniger schuldhafte Unternehmungen geht: Den Fiskus zu betrügen, den Raubüberfall des Jahrhunderts zu planen oder die Frau eines Freundes zu betören... Da sollte man besser mißtrauisch sein! Ein Schutzengel kann sich in solchen Situationen nicht als ein brüderlicher Komplize, sondern als ein furchterregender Saboteur entpuppen. Charles Péguy, der fast einmal der Versuchung zum Ehebruch erlegen wäre, machte eine solche Erfahrung, die er einem ihm nahestehenden Menschen anvertraute:

«Mein Engel besitzt die Kunst, mir alle meine Vorhaben zunichte zu machen...»

Péguys Engel ist keine Ausnahmeerscheinung. Eine lange Untersuchung und viele Beispiele beweisen, daß sich alle Schutzengel so verhalten. Sie setzen den schlechten Willensregungen und Gelüsten — so gut durchdacht diese auch sein mögen — hartnäckigen Widerstand entgegen... Das gilt zumindest für jene Schützlinge, die normalerweise den Eingebungen ihrer Engel folgen. Diese Stimme zu übergehen erfordert daher beständige Anstrengung und zermürbende Wiederholungen. Es kommt nur selten vor, daß man durch die Sünde, die man begehen will, nicht schon erschöpft ist, bevor man sie begangen hat...

Der Schutzengel bewahrt vor Sünde. Genaugenommen müßte schon allein der Gedanke an die Anwesenheit des Engels genügen, um einen davon abzuhalten. Der hl. Bernhard sagte zu seinen Mönchen:

«Tut nichts vor euren Engeln, was ihr nicht auch vor Bernhard tun würdet...»

Der hl. Hilarius, dessen Gedanken Bernhard aufnahm, hatte sogar die Gründe angeführt, warum man in Gegenwart der Engel keine Sünde begehen soll:

«Alles was leer zu sein scheint, ist mit Engeln angefüllt. (...) Wenn die Furcht vor einem unvermutet eintretenden Menschen denjenigen, der sich anschickt, eine Verfehlung zu begehen, manchmal davon abhält, um wie viel mehr ziemt sich das dann für einen Christen, der sich doch von allen Seiten von dem Zeugnis so vieler geistiger Mächte umgeben weiß — ich sage nicht nur: Umgeben in seinen Taten, sondern auch in seinem Wollen.»[500]

Der Engel begnügt sich nicht nur damit zu belehren und das Verlangen nach der Sünde zu bremsen, sondern er muß auch ermahnen.

Er kann dies mit der Absicht der Vervollkommnung tun. Die Schutzengel der heiligen Franziska Romana und Gemma Galgani zeigen, welche Meister der Spiritualität sie sind; sie zeigen, daß sie bisweilen auch schreien, drohen, oder Ohrfeigen austeilen, damit die Lektion besser in einen widerspenstigen Kopf eingeht. Es bleibt aber festzuhalten, daß sie bei den gewöhnlichen Schützlingen nicht solche Methoden anwenden, sondern sich damit begnügen, Bedauern, Ekel vor der Sünde und der eigenen Schwachheit einzugeben. Daher kann es vorkommen, daß ein Engel seinen Schützling eine Sünde begehen läßt, die er leicht hätte verhindern können.

Ein Mensch, der selten sündigt, kann aus seiner Rechtschaffenheit eine stupide Genugtuung ziehen, so als ob er seine Verdienste nur sich allein verdanke und nicht vor allem dem Wirken der Gnade und der Güte Gottes.

Und so versinkt er in der Sünde des Hochmuts. Der schöne Luzifer ist gerade deswegen aus dem Himmel gefallen, weil er seine durchaus realen und sehr großen Tugenden geschmeichelt betrachtete und dabei vergaß, daß sie ihm ungeschuldet gewährt worden waren.

Um zu verhindern, daß sich ihre Schützlinge an dieses dämonische Trugbild klammern, lassen die Schutzengel von Zeit zu Zeit einmal zu, daß die Menschen eine Sünde begehen, die so schwer ist, daß sie ihre Schwachheit, ihre Grenzen ermessen und dadurch eine gesunde Klugheit lernen.

---

500 Hilarius, *Kommentar zu Psalm 118*

Unser Engel beschützt uns; unter diesem Aspekt ist er uns besonders vertraut. Seit einigen Jahren ist eine ganze Literatur erblüht, die sich mit wunderhaften Interventionen (oder mit solchen, die als wunderhaft angesehen werden) im Leben ganz gewöhnlicher Menschen beschäftigt. Es geht um Interventionen, durch die sie, oder ihnen nahestehende Personen aus einer großen Gefahr gerettet wurden. Es stimmt: Ein Schutzengel kann seinen Schützling retten. Wir wollen uns nicht bei zeitgenössischen Zeugnissen aufhalten, die sehr zahlreich, aber auch schwer zu verifizieren sind, wenngleich die Rechtgläubigkeit der Verfasser in keiner Weise zu beargwöhnen ist. Aber auch das Leben der Heiligen ist reich an vergleichbaren Ereignissen.

Kamillus Lellis gehört zu diesen Auserwählten, die aus der Ferne der Sünde kamen und ihr halbes Leben in schlimmster Ausschweifung und Unzucht verbracht hatten und für verloren galten. Pater Pio, der vier Jahrhunderte später im Kloster von San Giovanni Rotondo genau an jenem Ort lebte, wo Kamillus den Weg des Heils gefunden hatte, dachte vielleicht an ihn, als er einmal einem Pönitenten, der von seiner Sündenvergangenheit ganz niedergedrückt war und stöhnte, daß es für ihn zu spät sei, antwortete:

«Mein Sohn, du bist Jesus zu teuer gewesen, als daß er dich verlassen würde!»

Kamillus Lellis wurde 1550 in den Abruzzen geboren. Mit sechzehn Jahren ist er ein Hüne von fast zwei Meter Größe. Seine Schultern sind wie ein Kleiderschrank, seine Hände so groß, daß er damit ein Rind umbringen könnte, aber — so behaupteten böse Zungen — sein Hirn sei nicht größer als das eines Spatzen... Kamillus, der stark wie ein Türke ist, schlägt jeden, der ihm nicht genehm ist, mit voller Wucht zusammen. Er ist aggressiv und ein Querulant. Seine besondere Leidenschaft gilt Schlägereien, in denen er durch seine enorm großen Fäuste natürlich Vorteile hat. Sein bereits über siebzigjähriger Vater versucht keineswegs, diesen jungen, brutalen Burschen zu zähmen; er ist vielmehr begeistert, daß er in seinem Alter noch einen solchen Herkules gezeugt hat. Der alte Lellis sieht seine eigene Kraft in seinem Sohn und ermutigt ihn, dieselbe Karriere einzuschlagen, die er selber einst durchlaufen hatte: eine Militärkarriere. Zu diesem Zweck läßt er seine Beziehungen spielen, damit Kamillus in die venezianische Armee eintreten kann. Der Bursche blieb dort aber nicht lange. Sobald sein Vater gestorben war, entließen die Vorgesetzten unverzüglich diesen jähzornigen Soldaten, mit dem sie bis dahin behutsam umgegangen waren. Kamillus hatte seine Zeit damit verbracht, seinen Sold bei Würfeln oder Karten zu verspielen. Da er ein schlechter Verlierer war, brach er in der Spielhölle gewaltige Dispute vom Zaun.

So fand sich Kamillus also auf der Straße wieder. Außer Karten zu spielen und Schlägereien anzuzetteln, weiß er nicht was er tun soll. Zehn Jahre lang wird er, getrieben von diesen beiden Leidenschaften und vielleicht von anderen, noch weniger ehrenhaften Beschäftigungen, vor sich hinvegetieren. Und dann wird er eines Tages, als er in eine zweifelhafte Affäre verwickelt ist, am Bein verletzt. Die Wunde will nicht heilen. Krank, hinkend, von allen verlassen, kommt der Unglückselige schließlich halbtot in die Nähe des Monte Gargano, wo er von den Kapuzinern in San Giovanni Rotondo aufgenommen wird. Er wird gepflegt und aufgepäppelt und dann mit einigen Arbeiten im Garten beschäftigt; während dieser Zeit denkt Lellis über sein vergangenes Leben nach, das ihn mit Schrecken und Abscheu erfüllt.

Auf seinen Wanderungen und wegen seiner unheilbaren Wunde, an der er immer leiden wird, hat er die italienischen Hospize und Krankenhäuser gesehen, wo Kranke und Sterbende auf dieselben Strohsäcke «gestapelt» wurden; Menschen mit ansteckenden Krankheiten und Genesende lagen zusammen; sie waren sich selbst überlassen, hatten keine Pflege und wurden sogar oft mißhandelt und geschlagen... Kamillus beschließt, seine ganzen Kräfte der Gründung eines religiösen Ordens zu widmen, dessen Aufgabe es sein sollte, die Kranken zu pflegen, den Sterbenden beizustehen, den im Feld Verwundeten zu helfen. Kamillus Lellis wird Priester und gründet den Orden der Kamillianer. All das geschieht nicht ohne harte Arbeit und mühevolle Nöte. Und in dieser Situation greift sein Schutzengel ein.

Nachdem er so viele Anstrengungen unternommen hatte, um Kamillus von seinen üblen Trieben, den Leidenschaften, der Gewalttätigkeit zu lösen und zur Buße, zum Priestertum und zur Heiligkeit zu führen, will sich dieser Engel die Arbeit nicht zunichte machen lassen. Als Kamillus einmal allein durch das Latium reiste, verirrte er sich am Abend. Es ist schon spät, der Abend bricht schnell herein und er fürchtet, daß ihn die Nacht mitten in den Feldern, weitab von jedem Dorf überraschen wird. Seit einer ganzen Weile geht er an einem Fluß entlang, der ruhig zu sein scheint, über den es aber weder eine Brücke noch eine Furt gibt... Kamillus war es leid, dadurch unnütz Zeit zu verlieren und sagte sich, daß er schneller vorwärts komme, wenn er den Fluß schwimmend überqueren würde. Natürlich behindert ihn noch die alte Wunde, aber er ist so stark, daß er glaubt, allein mit Hilfe seiner Arme bis zum anderen Ufer zu schwimmen. Außerdem ist das Wasser ganz ruhig. Schon will er seinen Plan in die Tat umsetzen, als sein Schutzengel ohne Vorwarnung vor ihm auftaucht und ihm mit äußerst fester Stimme sagt:

«Kamillus, schwimme nicht hinüber!»

Kamillus diskutiert nicht mit dem Engel. Er seufzt und sucht nach einem Winkel, wo er bis zum Morgengrauen im Schilf schlafen kann. Nachdem er sich am nächsten Tag in der Morgendämmerung wieder auf den Weg gemacht hat, stößt er auf zwei Fischer, die ihm anbieten, ihn auf die andere Seite des Flusses zu bringen. Ohne die Erscheinung vom Vorabend zu erwähnen, erzählt Kamillus ihnen von seinem ursprünglichen Vorhaben, den Fluß schwimmend zu überqueren. Die beiden Männer unterbrechen ihn: Gott sei Dank habe er das nicht getan! Dieser Fluß verberge unter seinem friedlichen Äußeren gefährliche Strudel. Bis jetzt sei noch jeder, der ihn schwimmend zu durchqueren versuchte, ertrunken.

Der hl. Philipp Neri erlebte im 16. Jahrhundert und P. Lamy zu Beginn des 20. Jahrhunderts ein ganz ähnliches Eingreifen ihrer Schutzengel. Beide wurden eines Abends an ein Krankenbett gerufen. Ob es sich dabei um römische Gassen oder um die verschwommene Landschaft der Courneuve handelte; es war immer sehr finster und überall waren Fallen. Sowohl Philipp Neri als auch P. Lamy fallen in ein tiefes Loch, das sie nicht gesehen hatten. Es ist Nacht und weit und breit ist niemand. Vor dem Morgen ist nicht auf Hilfe zu hoffen. Sie können nicht einmal mit Gewißheit sagen, ob das Allerheiligste bei dem Sturz nicht gelitten hat. Und siehe da: Ihre Schutzengel erscheinen und ziehen sie unversehrt aus dem Loch. Philipps Engel war zuvorkommend, aber er neckte ihn auch. Es stimmt, daß Philipp Neri, so sehr er ein Heiliger und Mystiker war, auch einen unglaublich ausgeprägten Sinn für Humor hatte; er galt als einer der heitersten und lustigsten Menschen von Rom. Er scherzte sogar mit Christus, den er jeden Morgen mit folgendem Gebet zu begrüßen pflegte:

«Herr, paß' heute gut auf den Philipp auf! Du kennst ihn! Wenn du nicht auf ihn aufpaßt, wird er noch vor dem Abend ein Mohammedaner sein!»

Eines Tages ging Philipp Neri durch die Straßen, als ihm ein Armer ansprach und von ihm ein Almosen erbat. Er wollte gerade seine Geldbörse aus der Tasche holen. Vergebens! Vor ihm steht nämlich nicht mehr der Bettler, sondern sein Engel, der lacht, weil Philipp ihn in dieser Gestalt nicht erkannt hatte...

Es kommt vor, daß sich die Schutzengel in vielen verschiedenen Gestalten zeigen, sei es, daß sie wie ein kleines Kind oder wie ein armer Bettler aussehen, sei es, daß sie sich in ihrer himmlischen Herrlichkeit zeigen, wenngleich sie dieser Herrlichkeit einige menschliche Züge beifügen. Der hl. Johannes Bosco ist sicher der einzige Mensch gewesen, der einen Hund als Schutzengel oder einen Schutzengel, der die Gestalt eines Hundes annahm, hatte... Als man ihn am Ende seines Lebens nach dem sonderbaren Tier befragte, daß sich als sein Beschützer verhalten hatte und das alle seine Bekannten gesehen, berührt und gestreichelt hatten, entschuldigte sich Don Bosco und sagte mit allerhand Ausflüchten:

«Soll ich sagen, daß es ein Engel war, der zum Lachen reizte?, aber man kann auch nicht sagen, daß es ein Hund wie alle anderen war.»

Dort, wo die Sünde mächtig geworden ist, dort wird die Gnade übermächtig, sagt man gern. Aber das Gegenteil ist ebenfalls richtig; es ist dem Satan nämlich unmöglich, jene Orte zu ertragen, an denen sich Heiligkeit ausbreitet. Turin ist eine dieser kontrastreichen Städte, in der sich als Antwort auf die Anwesenheit von Christi Grabtuch und der Verehrung, mit der es umgeben wird, allerlei

Teufeleien zutragen. Noch heute ist sie eine der Städte Europas, in der die Exorzisten am meisten zu tun haben, und wo Satanskulte immer mehr zunehmen. Wenngleich dies im Jahr 1850 noch nicht der Fall war, so war Turin damals doch das Zentrum einer starken und alten Sekte; es war die Sekte der Waadtländer, die bis in das 11. Jahrhundert zurückreicht. Die vor kurzem eingeführte Religionsfreiheit verschaffte dieser kleinen Gruppierung eine neue Zuhörerschaft, die sich vor allem aus den Armenmilieus, den verlassenen Kindern, jugendlichen Delinquenten und jungen, sich selbst überlassenen Arbeitern, rekrutierte.

Und gerade um diese jungen Burschen kümmerte sich Don Bosco beständig. Die Waadtländer merkten sehr bald, daß der Priester auf ihrem Gebiet «jagte». Als ein Jugendlicher, der früher ein Schützling Don Boscos gewesen war und dann ihr Anhänger wurde, ihnen entkam, waren sie endgültig davon überzeugt, daß Don Bosco ihre Mitglieder abspenstig machen wollte.

Don Bosco hatte nämlich erfahren, daß der junge Mann erkrankt und sein Leben in Gefahr war. Er wußte auch, daß dieser Bursche unter dem Einfluß der hohen Würdenträger dieser Sekte dem katholischen Glauben seiner Taufe abgeschworen hatte. Die Sekte hatte sich sehr bemüht, seine alten Verbindungen abzuschneiden, um ihn besser an sich zu binden.

Don Bosco war nicht der Mann, der eines «seiner Kinder» so leicht verließ oder aufgab. Eines Abends ging er, ohne daß man ihn gerufen hatte, zum Krankenbett dieses Burschen. Dort hatte sich der Leiter der Waadtländer bereits breitgemacht. Er war äußerst wütend über dieses Eindringen des Priesters und befahl ihm, den Ort zu verlassen, da er hier nichts mehr verloren habe. Die freudige Reaktion, die der Junge bei seinem Eintreten gezeigt hatte, war Don Bosco aber nicht entgangen. Unerschütterlich antwortete er, daß er gehen werde, wenn der Junge ihn darum bitte. Sofort kam dessen Antwort:

«Don Bosco, bleiben Sie!, ich bitte Sie, bleiben Sie!»

Der Sterbende begann zu sprechen und erklärte, wie er in die Klauen der Sekte geraten war und wie es ihm unmöglich wurde, ihrem Einfluß zu entkommen, da er von allen ihm nahestehenden

Menschen getrennt worden sei. Er schluchzte und hielt die Hand des Priesters fest:

«Ich bin katholisch geboren, Don Bosco! Ich will als Katholik sterben!»

Nach dieser Aussage setzte Don Bosco den Pastor der Sekte vor die Tür und beeilte sich, den Jungen in ein sicheres Haus zu transportieren. Die Waadtländer verziehen ihm diese spirituelle Rettung *in articulo mortis* nicht.

Oftmals mußte der Priester nachts das Haus verlassen; er kam dann erst sehr spät zurück. Der Ort, in dem er seine Gründung untergebracht hatte, war ein ehemaliges Lagerhaus in einer Turiner Vorstadt. Es war die Casa Pinardi. Das Stadtviertel ist düster, menschenleer; es ist ein unwegsames Gebiet, das einigen Räuberbanden Versteck bietet. Mehr als einmal mußte Don Bosco seinen ganzen Mut zusammennehmen, um allein durch dieses Gebiet zu gehen. Mehrmals wurde er Opfer von Angriffen seitens Evangelikaler; sie hatten sogar versucht, ihn mit einem Glas Wein zu vergiften, nachdem sie ihn unter dem Vorwand, einer Sterbenden die Letzte Ölung zu spenden, in ein alleinstehendes, baufälliges Haus gelockt hatten... Don Bosco, der klug, sportlich und überdies fähig war, kräftige Faustschläge auszuteilen, entkam solchen Situationen immer unbeschadet. Dennoch gewöhnte er es sich an, von seinen Schützlingen einige große Burschen als Begleitung mitzunehmen.

An einem regnerischen und nebeligen Novemberabend im Jahr 1854 kommt Don Bosco allein in die Casa Pinardi zurück. Noch nie war ihm der Weg so beunruhigend vorgekommen. Es scheint ihm, als erahne er bedrohliche Schatten hinter jedem Baum, hinter jedem Strauch, hinter jeder verfallenen Mauer. Auf einmal steht ein riesiger Hund vor ihm; er weiß nicht, woher er kommt. Es ist ein gigantisches Tier, ein furchterregender Fleischerhund mit dunkelgrauem Fell. Das Tier ist so beeindruckend, daß Don Bosco mit angehaltenem Atem und halbtot vor Angst stehenbleibt. Der Hund schaut ihn aber mit großen sanften Augen an, wedelt mit dem Schwanz, legt sich schließlich dem Priester zu Füßen und leckt ihm die Finger.

Von jenem Abend an wird der Hund, der unverzüglich den Namen *Grigio*[501] erhielt, Don Boscos Vertrauter. Zuerst glaubte

Johannes Bosco, daß es der entlaufene Wachhund eines Nachbarn oder eines Bauern aus der Umgebung sei. Aber alle Nachforschungen blieben ergebnislos: Niemand in dieser Gegend hatte jemals ein solches Tier gesehen. Außerdem ist Grigio ein Vagabund. Er kommt und geht, wie es ihm gefällt, ohne daß jemand weiß, was er zwischendurch tut.

Einige Zeit später war Don Bosco wieder einmal spät abends allein unterwegs. Ab einem bestimmten Moment war er beunruhigt: Zwei Männer gingen vor ihm her, sie drehten sich häufig um, so als ob sie sich vergewissern wollten, daß er noch da ist; wenn er seine Schritte verlangsamte, so gingen auch sie langsamer, wenn er anhielt, so hielten auch sie an. Don Bosco wurde von Furcht ergriffen und wollte umkehren. Er wollte seine Schritte in die relative Sicherheit der erleuchteten Straßen und der möglichen Hilfe von Passanten lenken. Er versucht zu laufen. Aber seitdem er 1846 eine Lungenentzündung hatte, an der er fast gestorben wäre, hat er leider keinen Atem mehr, sobald er ein schnelleres Tempo einlegt. Er kann nicht mehr weitergehen. Die beiden Männer, die ihn verfolgten, haben ihn unterdessen erreicht. Sie stülpen ihm einen alten Leinensack über den Kopf, so daß er nichts sieht. Johannes verhandelt mit schwachen Kräften; er ist überzeugt, daß sie ihn umbringen wollen. Und das wäre auch sicher geschehen, wenn sich in diesem Moment nicht ein 80 kg schweres Muskel-, Fell- und Zahnpaket auf den Rücken der beiden Angreifer gestürzt hätte: Grigio, wild, reißend und wie ein Verrückter bellend. Er beißt wie eine ganze Horde von Doggen... Die Verbrecher wollen von Johannes nichts mehr und suchen ihr Heil in der Flucht.

Don Bosco erlebt noch weitere Angriffe dieser Art. Jedesmal taucht Grigio von irgendwoher auf und treibt die Übeltäter — sogar wenn sie bewaffnet sind — in die Flucht.

In der Zwischenzeit sieht ihn niemand in Turin oder in der Gegend um die Casa Pinardi umherstrolchen. Wenn es vorkommt, daß er dort eintritt, so ist er mit den Kindern sanft wie ein Lamm; er läßt sich am Schwanz und an den Ohren ziehen, aber er läßt sich

---

501 «Der Graue»

nie — und das ist etwas außergewöhnliches bei einem Hund — von einem Stück Fleisch oder von Süßigkeiten in Versuchung führen, wenn er mit in den Speisesaal gehen darf. Nie nimmt er einen Happen an. Grigio fraß nie etwas...

Bei anderen Gelegenheiten fand ihn Don Bosco auf der Türschwelle schlafend, wenn er gerade ausgehen wollte. Der Hund «verbot» ihm dann, das Haus zu verlassen. Der Priester lernte, die Mahnungen des seltsamen Tieres zu verstehen. Und damit ging es ihm gut.

Dieser Schutz dauerte sehr lange, so daß die Angreifer ermüdeten. Danach verschwand Grigio genauso geheimnisvoll wie er zuvor in das Leben des Don Bosco gekommen war.

War Grigio ein Hund wie alle anderen? Der weitere Verlauf dieser Geschichte läßt kaum Platz für rationale Hypothesen...

1864 ging Don Bosco, der Grigio seit mehr als zehn Jahren nicht mehr gesehen hatte (zehn Jahre sind für einen Hund eine lange Zeit...), zu Freunden. Er verirrte sich. Auf einmal fühlte er, wie eine rauhe Zunge über seine Finger fuhr; er senkte die Augen und sah, daß es Grigio war, der den Weg haargenau kannte. Er begleitete Don Bosco bis zur Tür seiner Freunde und verzog sich dann.

Weitere neunzehn Jahre vergingen. Eines Abends verirrte sich Don Bosco im Stadtviertel Bordighere. Es war im Jahr 1883. Dem Priester blieb nicht einmal Zeit, sich Sorgen zu machen: Grigio war da — lebhaft, zufrieden, noch immer mit grauem Fell und einem genauso sicheren Orientierungssinn wie früher. Er führte Johannes an sein Ziel.

Seitdem Grigio zum erstenmal bei seinem Meister aufgetaucht war, waren 32 Jahre vergangen... Eine erstaunliche Langlebigkeit...

Aber Don Bosco hatte sich keinen exklusiven Engelschutz reserviert.

Den Kindern, die er im Katechismus unterrichtete, sagte er im Hinblick auf ihre Schutzengel gerne:

«Wendet euch mit Vertrauen in jeder Betrübnis und in jedem Unglück — auch in geistlichen Miseren — an ihn: er wird euch helfen.

Einer der jungen Burschen durfte dies erfahren. Er arbeitete damals als Maurerlehrling. Eines Tages war er mit zwei anderen Arbeitern oben auf einem Baugerüst; das Gerüst war unzureichend befestigt, stürzte zusammen und riß die drei Männer mit sich in die Tiefe.

Während der Jugendliche in die Leere stürzte, kam ihm wie ein Blitz der Ratschlag Don Boscos in den Sinn und seine Lehre über die Schutzengel. Sogleich kam von seinen Lippen ein Gebet: «O mein guter Engel, rette mich!»

Als Helfer herbeieilten, sahen sie inmitten der Trümmer zwei Leichname und neben ihnen den ehemaligen Zögling der Casa Pinardi, der den Unfall mit zwei oder drei leichten Verstauchungen überstanden hatte...

Don Bosco besaß ähnlich wie der Pfarrer von Ars zeitweilig die Gabe, in die Zukunft zu schauen. Oft hatte er ein weit entferntes Ereignis vorhergesagt; er hatte diesem oder jenem vorhergesagt, daß er auch noch in fünfzig Jahren leben werde, oder er sagte das genaue Sterbedatum eines Angehörigen voraus.

Wahrscheinlich hat Don Bosco auf ähnliche Weise von dem Unfall erfahren, der die Gattin und die Tochter eines portugiesischen Diplomaten, die ihm einen Besuch abstatteten, bedrohte. Als Don Bosco sie auf dem Rückweg begleitete, sagte er zu der jungen Frau:

«Sie müssen sich nicht über das erschrecken, was geschehen wird. Empfehlen Sie sich einfach Ihren Schutzengeln!»

Die Dame verstand nicht, was der Priester sagen wollte und dachte, daß der Priester nun wohl langsam altern würde; schon bald dachte sie nicht mehr an diese seltsame Warnung.

Einige Tage später gingen sie und ihre Tochter in die Stadt und nahmen einen Wagen. Plötzlich scheuen die Pferde und stürmen im Galopp dahin, ohne daß es dem Kutscher gelingt, ihrer Herr zu werden. Es geht über Stock und Stein und im Innern des Wagens werden die beiden Portugiesinnen hin- und hergeworfen. Sie schreien vor Entsetzen. Da kommen der Diplomatengattin auf einmal wieder die seltsamen Worte Don Boscos in den Sinn und sie empfiehlt sich von ganzem Herzen dem Beistand der heiligen

Engeln. Und als der Wagen schließlich umstürzt, kommen die beiden Passagiere mit einigen Schürfwunden davon.

«Dir begegnet kein Unheil, kein Unglück naht deinem Zelt. Denn er befiehlt seinen Engeln, dich zu behüten auf all deinen Wegen.

Sie tragen dich auf ihren Händen, damit dein Fuß nicht an einen Stein stößt; du schreitest über Löwen und Nattern, trittst auf Löwen und Drachen.»[502] Diesen messianischen Psalm, den Luzifer unverblümt zitiert, um Christus in Versuchung zu führen, verwendet die Kirche, um die Sendung der Schutzengel bei den Menschen zu beschreiben. Und in der Tat ist es die Aufgabe der Schutzengel, ihre Schützlinge vor materiellen und spirituellen Gefahren zu schützen — und zwar nicht nur im Leben der Heiligen. Hier stellt sich aber eine unerbittliche Frage: Warum verhindern diese Engel, wenn sie wirklich da sind und zu unserem exklusiven Schutz bestellt sind, nicht all das Unheil auf der Welt? Wenn sie sich niemals von uns entfernen, oder wenn sie sich entfernen, um in den Himmel zu steigen und Gott anzubeten und zuvor alle Vorsichtsmaßnahmen ergreifen, damit während ihrer unendlich geringen Abwesenheitsdauer kein Unfall passiert — warum ereignen sich dann so viele Dramen? Womit beschäftigen sich denn die Schutzengel, wenn ein Kind von einem Sadisten ermordet wird oder wenn eine junge Familienmutter bei einem terroristischen Anschlag in Stücke zerfetzt wird?!

Es ist das Geheimnis des Bösen, das in dieser Welt am Werk ist; das Geheimnis der Bosheit, die auf die Freiheit des Menschen trifft und auf sein Recht, das Lager des Bösen zu wählen, und andere darunter leiden zu lassen.

Der Schutzengel steht dem nicht gefühllos gegenüber, aber im Unterschied zu uns versteht er den Grund. Das schlimmste Verbrechen, die furchtbarste Tragödie rufen in ihm weder Zorn, noch Aufbegehren, noch ein Empfinden von Ungerechtigkeit, noch auch Schmerz hervor. Denn er weiß, daß nichts geschieht, ohne daß Gott es nicht zugelassen hätte und wenn Er es zugelassen hat, so deshalb,

502 Psalm 91,10-13

weil Er auch aus dem furchtbarsten Greuel ein weitaus größeres Gut hervorbringen kann. Den ersten Christen, die wußten, daß ihnen das Martyrium bevorstand, sagte Paulus: «Denen die Gott lieben, gereicht alles zum Besten.»

Der Schutzengel weiß, daß sein Schützling aus dem Unglück, das über ihn hereingebrochen ist, etwas Positives ziehen kann, wenn er es in Vereinigung mit Gott erträgt. Dieser Nutzen, diese Wohltat ist nicht von dieser Welt, sondern zeigt sich nach dem Tod. Alle Mystiker, die eine flüchtige Vision vom Himmel hatten, verkündeten: «Eine einzige Stunde von dieser Kontemplation genügt, um alle Leiden aller Märtyrer wettzumachen.»

Und es wird sich nicht um eine Stunde, sondern um die Ewigkeit handeln. Daher betrachten die Engel die Prüfungen dieser Welt, so schwer und furchtbar sie sein mögen, auch nicht mit denselben Augen wie wir.

Der Engel von Kamillus Lellis mußte denken, daß die Krankheit Kamillus das Paradies verschafft hat. Und der Schutzengel von Ignatius von Loyola hat sicher nicht geweint, daß eine Kugel die brillante militärische Karriere, die dem jungen Offizier bevorstand, zunichte gemacht hat...

Wen Gott liebt, den prüft er, um ihm die Möglichkeit zu geben, Verdienste zu sammeln. Genau das ist auch die Aufgabe der Engel: Sie sollen den Menschen helfen, sich den größtmöglichen Anteil am ewigen Glück und an der himmlischen Herrlichkeit zu verdienen. Sogar der allzu frühe Tod eines Menschen kann die Ungetrübtheit der Engel nicht erschüttern, denn sie halten sich an die Lehre der Bibel.

«Er wurde weggenommen, damit nicht Schlechtigkeit seine Einsicht verkehre und Arglist seine Seele täuschte. Denn der Reiz des Bösen verdunkelt das Gute, und der Taumel der Begierde verdirbt den arglosen Sinn. Früh vollendet hat der Gerechte doch ein volles Leben gehabt; da seine Seele dem Herrn gefiel, enteilte sie aus der Mitte des Bösen.

Die Leute sahen es, ohne es zu verstehen; sie nahmen es sich nicht zu Herzen, daß Gnade und Erbarmen seinen Auserwählten zuteil wird, Belohnung seinen Heiligen. Der Gerechte, der entschlafen ist, verurteilt die Frevler, die noch leben, die früh vollendete Jugend das hohe Alter des Ungerechten. Die Frevler sehen das Ende des Weisen, verstehen aber nicht, was der Herr mit ihm wollte und warum er ihn in Sicherheit brachte.»[503]

Die Engel indes, sie sehen und sie wissen es.

Aber wenn der Schutzengel kein Garant gegen alle Unfälle und Unglücke ist; wenn er seinen Schützling Gottes Willen gemäß dem Leiden und dem Tod überläßt, so gibt es doch einen Bereich, in den er immer eingreift: der Kampf gegen den Teufel.

Der hl. Bernhard schrieb, daß der Schutzengel den Menschen gegen den Teufel, die Welt und das Fleisch verteidigt.[504] Dieser Kampf gegen den Teufel bedeutet aber nicht, daß der Schutzengel jede Versuchung und jede Prüfung verhindern würde, denn das würde heißen, daß er uns jede Möglichkeit, Verdienste zu sammeln, nehmen würde, was genau das Gegenteil des erstrebten Zieles ist. Wenn jedoch unser ewiges Heil oder die Ehre Gottes auf dem Spiel steht, kann der Schutzengel den Teufel in die Flucht schlagen oder seine Attacken begrenzen. Die deutlichste Grenze, die der Schutzengel den dämonischen Machenschaften setzen kann, besteht in der Vereitelung von sinnlich wahrnehmbaren Versuchungen, d.h. von Erscheinungen des Teufels, wie auch immer diese aussehen mögen — außer bei Heiligen, die bereits so stark in der Gnade gefestigt sind, daß sie bei solchen Versuchungen keine Gefahr laufen. Dadurch können die meisten Menschen ruhig schlafen: Der Teufel wird sich ihnen nie auf spektakuläre Weise zeigen, denn die Versuchungen des gewöhnlichen Lebens reichen bei ihnen schon aus und das amüsiert ihn nicht einmal...

Jeder Mensch hat also einen Schutzengel, der ihm von der Wiege bis zum Grab und sogar darüber hinaus folgt. Dieser Engel verläßt ihn nie und es kann ihn bis zur letzten Sekunde weder etwas abstoßen, noch anwidern, weil er so hartnäckig darauf aus ist, dem Teufel diese Seele zu entreißen. Dieser Engel ist, auch wenn er «nur» dem letzten Engelchor angehört, mächtig und furchterregend, von Liebe und Mitleid erfüllt; er besitzt eine Weisheit und eine Intelligenz, die

503 Weish 4,11-17
504 Auslegung zu Psalm 90,3.7

sich kein menschlicher Geist vorzustellen vermag. Weil er unmittelbar mit Gott vereinigt ist, ist dieser Engel mit der göttlichen Kraft erfüllt und fähig, gegebenenfalls Luzifer, den ursprünglichen seraphischen Fürsten, zu zerschmettern. Der hl. Thomas von Aquin lehrt, daß der kleinste Engel die Sterne des Himmels zu erschüttern vermag. Und dieser Engel ist nur für uns da; er steht aus Liebe zum Schöpfer ganz und gar zu Diensten einer einzigen Person. Ein Schutzengel eines gleich nach der Geburt verstorbenen Kindes wird niemals der Schutzengel einer anderen Person werden. In jedem Augenblick hört er auf seinen Schützling und ist bereit, ihm zu helfen. Deshalb empfahlen Pius XII. und Johannes XXIII. die Schutzengelverehrung als großes Hilfsmittel gegen Einsamkeit und Verzweiflung in der modernen Welt. Aus diesem Grund wenden sich auch heute die Menschen zu diesen unsichtbaren Wesen wie zu ihren einzigen Freunden und Vertrauten, die ihnen noch geblieben sind. Und die Engel sind Freunde, auf die man unmöglich hereinfallen kann; Freunde, die niemals auch nur den Schatten eines Vorwandes anführen, um uns zu verlassen oder uns aus dem Blick zu verlieren. Die hl. Gemma Galgani war sogar fast darüber verärgert und sagte zu ihrem Engel:

«Wirst du endlich aufhören, nach mir zu spionieren?»

Nein... Ein Engel wird nie aufhören, zu «spionieren...»

Ja, es kommt noch besser: Jeder Mensch hat einen Engel; also können wir uns direkt an diesen seligen Geist, der neben uns steht, wenden, um das ersehnte Ziel zu erreichen. Johannes XXIII. erzählte, wie es ihm, als er noch nicht Papst, sondern Bischof Roncalli gewesen war, in den Nuntiaturen immer gut ergangen war, wenn er die Engel seiner Gesprächspartner zu Hilfe rief. Dieser Beistand ist nicht hohen Würdenträgern des Vatikanischen Diplomatenkorps vorbehalten. Charles de Foucauld sagte: «In allen Menschen haben Sie sanfte und sehr mächtige Freunde, da Sie in ihnen (oder wenigstens bei ihnen, oder sogar gegen sie) ihre Schutzengel haben».[505]

---

505 *Ecrits spirituels*

Jeder Mensch hat einen Engel. Es kommt aber auch vor, daß manche zwei oder drei Engel haben, die sich an ihre Fersen heften.

Wir sahen bereits, daß Francesca Ponziani zuerst einen Erzengel und dann einen Engel aus dem Chor der Fürstentümer erhielt, die sie in ihren Prüfungen stützen sollten. Dies entsprach einem besonders schwierigen mystischen Weg und einer besonderen Berufung. Diese Verstärkung durch ein Engelwesen, wird aber nicht einer Seele als solcher, sondern einer Aufgabe, einem Ehrenamt gegeben.

Der hl. Basilius schrieb unumwunden, daß der Papst nicht nur einen oder zwei Schutzengel hat, sondern neun: Einen aus jedem Engelchor![506]

Der hl. Bernhard und der hl. Franz von Sales bekräftigen, daß die religiösen oder weltlichen Würdenträger bei ihrem Amtsantritt einen zweiten Engel aus einem höherstehenden Chor erhalten — und zwar entspricht die Erhabenheit dieses zweiten Engels des ausgeübten Amtes, und er ist auch auf dieses Amt bezogen.

Aber nicht nur die Menschen haben Schutzengel. Weit gefehlt! Alles was lebt, alles, was im Universum existiert, und sogar die Gemeinschaften und die verschiedenen Orte haben angeblich Engel, die für ihren Schutz zuständig sind.

Die Vorstellung, daß das Universum von etwas anderem regiert werden könnte als von den Naturkräften, die Gesetzen gehorchen, die von den Naturwissenschaften entdeckt wurden, löst heute ein Lächeln aus. Trotzdem hat die moderne Theologie die Hypothesen von den Kräften und ihrem Einfluß nicht völlig ausgeräumt.

Die Kirchenväter und Kirchenlehrer stützten sich auf das Buch der Offenbarung, um jene Vorstellung weiter auszuführen, nach der die Engel den Elementen und den Planeten gebieten.

«Dann machten sich die sieben Engel bereit, die sieben Posaunen zu blasen. Der erste Engel blies seine Posaune. Da fielen Hagel und Feuer, die mit Blut vermischt waren, auf das Land. Er verbrannte ein Drittel des Landes, ein Drittel der Bäume und alles grüne Gras.

Der zweite Engel blies seine Posaune. Da wurde etwas, das einem großen brennenden Berg glich, ins Meer geworfen. Ein Drittel des

506 *Siebte Homilie über den Ruhm des hl. Paulus.*

Meeres wurde zu Blut. Und ein Drittel der Geschöpfe, die im Meer leben, kam um, und ein Drittel der Schiffe wurde vernichtet. Der dritte Engel blies seine Posaune. Da fiel ein großer Stern vom Himmel; er loderte wie eine Fackel und fiel auf ein Drittel der Flüsse und auf die Quellen. Der Name des Sterns ist «Wermut». Ein Drittel des Wassers wurde bitter, und viele Menschen starben durch das Wasser, weil es bitter geworden war. Der vierte Engel blies seine Posaune. Da wurde ein Drittel der Sonne und ein Drittel des Mondes und ein Drittel der Sterne getroffen.»[507]

Dieser Glaube an die Schutzengel der Elemente war aber keine spezifische Neuheit des Christentums; schon das Buch Henoch — eine alttestamentliche Apokryphe — bezog sich darauf, als es den Engel des Donners und die Engel der Blitze, der Kälte oder der Hitze intervenieren ließ.

Übrigens stieß dieser Glaube zunächst in der Kirche nicht auf Einmütigkeit. Der hl. Gregor von Nazianz und der hl. Basilius wiesen die Annahme zurück, daß eine solche «Verwaltung» der Elemente Geschöpfen, selbst wenn es sich um hochstehende Geschöpfe handelt, anvertraut werden könnte. Die gegenteilige Ansicht, zu deren Vertretern auch der hl. Augustinus und der hl. Johannes Chrysostomus gehörten, überwog jedoch:

«Den himmlischen Engeln, die Gott in Demut besitzen und ihm in der Seligkeit dienen, ist die ganze sichtbare Natur und alles vernunftlose Leben untertan.»[508]

Und der hl. Thomas von Aquin verbürgte: «Die Engel üben eine unmittelbare Regentschaft über die niedrigeren Naturen aus.»[509]

Athenagoras, Methodos von Philippi, der hl. Johannes Damascenus und der hl. Gregor von Nyssa setzen den Engel, dem Gott im Anbeginn die Verwaltung der Erde anvertraut hatte, mit Luzifer gleich. Im Umgang mit Adam und Eva habe er Verdacht von der Liebe geschöpft, die der Schöpfer ihnen entgegenbrachte und er sei daraufhin eifersüchtig geworden. Die Königsherrschaft, die Adam auf Erden ausüben sollte, sei Luzifer wie eine Konkurrenz gegen

507 Offb 8,6-12
508 Augustinus, *De genesi ad litteram,* Liber VIII, cap. XXIV, Nr. 45
509 *Summa theologica*, I, q 110, art 1, ad 2

seine eigene Herrschaft erschienen. Diese Theorie würde Satan aber nicht mehr den seraphischen Fürsten des Anbeginns, sondern den Fürsten des vierten Engelchores, des Chores der Kräfte, sein lassen; es sei denn, daß die Erde, als einziger Planet, auf dem Gott Leben erstehen ließ, nicht einem Engel der Fürstentümer, sondern — ähnlich wie Israel — dem Seraph Michael anvertraut ist, so daß die Erde ein Sonderrecht genießen würde und als Schutzengel ein Geistwesen aus einem höherstehenden Engelchor erhalten hätte. Wie dem auch sei, diese Theorie hat das Verdienst, einen der Titel Satans zu rechtfertigen: «Herrscher dieser Welt.»

Ist die Vorstellung, daß hinter den Bewegungen des Universums verborgene Engel stehen, für die Maßstäbe der modernen Wissenschaft etwas anderes als eine zwar poetische, aber doch lächerliche, veraltete Ausdrucksweise? Die Theologie läßt noch Interventionen von Engeln zu, «wo die Natur sich nicht durch sich selbst erklären läßt». Die Aufgabe der zur Überwachung des Universums abgestellten Engel bestünde dann nicht darin, die Erde um ihre Achse zu drehen oder den Wechsel der Jahreszeiten zu bewerkstelligen, sondern ihre Aufgabe bestünde nur darin, darüber zu wachen, daß keine Anomalie den wohlgeordneten Ablauf des vom Schöpfer in Gang gesetzten Universums behindert. Ihnen würde es demnach obliegen, die Zirkulation im Kosmos zu leiten und Kollisionen oder katastrophale Veränderungen der kosmischen Bahnen zu verhindern. Diese Vorstellung hat etwas sehr Beruhigendes an sich!

Wenn manche Engel die Aufgabe haben, über die Planeten zu wachen, so haben andere die Aufgabe, die materiellen Geschöpfe — Pflanzen und Tiere aller Art — zu beschützen. Dieser Aspekt hat nur zu wenigen Spekulationen geführt. Origenes glaubt an Engel, die als Gärtner und Betreuer von Baumschulen ihre Ewigkeit damit verbringen, sich um das Keimen, Blühen und Fruchttragen zu kümmern. Er spricht auch von Engeln, die sich der Zucht annehmen und sich um den Nachwuchs der tierischen Rassen und der natürlichen Erneuerung der Generationen kümmern. Diese Überzeugung, nach der auch die Tiere, denen die Theologie keine Seele zuschreibt, Schutzengel haben, wurde verschiedentlich akzeptiert.

Der hl. Gregor von Nazianz und der hl. Basilius beschlossen, daß nur die Menschen, und unter diesen vielleicht sogar nur die Christen einen Engel haben, der über sie wacht. Andere Theologen urteilten differenzierter.

In einem von der Urkirche sehr geschätzten Buch *Der Hirte,* das später ein wenig in Vergessenheit geriet, begegnet Hermas bei einer seiner Visionen, in der sich Mystik und Literatur vermischen, dem Engel, der sich der Welt der Tiere annimmt; er kennt sogar den Namen dieses «Engels der Tiere»: Thegri...

Der hl. Hieronymus ist der Meinung, daß sich die Engel der verschiedenen Tierarten annehmen können, allerdings kümmern sie sich einzig um die Muttertiere. Daher verneint er, daß Insekten, Fische und natürlich die teuflischen Schlangen einen Schutzengel haben könnten. Folgt man P. Lamy, so hat Gabriel es aber nicht verachtet, mit einem Bienenschwarm ein Gespräch zu führen...

Wenn Gott in seiner Fürsorge Engel vorgesehen hat, die die vernunftlosen und sogar die leblosen Geschöpfe beschützen sollen, so fällt es nicht schwer, auch menschlichen Gemeinschaften und sogar Orten, die Menschen viel bedeuten, solche Schutzgeister zuzusprechen. So kam es zu der einst sehr verbreiteten Verehrung der Engel der Nationen, der Heiligtümer, der Gräber, der Pfarreien und der Städte.

Der Glaube an die Engel der Nationen ist solide in den biblischen Texten des Alten Testamentes verankert.

«Als der Höchste (den Göttern) die Völker übergab, als er die Menschheit aufteilte, legte er die Gebiete der Völker nach der Zahl der Götter[510] fest; der Herr nahm sich sein Volk als Anteil, Jakob wurde sein Erbland.»[511]

Im Kapitel 10 des Buches Daniel, wo Gabriel dem Propheten von seinem Kampf gegen den Engelfürsten des Perserreiches und den Engelfürsten von Jawan berichtet, bei dem ihm nur Michael, der Engelfürst von Israel half, werden diese Schutzengel der Völker noch weiter personalisiert. Die christliche Theologie konnte diese Theorie nur übernehmen, die trotzdem keine sehr große Entwicklung erfuhr.

510 Biblischer Ausdruck, der die Engel bezeichnet.
511 Dtn 32,8

Clemens von Alexandrien macht eine kurze Anspielung darauf: «Die Völker und die Städte sind den Engeln anvertraut.»[512]

Der hl. Basilius sagt es noch kürzer: «Unter den Engeln gibt es einige, die Städten zugeordnet sind.»[513]

Der hl. Augustinus beschäftigte sich seinerseits vor allem mit der Aufgabe, die die Engel gegenüber den heidnischen Nationen haben: «Als Gott sich Israel zum Anteil nahm, so verschloß er die Quelle seiner Wohltaten aber nicht den fremden Nationen, die er der Leitung von Engeln unterstellt hatte.»[514]

Eusebius von Cäsarea schaut über die irdische Zeit hinaus und stellt sich die Glückseligkeit dieser Engel der Völker am Tag des Jüngsten Gerichtes vor: «Es gibt Engel, die aus allen Nationen die Gläubigen versammeln. (...) Diese heiligen Engel werden hinfort selber die Herrscher jener Gläubigen sein, die sie aus allen Völkern versammelt haben und die sie durch ihren Dienst Fortschritte machen ließen.»

Um mehr darüber zu erfahren, mußte man auf den hl. Thomas von Aquin warten: «Die vielen Menschen zu schützen, ist Aufgabe der Fürstentümer, oder vielleicht der Erzengel.»[515]

Diese Gesamtübersicht ist von seltener Dichte und Bündigkeit; sie zeigt deutlich, in welcher Unsicherheit sich die Lehre von den Engeln in den meisten Fragen auch weiterhin befindet. Trotzdem kam es im Katholizismus zu einer gewissen Verbreitung der Verehrung der Engel der Völker. Zweifellos ist dieser Erfolg zum großen Teil der Popularität des hl. Michael zu verdanken, die sehr schnell um sich griff, als sich seine überaus bedeutende Aufgabe als Fürst der Seraphim, als Beschützer Israels, in die Schirmherrschaft der Kirche und dann in die Schirmherrschaft des römischen Reiches sowie Italiens und Frankreichs wandelte.

Aber ist diese überaus starke Verehrung des hl. Michael auch zugleich eine Verehrung der Engel der Völker? Wahrscheinlich nein. Daß als Schutzpatron nicht ein anonymes Geistwesen aus den Für-

512 *Stromata VII*
513 *Adversus Eunomium*
514 *Kommentar zu Psalm 88*
515 *Summa theologica* I, q 113, a 3

stentümern, sondern Michael gewählt wurde, ist ein zugleich spiritueller und politischer Anspruch so besonderer Art, daß in ihm die Forderung eines Staates nach dem Erbe Roms oder die dynastische Legitimität begründet ist, die eine Königsherrschaft nach dem davidischen Modell in sich trägt.

Frankreich, das so eifrig den Ruhm des hl. Michael feiert, kümmert sich übrigens nicht viel um die Engel, die den Gemeinschaften zugeordnet sind. Darstellungen dieser Art sind äußerst selten. Die eigentliche Quelle einer echten Verehrung der Engel der Völker ist in der spanischen Welt zu suchen. Gewiß, die Christenheit kennt diese Glaubensüberzeugung und diese Verehrung, aber Spanien und Portugal waren es, die dieser Verehrung eine besondere Weite gaben.

Zwei Ordensleute aus dem Aragon trugen im 14. und 15. Jahrhundert wesentlich dazu bei: Francisco Eximenis und der hl. Vinzenz Ferrer.

Francisco Eximenis betont in seinem 1392 verfaßten *Buch über die Engel* die Bedeutung, die man den Schutzengeln der Königreiche und der Städte beimessen soll. Er forderte die Verantwortlichen der katholischen Welt auf, diese Engel mit einem besonderen Fest zu ehren und niemals eine Schlacht zu beginnen, ohne sie zuvor angerufen zu haben, damit diese die Guten von den Bösen scheiden und der Seite der Gerechten zu Hilfe kommen. Eximenis fürchtete nicht, seine Leser zu erschrecken, als er von den verschiedenen Unglücken berichtete, die über Könige und Länder eingebrochen waren, die es versäumt hatten, ihre Engel zu ehren, während engeltreue Völker mit Wohltaten überschüttet wurden.

Vinzenz Ferrer war ein großer Verehrer der Engel.[516] Er stellte als erster ein Formular für eine Messe zu Ehren der Schutzengel einer Stadt, eines Königreiches zusammen, was unbestreitbar eine Neuerung darstellte.

Jean Delumeau[517] hob die Übereinstimmung, die zwischen den großen mittelalterlichen Epidemien und der Verehrung von den

516 Er war ein so großer Verehrer, daß man ihm heutzutage ein kurzes Gebet zuschreibt, das er aber nicht verfaßt, sondern nur unter das Volk gebracht hat: «Engel Gottes, der du mein Beschützer bist, die göttliche Liebe hat mich zu dir geführt: Erleuchte mich, beschütze mich, leite mich und steh mir bei. Amen.»

517 *Rassurer et protéger. Le sentiment de sécurité dans l'Occident d'autrefois.*

Engeln der Städte in Spanien besteht. Der Schutzengel der Stadt sei der Garant dafür gewesen, daß die Stadt von der Seuche verschont wurde. Das war keine wirkliche Neuheit, denn der hl. Michael hatte bereits diese Rolle inne, die er aus der Spätantike von Apollon «geerbt» hatte...

Es ist daher nicht verwunderlich, daß die Jesuiten bei ihren Missionseinsätzen in protestantischen Ländern oder im Fernen Osten diese sehr spanische Verehrung verbreitet haben. Der hl. Franz-Xaver sagte, daß er nie den Boden eines fremden Landes berührt habe, ohne sein Wirken dem Schutzengel dieses Landes empfohlen zu haben, und um dessen Beistand zu bitten. Ein anderer Sohn des hl. Ignatius betrat keine protestantische Stadt, in der er zu predigen hatte, ohne zuvor deren Schutzengel anzurufen. Er sagte, daß ihm durch diese fromme Gewohnheit viele geistliche Wohltaten zuteil geworden sind.

Die Vorstellung aber, daß der Engel einer heidnischen Nation das größte Interesse an der Bekehrung des Volkes habe, lehrte bereits der hl. Paulus, nachdem ihm der Engel von Mazedonien im Traum erschienen war. Der hl. Patrick hatte nach einem ganz ähnlichen Traum mit der Bekehrung Irlands begonnen und in den siebziger Jahren des 19. Jahrhunderts beschloß der hl. Johannes Bosco seine Salesianer nach Patagonien zu schicken, denn er erinnerte sich an die sonderbare Vision, die er von Indios gehabt hatte. Diese Indios hatten weinend am Bett des sterbenden Giovanni Dagliero gestanden.

Der Schutz, den der Engel einer Nation bewirkt, ist nicht rein theoretisch. Die Interventionen des hl. Michael in der Geschichte des römischen Reiches und in Frankreich bezeugen es — und aus jüngerer Zeit bestätigen es die Erscheinungen des Engels von Portugal, die denen der Muttergottes von Fatima vorausgingen.

Wenn Laiengemeinschaften Schutzengel haben, so ist es gewiß, daß auch religiöse Gemeinschaften unter ihrem Schutz stehen.

Die Kirche als mystischer Leib und die Kirche als Gesamtheit von Diözesen, Pfarreien, Heiligtümern und Klöstern ist von unzähligen Engeln umgeben. Im Hebräerbrief spielt der hl. Paulus ganz deutlich auf die Engel an: «Sind sie nicht alle nur dienende Geister, ausgesandt, um denen zu helfen, die das Heil erben sollen?»[518] Die Tradition, die die Kirche mit dem neuen Israel gleichsetzt, stellt sie natürlich unter den Schutz des hl. Michael, den Hermas als denjenigen darstellt, «der Macht über die Kirche hat und sie regiert».[519] Der hl. Hippolyt nahm das Bild vom Schifflein Petri wieder auf und verglich die Engel mit Seefahrern. Und eine jüdische apokryphe Schrift *Jesajas Himmelfahrt* kennt «den Engel der christlichen Kirche».

Von der Gewißheit, daß die Kirche in ihrer Gesamtheit einen Schutzengel hat, kam sie schnell zu der Überzeugung, daß die einzelnen Teilkirchen auch einen solchen Engel haben.

Der erste Text, der darauf anzuspielen scheint, findet sich im Buch der Offenbarung[520], wo sich Johannes an die Engel der Kirchen von Ephesus, Smyrna, Pergamon, Thyatira, Sardes, Philadelphia und Laodizea wendet.

Die Mehrdeutigkeit dieser Passage hat allerdings schon von den ersten Jahrhunderten an die Exegeten zu der Annahme geführt, daß Johannes vielleicht nur von den Bischöfen sprach... Die Lösung kam dann von Origenes, als er schrieb: «Von der Schrift ausgehend kann man sagen, daß es zwei Bischöfe für jede Kirche gibt, einen sichtbaren und einen unsichtbaren, die beide dieselbe Aufgabe haben.»

Eusebius von Cäsarea, der hl. Hilarius und der hl. Basilius waren ebenfalls dieser Meinung. Am Ende des 4. Jahrhunderts mußte Gregor von Nazianz (429-490) seine Diözese Konstantinopel verlassen; er versäumte es aber nicht, zuvor die Schutzengel der Stadt anzurufen und bat sie, «daß es für sein Volk kein Hindernis auf dem Weg zum himmlischen Jerusalem geben möge». Diese Praktik war noch während der Gegenreform lebendig, denn zu Beginn des 17. Jahrhunderts forderte der hl. Franz von Sales zu einer ganz besonderen Verehrung des Schutzengels der Diözese auf.

Der Engel schützt die menschliche Gemeinschaft, aber er beschützt auch das Gebäude, das unter seine Schirmherrschaft gestellt wurde. Es ist möglich, daß diese, aus dem Judentum übernommene Tradition der babylonischen Welt entlehnt wurde. In diesen Bereich gehört auch die Glaubensüberzeugung, nach der die

518 Hebr 1,14
519 *Der Hirte*
520 Kapitel 2 und 3

Engel den Tempel von Jerusalem beschützen. Diese Heiligtümer wurden in der Tat von Statuen der mythischen Karibus, die als Beter dargestellt waren, bewacht; sie waren die erbitterten Feinde des Bösen, das in Gestalt unreiner Tiere dargestellt wurde. Diese Hypothese besitzt jedoch keinen größeren Wahrheitsgehalt als jene, nach der die Cherubim, die in der Bibel schon vor der Zeit des Exils vorkommen, mit den Karibus gleichgesetzt werden, und zwar unter dem Vorwand, daß beide Worte eine gemeinsame Wurzel besitzen...

Wie dem auch sei, die Kirche hat schon sehr früh den Glauben an diese Engel, die heilige Orte beschützen, gebilligt.

Der hl. Bernhard maß ihnen besondere Bedeutung zu; der Grund dafür liegt vielleicht darin, daß er, als er seine italienische Klostergründung in Chiaravalle besuchte, die Engel sah, die über das Kloster wachten.

Die hl. Brigitta von Schweden sah auf ihrer Wallfahrt zum Monte Gargano, die sie in einer Zeit unternahm, als dieses große Heiligtum schon «aus der Mode gekommen» war, Hunderte von Engeln, die sich rings um den Berg verneigten und darüber klagten, daß die himmlische Basilika so verlassen sei.

Pater Lamy war der Meinung, daß seine Pfarrei St. Lucien von La Courneuve vier Schutzengel besaß, die er an ihren Stimmen erkannte; dadurch wurde die Überzeugung gekräftigt, nach der eine Kirche so viele Engel wie Altäre hat. Diese Engel, mit denen P. Lamy ganz vertraut wurde, nahmen an den kirchlichen Zeremonien teil, sie folgten der Messe und sangen gemeinsam mit den Gläubigen die Lieder.[521] Vor allem war P. Lamy aber darüber erstaunt, daß sie sich abrupt von Frauen abwandten, deren Kleidung nicht dem christlichen Anstand entsprach. Dieser Abscheu wurde paradoxerweise von Luzifer geteilt, der sich scheinheilig über deren Schamlosigkeit empörte...

Engel von Kirchen, von Altären, aber auch von Kirchtürmen und sogar von jeder Glocke... Ursprünglich gab es den Brauch, die Türme von Kathedralen den großen Erzengeln zu weihen; von dort kommt sicher auch der Volksglaube, nach dem die Engel einer Kir-

521 Die Lehre Tertullians, Origenes, Johannes Chrysostomus, Gregors von Nazianz, Cyrills von Jerusalem und des Ambrosius wird dadurch bestätigt.

che ihren Schutz so weit ausdehnen als der Schall ihrer Glocken reicht.

In der Folge erlaubte es die Kirche, daß ein Engel auch anderen Orten, ja sogar Fahrzeugen zugeordnet werden durfte. Das römische Rituale sieht daher auch Segnungen von Brücken, Häusern, Schulen, Druckereien, Schiffen, Zügen, Flugzeugen und Fahrzeugen vor.[522]

So wird die Christenheit also von einer beständigen und aufmerksamen Fürsorge umgeben. Und diese Fürsorge endet nicht an der Schwelle des Todes.

522 Siehe die Segnung einer Brücke: «Sende vom Himmel deinen heiligen Engel, damit er diese Brücke und alle, die sie überschreiten werden, beschützt und verteidigt.»

13. Die Engel des Todes

«Zwischen dieser Welt und der Welt des Jenseits ist nur ein dünnes Häutchen; sie ist so nah, daß wir sie berühren können!», sagte Pater Lamy. Dieses dünne Häutchen kann ein ganzes Leben lang undurchdringbar bleiben. Für einige Seelen ist dieses Häutchen jedoch immer transparent. Und dann kommt es auch vor, daß sich diese beiden Welten gegenseitig durchdringen, wenn es die Notwendigkeit erfordert.

Der Schutzengel eines jeden Menschen verläßt seinen Schützling in keinem einzigen Augenblick seines Lebens. Manchmal scheint dieser Schutz vergeblich zu sein, oder der Engel scheint seinen Schützling nicht auf dem rechten Weg halten zu können, so daß der Sieg des Teufels, der sich mit allen seinen Klauen an den Menschen festklammert, schon gewiß zu sein scheint. Die Tage des Menschen sind genau abgemessen; es wird ihm die Zeit fehlen, um sich noch zu retten. In dem Bruchteil der Sekunde, wo sich die Seele vom Körper trennt und die irdische Zeit verläßt, um in die Ewigkeit einzugehen, ist die Entscheidung gefallen. Die Seele, die plötzlich in die ewige und geistige Welt geschleudert wird, wird für immer in der Verfassung bleiben, in der sie sich befand, als sie sich von der Materie befreite. Für sie gibt es dann keine Reue mehr; es gibt für sie nicht mehr die Möglichkeit, rückwirkend etwas zu ändern. Sie wird für immer auf der Seite des Guten oder des Bösen stehen.

Die Vorstellung von der ewigen Verdammung erregt bei vielen Christen Anstoß. Sie halten sie nicht für vereinbar mit der unendlichen Liebe, die Gott seinen Geschöpfen entgegenbringt. Trotzdem: Die Verdammung entspringt normalerweise der vollen Ausübung unserer individuellen Freiheit und der vollendeten göttlichen Gerechtigkeit. Wer sich wissentlich und willentlich für das Böse entschieden hat, mag er Engel oder Mensch sein, kann die Kontemplation des Guten nicht mehr ertragen. Er bemerkt die Tragweite seines Irrtums und den Schaden, den er sich zugefügt hat, zu spät; es besteht für ihn weder die Möglichkeit, noch hat er auch den Willen zur Wiedergutmachung. Er ist ein Gefangener seiner wahnwitzigen Logik; er nährt sich von Bedauern, Zorn und Haß, sein Hochmut aber, durch den er vorgibt, auch ohne Gott und sein Gesetz auszukommen, verbietet es ihm, um Verzeihung zu bitten, die ihm auch gewährt würde, wenn er nur fähig wäre, um sie zu bitten... Die Hölle ist ein Teufelskreis.

Die Qualen, die sich Dante und Bosch erfinderisch für die Verdammten vorstellten, können keine Vorstellung von jener Realität geben, die weit jenseits des menschlichen Vorstellungsvermögens liegt. Die Theologen sagen, daß die Verdammung zwei Strafen umfaßt: das ewige Feuer und die Verdammung, den Verlust Gottes. Alle stimmen darin überein, daß das Feuer nichts ist im Vergleich zur Verdammung. Kein lebender Mensch vermag sich vorzustellen, worin die Hölle besteht. Die Engel und die Dämonen wissen es hingegen ganz genau.

Für die Geister der Finsternis, die unwiderruflich vom Ort ihrer Seligkeit und ihrer in die Brüche gegangenen Herrlichkeit verbannt sind, gibt es in ihren unsäglichen Qualen keine andere Linderung als die Gewißheit, möglichst viele Menschen, die sie als die Verantwortlichen für ihre Tragödie betrachten, in ihr furchtbares Unglück zu ziehen. Auf Luzifer und seine Anhänger paßt in vollendeter Weise der erste Wehruf, den Christus gegen die Pharisäer ausgesprochen hatte:

«Weh euch! (...) Ihr verschließt den Menschen das Himmelreich. Ihr selbst geht nicht hinein; aber ihr laßt auch die nicht hinein, die hineingehen wollen.»[523]

Die Engel, die den Schrecken der ewigen Strafe voll ermessen, tun ihrerseits alles nur erdenklich Mögliche, um ihren Schützling zu retten, selbst wenn er der abscheulichste Verbrecher wäre, der je auf der Erde gelebt hat. Sie wissen, daß Gottes Barmherzigkeit unend-

---

523 Mt 23,19

lich ist, solange es noch Zeit ist, Ihn anzurufen. Die Schutzengel setzen kontinuierlich eine Lehre in die Praxis um, die der Pfarrer von Ars einer in Tränen aufgelösten Witwe, deren Mann Selbstmord durch Ertrinken verübt hatte, erteilte:

«Weinen Sie nicht! Er ist gerettet! Zwischen der Brücke und dem Wasser war noch Raum für Reue und Verzeihung.»

Das Apostolat, das die Schutzengel bei sterbenden Sündern ausüben, liegt oft in diesem engen Raum «zwischen Brücke und Wasser».

Und wenn ihnen noch ein wenig mehr Zeit bleibt, um der Seele — wenn es sich machen läßt — sogar den Aufenthalt im Fegefeuer zu ersparen, so sind die Schutzengel bereit, Berge zu versetzen und alle nur erdenklichen Listen zu entfalten.

Eines Abends klopfte jemand an der Tür von Kamillus Lellis. Er öffnet und sieht einen sehr jungen Mann, der sich in nichts von irgendeinem Burschen aus dem einfachen römischen Volk unterscheidet. Der Jugendliche ist ganz kopflos und fleht den Priester an:

«O Pater, Pater, um der Liebe Gottes willen, kommen Sie ganz schnell! Meine Großmutter! Sie liegt im Sterben!»

Kamillus holt die heiligen Öle und folgt dem unbekannten Jüngling, der so schnell geht wie er nur irgend kann. Nach einer ziemlich langen Wegstrecke, die durch die Gassen des Stadtviertels am Pantheon führte, kommen der Ordensmann und sein Führer vor einem alten Haus an, das durch sein Äußeres nicht gerade besticht; sie steigen auf einer finsteren und stinkenden Treppe mehrere Etagen hinauf, bis sie schließlich in einer armseligen Mansarde ankommen. Der junge Mann öffnet die Tür und läßt dem Priester den Vortritt. Kamillus geht weiter in den dunklen Raum hinein. In einem Winkel siecht eine arme Frau auf einer Bahre. Beim Geräusch der Tür versuchte sie, sich aufzurichten. Sie sieht den Ordensmann und bricht in Schluchzen aus:

«Pater, der Himmel hat Sie gesandt! Ich hatte solche Angst, solche Angst, ganz alleine und ohne Sakramente zu sterben!»

Kamillus versucht ihr zu erklären, daß der Himmel mit seinem Kommen nichts zu tun hat, sondern daß ihr Enkel ihn geholt hat. Die Sterbende unterbricht ihn schon bei den ersten Worten:

«Pater, ich habe keinen Enkel! Alle meine Kinder sind tot! Ich bin ganz allein. Und die Nachbarn haben nicht einmal bemerkt, daß ich krank bin.»

Kamillus wendet sich um und will dem Burschen ein Zeichen geben, damit er nähertritt. Dann bleibt er stehen: Außer ihm und der Sterbenden ist niemand im Zimmer. Die arme Frau erklärt es ihm: Als sie spürte, daß es mit ihr zu Ende gehen würde und sie sich von Gott und den Menschen verlassen fühlte, wandte sie sich schreckerfüllt an den einzigen, von dem sie sicher war, daß er sie nicht verlassen habe. Sie bat ihren Schutzengel, einen Priester zu holen. Und der Engel ging.[524] Was sollte normaler sein?! Er führte seinen Auftrag übrigens mit größtmöglicher Diskretion aus und hatte Kamillus nicht gesagt, daß er ein Engel sei. Er hatte sich sogar für die glaubwürdigste und gewöhnlichste Gestalt entschieden: Die eines Enkelsohnes, der in großer Sorge um seine über alles geliebte Großmutter ist. Den Engeln liegt nichts daran, daß man sie als Engel erkennt.

Zu Beginn dieses Jahrhunderts machte auch P. Lamy in La Courneuve die Erfahrung, wozu Engel in ähnlichen Situationen fähig sind.

Eine diese Erfahrungen hinterließ in ihm eine besonders große Bewunderung.

Eines Morgens kam eine Pfarrangehörige zu ihm in den Pfarrhof von St. Lucien. Ihrem Mann gehe es schlecht. Vorsichtshalber möchte sie schon jetzt den Priester bitten, ihm die Sakramente zu spenden, ehe sich sein Zustand verschlimmert. P. Lamy verspricht, den Kranken im Laufe des Vormittags zu besuchen. Um ihn nicht zu erschrecken, wird er das Krankenöl nicht mitnehmen, sondern vorgeben, ihm einfach einmal «Guten Tag» zu sagen...

Bei seinem Besuch bemerkt der Pfarrer allerdings sofort, daß dem Mann diese fromme Schliche nicht entgangen ist. Er bittet von selbst um die Krankensalbung. P. Lamy geht also zur Kirche zurück, um das dafür Notwendige zu holen.

---

524 *Acta Sanctorum*

Eine Stunde später kommt er zurück. Er steigt die Treppe hinauf, vergißt aber, die Stockwerke zu zählen. Schließlich steht er vor einer dieser bürgerlichen Türen, die sich alle ähneln; sie sind rot gestrichen und haben einen Türklopfer aus Kupfer. Die Tür ist leicht angelehnt. Die Frau des Kranken hatte es so mit dem Pater abgesprochen, denn sie hatte noch Einkäufe zu erledigen. Sie hatte also daran gedacht. Gut!

Lamy betätigt den Türklopfer. Das Innere dieser Wohnungen ähnelt den Treppenabsätzen: Man verwechselt sie, weil sie sich so sehr gleichen. Erst als der Pfarrer im Wohnraum steht, bemerkt er seinen Irrtum: Er ist in der falschen Etage und in der falschen Wohnung!

Aber was sieht er? Da liegt ein Mann, der sicher weitaus schwerer erkrankt ist als sein Nachbar im unteren Stockwerk... P. Lamy ist ihm noch nie begegnet. Aber was bedeutet das schon! Dieser unbekannte Sterbende beginnt zu weinen, als er den Priester sieht. Seit einer Woche ist er bettlägerig und spürt, wie seine Kräfte schwinden. Er hat seine Frau angefleht, einen Priester zu rufen, aber diese Ungläubige weigert sich voller Zorn. Er habe ohne einen Glauben gelebt, da könne er auch ohne einen Glauben sterben! Nur keine Schwachheit und Verstellung in der letzten Sekunde! Er aber wollte auf keinen Fall ohne den vorherigen Empfang der Sakramente sterben... In vor Gesundheit strotzenden Tagen den Freidenker zu spielen ist eine Sache; eine andere ist es aber, wenn man sich auch dann noch verhärtet, wenn man bereits die Höllenkessel kochen hört... Daher hatte der frühere Atheist begonnen, zu seinem Schutzengel zu beten, der nicht lange auf Antwort warten ließ: Seine Xanthippe war ausgegangen und hatte vergessen, die Tür zu schließen — und der Pfarrer hatte sich im Stockwerk geirrt.

Alle diese Schutzengel, die so viele Anstrengungen unternehmen, um einen Priester zu finden, verdeutlichen die herausragende Bedeutung der priesterlichen Würde. Die Engel sind zwar Gottes edelste Geschöpfe, sie besitzen aber nicht die Macht, die Christus diesen Menschen übertragen hat. Dies sagte 1938 ein Seraph zur seligen Sr. Faustyna.

Zu jener Zeit mußte Sr. Faustyna, die an einer sehr weit fortgeschrittenen Tuberkulose litt, ihr geliebtes Kloster verlassen und in ein Sanatorium gehen. Die Ordensfrau ertrug alles: Die schmerzhaftesten Behandlungen, Tage und Nächte mit unablässigen Schmerzen, Einsamkeit. Nur eines ist ihr unerträglich: Daß sie nicht an der hl. Messe teilnehmen und täglich kommunizieren kann.

Während sie untröstlich darüber ist, der Realpräsenz ihres Geliebten beraubt zu sein, sieht Faustyna einen Engel, der am Fußende ihres Krankenhausbettes erscheint.

«Eine große Klarheit umgab diesen Seraph; die Gottheit und die göttliche Liebe spiegelten sich in ihm. Er trug ein goldenes Gewand, über dem ein Chorrock und eine transparente Stola war. Der Kelch war aus Kristall und mit einem ebenfalls transparenten Schleier bedeckt.

Gleich nachdem er mir den Herrn gereicht hatte, verschwand er. Einmal wurde vor der Kommunion ein gewisser Zweifel in mir wach; der Engel, der von Jesus begleitet wurde, stand vor mir. Ich bat Jesus, und weil ich keine Antwort erhielt, bat ich den Seraph: "Könntest du mir nicht die Beichte abnehmen?"

Er antwortete mir:

"Kein himmlischer Geist hat diese Macht."»[525]

Der Seraph von Sr. Faustyna ist sicher nicht der einzige Engel, der in der Geschichte mystischer Phänomene die Kommunion gereicht hat. Der hl. Michael tat es z.B. bei Gerhard Majella. Der Schutzengel Portugals reichte den drei kleinen Seherkindern von Fatima die Kommunion. Die priesterlichen Gewänder, mit denen Faustyna den Engel bekleidet sah, entsprechen den ältesten christlichen Ikonen mit Engeldarstellungen. Aber dieser Seraph, dieser Engel des ersten Chores, dieser hohe und mächtige Herr, erkennt voller Demut an, daß er nicht die Macht hat, die Petrus übertragen wurde, und die er anschließend an andere übertrug, wie unwürdig deren Leben auch gewesen sein mag:

«Ich werde dir die Schlüssel des Himmelreiches geben; was du auf Erden binden wirst, das wird auch im Himmel gebunden sein, und

525 *Tagebuch* der Sr. Maria Faustyna Kowalska, Parvis-Verlag, 4. Aufl. 1996

was du auf Erden lösen wirst, das wird auch im Himmel gelöst sein.[526]

Die Engel kämpfen also mit allen ihren Kräften und mit ihrer ganzen Macht, um den Teufel vom Bett der Sterbenden fernzuhalten, aber so leicht läßt sich der Teufel nicht fernhalten. Er stachelt zum Verdruß über das Leben und seine Freuden an, oder er erregt Verzweiflung und Angst vor Gott. Bis zur letzten Sekunde läßt er nicht locker. Auch er kann — wie die Engel — die Entscheidung selbst auf der Schwelle der Ewigkeit bei jedem Menschen zum Umschwung bringen.

Die Vorstellung, daß die Sterbenden von Geistwesen zum Ort der Ruhe oder der Bestrafung eskortiert werden, ist keineswegs nur eine christliche Vorstellung. Alle Völker haben in ihren Mythologien Geistwesen oder psychagogische Gottheiten, mag es sich dabei um die etruskischen Dämonen, die skandinavischen und germanischen Walküren, den Hermes-Merkur, den Fährmann Charon, um Anubis aus Ägypten oder um Anna, eine keltische Göttin, handeln.

Es ist eine Antwort auf das Bedürfnis nach einem Führer, einem Wegbereiter, um von der einen Wirklichkeit in die andere zu gelangen. Der hl. Johannes Chrysostomus drückte es später in der christlichen Sprache aus:

«Wenn wir einen Führer brauchen, um von einer Stadt zur anderen zu gelangen, um wie viel mehr benötigt die Seele, die die fleischlichen Bande zerreißt und in das künftige Leben eingeht, ein Wesen, das ihr den Weg zeigt!»[527]

Das Judentum kannte Psychagogen, und u.a. auch einen gefallenen Engel namens Duma, der die verdammten Seelen in die Hölle führte.

Aber bevor die Psychagogen in das Christentum Eingang fanden, empfingen sie die Bürgschaft des Evangeliums.

In einem seiner Gleichnisse erzählt Jesus die Geschichte des armen Lazarus:

«Es war einmal ein reicher Mann, der sich in Purpur und feines Leinen kleidete und Tag für Tag herrlich und in Freuden lebte. Vor

---

526 Mt 16,19
527 *Predigt über Lazarus*

der Tür des Reichen aber lag ein armer Mann namens Lazarus, dessen Leib voller Geschwüre war. Er hätte gern seinen Hunger mit dem gestillt, was vom Tisch des Reichen herunterfiel. Statt dessen kamen die Hunde und leckten an seinen Geschwüren. Als nun der Arme starb, wurde er von den Engeln in Abrahams Schoß getragen. Auch der Reiche starb und wurde begraben. In der Unterwelt, wo er qualvolle Schmerzen litt, blickte er auf und sah von weitem Abraham, und Lazarus in seinem Schoß.»[528]

Es ist dieser Vers 22, der die christliche Überzeugung von den Engeln, die die Sterbenden begleiten, begründet: «Als nun der Arme starb, wurde er von den Engeln in Abrahams Schoß getragen.»

Diese Überzeugung verbreitete sich sehr rasch. Tertullian schrieb:

«Wenn die Seele durch den Tod aus ihrer Fleischmasse gezogen wird, und aus dem Schleier des Körpers dem reinen, einfachen und ungetrübten Licht entgegenspringt, jubelt und erbebt sie, wenn sie das Antlitz ihres Engels sieht, der sich anschickt, sie zu ihrer Bleibe zu geleiten.»[529]

Clemens von Alexandrien nahm eine Tradition wieder auf, nach der diese psychagogischen Engel Musiker-Engel sind, und ohne weitere Differenzierung setzt er dieses Bild mit anderen Musiker-Geistern in Verbindung, die allerdings heidnische Geister sind: Sirenen, Meeresgötter und Schutzgeister.

Eine apokryphe Schrift, die ebenfalls aus dem 3. Jahrhundert stammt (*Das Leben des hl. Zimmermanns Josef*) berichtet, wie der Adoptivvater Jesu in den Armen Christi und der Muttergottes stirbt.[530] Der anonyme Verfasser dieses Textes legte dem letzten Patriarchen folgendes Gebet in den Mund:

«Wenn mein Leben nun vollendet ist, o Herr, sende mir Michael, den Fürsten deiner heiligen Engel, damit er bei mir bleibe und meine arme Seele in Frieden, ohne Furcht und Angst von diesem Leib der Schmerzen scheide.»

Und Jesus vervollständigt das Gebet mit der Anrufung:

---

528 Lk 16,19-23
529 *De anima*
530 Aus diesem Grund wird der hl. Josef als Patron des guten Todes angerufen.

«Sende Michael, den Fürsten deiner Engel, und Gabriel, der das Licht angekündigt hat, und alle Engel des Lichtes; ihre Scharen mögen die Seele meines Vaters Josef geleiten, bis daß sie ihn zu dir geführt haben.»

Dieser Text ist in mehrfacher Hinsicht interessant, da er der erste Text ist, der die Rolle des Psychagogen hervorhebt, die von nun an dem hl. Michael zugeschrieben wird, und weil er sehr genau die Sterbegebete der katholischen Liturgie vorwegnimmt.

Der jüdischen Welt war es keineswegs unbekannt, daß Michael die Seelen an den Ort des Friedens geleiten konnte; dies ist mit ein Grund, warum der Fürst der Barmherzigkeit im Kaddischgebet angerufen wird. Da Michael der «Exorzistenengel» schlechthin und der Bezwinger Luzifers und seiner aufbegehrenden Anhänger ist, wäre niemand geeigneter als er, um den Seelen der Verstorbenen den Weg zu Himmel zu bahnen.

Denn gerade die Furcht, die der Teufel zwischen den Sterbenden und die ewige Glückseligkeit zu stellen wagt, erfordert den hl. Michael als Zuflucht. Ist das nicht auch der Sinn der Sterbegebete in der katholischen Liturgie?

«Beschütze deinen Diener, der auf dich hofft, o Gott. Herr, sende ihm von deinem Heiligtum deine Hilfe und beschütze ihn aus himmlischer Höhe. Sei für ihn eine uneinnehmbare Festung, eine Zuflucht vor dem Feind. Der böse Feind möge keine Gewalt über ihn haben und der Teufel soll nicht wagen, ihm Schaden zuzufügen.»

Ein anderes Sterbegebet ist noch expliziter:

«Und wenn nun deine Seele vom Leibe scheidet, so möge die leuchtende Schar der Engel dir entgegeneilen. (...) Unbekannt sollen dir bleiben die Schrecken der Finsternis, die brennende Höllenqual. Es weiche vor dir zurück der furchtbare Satan mit seinem Anhang; er soll erzittern, wenn du, von Engeln begleitet, ankommst, und sich stürzen in den schrecklichen Abgrund ewiger Nacht. Gott erhebe sich, und es werden auseinanderstieben seine Feinde und fliehen vor seinem Antlitz, die ihn hassen.[531] Wie Rauch verweht, sollen sie

531 Dieser Vers ist übrigens eine Exorzismusformel, die Psalm 68 entnommen wurde und u.a. im Exorzismus von Leo XIII. vorkommt. Er wird stehend gebetet.

vergehen. Wie Wachs zerfließt im Feuer, so sollen zugrunde gehen die Sünder vor dem Blick des Herrn. Die Gerechten aber mögen am Hochzeitsmahl sich erfreuen und frohlocken vor dem Angesichte Gottes. Zuschanden werden soll die ganze Macht der Hölle, und die Knechte Satans sollen nicht wagen, auf deinem Weg dich zu hindern.

Es möge ihn empfangen der heilige Erzengel Michael, der Fürst der himmlischen Heerscharen. Die heiligen Engel Gottes mögen ihm entgegenkommen und ihn in die himmlische Stadt Jerusalem geleiten.»

Dasselbe Thema wird in der Liturgie vom 2. November, dem Gedenktag Allerseelen, sowie in den Messen vom Jahrestag der Verstorbenen aufgegriffen: «Herr Jesus Christus, König der Herrlichkeit, befreie die Seelen aller verstorbenen Gläubigen aus den Qualen der Hölle; befreie sie aus dem Rachen des Löwen. Laß nicht zu, daß sie vom Abgrund verschlungen werden und in die ewige Nacht fallen.

Der hl. Michael möge sie mit seinem Banner[532] in das göttliche Licht geleiten.»

Die Engel führen also die Seelen zu Gottes Thron, aber nicht alle haben dieselbe Eskorte...

Der hl. Gregor von Tours beschrieb, wie die Muttergottes am Tag ihrer Entschlafung mit ihrem Leib in den Himmel aufgenommen wurde und von Michael, der ihr entgegenkam, empfangen wurde. Der Erzengel begleitete sie zu dem ihr zugedachten königlichen Platz.

Ein Text des frühen ägyptischen Mönchtums ist noch viel sonderbarer. Während sich Ephrem, der Syrer (+393), damit begnügt, die Engel als jene darzustellen, die die Seelen der Seligen abholen, heißt es in der *Geschichte der durch den hl. Pachomius gegründeten Gemeinschaften*, die ungefähr aus derselben Zeit stammt:[533]

«Wenn ein guter Mensch stirbt, kommen vier Engel zu ihm und diese himmlischen Geister haben immer einen Rang, der der inneren Verfassung des Sterbenden entspricht. Wenn sein Zustand erha-

532 Das Kreuz ist das Banner des Heils.
533 Der hl. Pachomius starb 348.

ben war, so gehören die Engel ebenfalls einem der höheren Engelchöre an. Wenn seine Verfassung weniger erhaben war, so gehören auch die Engel einem niederen Engelchor an.»

Diese Sorge um Einhaltung der irdischen Etikette und Hierarchien mutet etwas schwärmerisch an...

Die Kirche sieht nur für zwei Arten von Seelen eine besondere Zeremonie im Himmel vor: für die gottgeweihten Jungfrauen und die Märtyrer.

Eusebius von Cäsarea und Method von Philippi sagen, daß die Engel die gottgeweihten Jungfrauen wegen der Keuschheit und der Loslösung von allem Fleischlichen als ihre Schwestern anerkennen; daher begnügen sie sich nicht, diese Jungfrauen nur zu begleiten, sondern «sie tragen sie, damit ihnen die Reise leichter sei».

Der uneingeschränkte Triumph ist allerdings den Märtyrern vorbehalten. Da sie die Passion ihres Erlösers durchlitten haben, steigen ihre Seelen als Sieger und Eroberer unter Freudenrufen — so wie bei der ruhmreichen Himmelfahrt Christi — in den Himmel auf.

Eine Stelle aus dem Korintherbrief des hl. Paulus hat in einer Zeit, als das Martyrium noch ein tägliches Risiko und keine schulmäßige Hypothese war, eine Überlegung bei den Theologen ausgelöst:

«Ich glaube nämlich, Gott hat uns Apostel auf den letzten Platz gestellt, wie Todgeweihte; denn wir sind zum Schauspiel geworden für die Welt, für Engel und Menschen.»[534]

Diesen Vers kommentiert Origenes folgendermaßen:

«Eine große Schar ist zugegen, um euch zuzuschauen, wenn ihr kämpft und zum Martyrium gerufen seid. (...) Es ist also die ganze Welt, alle Engel, die rechts und links neben euch stehen und alle Menschen, die vernehmen, wie ihr um Christi willen kämpft. Die Engel im Himmel freuen sich mit euch.[535]

Genau dieses Bild tauchte in den Träumen oder Visionen des Saturus, jenes Anführers der kleinen Märtyrergruppe von Karthago, während seiner Gefangenschaft im Jahr 203 auf. Und allmählich keimt noch eine andere Gewißheit in der Kirche: Die Engel sind

534 1 Kor 4,9
535 *Ermutigung zum Martyrium*

nicht nur da, um dem Sieg der Märtyrer beizuwohnen, sondern auch, um zu verhindern, daß sie die schrecklichen Qualen spüren.

In seinem Kommentar über das Martyrium des hl. Stephanus schreibt Gregor der Große, daß die Engel den Diakon umgaben, während man ihn steinigte, und das Lob des Herrn sangen, damit Stephanus, «von dieser Harmonie betört, nicht die Trennung seiner Seele vom Leib spüren sollte».[536]

Wie dem auch sei, die Kirche hat den Triumph, der die Sieger auf dem Weg zum Himmel erwartet, gerne gerühmt.

«Wer könnte der Seele eines Märtyrers folgen, die, nachdem sie die Dämonen überstiegen hat, zum himmlischen Altar strebt? Selig die Seele, die die ihr entgegenkommenden Dämonen der Lüfte durch den Anblick des Blutes, mit dem der Märtyrer bedeckt ist, in die Flucht schlägt. Selig derjenige, der zum Himmel aufsteigt und von dem die Engel sagen: "Wer ist jener, der aus Bozra kommt in rotgefärbten Gewändern?"»[537]

«So waren die Körper der Märtyrer; ihr Blutstrom überflutete sie wie mit Purpurstrahlen und erleuchtete ihre Körper weitaus stärker als die Sonne den Himmel erleuchtet. Die Engel betrachteten dieses Blut mit Wonnen; die Dämonen erschauerten und der Teufel zitterte. Die Märtyrer steigen in den Himmel auf; die Engel gehen ihnen voraus und die Erzengel umgeben sie wie eine Wache. Wenn sie im Himmel angekommen sind, laufen die heiligen Gewalten herbei und wollen ihre Wunden sehen. Sie nehmen sie voll Freude auf und umarmen sie. Dann bilden sie eine unermeßlich große Eskorte, um sie zum König zu geleiten, der voll Herrlichkeit inmitten der Seraphim und der Cherubim auf dem Thron sitzt. Dort vereinen sie sich mit ihren Chören und nehmen an den mystischen Gesängen teil.»[538]

Muß noch hinzugefügt werden, daß es nicht immer so gut ausgeht?

Der Märtyrer ist im Himmel angekommen — gereinigt von seinen Verfehlungen, erlöst und verherrlicht. Er hat weder von Gottes

---

536 *Dialoge*
537 Origenes, *Ermutigung zum Martyrium.*
538 Johannes Chrysostomus, *Predigt über die Märtyrer.*

Gericht etwas zu befürchten, noch vom Zeugnis der Engel oder der Dämonen, die es nicht einmal gewagt haben, sich ihm zu nähern oder ihm zu folgen, als sie ihn kommen sahen. Für die Seelen der gewöhnlich Verstorbenen bleibt das persönliche Gericht jedoch der furchtbarste Augenblick.[539]

Die Seele sieht sich, entblößt von ihrer ganzen irdischen Eitelkeit und den Illusionen, die sie sich über ihre Tugenden und Verdienste machen konnte, so wie sie ist — in ihrem Elend und ihrer Vermessenheit. Sie schaut die unsägliche Größe Gottes und indem sie diese Größe betrachtet, wird sie sich auf unerträgliche Weise der Verfehlungen und Unterlassungen bewußt, die sie gegenüber Gott begangen hat. Eine Seele, die im Zustand der Gnade, aber nicht genügend geläutert ist, wird unermüdlich alles, was in ihr noch nicht mit der göttlichen Vollkommenheit übereinstimmt, ausmerzen. Eine Seele im Zustand der Todsünde wird weder den Anblick Gottes, noch auch ihre früheren Verfehlungen, die jetzt nicht mehr wiedergutgemacht werden können, ertragen können. Um der Gerechtigkeit und der Liebe Genüge zu tun, stürzt sich die eine Seele gerne ins Fegefeuer, während die andere in die Hölle flieht, weil dies der einzige Ort ist, an dem sie sich verstecken kann.

Schon sehr bald fand im Christentum die Vorstellung Eingang, daß dieses persönliche Gericht starke Ähnlichkeit mit einem Prozeß und den daran beteiligten Personen besitzt: Angeklagt ist die Seele, um deren Schicksal es geht; Christus ist der Richter, den niemand täuschen kann; der Schutzengel nimmt die Rolle des Advokaten und Verteidigers ein und der Teufel die des Anklägers. Aus dem Judentum hatte man nämlich die Gewißheit übernommen, daß auch ein Engel der Finsternis anwesend ist, der «Zwilling» des Schutzengels, der dieselbe Rolle wie dieser — nur auf entgegengesetzte Weise — bei den Völkern, den Gemeinschaften und den Einzelpersonen innehat.[540] Gregor von Nyssa faßte diese Lehre zusammen als er schrieb:

---

539 Die Kirche lehrt, daß es ein zweifaches Gericht gibt. Das erste, persönliche Gericht findet im Augenblick des Todes statt und entscheidet über das Heil oder die Verdammung eines jeden. Das andere Gericht ist das Jüngste Gericht am Ende der Zeiten. Es wird die ganze Menschheit betreffen und nicht nur den Seelen, sondern auch den auferstandenen Körpern das ewige Heil oder das ewige Verderben bringen.

«Nachdem unsere Natur in die Sünde gefallen war, wurde unser Sturz von seiten Gottes nicht ohne Beistand gelassen; Er setzte einen Engel aus der Reihe der unkörperlichen Geistwesen ein, der dem Leben eines jeden Menschen beistehen sollte.

Das Sinnen des Verderbers unserer Natur richtete sich auf ein entgegengesetztes Ziel: Durch einen bösen Engel, der überdies Missetaten begeht, wollte er die menschliche Natur schädigen.

Vom Menschen, der zwischen diesen beiden Engeln steht, die ihn auf ihre Seite ziehen wollen, hängt es ab, den einen über den anderen triumphieren zu lassen. Der gute Engel stellt seinem Geist die Früchte der Tugend vor Augen und all das, was jene, die das Gute tun, in ihrer Hoffnung sehen. Der andere stellt ihm die irdischen Vergnügungen vor, aus denen er für die Zukunft keine Hoffnung erwarten kann; vielmehr nehmen deren Anblick und Genuß die Sinne der törichten Menschen im Hier und Heute gefangen.»[541]

Die beiden Engel — der gute und der böse — stehen also neben dem Menschen, dem sie während seines ganzen Lebens Ratschläge erteilten und der sie jetzt zum erstenmal sieht. Keine seiner Taten ist ihnen verborgen und sie verbürgen sich für sie: Der eine, um das Gute und die Gerechtigkeit triumphieren zu lassen, der andere, um seinen Haß gegen die Menschen zu stillen. Während sie für oder gegen die Seele sprechen, enthüllen sie alles. Um gegen peinliche Überraschungen, die ein solches «Auspacken» nach sich ziehen könnte, gewappnet zu sein, schrieb der hl. Hilarius folgende Warnung:

«Wenn die Furcht vor einem ungebetenen Eindringling schon manchen, der eine Verfehlung begehen wollte, zurückgehalten hat, welches Verhalten müßte sich da einem Christen ziemen, der sich von allen Seiten vom Zeugnis so vieler geistiger Mächte umgeben weiß — und zwar nicht nur bei seinen Taten, sondern auch bei seinem Wollen? (...) Wir könnten ihr Zeugnis fürchten, (...) und wir müssen auch den Teufel und alle seine Zeugen fürchten.»[542]

---

540 Siehe u.a. auch die apokryphe Schrift des Pseudo-Barnabas und *Der Hirte* von Hermas: «Es gibt zwei Engel für den Menschen, den der Gerechtigkeit und den des Bösen.»

541 *Leben des Mose*

542 *Kommentar zu Psalm 118*

«Die Dämonen sind Pharisäer», sagte P. Lamy. Er verstand darunter, daß sie — außer der ihnen eigenen Sünde des Hochmuts[543] — die Menschheit gerne in Verfehlungen hineinziehen wollen, die ihnen schändlich, entwürdigend, verachtenswert erscheinen. Ob gefallen oder nicht, sie sind Engel, und die Vorstellung, daß der Mensch dumm genug sein kann, um die geistigen Schätze, die ihm im Tausch gegen materielle Genüsse, verbunden mit der Befriedigung des Fleisches und seiner Instinkte, verheißen sind, zu opfern, belustigt und widert sie zugleich auch an... Diese Verfehlungen — sie selber haben geholfen, damit der Mensch sie beging — kennen sie genau und zählen sie mit Wohlgefallen auf. Eine ihrer Lieblingstechniken am Bett eines Sterbenden besteht darin, daß sie ihn an der göttlichen Milde zweifeln lassen, indem sie ihm die Abscheulichkeit seiner Sünden vor Augen stellen, um ihn in die Verzweiflung, d.h. geradewegs in die Hölle zu stürzen. Vor dem Thron ihres Richters kann die Seele jedoch nichts mehr modifizieren oder bedauern. Sie kann nur noch voller Schmerzen die unendliche Liste ihrer Verfehlungen anhören. Denn darauf versteht sich Luzifer; sein Bereich ist die Schuld und die Straffälligkeit... Der Schutzengel versteht es seinerseits, jede auch noch so geringe Tat wiederzufinden, die den Richter zur Nachsicht bewegen kann.

Trotzdem kann es vorkommen, daß der Schutzengel nichts in die Debatte einzubringen hat, daß er dem Teufel nichts entgegnen kann und genötigt ist, seinen Schützling den höllischen Mächten zu überlassen.

Dieser entscheidende Disput um die Seele wurde oft als ein Wiegen[544] der Seele dargestellt; in der romanischen Skulptur kommt es sehr häufig vor. Im Zentrum steht Michael, dem die Rolle der Psychostase zugefallen ist; er hält eine Waage in der Hand. Auf den beiden Waagschalen liegen die guten und die schlechten Taten des Toten; sie liegen dort ganz nackt, klein, armselig und von allem entblößt. Rechts und links davon stehen der Schutzengel und der

---

543 Deshalb ist die Sünde des Hochmuts, die Sünde Luzifers, die Sünde gegen den Geist, die einzige, die nicht sehr innig mit der dem Fleisch innewohnenden Schwäche verbunden ist, die schwerwiegendste Sünde.

544 Der hl. Augustinus kannte diese Glaubensüberzeugung und bestätigte sie.

Dämon, der manchmal zu mogeln versucht und die Waage zu seinen Gunsten senken will. Dieses Thema war im Mittelalter besonders beliebt und hat viele Autoren von Mysterienspielen inspiriert.

Aber Michael ist nicht einfach aus Zufall eine Psychostase geworden. In einem frühen christlichen Text *Das zweite Buch der sibyllischen Orakel* hält nicht nur er die Waage. Die drei großen Erzengel Gabriel, Raphael und Uriel assistieren ihm.

Dieses Thema ist jedoch schon viel älter als das Christentum und in aller Welt ein wenig verbreitet.

Auch das Judentum kannte jene Geister, setzte sie jedoch mit Dämonen gleich, wie es das Buch Ijob vermuten läßt. Im Fernen Osten ist Buddha ein solches Wesen; er entscheidet über das künftige Karma der Seele, das ihrem vergangenen Leben entspricht. In der griechisch-lateinischen Welt hatte Hermes-Merkur diese Rolle inne. Es ist übrigens sehr wahrscheinlich, daß wegen des Hermes-Trismegist der Gnostiker, der leicht mit Michael verwechselt wurde, der Erzengel in den Darstellungen nicht nur — wie ursprünglich — der Führer der Seelen zum Himmel ist, sondern auch — wenngleich nicht Richter der Toten — so doch jene absolut integere Person wurde, die die Waage in der Balance hält.

Die Glaubensüberzeugung vom Gewogen-Werden der Seele hat sich jedoch vor allem bei den Ägyptern manifestiert.

Nach dem *Totenbuch* gelangt der Verstorbene, nachdem er mehrere gefährliche Prüfungen überstanden hat, in das Reich der Osiris und erscheint vor dem Gericht, bei dem diese Gottheit den Vorsitz hat. Er wird von Anubis, dem Gott mit dem Kopf eines Schakals[545], empfangen. Anubis nimmt ihn an die Hand und führt ihn in den Saal der beiden Maat, wo eine Waage steht. Auf der einen Waagschale liegt das Herz des Toten, sein kâ, auf der anderen eine Feder. Anubis achtet auf die richtige Einstellung der Waage, während Toth, ein Gott mit Affen- oder Ibisgesicht — je nach Tempel — sich anschickt, die Worte des Toten und das Gericht zu notieren. Toth ist immer eine Mondgottheit und ein Magier.[546] Dann beginnt eine

545 Hier ist anzufügen, daß der hl. Christophorus, der hl. Flußfährmann, — d.h. auch er ist ein Psychagoge — im Osten manchmal mit einem Hundekopf, also unter den Zügen des Anubis, dargestellt wird.

ausgedehnte Rechtfertigung vor Osiris, Isis und ihren zweiundvierzig Schöffen. Nachdem der Tote seine große Frömmigkeit kundgetan hat, indem er alle mit ihren geheimen Namen angerufen hat, widerlegt er alle Sünden, verkündet, daß er sie verabscheut und sie nicht auf dieser Erde begangen hat. Sagt er die Wahrheit, erbebt das kâ auf der Waagschale nicht, sondern bleibt mit der Feder der Gerechtigkeit in vollendetem Gleichgewicht. Der Tote wird daraufhin in den Himmel eingelassen. Lügt er jedoch, so neigt sich die Waagschale. Dann stürzt sofort ein furchtbares Untier herbei, das zugleich Löwe, Krokodil und Nilpferd ist und den Namen «Verschlinger» trägt; er verschlingt das kâ und beraubt den Sünder des ewigen Lebens.

Im Christentum ist es ähnlich, wenn sich die Waagschale auf die Seite des Teufels senkt. Was wird dann aber aus dem Engel, der seinen Schützling verliert? Origenes, dessen bisweilen abenteuerliche Meinungen nicht alle von der Kirche zugelassen wurden, glaubte, daß der Engel in diesem Fall seine Sendung grob fahrlässig nicht erfüllt habe und dafür bestraft werden müßte... Als Folge würde er die visio beatifica auf ewig verlieren. Eine schreckliche Strafe, die außerdem völlig ungerechtfertigt wäre. Diese Meinung des Origenes wurde aus mehr als einem Grund verurteilt: Sie widerspricht der Überzeugung, daß die Engel, nachdem sie die erste Prüfung bestanden hatten, in der Gnade gefestigt wurden, was die Gewißheit nach sich zieht, daß nichts und niemand sie von Gott trennen kann. Zudem setzt diese Meinung auch voraus, daß es dem Engel völlig frei stünde, den Menschen vor Verfehlungen zu bewahren, was der Freiheit der Geschöpfe widerspricht.

Die Schutzengel sind vielmehr wie Ärzte: Erfolg zu haben, steht nicht immer in ihrer Macht. Sie sind nicht verpflichtet, ein Resultat vorzuweisen. Da es als sicher gilt, daß ein Schutzengel immer sein möglichstes tut und keine Mühe scheut, um die Seele des ihm Anvertrauten zu retten, ist er für dessen eventuellen Mißerfolg nicht verantwortlich.

546 Es ist kein Zufall, daß die Griechen Toth mit Hermes-Trismegist verglichen, der seinerseits mit Michael verglichen wurde.

Aber was empfindet der Engel, wenn er sieht, daß die Seele, der er sich so lange gewidmet hat, verlorengeht? Weder Trauer noch Bedauern. Die seligen Geister sind — wie schon ihr Name sagt — in der absoluten Glückseligkeit verankert. Es gibt für sie keinen Grund für Kummer, wenn sich alles nach Gottes Plänen vollzieht. Und da nichts geschieht, das Gott nicht zugelassen hätte, kann die Seligkeit der Engel durch nichts getrübt werden, denn sogar das Böse dient letztendlich der Erfüllung von Gottes Plänen. Die Verdammung einer kriminellen Seele ist nur eine Wiedergutmachung der Beleidigungen, die Gott während des irdischen Lebens zugefügt wurden. Sie ist also die vollendete Erfüllung der göttlichen Gerechtigkeit und die Engel, die bevorzugte Werkzeuge dieser Gerechtigkeit sind, würden sie keinesfalls behindern, noch auch an ihr Ärgernis nehmen. Der hl. Basilius war der Meinung, daß der Schutzengel eines Übeltäters, der schon seit langem durch dessen Sünden zermürbt ist, sogar bereit wäre, den verhärteten Sünder mit eigener Hand zu strafen...

Der Engel läßt also der Gerechtigkeit Gottes freien Lauf. Aber da steht er nun und hat für die ganze Ewigkeit die Gefährtenschaft dieses Mannes oder dieser Frau, mit der er die himmlische Glückseligkeit wie mit dem besten Freund hätte teilen sollen, verloren. Damit diese Engel dieses Glückes nicht beraubt werden, hat Gott — den Berichten mancher Mystiker zufolge — gestattet, daß die Engel der Verdammten den Hofstaat seiner Mutter bilden. Sie singen also der reinen Muttergottes ihre Lobgesänge, und wenn sie Maria betrachten, finden sie Trost für die Schlechtigkeit und Gemeinheit, die sie auf dieser Erde mitansehen mußten... Weitaus beunruhigender ist allerdings eine andere Aussage von P. Lamy und einigen anderen privilegierten Seelen: Unsere Liebe Frau sei von einem sehr großen Hofstaat, von einer Vielzahl Engel umgeben... Von dieser Aussage ist es leider nur noch ein kleiner Schritt bis zur Schlußfolgerung, daß es eine Unzahl von Verdammten gibt.

Wenn die selige Seele, gereinigt von allen ihren Verfehlungen, erlöst durch ihre Leiden und Opfer, vor ihrem Richter erscheint, wird sie direkt ins Paradies eingelassen und ihr Engel kann in Freudenrufe ausbrechen. Der Schutzengel konnte, ähnlich wie Raphael, sein Vorbild, seinen Schützling in das Vaterhaus zurückbringen. Und nun können sie durch nichts mehr voneinander getrennt werden und nichts vermag ihre ewige Seligkeit zu stören.

Es bleibt noch eine dritte Hypothese; es ist die am häufigsten vertretene Hypothese: In dem Augenblick, wo sich die Seele vom Körper trennt, werde sie von ihren Todsünden gereinigt und daher vom Höllenfeuer verschont. Aber diese Reinigung bleibe ungenügend, da sie die läßlichen Sünden oder schlecht durchgeführte Bußen bestehen lasse. Die Arbeit sei also noch nicht vollendet. Bevor die Seele in den Himmel eingehen könne, spüre sie die Notwendigkeit, diese Reinigung zu vollenden und die Vollkommenheit ihrer Taufe wiederzuerlangen. Daher eile sie aus freien Stücken in das Fegefeuer.

In unserer Epoche hat man gerne betont, daß es weder ein Fegefeuer, noch eine Hölle gibt, sondern daß diese die Erfindung von Klerikern des Mittelalters seien. Diese Kleriker hätten ihre vom Gedanken an die letzten Dinge und der Angst vor dem Teufel besessenen Schäflein beruhigen wollen...

Das Fegefeuer ist ein Ort, an dem durch Feuer gereinigt wird; ein Feuer, das dem hl. Thomas von Aquin zufolge nicht schwächer als das Höllenfeuer ist. Der Unterschied besteht allerdings darin, daß die im Fegefeuer erduldeten Leiden dazu dienen, die Seele zu reinigen, und daß diese Leiden früher oder später ein Ende haben werden, denn auch der Sünder, der, nachdem er Sünden über Sünden angehäuft hat, noch mit knapper Not gerettet wurde, hat die Zusicherung, nur bis zum Tag des Gerichtes im Fegefeuer zu bleiben... Zu diesem nicht erlöschenden Feuer kommt noch, ähnlich wie in der Hölle, der Schmerz der Verdammnis, der Trennung von Gott hinzu, die noch schmerzlicher ist, da die Seelen, die der glückseligen Schau Gottes beraubt sind, liebende Seelen sind, die auf ein ewiges Bei-Gott-Sein hoffen.

Es gibt genügend biblische Texte, die als Grundlage für die Lehre vom Fegefeuer dienen.

Das Alte Testament fordert auf, für die Verstorbenen zu beten. Nach seinem Sieg über die Idumäer beschloß Judas, der Makkabäer, für die Seelenruhe seiner im Kampf gefallenen Soldaten ein Opfer darzubringen:

«Er veranstaltete eine Sammlung, an der sich alle beteiligten, und schickte etwa zweitausend Silberdrachmen nach Jerusalem, damit man dort ein Sündopfer darbringe. Damit handelte er sehr schön und edel; denn er dachte an die Auferstehung.»[547]

Die Auserwählten im Himmel bedürfen aber nicht mehr des Gebetes und den Verdammten nützt es überhaupt nichts mehr... Daraus muß man schließen, daß es einen Zwischenzustand und eine Zwischenzeit gibt.

Das Neue Testament bestätigt diese Überzeugung an sehr vielen Stellen. Die Theologen interpretieren manche Stellen des Matthäus-Evangeliums[548] in diesem Sinne und noch mehr manche Textstellen des hl. Paulus:[549]

«... damit alle im Himmel, auf der Erde und unter der Erde ihre Knie beugen vor dem Namen Jesu.»

«Das Werk eines jeden wird offenbar werden; jener Tag wird es sichtbar machen, weil es im Feuer offenbart wird. Das Feuer wird prüfen, was das Werk eines jeden taugt. Hält das, was er aufgebaut hat, stand, so empfängt er Lohn. Brennt es nieder, dann muß er den Verlust tragen. Er selbst aber wird gerettet, doch so wie durch Feuer hindurch.»[550]

Paulus kennt also sehr wohl etwas, das dem Fegefeuer ähnelt und es ist offensichtlich, daß niemand, der in der echten Hölle lebt, spontan gewillt ist, sein Knie vor dem Namen Jesu zu beugen. Die paulinische Hölle steht hier in derselben Linie wie der von Johannes beschriebene Ort:

«Und alle Geschöpfe im Himmel und auf der Erde, unter der Erde und auf dem Meer, alles, was in der Welt ist, hörte ich sprechen: Ihm der auf dem Thron sitzt, und dem Lamm gebühren Lob und Ehre und Herrlichkeit und Kraft in alle Ewigkeit.»[551]

Mit anderen Worten: Es handelt sich um das Fegefeuer.

---

547 2 Makk12, 43
548 U.a. Mt 12,32
549 Phil 2,10
550 1 Kor 3,13-15
551 Offb 5,13

Welchen Platz können die Engel in dieser offensichtlich schon früh entstandenen Lehre einnehmen?

Eine apokryphe Schrift gibt eine erste Vorstellung davon, die wohl mit der Vorstellung der Christen aus der Antike übereinstimmt:

«Und siehe, ein Fluß mit seinen Wassern. Ich sagte zum Engel: "Was ist das?" Er sagte mir: "Wenn jemand schamlos oder ruchlos ist, aber Buße tut, so wird er, wenn er seinen Körper verlassen hat, herausgeführt, um Gott zu ehren und durch das Gebot des Herrn wird er dem Erzengel Michael überliefert, der ihn in dem Fluß tauft und ihn dann ebenfalls in die Gottesstadt geleitet."»[552]

Es gibt also einen Engel, der manchmal mit Michael gleichgesetzt wird, der als Wächter dieses reinigenden Flusses eingesetzt ist.

Die hl. Franziska Romana hatte unter der Führung Raphaels die Hölle und das Fegefeuer besucht. In ihrer Abhandlung[553] lehrte Franziska, daß die Seelen von ihren Schutzengeln an diesen Ort geleitet werden. Die Schutzengel warten dort auf sie und ermutigen sie, den Aufenthalt dort zu ertragen, um zur Herrlichkeit zu gelangen. Der Gegenspieler des Schutzengels, der «Wachdämon», wartet dort ebenfalls. Aber selbst wenn ihm die Seele endgültig entgangen ist, selbst wenn es ihm untersagt ist, ihr die Qualen der Verdammten aufzuerlegen, so bereitet es ihm ein böses und grausames Vergnügen, sie an ihre Verfehlungen zu erinnern und sie das Vergangene bedauern zu lassen.

Die Vision der Franziska zeigt das Fegefeuer aufgeteilt in mehrere Zonen. Wie in der Hölle, wo die äußeren Kreise jene Zonen sind, wo weniger schwere Sünden gesühnt werden, so ist es auch mit dem Fegefeuer: Je mehr man an den Rand der konzentrischen Kreise des Fegefeuers gelangt, desto leichter werden die Qualen. Das Feuer ist durch kochende oder gefrorene Seen ersetzt.[554] In diesen Seen sühnen die Sünder, wobei ihre Schutzengel sie sowohl überwachen als auch Mitleid mit ihnen empfinden und sie zu trösten versuchen.

552 Apokalypse des Paulus
553 *Del Purgatorio.* Armellini edizione
554 Hier sieht man, daß die konzentrischen Kreise der Franziska Romana sehr an *Die Hölle* des Dante erinnern. Dagegen ist das von ihr beschriebene Fegefeuer in nichts mit dem von Dante beschriebenen hohen Berg, dessen Gipfel das Paradies berührt, vergleichbar.

Allein schon der Anblick ihrer Engel ist für sie ein Vorgeschmack des Himmels und lindert ihre Qualen. Um Gottes unverzügliche Barmherzigkeit auf die Seelen herabzurufen, singen diese Engel unablässig einen Bußhymnus: *Parce, Domine, parce populo tuo! Ne in aeternum irascaris nobis!*[555]

Und im Augenblick ihrer Befreiung tragen die Engel sie voll Freude an den Ort des Friedens, der ihnen nun offensteht.

Die Engel kümmern sich also um das ewige Heil der vom Leib getrennten Seele. Dieser Leib, der ein Tempel des Heiligen Geistes war, sofern er der eines Getauften war, diesem Leib gilt eine triumphale Verheißung: Ihm ist die Auferstehung und die Herrlichkeit verheißen.

Daher stehen die Engel den sterblichen Überresten nicht gleichgültig gegenüber. Eine sehr alte jüdische Tradition erzählt, daß nach dem Tod des Mose, der außerhalb des verheißenen Landes gestorben war, sein Leichnam Objekt eines regelrechten Kampfes zwischen Michael und Luzifer wurde. Satan wollte sich nämlich gewaltsam des Leichnams bemächtigen — zweifelsohne, um das Volk anzustacheln, ihm einen götzendienerischen Kult darzubringen.[556]

Die Christen waren schon sehr früh der Überzeugung, daß die Engel auf besondere Weise den Friedhöfen und Gräbern zugeordnet sind. In manchen Inschriften werden sie sogar als «Orte der Engel» bezeichnet. Eine auf einem Grabstein in Melos gefundene Inschrift bezeugt dies:

«Ich bitte euch inständig im Namen des Engels, der hier steht, daß niemand es wagen möge, hier einen anderen Leichnam hinzulegen!»

Das katholische Begräbnisrituale sagte übrigens nichts anderes: «Gott möge in seiner Barmherzigkeit, durch die die Seelen der Verstorbenen Ruhe finden, dieses Grab segnen und seine Engel senden, um es zu bewachen.»

Lange Zeit gab es den Brauch, eine betrübte Engelgestalt über einem Grab aufzustellen. Diesen Brauch gibt es heute nur noch bei

---

555 «Verzeih, Herr! Verzeih deinem Volk! Zürne uns nicht auf ewig!» Früher wurde dieser Hymnus in der Advents- und Fastenzeit gesungen.

556 Siehe die alttestamentlichen apokryphen Schriften wie z.B. *Die Himmelfahrt des Mose* und *Die Apokalypse des Mose*. Siehe auch den *Judasbrief*, in dem diese Vorstellung ihren christlichen Widerhall findet.

Begräbnissen von sehr früh verstorbenen Kindern, die noch vor Erreichen ihrer Vernunft sterben und direkt ins Paradies aufgenommen werden.[557]

Diese Engel der Friedhöfe, die sich dort anstelle der Schutzengel befinden, warten geduldig auf jenen Moment, an dem die Trompete des Gerichts ertönen und die Erde und das Meer die Körper, die sie in ihre Abgründe verschlungen haben, zurückgeben werden.

557 Deshalb wird die Totenmesse kleiner Kinder auch «Engelmesse» genannt und deshalb trägt der Zelebrant auch nicht schwarze, sondern weiße Gewänder, die Ausdruck der Freude und nicht der Trauer sind.

14. Der Geist der Wahrheit und der Geist des Irrtums

Wenn sich die Überlegungen des Abendlandes seit Ende des Mittelalters und der Glaube der Kirche im 20. Jahrhundert allmählich von der Engellehre abgewandt haben, so ist in anderen Religionen und Strömungen das Interesse für sie nie abgeflaut. Diese Tendenz war und blieb in verschiedenen christlichen Häresien im Laufe der Zeit viel ausgeprägter. Eine ähnliche Tendenz weisen auch Bewegungen auf, die selbst heutzutage auf mehr oder weniger bewußte Weise und mehr oder weniger offen oder verdeckt ihre Lehren auf die Lehren der frühen häretischen Sekten gründen. In diesen Spekulationen haben die Engel manchmal eine Rolle inne, bei der es gut ist, sich an die Mahnungen der Apostel und die Warnungen des katholischen Lehramtes zu erinnern: Nicht jeder Engel ist auch zwangsläufig der Engel, der zu sein er vorgibt.

Unter den Quellen, die diese Spekulationen der nicht-katholischen Engellehre genährt haben, muß man außer der Gnosis und einigen christlichen, häretischen Sekten vor allem den Einfluß der Manichäer hervorheben, die — ohne eine christliche Abweichung zu sein — einen starken Einfluß auf die Welt des 3., 4. und 5. Jahrhunderts ausübte. Der Manichäismus vermochte es sogar, den hl. Augustinus in seiner Jugend zu betören.

Mani wurde 215 in Persien geboren. Sein Vater ist Mitglied einer andersgläubigen christlichen Sekte, es ist die Sekte der Alexeiten. Von diesen Alexeiten weiß man nur wenig; sie waren Dualisten[558] und sahen in Jesus vielleicht nicht den waren Gott, der Mensch

558 Der Dualismus ist eine Glaubensüberzeugung, nach der es zwei göttliche Prinzipien gibt: Einen Gott des Guten und des Lichts, Schöpfer der geistigen Welt, und einen Gott des Bösen und der Finsternis, Schöpfer der materiellen Welt.

wurde, sondern einen Engel, der in menschlicher Gestalt auf die Erde gekommen war.[559]

Mani ist mehr als brillant. Er besitzt eine geniale Gabe für philosophische Spekulationen. Er spricht alle Sprachen des Perserreiches fließend. Er ist ein sehr talentierter Poet und Zeichner. Als er 228 einmal in Meditation versunken ist, sieht er, wie ihm ein Engel erscheint. Er nennt sich Ait-Taum, «der Zwilling» und ist gekommen, um ihn «die wahre Religion» zu lehren... Mit einem Wort: Das Abenteuer des Mani hat Ähnlichkeit mit dem des Zarathustra acht Jahrhunderte zuvor und mit dem des Mohammed vierhundert Jahre später.

Aus dieser Unterweisung stellt der junge Mann seine Bibel zusammen, *Die Offenbarungen über die definitive Religion*.[560] Einstweilen reiste er in den Fernen Osten, besuchte Indien, Tibet, China und nahm die asiatische Philosophie in sich auf. Der Manichäismus wurde schließlich zu einem widersprüchlichen Gemisch christlicher Häresien (Dualismus der Alexeiten und Marcioniten), des Gnostizismus, des zoroastrischen Dualismus und des Buddhismus, dem Mani seinen Glauben von der Metempsychose entlieh.

Die Manichäer sind also davon überzeugt, daß es zwei Hauptprinzipien gibt — das Gute und das Böse — die sich einen gnadenlosen Kampf liefern. Der Mensch kann dabei keine neutrale Position einnehmen. Das einzige Mittel, um auf die Seite des absoluten Guten zu gelangen besteht darin, sich von der Materie, die eine Erfindung des Bösen ist, zu befreien und schnellstmöglich in den engelgleichen Zustand zurückzukehren. Um das zu erreichen, muß der wahre

559 Solche Abschweifungen waren damals modern. Man findet sie im jüdisch christlichen Täufertum des Elchassai um 100 wieder, sowie bei den Ebonitern, die mehr oder weniger von der Engellehre der Essener inspiriert waren und bei Philon von Alexandrien — sie alle nannten Jesus «den höchsten Engel». Später tauchte dieser Gedanke auch bei den Angelisten auf. Gegen diese Irrtümer erhob sich der hl. Augustinus, und das Konzil von Laodizea verurteilt sie ebenfalls. Diese Irrlehren waren es auch, die die kirchliche Einschränkung der Engelverehrung nach sich zogen. Nachdem sie den Manichäismus durchlaufen hatten, traten sie im Mittelalter über die Bogomilen (eine gnostische Sekte auf dem Balkan) und die Katharer wieder auf. Heute leben sie in der New-Age-Bewegung wieder auf.

560 Die seltsamen Theorien des Manichäismus zogen überall, wo sie sich ausbreiteten, Verfolgungen nach sich: Vom Osten bis in den Westen der ganzen damals bekannten Welt. Außer einigen Texten von Mani, die ins Chinesische übersetzt wurden, und vor allem den glänzenden Widerlegungen des hl. Augustinus, besitzen wir nur sehr wenige Dokumente über diese Theorien.

Gläubige dem Gesetz der drei Siegel folgen; dieses Gesetz verbietet, jedwedes lebende Wesen zu töten oder zu verletzten und seine Lippen durch Lüge und seinen Mund durch den Verzehr von Fleisch zu verunreinigen, sich zu einem Verbündeten des Bösen zu machen, indem man dazu beitragen würde, durch das «Werk des Fleisches» die materielle Schöpfer fortdauern zu lassen.

Da es unmöglich war, einem solchen Gesetz zu folgen, von dem Mani sagte, es sei die Erfüllung des Willens jenes guten Gottes, dessen Bote der Engel Jesus war..., wurden gewöhnlich weitreichende Zugeständnisse gemacht, die es ermöglichen sollten, es beim nächsten Mal, d.h. im nächsten Reinkarnationszyklus, besser zu machen...

Mani, der allgemein als Unruhestifter angesehen wurde, als Zerstörer von Ordnung und Gesellschaft, als Hauptdenker einer permissiven Doktrin, die im Extremfall zu schlimmsten Exzessen führte, starb im Jahr 276 unter Foltern in Persien. Der Manichäismus als solcher hielt sich nicht, aber viele seiner Ideen tauchten im Laufe der Jahrhunderte hier und da wieder auf.

Der berühmteste Fall eines Wiederauftauchens von manichäischem Gedankengut findet man im 13. Jahrhundert bei den Katharern.

Die Katharer («Reine») lehrten ihre Anhänger nämlich, daß jede menschliche Seele ein gefallener Engel sei, ein reiner Geist, der in die Materie gefallen sei.[561] Um wieder in den reinen Engelzustand zurückzukehren, muß der Mensch jeglicher Gewalt, jeglichem Materialismus abschwören und sogar darauf verzichten, zu heiraten und Kinder zu zeugen. Dieses Hinabfallen in die Materie sei möglich, weil nur die Engel des siebten Himmels makellos und vollständig mit Gott vereint seien. Der Engel habe eine dreifache Natur: Geist, Seele und Gestalt. Nur die Wiedervereinigung des Geistes mit der Seele, die durch das Fallen in die Materie getrennt wurden, ermögliche es, diesem Drama der Entzweiung ein Ende zu setzen. Das Sakrament des *Consolamentum* würde diese Befreiung und diese Rückkehr in den Himmel sicherstellen. Da aber das Gesetz der

561 Eine platonische Theorie.

Katharer genauso rigide und hoffnungslos war wie das der Manichäer, von dem es auch ausgegangen war, fanden es die meisten Gläubigen leichter, erst kurz vor ihrem Tod Mitglied in der Gruppe der «Reinen» zu werden.

Für die Katharer ist Eva ein Engel des zweiten Himmels und Adam ein Engel des dritten Himmels.[562] Der Heilige Geist, die Muttergottes, Christus, der manchmal mit Michael verwechselt wird, sind Engel.[563]

Noch andere Strömungen interessierten sich in Europa für die Engel. Vom 14. bis zum 16. Jahrhundert entwickelte sich besonders in Böhmen und in Prag die christliche Kabbala, deren Hauptvertreter Reuchlin und der berühmte Cornelius Agrippa wurden. Dieser christliche Kabbalismus träumte vom philosophischen Stein, von einer Magie, einer okkulten Wissenschaft, die so mächtig wären, daß man durch sie alle Kräfte des Universums beherrschen könnte. Erinnert man sich an die auf dem Konzil von Laodizea verurteilten Abweichungen, so versteht man leicht, welchen Platz die Engel in dieser Vorstellung einnehmen. Es geht schlicht und einfach um das Wiederauftreten einer wirksamen Magie, der Engelnamen zugeordnet werden; diese Engel sind wiederum Träger geheimer Kräfte und werden mit einer Numerologie verbunden, was dazu führte, daß die Kirche den Brauch untersagte, die Engel mit Namen zu nennen. Es durften nur noch Michael, Gabriel und Raphael namentlich genannt werden; wer auch andere namentlich nannte, wurde verdächtigt, Dämonen anzurufen.

Für die Kabbalisten, waren die Engel aus dem Urfeuer gebildet worden. Sie können reine Geister sein; ist das der Fall, bleiben sie für immer bei Gott. Sie können aber auch teilweise materiell sein; in diesem Fall haben sie eine Form, eine menschliche Gestalt. Sie leben unter den Menschen und stehen ihnen bei. Diese Engel werden Metatrone genannt. Was die Dämonen betrifft, so sind sie nach dieser Vorstellung keineswegs die Aufrührer, die starrköpfig und

562 *La Cène secrète*

563 Es ist nicht wenig überraschend, diese Aussage in dem amerikanischen Bestseller der Journalistin Sophy Durham wiederzufinden. (Dieses Buch wurde auch ins Französische übersetzt: *Le Livre des Anges...*)

unbeugsam Böses tun, sondern die Diener Gottes, die Vollstrecker Seines Zorns, die die Verfehlungen der Sünder bestrafen.

Im 17. und 18. Jahrhundert erstand im lutherischen Europa eine weitere Theorie, in denen Engel eine wichtige Rolle spielten: Die Theosophie von Jakob Böhme, Schäffler, Swedenborg und Saint-Martin.

In Kalifornien aber war es, daß zu Beginn der siebziger Jahre eine Bewegung entstand und sich weiter entwickelte, in der die Engel beträchtlichen Raum einnehmen. Das erklärt auch zum großen Teil die Schwärmerei, mit der zurzeit die Welt der Engel bedacht wird.

Abbé Jean Vernette, ein Spezialist dieser Strömung, die unter dem Namen *New Age* bekannt ist, gibt von ihr folgende Definition:

«Die wesentliche Vorstellung (von New Age) besteht in der Überzeugung, daß sich die Menschheit an der Schwelle des Jahres 2000 anschickt, vom astrologischen Zeitalter der Fische in das des Wassermanns einzutreten. Dieses neue Zeitalter ist ein Zeitalter der spirituellen und planetaren Bewußtwerdung; es ist ein Bewußtwerden der Harmonie und des Lichtes, das von tiefgreifenden psychischen Mutationen gekennzeichnet wird. In diesem Zeitalter wird sich die zweite Ankunft Christi[564] ereignen, deren "Energien" bereits unter uns wirksam sind — inmitten der Zunahme von vielfältigen geistlichen Aufbrüchen und religiösen Gruppen, die für unsere Epoche charakteristisch sind.»[565]

New Age hat zahlreiche Quellen. Hier finden sich Themen, die der Gnosis und dem Manichäismus entliehen sind, aber auch Themen von Helena Blavastky, die den Isiskult[566] wieder in Mode bringen wollte, zugleich aber auch Satanistin war. New Age enthält auch Anleihen von Alice Bailey, der Gründerin von *Lucifer Trust*, von

564 Man muß wissen, daß der Christus des New Age nicht viel mit dem Christus der Christen zu tun hat. Für die Anhänger dieser Bewegung ist Jesus nur eine der vielen Gestalten eines Messias, der bei jedem Übergang von einem astrologischen Zeitalter zum anderen in einer neuen Gestalt wiederkehrt... Manche amerikanische Protestanten sehen in diesem Pseudo-Christus sogar den Antichrist in Person.

565 *Le Nouvel Age; à l'aube de l'ère du Verseau,* Ed. Téqui.

566 Isis kommt wieder sehr in Mode, wie es u.a. ein Roman bezeugt, der in den USA großen Erfolg hat: *In den Klauen des Teufels* von Cathy Cash Spellman. In diesem Roman hat die ägyptische Göttin eine heilbringende Rolle, die darauf abzielt, sie mit der Muttergottes gleichzusetzen. Maria ist nach gewissen modischen Thesen nur die Gestalt einer ewigen und universellen femininen Macht...

Eliphas Levi, dem Magier Papus und von René Guénon, um nur einige zu nennen.

Die Anhänger von New Age rufen zur unmittelbaren Erfahrung außerhalb des «einschränkenden» Rahmen der Kirchen und ihrer für nicht tolerierbar gehaltenen dogmatischen Direktiven auf. Die traditionellen Religionen hätten dies in Form von direkter Erfahrung immer bekämpft, um ihre Macht über die Massen zu behalten... Und aus denselben niederen Motiven würden sie sie auch heute noch als gefährliche und unverantwortliche Praktiken denunzieren...

Eine dieser besagten Praktiken, *channeling* genannt, stammt eigentlich aus dem Spiritismus, den Allan Kardec in der Mitte des vergangenen Jahrhunderts in Mode gebracht hatte. Die Risiken für jene, die sich auf solche Praktiken einlassen, sind dieselben.

Ziel des channeling wie auch des Spiritismus ist es, den Kontakt mit dem Jenseits, dem unsichtbaren Universum, das uns dennoch so nahe ist, herzustellen.

Diese Kommunikation geschieht durch einen Kanal, auf englisch *channel*; was die Spiritisten gewöhnlich ein Medium nennen. Dieser Kanal übermittelt eine Botschaft, die von einer «unkörperlichen Wesenheit» ausgegangen ist. Zur Zahl der in Frage kommenden Wesenheiten gehören: Christus, die heiligen Michael, Gabriel und Raphael, die Elfen, Irrwische, Kobolde und andere koboldähnliche Gestalten, die in Wäldern und in der Heide hausen, Tote, die sich zwischen zwei Reinkarnationen befinden und schließlich die «aufgefahrenen Meister», d.h. die Seelen, die aus den Zyklen ihres Karma befreit sind und sich nicht mehr reinkarnieren müssen...

Die berühmtesten «Kanäle» in der Geschichte seien die Pythia von Delphi, die Sibyllen, Christus, der hl. Johannes vom Kreuz aufgrund seines Engels Lauriel und Joseph Smith, der Gründer der Mormonen gewesen...

Das *channeling* hat auch seine Bibel: *Die Dialoge mit dem Engel*; es handelt sich um Texte, die während 88 Sitzungen diktiert wurden. Diese Sitzungen fanden zwischen 1943 und 1944 wöchentlich statt, fast immer freitags und der «Kanal» war eine junge Jüdin mit dem

Vornamen Hannah, die sich damals mit drei Freunden, Josef, Lili und Gitta, traf. Die Stimme stellte sich als Hannahs Schutzengel vor.

Hannah, Lili und Josef starben im Konzentrationslager. Gitta Mallasz, die einzige Überlebende dieses Kreises, veröffentlichte die Texte, die ihre Freundin hinterlassen hatte.

Nach Auffassung des New Age steht das channeling allen und jedem offen; es wird sogar sehr empfohlen und es gibt Lehrgänge, die nur dazu bestimmt sind, sich darauf vorzubereiten.[567]

Aber das channeling ist nicht die einzige Gelegenheit, um Engeln zu begegnen. New Age griff die Arbeiten amerikanischer und europäischer Ärzte — u.a. von Dr. Elisabeth Kübler-Ross — auf, die sich auf die Zeugnisse von Kranken oder von Menschen, die einen Unfall hatten, einen kurzen Augenblick klinisch tot waren und dann dank der Fortschritte im Bereich der Reanimation wieder ins Leben zurückkehrten. New Age beschreibt den Tod als Durchgang durch einen Tunnel, der in einen Ort des Lichtes, der Wärme und der Liebe mündet. In diesen Nahtod-Erfahrungen[568] sind die Engel abwechselnd Führer und Wächter, die jene Menschen, deren Stunde noch nicht gekommen ist, wieder in die Welt der Lebenden zurückstoßen.

Der Katholizismus ist vor einem solchen Abdriften nicht gefeit. Alle Ermahnungen der Kirche bezeugen es. Die Furcht der Kirche bestand natürlich nicht darin, daß Gläubige, die sich von ihrem Joch befreit hätten, ihr entlaufen würden, wie es manche Anhänger von New Age vorgaben, sondern sie wollte unvorsichtige Menschen nicht dem Spiel dämonischer Mächte preisgeben. Denn nicht jeder Geist, der vorgibt, ein Engel zu sein, ist es auch.

Als Satan der hl. Gemma Galgani zum erstenmal erschien und ihr Heilung und Glück auf dieser Erde anbot, hatte er sein betörendstes Angesicht gewählt. Das ist seine bevorzugte Handlungsweise gegenüber gutgläubigen Seelen, die sich im mystischen Leben versuchen und noch nicht die erforderlichen Anhaltspunkte besitzen, nach denen sie sich ausrichten können. Jeder Versuch einer mystischen

567 Siehe auch den Artikel von Henri Tincq in *Le Monde* vom 14. Juni 1995: «Les anges sont de retour».

568 Englisch: *Near Death Experiences*.

Erfahrung außerhalb des bewährten Rahmens kommt dem Abenteuer in einem andersartigen Universum gleich; ein Abenteuer, in das man sich ohne Vorbereitung und Hilfe begibt und ein Universum, das mit hilfsbereiten Geistern, aber auch mit haßerfüllten Monstren, die nur auf eine Gelegenheit zum Angriff warten, erfüllt ist.[569] In diesem Bereich kann sich jede Unklugheit und Unvorsichtigkeit als fatal erweisen. Kein menschliches Geschöpf vermag ganz allein den Kräften, die es hier provoziert, die Stirn zu bieten.

Daher ist es besser, sich der doppelten Mahnung der Apostel Johannes und Paulus zu erinnern, bevor man sich in ein solches Unternehmen stürzt:

«Liebe Brüder, traut nicht jedem Geist, sondern prüft die Geister, ob sie aus Gott sind.»[570]

«Denn diese Leute sind Lügenapostel, unehrliche Arbeiter; sie tarnen sich freilich als Apostel Christi. Kein Wunder, denn auch der Satan tarnt sich als Engel des Lichts. Es ist also nicht erstaunlich, wenn sich auch seine Handlanger als Diener der Gerechtigkeit tarnen. Ihr Ende wird ihren Taten entsprechen.»[571]

Unter der Maske Satans verbirgt sich nicht ein Gott des Bösen wie es sich die Dualisten aller Zeiten vorstellen, sondern ein Geschöpf, das besser als gut erschaffen wurde: Ein wunderbares, ja das schönste Geschöpf, das — mit Ausnahme der Jungfrau Maria — aus Gottes Händen hervorgegangen ist. Satan ist immer Luzifer, der Prinz der Seraphim. Der Theologe Ruysbroek konnte sogar schreiben:

«Der Teufel sieht wie durch eine Umzäunung aus Diamanten, daß seine Schönheit als Erzengel niemals aufgehoben wird, sondern auf ewig im göttlichen Gedanken subsistiert. Die Einheit seines Seins ist hingegen für immer zerbrochen und er weiß, daß er diesen Glanz nie wieder von sich aus erreichen wird.»

Es besteht kein Zweifel, daß die Erniedrigung der aufbegehrenden Engel eine furchtbare Tragödie ist, wenngleich sie ganz allein für ihren traurigen Zustand verantwortlich sind. Noch weniger Zweifel

569 Siehe auch 1 Petr 5, 8: «Seid nüchtern und wachsam. Euer Widersacher, der Teufel, geht wie ein brüllender Löwe umher und sucht, wen er verschlingen kann.»
570 1 Joh 4,1
571 2 Kor 11,13-15

besteht darüber, daß sie mit einem schrecklichen Groll gegen die Menschheit erfüllt sind. Ihr Reich stützt sich auf Lüge, Haß und Mord.

Ziel dieser gefallenen Engel ist es, die Menschen daran zu hindern, jene Seligkeit zu erlangen, derer sie sich selbst beraubt haben; sie verabscheuen und verachten die Menschen und wollen nicht nur deren Körper, sondern auch deren Seele töten. Alle diese mehr oder weniger manichäischen Häresien, die den Teufel als Schöpfer der Materie betrachten, ermessen nicht die Ironie ihrer Aussage: Sie machen aus Luzifer, der aus dem Himmel vertrieben wurde, weil er sich weigerte, den menschgewordenen Gott anzubeten, den Erfinder dieser Materie, die er mit seinem ganzen Wesen verabscheut...

Luzifer ist ein Engel — ein verdorbener Engel, gewiß, aber eben doch ein Engel. Und er agiert gerne als Engel, indem er seine herrlichen Gaben in den Dienst seines Hasses und seiner Vergeltung stellt.

P. Tonquédec, der in der Diözese Paris Exorzist war, durchschaute ganz vortrefflich die diabolische Vorgangsweise.[572] Ihm zufolge ist Satan ein Versucher und Betörer, ein schlechter Ratgeber, der jede schlechte Tat einflüstert, und ein Täuscher. Er blendet, er korrumpiert, er läßt einen das Falsche als wahr und das Böse für das Gute halten.

Er zwingt nicht, er schlägt vor, er gibt ein, er überredet, er verlockt, er schlachtet die menschlichen Leidenschaften und die Instinkte aus und findet in uns durch unsere, in der Ursünde gefallene Natur, einen natürlichen Komplizen, der sein Opfer werden soll. Denn Satan ist ein schlechter Meister. Der hl. Johannes vom Kreuz und die hl. Theresia vom Kinde Jesu sagten es ganz lapidar: Er ist «feige bei denen, die ihm widerstehen und grausam bei denen, die ihm nachgeben».

Das Ausschlachten der menschlichen Schwachheit genügt den Dämonen gewöhnlich, um ihre Ziele wenigstens momentan zu erreichen.

«In der Nahrung hat er den Angelhaken der Schlemmerei, in der Arbeit den der Trägheit, im Tadel das Aufbrausen des Zorns, im

572 *Etudes carmélitaines,* 1948.

Gebot den Stolz verborgen. Er erweckt in der Seele die schlechten Gedanken. Er legt schlechte Worte auf die Lippen, er drängt die Glieder zu unbilligen Aktionen. Wenn wir wach sind, drängt er uns zum Bösen. Wenn wir schlafen, belästigt er unseren Schlaf mit beschämenden Träumen. Alles in allem leitet sich alles Böse, das in der Welt begangen wird, von seiner Bosheit ab.»[573]

Der hl. Leo präzisiert: Er weiß, wen er mit Begierlichkeit entflammen muß, wem er das Gift der Eifersucht einzuflößen hat, wen er durch Schlemmerei ködern kann und wen er durch Sinnlichkeit aufreizen muß. Er weiß, wer durch Traurigkeit beunruhigt, wer durch Freude betört, wer durch Wundertaten gewonnen werden kann. Er studiert die Neigungen und Anhänglichkeiten eines jeden; er entdeckt eines jeden Sorgen und findet das Mittel, dort zu schaden, wo der Mensch am schwächsten ist.»[574]

Das ist sein gewöhnliches, tägliches, mühsames, von Gott zugelassenes Wirken. Aber es ist bei weitem nicht sein gefährlichstes Tun.

Viele Seelen werden nämlich nicht vom Bösen angezogen. Das scheußliche Gesicht des Satans widert sie an. Es gibt nur wenige Männer und Frauen, die die Sünde um der Sünde willen und das Verbrechen um des Verbrechens willen suchen.

Bei den anderen wendet der Teufel viel subtilere Kunststücke an, die seiner Intelligenz und seiner Abstammung weitaus würdiger sind. Dabei überträgt er nur eine Taktik, die er gerne im materiellen Bereich verwendet, auf den moralischen Bereich: Er bedient sich des Guten, um jemanden zum Bösen zu drängen.

Vom hl. Bernhard stammt ein Kommentar zu Versen von Psalm 91: «Du brauchst dich vor dem Schrecken der Nacht nicht zu fürchten, noch vor dem Pfeil, der am Tag dahinfliegt, nicht vor der Pest, die im Finstern schleicht, vor der Seuche, die wütet am Mittag. Fallen auch tausend zu deiner Seite, dir zur Rechten zehnmal tausend, so wird es doch dich nicht treffen.»[575] Der hl. Bernhard erläutert, daß nur wenige Menschen in der Prüfung verlorengehen («fallen auch tausend zu deiner Seite», zu deiner «Linken»). Die «Linke»

573 Augustinus, *Der Gottesstaat.*
574 Predigt VII über die Geburt unseres Herrn.
575 Ps 91,5-7

wird als die unheilvolle Seite angesehen. Viele Menschen würden jedoch verlorengehen, wenn sie in Frieden, im Glück und in Seelenruhe leben — was durch die «Rechte», die positive Seite dargestellt wird.

Und wen der Teufel nicht über den Weg der gewöhnlichen und fleischlichen Versuchungen erreichen kann, den erwartet er auf der geistigen Ebene, die eigentlich die ihm eigene Ebene ist, auf der er unendlich gefährlicher ist.

Immer verfolgt er dasselbe Ziel: Gott das, was Ihm gebührt, zu rauben: die Anbetung seiner Geschöpfe. Und überdies will Satan ihm durch die Todsünde die Seelen entreißen, die Gott sich zu eigen machen möchte; deshalb versucht Satan die Menschen dahin zu bringen, daß sie gegen den Glauben und die Demut sündigen.

Jemanden gegen den Glauben sündigen zu lassen, heißt für Luzifer, daß es ihm gelungen ist — und sei es auch nur für eine Sekunde — die erhabene Wahrheit Gottes zu verschleiern.

Und jemanden gegen die Demut sündigen zu lassen, bedeutet für den Widersacher, daß es ihm gelungen ist, dem Menschen seine eigene Wahrheit als armseliges Geschöpf zu verschleiern, und daß er ihm die furchtbare Illusion eingeflüstert hat, er könne Gott entbehren.

Satan arbeitet mit jener Schliche, die er schon bei Eva anwandte. Bei seinen Unternehmungen zögert er nicht, Wahres und Falsches, ein echtes Gut und ein scheinheiliges Übel zu vermischen. Er vermag sogar Gott nachzuäffen, um das göttliche Wirken besser zu durchkreuzen. In solchen Fällen nimmt er die Gestalt eines Lichtengels an, vor dem der hl. Paulus warnte.

Der hl. Johannes vom Kreuz, aus dem New Age einen *channel* machen möchte, war indes ein Mensch, der, wenn es um dämonische Kunststücke ging, die bei mystischen Erfahrungen aufgeboten werden, äußerst auf der Hut war. Im *Aufstieg zum Berge Karmel* mahnt Johannes unermüdlich: Der Teufel kann in den Seelen «innere Einsprechungen, wonnevolle Gefühle, imaginative Visionen simulieren». Zugleich verursacht er einen wachsenden Hunger nach solcherlei Empfindungen. Er trübt die Urteilskraft seiner Opfer, redet ihnen aus, sich aufgrund dieser Phänomene einem anderen, besseren Menschen anzuvertrauen. Satan ruft eine zunehmende Verachtung der Obrigkeit und einen großen Hochmut hervor, da sich diese Toren für Menschen halten, denen immense göttliche Gunsterweise zuteil wurden... Schließlich drängt er sie, sich mit Lust in ihren Phantasien zu versteifen, was so weit gehen kann, daß es unmöglich ist, ihnen ihren Irrtum aufzuzeigen.

Daher fordert Johannes vom Kreuz dazu auf — und das ist der Rat, den die Kirche immer gegeben hat — solche Dialoge mit der unsichtbaren Welt nie zu ersehnen, noch zu provozieren. Wenn sich solche Dialoge dennoch einstellen, rät er, sich nicht auf sie einzulassen, weil es dem Teufel ein Leichtes ist, seine «Irrtümer einfließen zu lassen» und den Menschen vom wahren Glauben abzubringen.

Das beste Losungswort? «Offenbarungen und anderen Visionen mit so viel Kraft widerstehen, wie man den schlimmsten Versuchungen widerstehen würde.»

Wenn die Symptome andauern und es erforderlich ist, zu unterscheiden, was vom Allerhöchsten und was vom Widersacher, dem «Allerniedrigsten» kommt, so gilt es, die Unterscheidung der Geister anzuwenden.

Wenngleich es das Verdienst des hl. Ignatius von Loyola ist, diese Prinzipien der Unterscheidung der Geister in seinen *Exerzitien* sehr klar herausgearbeitet zu haben, so war diese Unterscheidung doch auch schon im Judentum und in der Urkirche bekannt, denn Johannes erwähnt sie ausdrücklich. In seinem Brief stellt der Evangelist allerdings keine Regeln auf, nach denen man die Geister prüfen kann, da er dies bei den Adressaten seines Briefes sicher als bekannt voraussetzte.

Der hl. Paulus führt jedoch einige Kriterien an:

«Darum sage ich: Laßt euch vom Geist leiten, dann werdet ihr das Begehren des Fleisches nicht erfüllen. Denn das Begehren des Fleisches richtet sich gegen den Geist, das Begehren des Geistes aber gegen das Fleisch; beide stehen sich als Feinde gegenüber, so daß ihr nicht imstande seid, das zu tun, was ihr wollt. Wenn ihr euch aber vom Geist führen laßt, dann steht ihr nicht unter dem Gesetz. Die Werke des Fleisches sind deutlich erkennbar: Unzucht, Unsittlichkeit, ausschweifendes Leben, Götzendienst, Zauberei, Feindschaften, Streit, Eifersucht, Jähzorn, Eigennutz, Spaltungen, Parteiungen, Neid und Mißgunst, Trink- und Eßgelage und ähnliches mehr. Ich wiederhole, was ich euch schon früher gesagt habe: Wer so etwas tut, wird das Reich Gottes nicht erben.

Die Frucht des Geistes aber ist Liebe, Freude, Friede, Langmut, Freundlichkeit, Güte, Treue, Sanftmut und Selbstbeherrschung.»[576]

Jede Unterscheidung der Geister stützt sich auf die durch den angeblichen Engel in der Seele hervorgerufenen Empfindungen, die entweder Früchte des Fleisches oder Früchte des Geistes hervorbringen. Diese Früchte sind nämlich denen ähnlich, die sie kultivieren.

«Es gibt zwei Engel für den Menschen; den der Gerechtigkeit und den des Bösen. Der eine ist feinfühlig, zurückhaltend, sanft und friedfertig. Wenn er in dein Herz eintritt, spricht er dir unverzüglich von Gerechtigkeit, Heiligkeit, Mäßigung und von allen anderen rechtschaffenen Werken. Wenn sich solche Gedanken in deinem Herzen regen, so wisse, daß der gerechte Engel in dir ist. Der Engel des Bösen ist indes zornmütig, voller Bitterkeit und Wahn. Erkenne ihn an seinen Werken.»[577]

Komplizierter wird es allerdings, wenn der Engel der Finsternis den Engel des Lichtes spielt und «als stärkster, gerissenster und am schwierigsten zu entdeckender Feind»[578], der er nun einmal ist, Verwirrung stiftet und betrügt. Der Teufel weiß nämlich, daß gilt: «Satan zu demaskieren, heißt, ihn zu besiegen.»[579]

Die hl. Katharina von Siena empfing in einer Offenbarung Christi einen Hinweis, der später vom hl. Ignatius wiederholt wurde:

«Wenn man Mich anfangs schaut (hier spricht Jesus zu Katharina), so hat man Angst, dann beruhigt man sich nach und nach; es beginnt mit einer gewissen Bitterkeit, die sich dann aber mildert. Schaut man jedoch den bösen Feind, so verhält sich — aufgrund seines Ursprungs — alles umgekehrt. Seine Erscheinung schenkt zunächst ein gewisses Wohlgefallen; er erscheint fast echt zu sein und wirkt anziehend, dann aber läßt er in der Seele, die ihn sieht, ein

576 Gal 5,16-24
577 Hermas, *Der Hirte*
578 Johannes vom Kreuz
579 Ignatius von Loyola

Gefühl von Not und Übelkeit keimen. Aber ich werde noch ein weiteres, sicheres und unfehlbares Zeichen anführen. Da Ich die Wahrheit bin, halte es für gewiß, daß die Seele aus meinen Erscheinungen eine größere Kenntnis der Wahrheit schöpft. Die Kenntnis über Mich und über die Seele ist für letztere unentbehrlich. In der Tat: Die Seele muß sich kennen und sie muß Mich kennen. Wenn sie Mich kennt und auch sich kennt, verachtet sie sich, während sie Mich ehrt — und das ist eine Eigentümlichkeit der Demut. Durch Meine Erscheinungen muß die Seele also demütiger werden und zugleich wird sie ihr Nichts erkennen und sich verachten.

Das Gegenteil geschieht bei den Erscheinungen des bösen Feindes. Da er der Vater der Lüge ist, der König der Kinder des Hochmuts, und da er nur das geben kann, was er hat, läßt er nach seinen Erscheinungen in der Seele eine gewisse (übertriebene) Selbstachtung, eine Anmaßung, die dem Hochmut eigen ist, zurück, so daß die Seele aufgeblasen und voller Wind ist.»

Der hl. Ignatius vollendet die Analyse dieser gegensätzlichen Zustände:

«Denen, die von Todsünde zu Todsünde gehen, pflegt der böse Feind gemeinhin augenscheinliche Lust vorzustellen, indem er Bilder sinnlicher Ergötzungen und Lüste hervorruft, um sie jeweils mehr in ihren Lastern und Sünden zu bewahren und zunehmen zu lassen.

Der gute Geist verfährt bei solchen in entgegengesetzter Weise; er stachelt sie auf und gibt ihnen Gewissensbisse im innern Instinkt der Vernunft.

Bei denen, die entschieden voranmachen in der Reinigung von ihren Sünden und die im Dienste Gottes Unseres Herrn vom Guten zum je Besseren übergehen, hat eine Weise statt, die der ersten Regel entgegengesetzt ist. Denn nun ist es dem bösen Geiste eigen, zu beißen, traurig zu stimmen und Hindernisse zu legen, indem er mit falschen Gründen beunruhigt, damit man nicht weiter vorrücke. Und dem guten Geist ist es eigen, Mut und Kraft, Tröstungen, Tränen, Einsprechungen und Ruhe zu geben, indem er alle Hindernisse leicht macht und weghebt, damit man im Tun des Guten weiter voranschreite.»

Dann zeichnet der hl. Ignatius ein Porträt des Teufels, das in seinen wenig schmeichelhaften Vergleichen ziemlich frauenfeindlich ist:

«Der Feind verhält sich wie ein Weib; seine Kräfte sind schwach, aber er will gerne stark erscheinen. Denn wie es Weiberart ist, beim Streit mit einem Mann den Mut zu verlieren und die Flucht zu ergreifen, wenn der Mann ihr die starke Stirne zeigt, wenn aber der Mann zu weichen beginnt und den Mut sinken läßt, Zorn, Rache und Wildheit des Weibes übergroß und maßlos werden, so ist es auch dem Feinde eigen, zusammenzusinken und den Mut zu verlieren, so daß seine Versuchungen die Flucht ergreifen, wenn der Mensch, der sich in geistlichen Dingen übt, die starke Stirne gegen seine Versuchungen zeigt, indem er geradewegs das Gegenteil tut.

Wenn hingegen der Übende anfängt, Furcht zu hegen und beim Ausstehen der Versuchungen den Mut zu verlieren, dann gibt es auf der ganzen Welt keine so wilde Bestie wie den Feind der menschlichen Natur, wenn er mit ausgewachsener Bosheit seine tückische Absicht verfolgt.»

Der folgende Vergleich ist glücklicherweise für das sogenannte starke Geschlecht genauso wenig schmeichelhaft, wie es der vorangegangene für die Töchter Evas war:

«Desgleichen verhält er sich wie ein eitler Verliebter: Er wünscht verborgen zu sein und nicht entdeckt zu werden. Denn wie dieser falsche Mensch, der sich an die Tochter eines guten Vaters oder an die Gattin eines guten Freundes heranmacht und sie zum Bösen überredet, den Wunsch hat, daß seine Worte und Einflüsterungen geheim bleiben, und es ihm sehr mißfällt, wenn die Tochter dem Vater oder die Gattin dem Gatten seine eitlen Worte und seine verkommene Absicht aufdeckt, wie er leicht begreift, daß er sein Vorhaben nicht mehr ausführen kann, ebenso wünscht und begehrt auch der Feind der menschlichen Natur, wenn er seine Listen und Einflüsterungen der gerechten Seele einflößt, daß diese im geheimen empfangen und festgehalten werden; entdeckt sie sie aber ihrem guten Beichtvater oder einer andern geistlichen Person, die seine Betrügereien und Bosheiten kennt, so grämt ihn das sehr, denn er begreift, daß er mit seiner begonnenen Bosheit nicht zum Ziel gelangen kann, da seine klaren Betrügereien offen zutage liegen.

Er verhält sich auch wie ein Häuptling, der einen Platz bezwingen und ausrauben will. Wie ein Hauptmann oder Anführer im Feld Stellung bezieht und Kräfte und Lage der Burg ausspäht, um sie dann an der schwächsten Stelle anzugreifen, ebenso umschleicht auch der Feind der menschlichen Natur rings alle unsere theologischen, kardinalen und moralischen Tugenden, und wo er uns schwächer und ungeschützter zu unserem ewigen Heil hin findet, dort führt er seinen Schlag gegen uns und trachtet, uns einzunehmen.»

Dann befaßt sich der hl. Ignatius mit den Spielen des Teufels, die er treibt, wenn er den Engel, der er einst war, nachäfft:

«Die Art des bösen Engels, der sich in die Gestalt eines Engels des Lichtes verwandelt, ist es, mit der frommen Seele einzutreten und mit sich selbst auszutreten; will sagen: Gute und heilige Gedanken, die einer solchen gerechten Seele angepaßt sind, einzuflößen, dann aber ganz allmählich zu seinem eigenen Ziele überzugehen, indem er die Seele in seine verdeckten Betrügereien und verkehrten Absichten hinzieht.

Wir müssen sehr achtgeben auf den Verlauf der Gedanken. Sind Anfang, Mitte und Ende gut und hingerichtet auf etwas ganz Gutes, dann ist dies ein Zeichen des guten Engels. Wenn aber einer im Verlauf seiner Gedanken bei einer schlechten oder ablenkenden Sache endet oder bei etwas weniger Gutem als dem, was die Seele sich vorher vorgenommen hatte zu tun, oder wenn es die Seele schwächt oder verwirrt, indem es ihr den Frieden, die Stille und Ruhe, die sie vorher hatte, wegnimmt, so ist dies ein klares Zeichen, daß es vom bösen Geiste herstammt, dem Feind unseres Fortschritts und ewigen Heils.»

Und Ignatius gibt noch an, daß der böse Feind «an seinem Schlangenschwanz» und «am bösen Ende, zu dem er hinführt», «gespürt und erkannt» werden kann.[580]

Der Teufel täuscht nämlich nur jene, die sich gerne täuschen lassen wollen.

---

580 Zitiert nach: Ignatius von Loyola, *Die Exerzitien*, Johannes-Verlag, 1993, Seite 99 f.

Das Ziel eines jeden Versuches zur Unterscheidung der Geister besteht natürlich darin, den Feind zu entlarven, bevor es ihm gelungen ist, der Seele ernsthaften Schaden zuzufügen. Aber wenngleich man die Macht dieser böser Geister nicht unterschätzen darf, so darf man noch weniger aus ihnen unbezwingbare Wesen machen, wie es die Dualisten tun. Die bösen Geister sind keine finsteren Götter, gegen die die Menschheit keine andere Hilfe hat als die ebenso unwahrscheinliche wie auch unmögliche Trennung von unserer materiellen Verfaßtheit. «Wer zum Engel werden will, wird zum Tier!», sagte Pascal. Das ist auch der Irrtum aller dualistischen Strömungen; es war auch Luzifers Irrtum, als er abfiel.

Die Dämonen sind nur Geschöpfe. Trotzdem sie abgefallen sind, sind sie sehr hochstehende Geschöpfe, gewiß — aber sie sind eben nur Geschöpfe. Wenngleich der Mensch aus seinen eigenen Kräften dem Seraph Luzifer, dem Herrscher dieser Welt und gefesseltem König der Hölle, nicht die Stirn bieten kann, so ist er ihm doch überlegen, wenn er mit den göttlichen Waffen kämpft. Dann kann ihn auch weder der schöne und betörende Aschmodai bezwingen, jener einstige Kerub, der nun ein Diener der Unreinheit und der Hemmungslosigkeit geworden ist, noch der zu den Thronen gehörende Mammon, der die Leidenschaft für Gold und die ausschließliche Liebe zu materiellen Reichtümern eingibt, noch auch der den Herrschaften angehörende Beelzebub, der «Herr der Fliegen», der götzendienerische Kulte hervorbringt.[581] Nach Thomas von Aquin gilt nämlich: «Wer Gott anhängt — sei er Engel oder Mensch — wird geistig eins mit ihm und steht dadurch höher als jedes andere Geschöpf.»[582]

Gewiß, der Teufel will um jeden Preis und mit allen Mitteln diese Vereinigung der Seele mit Gott verhindern, sei es auch nur eine einzige Sekunde lang; seine Macht ist aber begrenzt, denn er besitzt den größten Teil seiner natürlichen Überlegenheit als Engel nicht

581 Die Namen der drei großen Dämonen, die Diener Luzifers sind, kommen in der Bibel vor. Aschmodai kommt im Buch Tobit, Mammon und Beelzebub im Evangelium (Mt 6,24 und 12, 24-30) vor. Ihre Zugehörigkeit zu dieser oder jener Rangstufe der Engel haben wir der *Abhandlung über die Hölle*, die von der hl. Franziska Romana verfaßt wurde, entnommen.

582 *Summa theologica*, I, q 112, art 1, ad 4

mehr: Jene Überlegenheit, die ihn über der menschlichen Natur stehen ließ.

Luzifers Pläne sind von Anfang an zum Scheitern verurteilt. Alle seine Unternehmungen wenden sich schließlich gegen ihn. Auf diesen absurden Krieg bezieht sich jener Vers aus dem Buch Genesis, in dem davon berichtet wird, wie Josef seinen Brüdern, die ihn einst als Sklaven nach Ägypten verkauft hatten, verzeiht: «Ihr habt Böses gegen mich im Sinn gehabt, Gott aber hatte dabei viel Gutes im Sinn, um zu erreichen, was heute geschieht: Viel Volk am Leben zu erhalten.»[583]

Luzifer will Böses tun, aber aus diesem Bösen macht Gott immer etwas Gutes und aus diesem Grund duldet er es.

Als die Schlange Eva den verbotenen Apfel anbot und sie unter dem Vorwand, daß dieses Verbot Gottes nicht aus Weisheit und Güte, sondern aus Tyrannei und Egoismus erlassen worden sei, dazu überredete, von der Frucht zu kosten, glaubte Satan, gegen das unkluge Paar eine ebenso strenge Sanktion auslösen zu können, wie sie ihm selber zuteil geworden war. In der Tat, über die Menschheit ergeht ein Strafgericht; sie ist nunmehr Sklave jenes Herrschers, den sie Gott vorgezogen hat. Das menschliche Leben hat mit der von Gott gewollten Ordnung gebrochen und wird nun ein Leben des Leidens, der Mühen, ein Leben von Blut und Tränen sein und im Tod, dem «Lohn der Sünde»[584], enden. Aber kaum hat Gott das Urteil seiner Gerechtigkeit verkündet, da läßt er auch schon seine Liebe sprechen und verheißt für die angekündigten Übel ein Heilmittel: «Feindschaft setze ich zwischen dich und die Frau, zwischen deinen Nachwuchs und ihren Nachwuchs. Er trifft dich am Kopf, und du triffst ihn an der Ferse.»[585]

Der Teufel war der Meinung, dem Menschen jegliche Hoffnung auf einen Zugang zur ewigen Seligkeit genommen zu haben. Eigentlich hat er die Dinge jedoch beschleunigt, indem sein Treiben die Notwendigkeit der Erlösung und das Kommen des Erlösers nach sich zog: Den Nachwuchs der Frau, den Sohn der Jungfrau-Mutter,

583 Gen 50,20
584 Röm 6,23
585 Gen 3,15

Christus, den menschgewordenen Gott. Luzifer löste aus, was er mit aller Kraft verhindern wollte.

Und als er in der Wüste Jesus als die Inkarnation des Wortes erkennt, als Jenen, den er nicht anbeten wollte; als er beschließt, den Haß der Pharisäer, den enttäuschten Ehrgeiz des Judas, die Feigheit der Apostel und die Ohnmacht des Pilatus gegen ihn zu vereinigen, bewirkt Satan den Tod des Erlösers, aber er beschleunigt auch seinen eigenen Untergang. Ja, die Schlange hat den Nachwuchs der Frau in die Ferse gebissen und dieser Biß hat ihn getötet, ihn ans Kreuz geschlagen, aber indem Er, der wesenhaft unsterblich ist und durch seine Menschwerdung nicht dem «Lohn der Sünde» unterworfen war, starb, verschlang er diesen Tod, den der Teufel in die Schöpfung gebracht hatte.[586] Und mit dem Tod, dem Lohn der Sünde, erstreckt auch die Sünde ihre Herrschaft nicht mehr auf jene aus, die Christus durch sein Leiden erlöst hat.

Satan weiß ganz genau, daß die Schlacht verloren ist. Es bleibt ihm allerdings noch die Genugtuung, daß es ihm durch seine beständigen Kämpfe aus dem Hinterhalt noch immer gelingt, Menschenseelen diesem Glück, das er zugleich begehrt und verabscheut, zu entreißen. Jedesmal, wenn der Teufel einer Seele hilft, sich auf ewig zu verdammen, verhöhnt er den Tod des Erlösers.

Und ihr wißt auch, was jeder Mensch kostet
Und daß der Mensch sogar das Blut eines Gottes gekostet hat.
Und so wißt ihr, auf welch furchtbaren Weg
Ein Verurteilter bis hinauf in die letzte Höhe stieg.
Heute wißt ihr, was ein jeder zurückbringt.
Ihr habt diese gefürchtete Rechenschaft erstellt.
Vergeblich sitzend an der Schwelle der anderen Tür:
Für das, was er gekostet hat, bringt der Mensch wenig zurück.[587]

586 Weish 2,23 f: «Gott hat den Menschen zur Unvergänglichkeit erschaffen und ihn zum Bild seines eigenen Wesens gemacht. Doch durch den Neid des Teufels kam der Tod in die Welt, und ihn erfahren alle, die ihm angehören.»

587 Charles Péguy, *Ève*

Für die Christen jedoch, die nach ihrem Glauben leben, ist Satans Einfluß nicht zu fürchten, denn Christi Sieg ist auch ihr eigener, endgültiger Sieg.

Das dämonische Wirken kann kraftvoll und siegreich bekämpft werden, denn es ist der Zulassung Gottes unterworfen und wird von strikten Grenzen eingedämmt: Nur das, was jede Seele mit dem Beistand der Gnade zu ertragen vermag, darf ihr zugemutet werden. Auch daß Satan nicht mehr seinen ursprünglichen Rang hat, ist für ihn eine Eingrenzung.

«Ist Gott für uns, wer ist dann gegen uns? Er hat seinen eigenen Sohn nicht verschont, sondern ihn für uns alle hingegeben — wie sollte er uns mit ihm nicht alles schenken? Wer kann die Auserwählten Gottes anklagen? Gott ist es, der gerecht macht. Wer kann sie verurteilen? Christus Jesus, der gestorben ist, mehr noch: der auferweckt worden ist, sitzt zur Rechten Gottes und tritt für uns ein.

Was kann uns scheiden von der Liebe Christi? Bedrängnis oder Not oder Verfolgung, Hunger oder Kälte, Gefahr oder Schwert? In der Schrift steht: Um deinetwillen sind wir den ganzen Tag dem Tod ausgesetzt; wir werden behandelt wie Schafe, die man zum Schlachten bestimmt hat. Doch all das überwinden wir durch den, der uns geliebt hat.

Denn ich bin gewiß: Weder Tod noch Leben, weder Engel noch Mächte, weder Gegenwärtiges noch Zukünftiges, weder Gewalten der Höhe oder Tiefe noch irgendeine andere Kreatur können uns scheiden von der Liebe Gottes, die in Christus Jesus ist, unserem Herrn.»[588]

---

588 Röm 8,31b-39

15. *Wenn der siebte Engel in die Posaune bläst*

Da Gott allen seinen geistigen Geschöpfen — Engeln wie Menschen — die volle Ausübung ihrer Freiheit schenkte, nahm Gott auch das Risiko auf sich, daß sich diese Freiheit gegen ihn wenden könnte. Er nahm das Risiko auf sich, daß im Falle einer Revolte diese ganze Schöpfung entstellt würde; diese Schöpfung, von der er gesehen hatte, daß sie vollkommen gut war. Aber Gott kannte dieses Risiko, wie er auch die dafür notwendigen Heilmittel kannte.

Sein ursprünglicher Plan war es gewesen, den Engeln und den Menschen die vollendete Seligkeit zu schenken, für die er sie aus dem Nichts erschaffen hatte; eine Seligkeit, die nur durch ihre vollständige Zustimmung zu seinen Plänen verwirklicht werden konnte. Luzifer, und auf seinen perfiden Rat hin auch Eva und Adam, verhinderten, daß es so kam. Daraufhin ermöglichte es Gott, daß diese Seligkeit allen, die sie wiedererobern wollten, neu zugänglich wurde. Daraus erwuchs das ganze Erlösungswerk. Allerdings bleiben Luzifer und die Seinen für immer von dieser Erlösung ausgeschlossen; für die Engel gibt es keine Verzeihung, denn sie haben nicht die Entschuldigung der menschlichen Blindheit. Sie sind unfähig zu bereuen und führen deshalb ihren absurden Kampf, der darin besteht, möglichst viele Seelen ihrem Schöpfer zu entreißen, immer weiter. Das ist der einzige Sieg, mit dem sich die Hölle brüsten kann. Daher widmet sie sich diesem Kampf mit um so größerer Versessenheit.

Übrigens kennt Satan, der Vater der Lüge und der geniale Verfälscher, das Mittel, um seinen Anhängern die Tragweite seiner Niederlagen — sie ziehen sich durch die ganze Geschichte — zu verbergen, ja er versteht sogar die Kunst, sie als triumphale Siege zu kaschieren.

Gott fordert uns auf, über den äußeren Schein hinauszuschauen und uns nicht von den durch Satan verbreiteten Illusionen an der Nase herumführen zu lassen. Aber aufgrund dieser dem Menschen geschenkten Freiheit, kann er sich ihr auch widersetzen.

Daher gibt es auch noch immer Sünde und Unrecht, die ihre Verheerungen in der Welt anrichten und der Versucher will weiterhin betören. Nach dem Wort Jesu ist «der Herrscher dieser Welt gerichtet»[589], aber die Welt ist sich dessen noch nicht bewußt geworden. Sie bleibt freiwillig unter der Herrschaft eines Besiegten, der diese Frist nutzt, um seinen Haß zu verströmen:

«Wenn die Welt euch haßt, so wißt, daß sie mich schon vor euch gehaßt hat. Wenn ihr von der Welt stammen würdet, würde die Welt euch als ihr Eigentum lieben. Aber weil ihr nicht von der Welt stammt, sondern weil ich euch aus der Welt erwählt habe, darum haßt euch die Welt.»[590]

Da Christus in der Prüfung aber so weit ging, daß er sich kreuzigen ließ, konnte sich Satan der Illusion vom Sieg hingeben und es wird den Anschein haben, daß das Böse am Ende der Zeiten wieder einen Sieg erringen wird, wenn es zu einer Aufgipfelung an Perversionen und Gewalttätigkeiten gegen die Kirche und die Gläubigen kommt, und es Staaten und Gesellschaften geben wird, aus denen alle Spuren des Christentums verschwunden sein werden; wenn der Antichrist, der letzte und furchtbarste Handlanger Satans auftreten wird.

Dies alles enthüllt Jesus seinen Jüngern, die ihn nach den Zeichen fragen, an denen man das Ende der Welt und die Ankunft Christi erkennen kann:

«Jesus antwortete: Gebt acht, daß euch niemand irreführt! Denn viele werden unter meinem Namen auftreten und sagen: Ich bin der Messias!, und sie werden viele irreführen. Ihr werdet von Kriegen hören, und Nachrichten über Kriege werden euch beunruhigen. Gebt acht, laßt euch nicht erschrecken! Das muß geschehen. Es ist aber noch nicht das Ende. Denn ein Volk wird sich gegen das andere erheben und ein Reich gegen das andere, und an vielen Orten wird

---

589 Joh 16,11
590 Joh 15,18 f

es Hungersnöte und Erdbeben geben. Doch das alles ist erst der Anfang der Wehen.

Dann wird man euch in große Not bringen und euch töten, und ihr werdet von allen Völkern um meines Namens willen gehaßt. Dann werden viele zu Fall kommen und einander hassen und verraten. Viele falsche Propheten werden auftreten, und sie werden viele irreführen. Und weil die Mißachtung von Gottes Gesetz überhandnimmt, wird die Liebe bei vielen erkalten. Wer jedoch bis zum Ende standhaft bleibt, der wird gerettet.

Aber dieses Evangelium vom Reich wird auf der ganzen Welt verkündet werden, damit alle Völker es hören; dann erst kommt das Ende.»[591]

Der hl. Paulus läßt sich ausführlicher über den Antichrist aus, dessen Ankunft er für ganz nahe hält:[592]

«Erinnert ihr euch nicht, daß ich euch dies schon gesagt habe, als ich bei euch war? Ihr wißt auch, was ihn jetzt noch zurückhält, damit er erst zur festgesetzten Zeit offenbar wird. Denn die geheime Macht der Gesetzwidrigkeit ist schon am Werk; nur muß erst der beseitigt werden, der sie bis jetzt noch zurückhält. Dann wird der gesetzwidrige Mensch allen sichtbar werden.»[593]

«Zuerst muß der Abfall von Gott kommen und der Mensch der Gesetzwidrigkeit erscheinen, der Sohn des Verderbens, der Widersacher, der sich über alles, was Gott oder Heiligtum heißt, so sehr erhebt, daß er sich sogar in den Tempel Gottes setzt und sich als Gott ausgibt.»[594]

«Der Gesetzwidrige aber wird, wenn er kommt, die Kraft des Satans haben. Er wird mit großer Macht auftreten und trügerische Zeichen und Wunder tun. Er wird alle, die verlorengehen, betrügen und zur Ungerechtigkeit verführen; sie gehen verloren, weil sie sich der Liebe zur Wahrheit verschlossen haben, durch die sie gerettet werden sollten. Darum läßt Gott sie der Macht des Irrtums verfal-

591 Mt 24,4-14
592 Man weiß, daß die ersten Christen eine Zeit lang dachten, daß Nero der Antichrist sein könnte. Allgemein ist man der Meinung, daß es die ganze Geschichte hindurch immer wieder Antichristen gab, die den letzten Feind, den wirklichen Antichrist, andeuteten.
593 2 Thess 2,5-8
594 2 Thess 2,3 f

len, so daß sie der Lüge glauben; denn alle müssen gerichtet werden, die nicht der Wahrheit geglaubt, sondern die Ungerechtigkeit geliebt haben.»[595]

Der Teufel wird dann meinen, den entscheidenden Sieg errungen zu haben, so wie er es bereits beim erstenmal angesichts des großen Schweigens Gottes geglaubt hatte, als er ausgerufen hatte: «Ich werde sein wie Gott!»

Aber dieser Sieg, der vollständig und entscheidend zu sein schien, ist nur ein scheinbarer Sieg, der die Dreistigkeit Satans und seiner Komplizen auf die Spitze treiben sollte, um Gottes Zornesbecher reichlich zu füllen.

«Dann wird der gesetzwidrige Mensch allen sichtbar werden. Jesus, der Herr, wird ihn durch den Hauch seines Mundes töten und durch seine Ankunft und Erscheinung vernichten.»[596]

Das Wort Christi: «Wenn all das beginnt, dann richtet euch auf, und erhebt eure Häupter; denn eure Erlösung ist nahe»[597], wird durch die Aussage des hl. Paulus verstärkt, der seinerseits bekräftigt, daß sich die Ankunft des Antichrist nur kurz vor dem Ende der Zeiten und dem Letzten Gericht ereignen wird, die dann dem Einfluß, den die Sünde und das Böse auf die Schöpfung ausüben, ein endgültiges Ende setzen werden. Diesem Ende der Zeiten, das nicht das Ende der Welt, sondern deren Erneuerung in der Ewigkeit und Unsterblichkeit ist, werden — außer dem Erscheinen des Antichrist und der Verfolgung, die er gegen die wenigen Gläubigen, die dem Christentum noch angehören werden, entfesselt und dem Ende jedes Gott dargebrachten Kultes — auch furchtbare und erschrekkende Zeichen vorangehen, die dazu bestimmt sind, die sündige Menschheit zu warnen, daß der Tag des Zorns ganz nahe bevorsteht, damit sie noch Buße tun kann und soll.[598]

Die Mächte des Himmels sind nach der Engellehre die zum Chor der Kräfte gehörenden Geistwesen und alle Engel, die darüber wachen, daß das Universum einen wohlgeordneten Lauf nimmt,

595 2 Thess 2,9-12
596 2 Thess 2,8
597 Lk 21,28
598 Lk 21,25 f

und die auf einmal zu furchterregenden Dienern von Gottes Zorn werden.

Im Buch der Offenbarung zeigt der hl. Johannes, wie sie am Werk sind.[599]

Christus, «das geschlachtete Lamm», öffnet die sieben Siegel des göttlichen Buches und entfesselt damit die Plagen, die zuerst durch die Reiter versinnbildet werden, die sicher Engel sind, wenngleich der Text es nicht genauer sagt. Dann wurden den sieben Engeln, die immer vor Gott stehen, sieben Posaunen gegeben.

Der siebte Engel, der in die Posaune bläst, hat die Auferstehung der Toten und die unmittelbar bevorstehende Ankunft ihres Richters anzukündigen. Diese Ankündigung zieht eine zweite, überwältigende Intervention Michaels nach sich:

«Und der Teufel, ihr Verführer, wurde in den See von brennendem Schwefel geworfen, wo auch das Tier[600] und der falsche Prophet[601] sind. Tag und Nacht werden sie gequält, in alle Ewigkeit.»[602]

Ohne allzu menschliche Interpretationen dieser Bilder des hl. Johannes geben zu wollen, sollte man sich doch merken, daß die Mächte der Finsternis — auch wenn die Beschreibung dem literarischen Stil entspricht, der in der jüdischen Tradition für apokalyptische Geschehnisse verwendet wird — gerade dann, wenn sie sich für siegreich halten, zu Fall gebracht werden und der Teufel für immer in die Hölle gestürzt wird, während Michael die letzte Schlacht gewinnt. Vor der Parusie, der Wiederkunft Christi auf den Wolken, wie sie der hl. Stephanus vor dem Hohenrat prophezeit hatte, wird die Auferstehung der Toten stattfinden, an der auch die Engel beteiligt sein werden. Auf die Parusie folgt dann das Letzte Gericht.

Gewiß, nicht jeder Engel hat die Vollmacht, einem Toten das Leben zurückzugeben. Gott ist es, der seinen Geschöpfen die erste Existenz schenkte; er ist es auch, der sie von den Toten auferweckt

599 Offb 8,6-13 und 9,20 f
600 Für Johannes ist das Tier der Apokalypse das kaiserliche, heidnische Rom, das die Christen verfolgt. In der Folgezeit ist unter diesem Namen jede politische Macht zu verstehen, die gegenüber Christus und den Gläubigen feindlich gesonnen ist.
601 Die falschen Propheten sind jene, die einen anderen Glauben als den an Christus verbreiten und die sich, freiwillig oder nicht, zu Komplizen des Teufels gemacht haben, indem sie die Menschen auf Irrwege führten.
602 Offb 20,10

und der ihrem seit langem zu Staub zerfallenen Leib entweder Schönheit und ewige Jugend schenkt — dies gilt für die Auserwählten — oder eine Empfindsamkeit[603] gibt, mit der die Leiden, die den schuldig gewordenen Seelen auferlegt wurden, erlitten werden können, um sie an der Strafe teilnehmen zu lassen, genauso wie die Leiber der Gerechten an der Freude teilnehmen werden.

Dennoch müssen auch diese Körper wieder entstehen, damit die Seelen in sie einziehen können:[604]

«Die Auferstehung beinhaltet auch etwas Materielles, d.h. die Asche, die zur Wiederherstellung des menschlichen Leibes bestimmt ist, wird zusammengeholt. Gott wird seine Engel mit dieser Aufgabe betrauen. Ohne die Inanspruchnahme ihrer Dienste wird er jedoch die Seelen, die er allein erschaffen hat, mit den Körpern vereinen und er wird die Körper verherrlichen, wie er allein auch die Seelen verherrlicht.»[605]

Es wird die Aufgabe der Schutzengel sein: Ein jeder wird darüber wachen, daß der Leib des Mannes oder der Frau, die er beschützte, in seiner Integrität wiederhergestellt wird. Und der hl. Michael wird als Fürst der Kirche dieses ganze Geschehen überwachen.

Erst dann wird Christus kommen, umgeben von seiner ganzen Herrlichkeit, die nun endlich vor der Welt manifestiert wird.[606]

«Denn es entspricht der Gerechtigkeit Gottes, denen mit Bedrängnis zu vergelten, die euch bedrängen, euch aber, den Bedrängten, zusammen mit uns Ruhe zu schenken, wenn Jesus, der Herr, sich vom Himmel her offenbart mit seinen mächtigen Engeln in loderndem Feuer. Dann übt er Vergeltung an denen, die Gott nicht kennen und dem Evangelium Jesu, unseres Herrn, nicht gehorchen. Fern vom Angesicht des Herrn und von seiner Macht

---

603 Der hl. Thomas von Aquin ist nicht der Ansicht, daß die Körper der Verdammten genauso häßlich wie ihre Verfehlungen sein werden, sondern daß diesen Körpern die ganze Herrlichkeit fehlt, die die Körper der Erwählten besitzen. *Summa theologica*, Supp. q 86, art 1, 2, 3.

604 Dieses Dogma stützt sich im wesentlichen auf einen Abschnitt des Markus-Evangeliums: «Und er (Christus) wird die Engel aussenden und die von ihm Auserwählten aus allen vier Windrichtungen zusammenführen, vom Ende der Erde bis zum Ende des Himmels.» Mk 13,27.

605 Thomas von Aquin, *Summa theologica,* Supp. q 76, art 3

606 Mt 25,31: «Wenn der Menschensohn in seiner Herrlichkeit kommt und alle Engel mit ihm, dann wird er sich auf den Thron seiner Herrlichkeit setzen.»

und Herrlichkeit müssen sie sein, mit ewigem Verderben werden sie bestraft, wenn er an jenem Tag kommt, um inmitten seiner Heiligen gefeiert und im Kreis aller derer bewundert zu werden, die den Glauben angenommen haben; auch bei euch hat ja unser Zeugnis Glauben gefunden.»[607]

Von diesem furchtbaren Gericht berichtet nur der hl. Matthäus, was Christus seinen Jüngern diesbezüglich gesagt hat:

«Wenn der Menschensohn in seiner Herrlichkeit kommt und alle Engel mit ihm, dann wird er sich auf den Thron seiner Herrlichkeit setzen. Und alle Völker werden vor ihm zusammengerufen werden, und er wird sie voneinander scheiden, wie der Hirte die Schafe von den Böcken scheidet. Er wird die Schafe zu seiner Rechten versammeln, die Böcke aber zur Linken. Dann wird der König denen auf der rechten Seite sagen:

Kommt her, die ihr von meinem Vater gesegnet seid, nehmt das Reich in Besitz, das seit der Erschaffung der Welt für euch bestimmt ist. Denn ich war hungrig, und ihr habt mir zu essen gegeben; ich war durstig, und ihr habt mir zu trinken gegeben; ich war fremd und obdachlos, und ihr habt mich aufgenommen; ich war nackt, und ihr habt mir Kleidung gegeben; ich war krank, und ihr habt mich besucht; ich war im Gefängnis, und ihr seid zu mir gekommen.

Dann werden ihm die Gerechten antworten:

Herr, wann haben wir dich hungrig gesehen und dir zu essen gegeben, oder durstig und dir zu trinken gegeben? Und wann haben wir dich fremd und obdachlos gesehen und aufgenommen, oder nackt und dir Kleidung gegeben? Und wann haben wir dich krank oder im Gefängnis gesehen und sind zu dir gekommen?

Darauf wird der König ihnen antworten:

Amen, ich sage euch: Was ihr für einen meiner geringsten Brüder getan habt, das habt ihr mir getan.

Dann wird er sich auch an die auf der linken Seite wenden und zu ihnen sagen:

607 2 Thess 1,6-10

Weg von mir, ihr Verfluchten, in das ewige Feuer, das für den Teufel und seine Engel bestimmt ist! Denn ich war hungrig, und ihr habt mir nichts zu essen gegeben...»[608]

Der Tradition zufolge werden also die guten Engel die Gerechten und die Verfluchten voneinander scheiden und sie werden die Vollstrecker des Urteils sein, das den Teufel, seine Engel und die Menschen, die sie betört haben, in die Hölle stürzen wird.

Es ist ein Urteil, das ewige Gültigkeit besitzt und von dem nichts erlassen wird; es ist das absolute, das größte und das einzige nicht wiedergutzumachende Unglück, von dem ein Geschöpf Gottes getroffen werden kann. Wenngleich dieses Urteil der Gerechtigkeit Genugtuung verschafft, der Liebe verschafft es keine Genugtuung. Ist die Verdammung als giftige Frucht der Freiheit der Geschöpfe wirklich ewig? Diese Frage haben sich viele Theologen im Laufe der Jahrhunderte gestellt.

Die Kirche hat in ihrer Klugheit und Liebe niemals über die Frage der individuellen Verdammung eines Menschen ein Urteil gefällt — nicht einmal über Judas — da Gott allein die Geheimnisse der Seelen und das Ausmaß seiner Barmherzigkeit kennt. Wie sagte der Pfarrer von Ars? «Zwischen der Brücke und dem Wasser war Raum für Reue und Vergebung.» Deshalb darf man niemals über das ewige Schicksal eines Menschen, wer immer er auch sei und wie verheerend auch die äußere Erscheinung sein mag, ein Urteil fällen. Es ist nicht verboten zu denken, daß Gott niemanden verdammt, sondern Mittel findet, um auch noch den schlimmsten Sünder der Hölle zu entreißen, selbst wenn dieser sie tausendmal verdient hätte. Daß es die Hölle gibt, ist eine Gewißheit; ob sich dort auch menschliche Seelen befinden oder nicht, weiß Gott allein.[609]

Andere Theologen[610], die von derselben Sorge um Liebe beseelt und von grenzenlosem Mitleid erfüllt waren, stellten sich die Frage,

608 Mt 25,31-41

609 Daß die göttliche Barmherzigkeit und die Gemeinschaft der Heiligen die Gnade erwirken, daß es keine Verdammten gibt, ist nur eine Hypothese. Zahlreich sind hingegen die Abschnitte im Evangelium, die den Eindruck hinterlassen, daß die Hölle recht voll ist, was übrigens auch durch die Botschaft Unserer Lieben Frau von Fatima im Jahr 1917 erhärtet wurde.

610 Origenes, die heiligen Gregor von Nazianz und Gregor von Nyssa, der selige Johannes Scotus, Suarez, Kardinal Hans Urs von Balthasar, um nur einige zu nennen.

ob Gott nicht auch ein Mittel finden könnte, um Luzifer und seinen Anhängern zu verzeihen.[611]

So schön diese Hypothese auch sein mag, so trägt sie doch weder der Engelnatur und der Unwiderruflichkeit ihrer einmal gefällten Entscheidung Rechnung, noch auch der Tatsache, daß Christus für die sündigen Menschen und nicht für die aufrührerischen Engel gestorben ist. Für sie gibt es keine Erlösung, denn ihr Wille verharrt im Bösen und im Aufruhr und daher wollen sie diesem Zustand auch gar nicht mehr entrinnen.

Apokatastase nennt man eine solche Versöhnung. Das Konzil von Konstantinopel verurteilte sie im Jahr 543 unter Bezugnahme auf die Schriften von Origenes. In den Kanones 7 und 9 der Konzilsdokumente heißt es:

«Wer sagt oder glaubt, daß Christus, der Herr, in einem künftigen Zeitalter für die Engel ebenso gekreuzigt werden kann wie für die Menschen, der sei ausgeschlossen.»

«Wer sagt oder glaubt: Die Strafe der bösen Geister und gottlosen Menschen sei nur zeitlich und werde nach bestimmter Zeit ein Ende nehmen, und dann komme eine völlige Wiederherstellung der bösen Geister und gottlosen Menschen, der sei ausgeschlossen.»

Für jene Menschen und Engel, die sich für die Gerechtigkeit und die Liebe entschieden haben werden, kommt jedoch die Zeit der Belohnung und der endlosen Glückseligkeit:

«Dann sah ich einen neuen Himmel und eine neue Erde; denn der erste Himmel und die erste Erde sind vergangen, auch das Meer ist nicht mehr.[612]

Ich sah die heilige Stadt, das neue Jerusalem, von Gott her aus dem Himmel herabkommen; sie war bereit wie eine Braut, die sich für ihren Mann geschmückt hat. Da hörte ich eine laute Stimme vom Thron her rufen:

---

611 Der hl. Martin sagte zum Teufel, er könne sicher sein, daß ihm vergeben werde, wenn er nur einfach bereuen wolle. P. Lamy sagte, daß Gott dem Teufel gerne verzeihen würde, der dämonische Hochmut jedoch verhindern würde, daß das Erbarmen wirksam wird...

612 Der hl. Thomas von Aquin sagt, daß man darunter nicht zu verstehen habe, daß es keine Ozeane mehr geben wird, was in der Tat trostlos wäre; es bedeute vielmehr, daß das Meer nicht mehr das gefährliche und feindliche Element sein wird, zu dem es nach der im Garten Eden ausgesprochenen Verwünschung geworden ist.

Seht, die Wohnung Gottes unter den Menschen! Er wird in ihrer Mitte wohnen, und sie werden sein Volk sein; und er, Gott, wird bei ihnen sein. Er wird alle Tränen von ihren Augen abwischen: Der Tod wird nicht mehr sein, keine Trauer, keine Klage, keine Mühsal. Denn was früher war, ist vergangen.»[613]

«Und er zeigte mir einen Strom, das Wasser des Lebens, klar wie Kristall; er geht vom Thron Gottes und des Lammes aus. Zwischen der Straße der Stadt und dem Strom, hüben und drüben, stehen Bäume des Lebens. Zwölfmal tragen sie Früchte, jeden Monat einmal; und die Blätter der Bäume dienen zur Heilung der Völker.

Es wird nichts mehr geben, was der Fluch Gottes trifft. Der Thron Gottes und des Lammes wird in der Stadt stehen, und seine Knechte werden ihm dienen. Sie werden sein Angesicht schauen, und sein Name ist auf ihre Stirn geschrieben. Es wird keine Nacht mehr geben, und sie brauchen weder das Licht einer Lampe noch das Licht der Sonne. Denn der Herr, ihr Gott, wird über ihnen leuchten, und sie werden herrschen in alle Ewigkeit.»[614]

613 Offb 21,1-4
614 Offb 22,1-5

ANHANG

16. Die Engel ziehen vorüber

Dem Glauben und den Dogmen der katholischen Kirche zufolge sind die Engel überall, wenngleich sie unseren unvollkommenen Augen verborgen bleiben. Diese unsichtbare Anwesenheit hat die christliche Zivilisation lange Zeit gefeiert und gerühmt. Die Engel waren untrennbar mit der religiösen Ikonographie verbunden. Später, als sich im Abendland das Verständnis vom Sakralen veränderte, glitten sie mit veränderten Zügen in weniger erbauliche Darstellungen. Die Bilder im Stil von Saint-Sulpice machten die Engel einerseits populär, andererseits ließen sie sie auch fade und langweilig werden, was so weit ging, daß sie zu mythischen Personen degradiert wurden, die nicht mehr Realität besaßen als Feen in Kindermärchen.

In der Literatur war diese Veränderung nicht weniger ausgeprägt. Allerdings hatten die Engel weder in der Literatur, noch im Brauchtum des Volkes jemals einen bedeutenden Platz. Anders war es in der Umgangssprache, wo Engel in vielen Ausdrücken und geläufigen Wendungen vorkamen.

Angesichts dieser doppelten Dekadenz, die ganz eng mit dem Desinteresse des Klerus und der Gläubigen für die Welt der Engel einherging, wäre es sehr verständlich zu meinen, daß dieses Thema aus der Kunst verschwunden sei. Dem ist aber nicht so.

In der zeitgenössischen Literatur kommen Engel durchaus vor, sonderbarerweise am meisten in Kriminalromanen. Sie kommen auch im Lied vor, also in jener Literaturgattung, die große Publizität genießt. Besonders gilt dies für den angelsächsischen Sprachraum.

Schließlich haben sie auch im Kino, in den Fernsehfilmen und den Werbesendungen eine neue Popularität erreicht, denn: «New Age verpflichtet»...

«Verfertige auch eine Deckplatte aus purem Gold, zweieinhalb Ellen lang und anderthalb Ellen breit! Mach zwei Kerubim aus getriebenem Gold, und arbeite sie an den beiden Enden der Deckplatte heraus! Mach je einen Kerub an dem einen und dem anderen Ende; auf der Deckplatte mach die Kerubim an den beiden Enden! Die Kerubim sollen die Flügel nach oben ausbreiten, mit ihren Flügeln die Deckplatte beschirmen, und sie sollen ihre Gesichter einander zuwenden; der Deckplatte sollen die Gesichter der Kerubim zugewandt sein. Setz die Deckplatte oben auf die Lade, und in die Lade leg die Bundesurkunde, die ich dir gebe.»[615]

Diese mosaischen Anordnungen, die für die Darstellungen der beiden Engel gelten, die über die Bundeslade wachen sollen, bilden eine erwähnenswerte Ausnahme. Die jüdische Tradition verbietet nämlich die Darstellung von Lebewesen und lehnt figurative Kunst ab. Das brachte während der Zeit als Palästina unter römischer Besatzung stand, zahlreiche und oft auch schwerwiegende Probleme mit sich, wenn die unseligen Prokuratoren in Jerusalem Statuen des Kaisers, oder auch nur Adler — sie waren die Insignien der Legionen — in der Festung Antonia, ihrer Unterkunft, aufstellen lassen wollten, um damit dem Brauch und ihrer Dienstpflicht zu entsprechen. Deshalb sind die beiden Kerubim genauso bemerkenswert wie der Gegenstand, den sie mit ihren Flügeln beschützen. Dennoch ist die Quelle, aus der die christlichen Künstler zur Darstellung von Engeln inspiriert wurden, nicht hier zu suchen. Das Judentum hat keinen Einfluß auf die ikonographischen Engeldarstellungen des Abendlandes.

Dieses Thema und die Art und Weise, es zu interpretieren, hat übrigens eine lange Entwicklung; ein Grund dafür liegt sicher darin, daß sich die frühe Kirche christozentrisch ausrichtete, aber auch darin, daß sie götzendienerische Abirrungen und heidnische Vermischungen befürchtete.

Die erste Engeldarstellung, die heute bekannt ist, ist eine Illustration der Geschichte des Tobias; auf dieser Darstellung geleitet Raphael seinen jungen Schützling. Es ist ein Fresco aus den römischen Priscilla-Katakomben, das im 2. Jahrhundert gemalt wurde.

---

615 Ex 25,17-21

Raphael ist dort als junger Mann dargestellt, der sich in nichts von einem gewöhnlichen Sterblichen unterscheidet.

Als das Engelmotiv im 4. Jahrhundert langsam populärer wurde, kam der Brauch auf, die Welt der Geister in menschlicher Gestalt zu zeigen. Damals stand bei den Darstellungen nicht der Engel im Zentrum des Interesses; er gehörte einfach als obligate Figur zu einer Episode aus dem Alten oder Neuen Testament. Im 5. Jahrhundert bildeten die Engel auf den Mosaiken oder Fresken in den Apsiden der Kirchen den himmlischen Hofstaat, der den ewigen Vater, Christus als Pantokrator oder die Muttergottes umgibt. Dieser Brauch verstärkte sich im 5. Jahrhundert immer mehr; es war das Jahrhundert, das neben den Invasionen der Barbaren und dem Niedergang Roms, vom Gegenstoß der arianischen Häresie, die von den westgotischen und ostgotischen Eindringlingen mitgebracht worden war, geprägt wurde. Der Arianismus war zu Beginn des 4. Jahrhunderts aus der überbordenden Vorstellungskraft des aus Alexandrien kommenden Priesters Arius hervorgegangen und bereits ein erstes Mal durch den hl. Athanasius und den hl. Hilarius bekämpft und ausgerottet worden. Der Arianismus ist eine Lehre, die die Gottheit Christi leugnet. Für die Arianer ist Jesus nicht der Sohn Gottes. Die katholischen Künstler stellen den Erlöser und seine Mutter in das Zentrum der Engelwelt, über die sie herrschen, und bekennen damit also ihren Glauben an die Göttlichkeit des Sohnes.

Diese Engel sind stets flügellos. Und obwohl die Bibel Darstellungen von geflügelten Engeln Vorschub leistete, befürchtete die Kirche offensichtlich, daß in den Gemütern, die noch nicht evangelisiert oder nur oberflächlich christianisiert worden waren, nachdem Kaiser Theodosius den katholischen Glauben zur Staatsreligion des ganzen Reiches erhoben hatte, eine bedauerliche Verwechslung mit den geflügelten Geistern der Mythologie ausgelöst werden könnte. Je tiefer sich das Volk im neuen Glauben verwurzelte, desto mehr nahm diese Sorge ab. Im späten Kaiserreich werden nur noch geflügelte Engel gemalt, wobei sich die Künstler von antiken Vorbildern inspirieren lassen, u.a. auch von den Darstellungen des Hermes-Merkur, jenes Boten des Olymp, der seine Flügel als Ausdruck seiner Schnelligkeit an den Fersen trägt. Dieser Brauch ging so sehr in das

Christentum ein, daß im Mittelalter jede Statue eines geflügelten Geistwesens, selbst wenn es ganz offensichtlich ein heidnisches war, als Bild eines Engels angesehen wurde. Innerhalb eines Jahrtausends hatte sich eine radikale Wendung vollzogen.

Die Engel wurden immer bekleidet dargestellt; eine Ausnahme bildet der nackte, nur von seinen Flügeln bedeckte Engel, der sich in der Apsis von Santa Pudenziana in Rom befindet (er ist übrigens auch der erste geflügelte Engel in der Kunstgeschichte). Die byzantinischen Engel sind mit priesterlichen Gewändern oder mit Uniformen bekleidet; sie sind schön, jung, bartlos und priesterlich. Während ihre Gewänder in Europa traditionell weiß sind, werden sie in der Ostkirche purpurfarben gemalt; es werden aber auch andere Farben verwendet, die eine genaue Bedeutung haben. Gold — mag es sich dabei um den Heiligenschein oder um ein Gewand handeln — versinnbildet ihre Zugehörigkeit zum göttlichen Licht, während blau, grün und rot den drei göttlichen Tugenden Glaube, Hoffnung und Liebe entsprechen.

In Konstantinopel kam es dann zu zwei verschiedenen Strömungen: Zum einen wurden die Engel so anthropomorph dargestellt, daß es, abgesehen von den Flügeln, unmöglich wird, einen Engel von irgendeinem anderen hohen militärischen oder zivilen Würdenträger zu unterscheiden; zum anderen wurden sie unter dem Einfluß der Schriften des Pseudo-Dionysius auf eine geradezu erstaunlich symbolische Weise dargestellt. In der griechischen Ikonographie tummeln sich sonderbare Geschöpfe wie beispielsweise die sternentragenden Kerubim, deren Flügel den Leib bedecken und deren Füße als Zeichen von Schnelligkeit und Aktivität auf geflügelten Rädern ruhen.

Das Abendland löst sich jedoch allmählich von der byzantinischen Darstellungsweise. Während sich die Flügel der Engel überall als Kennzeichen einbürgerten, wandten sich karolingische Mönche wieder der alten Tradition zu und illustrierten ihre Manuskripte mit flügellosen, jugendlich aussehenden Engeln.

Die romanische Bildhauerei stellt ein Volk von Engeln und Dämonen an die Kirchenpfeiler und über die Kirchenportale, das nichts mehr von der Strenge seiner griechischen «Vettern» hat.[616] Der Höhepunkt der Engel-Ikonographie wird gemeinsam mit dem

Zenit der gotischen Bildhauerei erreicht, wo sich im berühmten Lächeln des Engels von Reims die ganze Anmut und Majestät, die ganze Kraft und das ganze Mitgefühl dieser edelsten Geschöpfe Gottes vereint. Es ist die Epoche, in der auch die Gestalt des hl. Michael in seiner doppelten Rolle als Generalissimus der Heerscharen des Herrn und als Gerichtsherr, der beim Gericht der Seelen die Waage hält, Triumphe feiert. Während sich die zweite Phase der Ikonographie von den antiken Vorbildern inspirieren läßt, mag es sich dabei um das ägyptische Totenbuch, um Toth, der die Rolle eines Erzengels einnimmt, oder um den Hermes-Trismegist der Gnostiker handeln, hebt sich der abendländische, kriegerische Erzengel Michael ganz deutlich von der früheren Darstellungsweise ab.

Byzanz malte Michael als Offizier so wie es Belisar zur Zeit seiner Siege in Italien gemalt hätte und fügte noch Flügel hinzu. In Treue zur Liturgie und unter Bezugnahme auf die königlichen Ehren, die dem Erzengel verliehen waren, erhielt er das königliche Zepter und die Weltkugel als Attribute. Manchmal gab man auch statt der Waage ein Buch in seine Hände, in das die Taten der Menschen eingeschrieben sind.

Die europäischen Künstler des Mittelalters verehrten Michael gerne als den Archetyp aller Ritter, aber als «demontierten» Archetyp, der zu Fuß kämpft und Satan, der als besiegter Erzengel dargestellt wird, unter seiner Ferse hat.[617] Vielleicht waren die Künstler durch die Vision inspiriert worden, die Gregor d.Gr. hatte, als er sah, wie Michael auf dem Mausoleum Hadrians sein Schwert in die Scheide steckte.

---

616 Henri-Irénée Marrou schrieb in einem Artikel, den er für die *Etudes carmélitaines* verfaßte, daß diese ersten Darstellungen, die wir von Satan besitzen, den Widersacher als schönen und bedeutenden Erzengel zeigen. Dieses Bild des Versuchers schockierte das Hochmittelalter sehr, so daß es sich abmühte, die Manuskripte systematisch zu durchforschen, während es — parallel zu einer wachsenden Angst vor dem Teufel — seine berühmte Darstellung vom bestialischen, fratzenhaften Ungeheuer, einer beruhigenden Karikatur des gefürchteten Feindes, verbreitete.

617 Vielleicht muß man hier, zu Beginn des Hundertjährigen Krieges, auch berücksichtigen, daß man Michael, den Patron Frankreichs und Schutzherrn des Königreiches und seiner Streiter stärker vom hl. Georg, dem Schutzherrn des Feindes absetzen wollte. Georg, der ursprüngliche Patron des abendländischen Rittertums, war auch der heilige Patron Englands. Auf den Ikonen wird Georg nach dem keltischen Vorbild des großen Gottes Taranis-Succellos als bewaffneter Ritter dargestellt, der einen Drachen durchbohrt.

Dieser Triumph der männlichen, kriegerischen und dennoch sanften Engel war nicht von langer Dauer. Der lächelnde Engel des Portals von Reims war noch nicht geschaffen worden, als die Vorhalle der Kathedrale von Senlis von der ersten Darstellung eines Engels in Gestalt eines Kindes geschmückt wurde; sie war ein Präludium auf die italienischen Putten, die ihrerseits eine Wiederaufnahme der antiken Amoren waren. Giotto malte sie zwischen 1304 und 1306, als er in Padua arbeitete. Noch immer ging es darum, die unvergängliche Reinheit der Geistwesen zu rühmen. In der Renaissance trat eine künstlerische Wende ein. Nun bemühte man sich, die griechischen Techniken wiederzufinden und die Schönheit der Körper zu preisen, die der Engel-Ikonographie jedoch nur ein fatales Ende bereiten konnte. Wie hätte es möglich sein sollen, die geistige Schönheit der Engel, für die der menschliche Leib nur eine flüchtige Anleihe ist, mit dem unzüchtigen Glanz des verherrlichten Fleisches zu versöhnen?

Der gotische Engel war vermenschlicht und den irdischen Geschöpfen angenähert worden, ohne jedoch seinen Adel und seinen eigenen Charakter zu verlieren. Obwohl die frühen Italiener, die flämischen Meister und auch der Maler Raphael daran arbeiteten, die Engel immer mehr zu «humanisieren», waren sie doch noch so stark von Religiosität durchdrungen, um die Abgründe zu ermessen, die unsere Natur von der Natur der Geistwesen trennt. Um zu begreifen, daß diese Künstler von echter Theologie durchdrungen waren, genügt es, wenn man sich einmal anschaut, mit welcher respektgebietenden Gemessenheit ein Fra Angelico den Erzengel Gabriel in seinen Verkündigungsszenen malt, oder welche Macht von dem Engel ausgeht, der den hl. Petrus von seinen Ketten befreit; gemalt wurde er von Raphael auf den Wänden der Vatikanischen Gemächer. Im 16., 17. und 18. Jahrhundert nahm diese Religiosität immer weiter ab, ohne daß die neue Popularität der Schutzengelverehrung sie eindämmen konnte.

Amoren, Putten und Engel werden vermischt und nisten in Rosengirlanden; auf Gemälden, die nichts Religiöses mehr an sich haben, figurieren sie als rundliche, nackte Gestalten. Die Engel dienen als Vorwand, um zweideutige, aufreizende Erscheinungen zu malen, bevor sich die Schutzengel dann in grazile, verstohlen blikkende Mädchen verwandeln...

Weit davon entfernt zu Gebet und Buße zu führen, oder einen vom Himmel träumen zu lassen, werden die Engel in den italienischen Kirchen zu Objekten der Versuchung; sie reizen zu Unzucht und verbotenen Freuden. 1726 sah sich das Konzil von Ferno verpflichtet, vor «der lasziven und zu fleischlichen Schönheit mancher Engeldarstellungen» zu warnen.

Aber das Übel war da und die letzte Veränderung in der Engel-Ikonographie ist die Darstellungsweise im Geiste von Saint-Sulpice.

Erst im 19. Jahrhundert werden Andachtsbilder zu einem geläufigen Produkt. Und fünfzig Jahre lang gibt es eine Flut von Schutzengelbildern.

Während den Vorläufern der Andachtsbilder die Engel noch wirklich bekannt waren, besaßen die Geistwesen in Gestalt von Amoren und Putten bereits keinerlei spirituelle Dimension. Der sulpicianische Engel, der unter dem Einfluß der Restauration mit dieser kindlichen Darstellungsweise bricht, versucht aber nicht, wieder an die großen, mannhaften Engelgestalten von einst anzuknüpfen. Ganz im Gegenteil!

Die Zwitterhaftigkeit und die Ambivalenz der effeminierten Engel, die durch das Konzil von Ferno verurteilt worden waren, wurde nicht korrigiert. Die latente Homosexualität dieser Gestalten oder ihre verdächtige Ähnlichkeit mit Feen und Elfen, die in der romantischen Literatur häufig vorkamen, ist offensichtlich. Weder das strahlende Weiß, in dem sie erscheinen, noch die unzähligen Lilien — Zeichen jungfräulicher Reinheit — die sie umgeben, können den unbehaglichen Eindruck zerstreuen, der von diesen Vignetten ausgeht. Noch schwerwiegender ist die Lächerlichkeit der Pose, des Ausdrucks, der oft bis zur Karikatur übertrieben und dramatisiert wird. Die Vorstellung, daß Schutzengel auch Erwachsene begleiten, wurde durch Maler, die nur für ein Kinderpublikum arbeiteten, völlig ausgeklammert. Engel, die auf Gedenkbildchen von der Erstkommunion ihren kleinen Schützling zum Tisch des Herrn eskortieren, oder die sich an die Stelle Jesu setzen, um die Hostie auszuteilen, konkurrieren mit den Schutzengeln von Kindern, die sich darauf spezialisiert haben, ungehorsame Knirpse, die sich an gefährlichen Schluchten oder auf wackeligen Brücken versteckt haben, Kinder, die sich über Brunnen neigen, oder von Flüssen mitgerissen werden, zu überwachen... Es soll offensichtlich vorkommen, daß der in Frage kommende Engel zu spät eintrifft, was Saint-Sulpice zu einem zwar morbiden, aber doch sehr beliebten Thema verhilft: Eine in Tränen aufgelöste Mutter betet vor einem kleinen, verlassenen Bett, während der Schutzengel das tote Kind ins Paradies führt.

Der Zyklus der großen Marienerscheinungen in Frankreich (1830: rue du Bac; 1846: La Salette; 1858: Lourdes; 1871: Pontmain) führt zu einem Hoch in der Marienverehrung und zu einem Desinteresse für die Schutzengel, die überall durch die Königin der Engel ersetzt werden. Auf den Kommunionbildchen ist diese Veränderung besonders deutlich.

Der Wendepunkt im 19./20. Jahrhundert brachte einige Schutzengel, die diesmal allerdings ganz resolut weibliche Züge hatten und mit extravaganten Flügeln ausgestattet waren, scheu zurück. Alle fliegenden Lebewesen wurden dabei zu Hilfe gerufen. Es gibt Engel-Schmetterlinge, Engel-Libellen, Engel-Pfauen und Engel-Schwäne... Die Vereinfachung und Stilisierung durch Maler aus dem Art-Deko-Bereich führte nicht dazu, die Welt der Engel von diesen überflüssigen Federn zu befreien.

Der sulpicianische Engel verliert in einer Welt, die immer weniger an Engel glaubt — selbst da, wo sie noch katholisch ist — immer mehr an Boden. Auf manchen Bildern ersetzt ein Engel in Gestalt eines kleinen Kindes den Weihnachtsmann, um Geschenke in die Kamine zu werfen. Eine hinterhältige, heimtückische Weise, um ihm jegliche Realität streitig zu machen!

Nach dem II. Vatikanischen Konzil waren die Engel auf katholischen Bilddarstellungen nahezu nicht mehr anzutreffen; sie verloren jeglichen Eigencharakter. Nur in Italien gibt es seit einigen Jahren wieder einen Aufschwung bei den Andachtsbildern; sie besitzen zwar einen vielleicht zweifelhaften ästhetischen Wert, sind zu farbig und zu sehr vergoldet, aber ihr Verdienst besteht darin, daß sie erwachsene Engel zeigen, die zudem leicht erkennbar sind.

Inhaltsverzeichnis